Berlin

2013
2014

AUTEURS ET DIRECTEURS DES COLLECTIONS
Dominique AUZIAS & Jean-Paul LABOURDETTE

DIRECTEUR DES EDITIONS VOYAGE
Stéphan SZEREMETA

RESPONSABLES EDITORIAUX VOYAGE
Patrick MARINGE et Morgane VESLIN

EDITION ✆ 01 72 69 08 00
Julien BERNARD, Alice BIRON, Audrey BOURSET, Sophie CUCHEVAL, Caroline MICHELOT, Pierre-Yves SOUCHET, Jeff BUCHE, Julie LAURO

ENQUETE ET REDACTION
Stéphanie POLI, Emmanuelle BLUMAN, Alexander KNETIG, Camille ACKET, Nicolas MARECHAL, et Aline VAN MEENEN

STUDIO
Sophie LECHERTIER et Romain AUDREN

MAQUETTE & MONTAGE
Delphine PAGANO, Julie BORDES, Élodie CLAVIER, Élodie CARY, Évelyne AMRI, Sandrine MECKING, Émilie PICARD et Laurie PILLOIS

CARTOGRAPHIE
Philippe PARAIRE, Thomas TISSIER

PHOTOTHEQUE ✆ 01 72 69 08 07
Élodie SCHUCK et Sandrine LUCAS

REGIE INTERNATIONALE ✆ 01 53 69 65 50
Karine VIROT, Camille ESMIEU, Romain COLLYER et Guillaume LABOUREUR
assistés d' Élise CADIOU

RESPONSABLE REGIE NATIONALE
Aurélien MILTENBERGER

PUBLICITE ✆ 01 53 69 70 66
Olivier AZPIROZ, Stéphanie BERTRAND, Perrine de CARNE-MARCEIN, Caroline AUBRY, Caroline GENTELET, Sabrina SERIN, Orianne BRIZE, Virginie SMADJA et Sophie PELISSIER assistés de Sandra RUFFIEUX, Nathalie GONCALVES et Vimla BHADYE

INTERNET
Lionel CAZAUMAYOU, Jean-Marc REYMUND, Cédric MAILLOUX, Anthony LEFEVRE, Christophe PERREAU, Caroline LOLLIEROU, Anthony GUYOT et Florian FAZER

RELATIONS PRESSE ✆ 01 53 69 70 19
Jean-Mary MARCHAL

DIFFUSION ✆ 01 53 69 70 68
Éric MARTIN, Bénédicte MOULET, Jean-Pierre GHEZ, Aïssatou DIOP

DIRECTEUR ADMINISTRATIF ET FINANCIER
Gérard BRODIN

RESPONSABLE COMPTABILITE
Isabelle BAFOURD assistée de Christelle MANEBARD, Janine DEMIRDJIAN et Oumy DIOUF

DIRECTRICE DES RESSOURCES HUMAINES
Dina BOURDEAU assistée de Sandra MORAIS et Claudia MARROT

LE PETIT FUTE BERLIN 2013-2014
■ 7e édition ■

NOUVELLES ÉDITIONS DE L'UNIVERSITÉ©
Dominique AUZIAS & Associés©
18, rue des Volontaires - 75015 Paris
Tél. : 33 1 53 69 70 00 - Fax : 33 1 53 69 70 62
Petit Futé, Petit Malin, Globe Trotter, Country Guides et City Guides sont des marques déposées ™®©
© Photo de couverture : AUTHOR'S IMAGE
Légende : Berlin, coupole du Reichstag
ISBN - 9782746959262
Imprimé en France par LEONCE DEPREZ - 62620 Ruitz
Dépôt légal : septembre 2012
Date d'achèvement : septembre 2012

Pour nous contacter par email,
indiquez le nom de famille en minuscule
suivi de @petitfute.com
Pour le courrier des lecteurs : country@petitfute.com

Willkommen in Berlin !

Berlin est une ville en permanente mutation, créative, hétérogène, vivante. D'un côté, l'euphorie d'une économie de marché active (malgré la crise !), de l'autre, des communautés de vie qui s'improvisent autour des grands idéaux libertaires et qui oscillent entre revendications, créations et plaisirs éphémères. Berlin, capitale d'une Allemagne réunifiée, qui donne toujours une impression d'inachevé avec son énorme diversité architecturale et un urbanisme désordonné. Berlin, enfin, ville moderne et multiculturelle, qui est résolument tournée vers le futur. Découvrez cette cité unique, à travers ses cafés, ses monuments, ses grandes avenues commerçantes et sa vie nocturne. Car il y a un Berlin de jour, qui offre l'occasion de découvrir un prodigieux patrimoine culturel et de parcourir une ville qui depuis toujours est un lieu d'expérimentation tant architectural que social. Et il y a le Berlin des noctambules, qui convertira même les plus réfractaires au monde de la nuit et de la fête. Et puis, il y a l'Histoire, partout de l'histoire. Depuis l'île des Musées qui recèle quelques-uns des plus impressionnants trésors de l'Antiquité en passant par les palais baroques de Charlottenburg et Sanssouci jusqu'aux lieux de mémoire du XXe siècle, vous verrez toute la beauté, l'extravagance et la cruauté du passé. Un passé lourd, marqué par deux conflits mondiaux, l'horreur des camps, la partition de la ville, et une lente et laborieuse réunification : à Berlin, le temps a du mal à faire cicatriser les blessures d'antan. Pour mieux vous faire découvrir la ville sous tous ces aspects, la liste non exhaustive des établissements sélectionnés dans ce guide comporte les lieux-dits incontournables et beaucoup qui ne sont connus que des initiés. Vous serez alors nombreux à revoir vos préjugés selon lesquels la bienséance allemande est le fruit d'une discipline rigoureuse. Autant de découvertes qui vous feront vite réaliser que vous évoluez dans un formidable espace en changement perpétuel, qui ne peut pas s'apprivoiser avec un guide dans les mains, mais avec de bonnes jambes, le sourire aux lèvres et un petit peu de chance…

L'équipe de rédaction

Découvrir le guide en ligne

Sommaire

■ INVITATION AU VOYAGE ■

Les plus de Berlin 7
Fiche technique 9
Idées de séjour 11

■ DÉCOUVERTE ■

Berlin en 30 mots-clés 20
Survol de Berlin 26
  Climat 27
  Environnement – Écologie 27
  Faune et flore 27
Histoire 28
Politique et économie 34
Population et langues 37
Mode de vie 38
Arts et culture 42
Festivités 54
Cuisine berlinoise 57
Jeux, loisirs et sports 59
Enfants du pays 61

■ BERLIN ■

Quartiers 80
  Mitte 80
  Prenzlauer Berg 84
  Kreuzberg 84
  Friedrichshain 84
  Charlottenburg 85
  Schöneberg 86
  Tiergarten 87
Se déplacer 88
  L'arrivée 88
  En ville 90
Pratique 95
Se loger 98
Se restaurer 118
Sortir 133
  Cafés – Bars 133
  Clubs et discothèques 146
  Spectacles 150
  Coquin 154
À voir – À faire 155
  Visites guidées 155

Nikolaiviertel (quartier Saint-Nicolas).

Mitte 157
Prenzlauer Berg 172
Kreuzberg 176
Friedrichshain 181
Charlottenburg 184
Schöneberg 188
Tiergarten 192
Balades 199
Berlin, capitale politique 199
L'Ostalgie 200
Sur les traces du mur (à vélo) 202
Kreuzberg aux deux facettes.............204
Un dimanche
dans Prenzlauer Berg........................206
Shopping 208
Mitte 208
Prenzlauer Berg 212
Kreuzberg 214
Friedrichshain 216
Charlottenburg 217
Schöneberg 219
Tiergarten 220
Sports – Détente – Loisirs 221
Gay et lesbien 223
Pratique 223
Se loger 224
Se restaurer 225
Sortir 226
Shopping 233

■ LES ENVIRONS DE BERLIN ■

Les environs de Berlin......................236
Potsdam 238
Brandenburg an der Havel 248
Oranienburg......................................249
Spreewald 250
Lübbenau 250
Lübben 251
Burg 251
Cottbus 251
Fläming 252
Jüterbog 252
Kloster Zinna....................................253
Nördlingen 253

Festival de Berlin, les ours symboles de la Berlinale.

■ ORGANISER SON SÉJOUR ■

Pense futé 256
Argent...256
Bagages 258
Décalage horaire...............................258
Électricité, poids et mesures 258
Formalités et douanes.......................258
Horaires d'ouverture 259
Internet..259
Jours fériés..260
Langues parlées 260
Poste 261
Quand partir ? 261
Santé 262
Sécurité et accessibilité 264
Téléphone...265
S'informer 266
À voir – À lire 266
Avant son départ...............................266
Sur place 268
Magazines et émissions....................269
Comment partir ? 270
Partir en voyage organisé.................270
Partir seul 275
Séjourner 279
Rester..282
Index 284

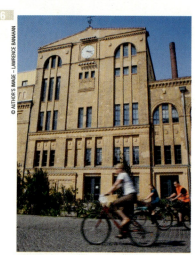
Kulturbrauerei.

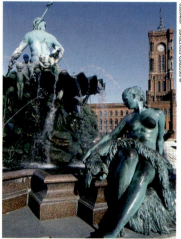
Fontaine de Neptune à Alexanderplatz.

Palais de Sanssouci.

Rotonde de style classique de l'Altes Museum.

Les plus de Berlin

La capitale de la culture

Si Paris est une ville-musée, Berlin est une ville de musées. Les quelque 170 musées berlinois présentent des collections uniques en leur genre, depuis l'Antiquité jusqu'à l'art contemporain, de Néfertiti à Beuys. Laissez-vous tenter par les collections fascinantes des musées de l'île aux Musées (Museumsinsel) ou du Kulturforum. Culture historique surtout avec l'évocation de l'histoire allemande, de la résistance, de la Seconde Guerre mondiale et de la guerre froide, de l'holocauste, du Mur aussi, avec la East Side Gallery, la plus longue galerie à ciel ouvert du monde où les derniers morceaux du Mur de Berlin se dévoilent sous vos yeux. Bref, autant de thèmes destinés à raviver la mémoire collective pour ne jamais oublier le passé, bon comme mauvais. Culture ethnique avec les musées des Cultures européennes, d'Art indien et de l'Extrême-Orient, et culture sociale avec les galeries, les squats d'artistes, les musées de quartiers pour découvrir la vie berlinoise d'hier et d'aujourd'hui. Berlin est donc la capitale européenne qui a plus de musées que de jours de pluie. Culture de la nuit aussi : des cabarets aux trois opéras de la ville ou aux clubs parmi les plus renommés d'Europe, chacun pourra trouver son compte dans sa découverte des nuits berlinoises. Tâchez de vous concocter un programme donnant un aperçu de tous ces possibilités...

Coupole de verre du Reichstag, créée en 1999 par l'architecte anglais Sir Norman Foster.

Le rendez-vous des dernières tendances

Même New York s'inspire des productions berlinoises ! Profitant de son dynamisme caractéristique, Berlin est devenu un lieu d'avant-garde que ce soit au niveau musical, du design ou de la mode. La ville a accueilli les fleurons de l'architecture contemporaine suite à sa réunification. La Potsdamer Platz mais aussi la Friedrichstraße, la nouvelle gare centrale (Hauptbahnhof), le quartier du gouvernement sont les lieux de promenade de prédilection pour les amateurs d'architecture moderne. Seule capitale européenne à faire partie du réseau des villes créatives de l'Unesco, Berlin est aussi une capitale du design dont une des manifestations est le Festival du Design en mai. Les nouvelles tendances de la mode sont présentées à la Berlin Fashion Week de juillet ou dans les nombreuses boutiques de créateurs du quartier des Hackescher Höfe. Les clubs quant à eux sont connus des clubbers du monde entier, proposant des nouveaux concepts et un heureux mélange de styles.

Tolérance et art de vivre

Malgré certains quartiers encore très gris et délabrés, la ville regorge de richesses. Il n'arrive pas souvent de découvrir une capitale si calme et si verdoyante et avec une telle qualité de vie. Avec une superficie de 8 fois celle de Paris intra-muros et seulement 3,6 millions d'habitants, Berlin est une ville où l'on peut respirer et conduire sans difficulté. De plus, la capitale est parmi les moins chères d'Europe.

Même sans y vivre longtemps, vous vous en apercevrez très vite, peut-être même dès votre première bière, qui fera vraiment 50 cl et ce pour un prix plus que raisonnable.

Famille au parc du Tiergarten.

Vous ne vous y sentirez jamais à l'étroit : les avenues sont larges, les distances grandes, les portions vastes, les possibilités infinies. La nature ici est omniprésente : les parcs et espaces verts représentent 20 % de la ville. Ils deviennent en été des lieux de rencontre, entre frisbee et grillades. De même, il vous suffira de mettre votre vélo dans le SBahn (RER allemand) pour partir à la découverte des nombreux lacs de la ville, et vous y baigner en été. La mentalité berlinoise fondée sur une extrême tolérance saura vous mettre tout de suite à l'aise, de même que le mélange des genres harmonieux d'une ville multiculturelle. En résumé, une autre façon d'être une capitale.

Un lieu chargé d'histoire

Berlin a vu l'avènement de Hitler, connu les bombardements de la guerre, les pogroms allemands, la déportation des juifs et surtout le Mur de 1961 à 1989. Ici, l'histoire se ressent à tout moment : dans les musées comme le Musée juif, le mémorial de la Résistance allemande ou encore le récent musée de la RDA. Mais aussi tout simplement lors de vos déambulations, vous croiserez des morceaux du Mur ou en verrez la démarcation au sol, de très nombreuses plaques commémoratives des victimes du national-socialisme ou des souvenirs de la RDA sur les marchés aux puces. Ville réunifiée depuis plus de 20 ans, il subsiste encore quelques restes – matériels ou comportementaux – de près de 30 ans de séparation et cela se ressent d'un quartier à l'autre. La vague d'Ostlagie (nostalgie de l'ex-RDA) n'a pas été qu'une stratégie marketing qui vous fait aujourd'hui visiter Berlin en Trabant ou acheter une chapka à Checkpoint Charlie, mais surgira au détour d'une conversation avec la population. Les Allemands ont généralement un rapport décomplexé à leur histoire donc n'hésitez pas à en parler avec eux.

Fiche technique

Argent

- **Monnaie :** l'euro.

Taxes et pourboires

Le service et les taxes étant compris dans l'addition, le pourboire n'est pas obligatoire, mais toujours bienvenu. On laisse en général 5 à 10 %. On ne le laisse pas sur la table au moment de partir, mais on l'inclut dans le prix que l'on paie.

Idées de budget

- **Petit budget :** de 30 à 40 € par jour.
- **Budget moyen :** de 80 à 120 € par jour.
- **Gros budget :** de 200 à 350 € par jour.

Berlin en bref

- **Nom officiel :** Berlin.
- **Statut :** capitale de l'Allemagne et Land (région fédérale) à part entière.
- **Superficie :** 892 km².
- **Population :** 3,43 millions d'habitants.
- **Langue officielle :** allemand. Est également usité un dialecte berlinois mais peu répandu.
- **Maire et ministre-président de la région :** Klaus Wowereit, SPD (depuis 2001).

Téléphone

Indicatifs

- **Chaque ville possède un indicatif.** Celui de Berlin est le 030. Brandenburg : 0338. Bonn : 0228. Frankfort am Main : 069. Hamburg : 040. Köln : 0221. Leipzig : 0341. Hanovre : 0511. Lübeck : 0451. Potsdam : 0331. Stuttgart : 0711. München : 089.

- **Les numéros allemands commençant par 0800** sont des numéros gratuits.

- **Les numéros allemands commençant par les préfixes 016, 017** sont des téléphones portables.

Comment téléphoner ?

- **Appeler de France à Berlin :** composer l'indicatif de l'Allemagne (0049) + celui de Berlin sans le zéro (donc 30) + votre numéro. Ex : 00 + 49 + 30 + 85 64 24 33.

- **Appeler de France sur un portable :** composer l'indicatif de l'Allemagne (0049) et le numéro de votre correspondant sans le zéro. Ex : 00 + 49 + 179 666 76.

- **Appeler de Berlin en France :** composer l'indicatif de la France (0033) + le numéro de votre correspondant sans le zéro. Ex : 00 + 49 + 3 + 20 27 54 43.

Le blason de la ville

Que ce soit en récompense pour le festival du cinéma de Berlin, la Berlinale, ou aux quatre coins de la ville sous la forme des Buddy Bären pour promouvoir la tolérance, l'ours est l'emblème de la ville de Berlin. Il représente la ville depuis des siècles, sur les blasons successifs. Dès le XIVe siècle, les pièces sont frappées de l'ours berlinois. Il a cependant longtemps côtoyé un aigle sur les armoiries, l'aigle étant le symbole des comtes Ascaniens du Brandebourg puis de la monarchie prussienne. Il était notamment représenté à une époque dans les serres de l'aigle pour symboliser la soumission de la cité sous l'autorité des Hohenzollern. Depuis la fondation de la ville du Grand-Berlin en 1920, l'ours devient le seul symbole de Berlin. La loi des emblèmes du 13 mai 1954 le consacre dès lors comme emblème du Land de Berlin avec ses pattes et sa langue rouge. Certains soutiennent que le choix de l'ours vient de sa présence dans les forêts environnantes, d'autres de la représentation phonique « Bär » qui aurait donné Berlin, ou alors cela pourrait être une référence à un comte de la dynastie Ascaniens Albert Ier von Ballenstädt, dit Albert l'Ours.

Téléphone public.

▸ **Appeler d'Allemagne vers Berlin :** composer l'indicatif de Berlin (030) + votre numéro. Ex : 030 + 85 64 24 33.

▸ **Appeler de Berlin à Berlin :** vous ne devez pas composer l'indicatif de Berlin (030), juste le numéro de votre correspondant. Ex : 85 64 24 33.

▸ **Cabines à pièces ou à carte.** Les cartes téléphoniques peuvent être achetées dans les T-Punkte de Deutsche Telekom, à la poste et d'autres magasins comme les kiosques, etc. Elles sont vendues par valeur de 5, 10 et 15 €.

Décalage horaire

Berlin ne connaît pas de décalage horaire avec la France, la Belgique ou la Suisse et se trouve dans la zone de l'heure du méridien de Greenwich + 1h (GMT + 1h) en hiver et dans la zone de l'heure du méridien de Greenwich + 2h (GMT + 2h) en été ; il y a donc 6 heures de décalage avec le Canada.

Formalités

Membre de l'Union européenne et de l'espace Schengen, l'Allemagne permet à tout citoyen de l'UE de séjourner ou résider sur son sol sans contrainte. Une pièce d'identité en cours de validité suffit. Le permis de conduire français est également valable sur le sol allemand.

Climat

De par sa position géographique, Berlin connaît un climat continental, mais comme la région où elle se situe est couverte de lacs, cela lui confère aussi une légère tendance océanique. On peut ajouter que Berlin est aussi bien exposée aux vents de l'Est, qui apportent un froid sec, qu'aux vents de l'Ouest, qui apportent l'humidité. D'où le fameux Berliner Luft, ce vent qui s'engouffre dans les grandes avenues de Berlin et vous glacera jusqu'aux os en hiver. Les températures sont froides (voire très froides) entre novembre et mars et la couche de neige parfois très importante. Le thermomètre peut descendre jusqu'à moins 10 °C mais le froid berlinois est généralement sec, et donc pas forcément désagréable si l'on est bien couvert. Au début du printemps, les écarts de température sont importants, entre les journées ensoleillées et des matinées et soirées qui restent fraîches. L'été il fait chaud mais cela reste très supportable avec des températures qui n'excèdent pas 30 °C.

Saisonnalité

L'été est la saison la plus agréable pour visiter Berlin qui prend alors un tout autre visage. Bénéficiant des hautes températures d'un climat continental, les parcs, lacs, terrasses des cafés sont pris d'assaut et la bonne humeur réapparaît avec le retour du soleil. Les piscines (*freibad*) et cinémas en plein air (*freiluftkino*) ouvrent leurs portes et tout le monde se réunit dans les *strandbars* (bars en extérieur, aménagés avec du sable). Si l'hiver peut être très rude à Berlin, quand le vent venu tout droit de Sibérie s'engouffre dans les grandes avenues, c'est aussi la période des marchés de Noël féeriques, des descentes de luge au Teufelsberg. Sachez qu'en période de foire ou de congrès et autres festivals, les hôtels sont vite remplis, donc pensez à réserver tôt pour de tels événements.

Berlin											
Janvier	Février	Mars	Avril	Mai	Juin	Juillet	Août	Sept.	Octobre	Nov.	Déc.
-3°/ 2°	-3°/ 3°	0°/ 8°	4°/ 13°	8°/ 19°	12°/ 22°	14°/ 24°	13°/ 23°	10°/ 20°	6°/ 13°	2°/ 7°	-1°/ 3°

Le réflexe météo avant de partir *Par téléphone* **32 64** 1,35 € l'appel, puis 0,34 €/mn.

Idées de séjour

Voici quelques idées de promenades à pied qui permettent, en un temps record, de se faire une idée générale de Berlin. Si vous n'avez pas très envie de marcher, n'hésitez pas à prendre le bus 100 qui, pour le prix d'un simple trajet, vous offrira un aperçu des principaux sites historiques de Berlin. Ce bus est à deux étages, est-il utile de préciser qu'on voit mieux au-dessus et au premier rang ? Il y a également les croisières en bateau, qui permettent de parcourir en quatre heures quelques canaux et la Spree. Les départs de ces croisières se font aux ponts Jannovitzbrücke et Schlossbrücke. Elles ne fonctionnent pas pendant l'hiver.

Séjour court

Vendredi soir : Alexanderplatz et balade dans le Nikolaiviertel

Station de S-Bahn ou U8 ; U2 Alexanderplatz.

▶ **Alexanderplatz ou l'Alex :** place historique de Berlin et ancien centre-ville de Berlin Est à l'architecture très stalinienne. Immense, cette place est en plein réaménagement. A voir : le Marx-Engels-Forum, le Rotes Rathaus (l'hôtel de ville en brique rouge qui porte aussi son nom pour les opinions politiques de ses anciens conseillers municipaux) et sa fontaine néobaroque de Neptune, mais surtout la Fernsehturm (la tour de télévision) haute de 365 m. Il est possible d'y monter et d'admirer la ville dans une sphère mobile effectuant un tour complet en une heure ; il est d'ailleurs conseillé pour s'éviter de longues minutes de queue de réserver son billet VIP sur le site Internet www.tv-turm.de.

▶ **Nikolaiviertel :** ce minuscule quartier de la ville, pittoresque et semblant être hors du temps, vaut le détour, tant pour son architecture que pour sa quiétude. Cet endroit était jusqu'au XIXe siècle le lieu des exécutions publiques. Sachez toutefois que les bâtiments actuels ont été totalement remodelés par le régime de la RDA. A voir : l'église Saint-Nicolas (Nikolaikirche). Il est agréable d'y rester pour manger et boire un verre en profitant des terrasses en été des différents établissements du quartier.

Samedi : Potsdamer Platz, sur les traces du mur de Berlin et Prenzlauer Berg

Pourquoi ne pas commencer la journée par un musée avant que les files d'attente ne se forment ? Vous avez le choix au Kulturforum, derrière la Potsdamerplatz, entre la Neue Nationalgalerie qui accueille des expositions temporaires assez renommées et les collections d'art allemand après 1945, ou la Gemäldegalerie, la galerie de peintures rassemblant des pièces du XIIIe au XVIIIe siècle. Après la visite, flânez dans le quartier de Potsdamer Platz. Jetez un œil à la salle de concerts du Philarmonie, à l'architecture spécialement étudiée pour une sonorité parfaite.

INVITATION AU VOYAGE

L'ange doré de la colonne de la Victoire (Siegessäule).

Vous pouvez vous restaurer dans l'enceinte du Sony Center au Lindenbraü, une brasserie bavaroise aux prix raisonnables. L'après-midi vous mettra sur les traces du mur de Berlin. Trois pans de Mur sont d'ailleurs placés sur la Potsdamer Platz avec des écriteaux explicatifs sur ce qu'ont été le Mur et son tracé. Pour approfondir le sujet, rendez-vous à l'emplacement du Checkpoint Charlie, où une exposition extérieure est installée, excellemment bien documentée. A côté se trouve le musée de la guerre froide : Museum am Checkpoint Charlie. Vous pouvez depuis la Potsdamer Platz le rejoindre à pied en descendant la Leipzigerstraße puis en prenant la Friedrichstraße sur votre droite. Le musée se trouve juste derrière le Checkpoint Charlie. Pour avoir une autre vision du Mur, rendez-vous à Warschauer Str. (U1) et longez l'East Side Gallery sur Mühlenstraße. En 2009, pour célébrer les 20 ans de la chute du Mur, des artistes se sont exprimés sur ce tronçon d'un kilomètre. Enfin, rendez-vous au mémorial du Mur, Bernauer Straße (U8), où un tronçon est conservé, avec la configuration de l'époque. Terminez votre journée en flânant dans Prenzlauer Berg. Où dîner ? En été, vous pouvez vous installer dans les Mauerpark ou dans un Biergarten (le Prater par exemple), en hiver, réfugiez-vous dans les nombreux restaurants et bars autour de la Kastanienallee. La vie nocturne du quartier regorge de possibilités, à vous de choisir selon vos goûts : bar, cinéma, complexe culturel, clubs...

Dimanche : Tiergarten, Mitte, l'île aux Musées et Gendarmenmarkt

La dernière journée commence avec une visite de la Siegessäule (colonne de la Victoire), symbole des nombreux triomphes de l'Empire prussien, qui se situe en plein milieu de Tiergarten. Pour une vue de Berlin admirable, ne pas hésiter à gravir les 285 marches. D'en haut, on peut apercevoir, entre autres, le château de Bellevue, résidence officielle du président de la République, ainsi que les bâtiments de la Chancellerie. Pour le même type de panorama, vous pouvez aussi accéder gratuitement à la superbe coupole du Reichstag, (en réservant au préalable via le site Internet www.bundestag.de). Admirez ensuite la porte de Brandebourg (Brandenburger Tor) et la Pariser Platz, avant d'accéder au boulevard Unter den Linden, le grand boulevard commercial de la ville. En continuant, on arrive sur la Bebelplatz, où se trouve le mémorial de l'Autodafé, une plaque de verre rappelant l'endroit où les nazis brûlèrent des livres. De part et d'autre de la place, on peut admirer la Bibliothèque nationale, l'université Humboldt où Karl Marx étudia, l'ancienne bibliothèque, le Staatsoper (Opéra), la cathédrale Sainte-Edwige, le Konprinzenpalais (le palais du prince héritier où fut signée l'unification de l'Allemagne le 31 août 1990), la Neue Wache (la Nouvelle Garde), dans laquelle se trouvent le mémorial aux victimes du fascisme et du militarisme et le musée de l'Histoire allemande. Après avoir franchi la Spree, vous atteignez l'île aux Musées, classée patrimoine de l'Unesco, abritant des musées majeurs et le Berliner Dom (la cathédrale). Après cette longue marche, se rendre sur le Gendarmenmarkt pour boire un verre. Là se trouvent les deux cathédrales jumelles – le Französischer Dom et le Deutscher Dom – face à face, ainsi que le théâtre musical.

Séjours longs

Au cours de ce séjour, vous pouvez consacrer une journée, ou plus, à chacune des facettes de Berlin. N'hésitez pas à adapter ces journées à vos envies, en les prolongeant ou en rajoutant une journée shopping !

Le Berlin classique

Les monuments de l'île des Musées, de Unter den Linden, du Gendarmenmarkt mais aussi le château entièrement rénové de Charlottenburg et ses alentours rappellent les splendeurs de l'époque prussienne. Pour cela, débutez votre journée en visitant le complexe de Charlottenburg, son château, mais surtout le parc qui recèle des bâtiments tout aussi charmants. Les alentours du site regorgent de maisons bourgeoises imposantes. Ensuite, traversez le Tiergarten et baladez-vous le long d'Unter den Linden jusqu'à l'île des Musées. Le musée de l'Histoire allemande (Deutsches Historiches Museum) permet aussi de se rafraîchir la mémoire sur l'histoire du pays. Terminez votre journée en dînant à proximité du Gendarmenmarkt, une des plus belles places de Berlin.

Le Berlin architectural

Les fans d'architecture seront comblés à Berlin, que ce soit par le quartier des ambassades à la sortie du Tiergarten, les alentours de la Potsdamer Platz et de la Friedrichstraße, ou par la gare centrale, la Hauptbahnhof, inaugurée en 2006. Un conseil, grimpez sur la plate-forme panoramique, l'Aufsichtsplatform du bâtiment Kolhoff à la Potsdamer Platz, pour la vue. Il peut aussi s'agir d'admirer les rénovations des casernes d'ouvriers, les Mietkaserne de Prenzlauer Berg, ou de visiter les archives du mouvement du Bauhaus (Klingelhöferstr.). L'idéal pour découvrir l'architecture est, non seulement d'être très attentif tout au long de votre séjour, mais aussi de faire une balade sur ce thème, que ce soit une visite guidée, les circuits de la brochure de l'office du tourisme de Berlin intitulée Follow Me, ou encore les balades que nous proposons dans ce guide.

Le Berlin des années hitlériennes et de la Seconde Guerre mondiale

Les monuments évoquant cette période sont très nombreux à Berlin. Le mémorial de l'Holocauste, près de la Potsdamer Platz, sera votre point de départ. Derrière la Potsdamer Platz, le très complet mémorial de la résistance allemande (Gedenkstätte Deutscher Widerstand) sur la Stauffenbergstraße, nos 13-14 (à côté du Kulturforum) nous montre une autre facette de la guerre. En descendant la Stresemanstraße depuis la Potsdamer Platz, allez voir l'exposition « Topographie des Terrors » sur la répression en Allemagne, installée le long des vestiges de l'ancien bâtiment annexe de la Gestapo. En face de l'exposition se dresse l'actuel ministère des Finances, ministère de l'Aviation à l'époque du IIIe Reich. Enfin, trois heures ne seront pas de trop pour découvrir les riches documents du Musée juif (Jüdisches Museum) qui retracent la persécution des juifs depuis le Moyen Age. Une balade dans l'ancien quartier juif de Scheunenviertel (S-Bahn Hackescher Markt) vous fera croiser des plaques commémoratives plus discrètes mais tout aussi poignantes.

Le Berlin côté nature

L'idéal pour découvrir les parcs de Berlin est de louer un vélo. Pour visiter les parcs et les lacs plus à l'extérieur de la ville, il est possible de prendre son vélo dans le S-Bahn (avec le ticket adéquat). Débuter par une balade dans le Tiergarten, qui vous fera croiser la maison des Cultures du monde, abritant diverses manifestations culturelles et surnommée « l'Huître enceinte ». Vous croiserez aussi la résidence du président de la République, le château Bellevue, puis la colonne de la Victoire, rendue célèbre par le film Les Ailes du désir de Wim Wenders. Dirigez-vous vers le renommé zoo berlinois, qui compte quelque 14 000 animaux et a donné son nom à l'ensemble du Park et à la gare Zoologischer Garten, popularisée par le roman Nous, les enfants de la gare Zoo. Si vous préférez les plantes, le jardin botanique se situe à la station de S-Bahn Botanischer Garten. En été, allez plutôt vous baigner dans les quelque 45 lacs de la ville et terminez la soirée par un barbecue.

Le mur de Berlin

Partez sur les traces d'un mur qui a marqué l'histoire de Berlin mais aussi du monde de la guerre froide. Il subsiste encore quelques vestiges – matériels ou comportementaux – plus de vingt ans après sa destruction. Pour se remémorer l'histoire du mur de Berlin et de la guerre froide, le musée du Mur à Checkpoint Charlie (U6 Kochstraße) est l'endroit à voir. Les panneaux explicatifs sont en français, mais les informations sont parfois un peu datées. Le mémorial Gedenkstätte Berliner Mauer (U8 Bernauerstraße) le complète, il fait face à un morceau de Mur classé par les Monuments historiques. Pensez à contourner le Mur pour voir la configuration initiale. A visiter aussi, la chapelle de la Réconciliation, juste à côté du mémorial. Enfin, l'East Side Gallery (U1 Warschauer Str. ou S-Bahn Ostbahnhof) est un témoignage encore différent sur le Mur, rappelant qu'après sa chute, artistes de l'Est et de l'Ouest s'exprimèrent de concert sur ce tronçon de plus d'un kilomètre.

L'Ostalgie

Partez à la recherche des traces de la RDA. Débutez par deux musées à ciel ouvert du régime de l'Allemagne de l'Est. Tout d'abord, la (longue) Karl Marx Allee (SBahn Schillingsstr.), la rue symbolique de Berlin Est. Le régime y faisait défiler son armée chaque année. Un petit musée lui est consacré dans l'enceinte du Café Sybille, au 24, de l'avenue (entrée gratuite). Puis allez vous promener du côté du mémorial soviétique, esplanade impressionnante au sein du parc de Treptow (Sowjetisches Ehrenmal, SBahn Treptower Park). L'après-midi, faites un tour au musée de la Vie quotidienne de la RDA (DDR Museum), au bout de l'Alexander Platz, au niveau du pont de Karl Liebknecht, puis rendez-vous dans la boutique du célèbre Ampelmann qui se trouve dans les Hackescher Höfe (S-Bahn Hackescher Markt). Plus éloigné du centre mais encore accessible en transport en commun, le Gedenkstätte Hohenschönhausen (tram 6 ou 7 jusque Genslerstr.) propose la visite des prisons de la Stasi par d'anciens détenus. Le soir, prenez un verre au bar Die Tagung (Wülichstr. 29 Ubahn Warschauer Str.).

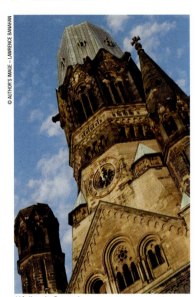

L'église du Souvenir
(Kaiser Wilhelm Gedächtniskirche).

Une journée à Potsdam, le Versailles berlinois

On s'y rend avec la S7 – arrêt Potsdam Hauptbahnhof. Déambulez longuement dans le parc de Sanssouci, vous y trouverez le château certes, mais aussi d'autres bâtiments moins connus et tout aussi attrayants comme l'Orangerie et la Maison chinoise. Vous apercevrez même les édifices de l'université de Potsdam derrière le Nouveau Palais (Am Neuen Palais). Mangez le midi dans un des nombreux cafés du quartier hollandais et faites le plein de souvenirs dans les nombreuses boutiques d'artisans de ce quartier pittoresque. A voir pour l'après-midi, le Filmmuseum, Im Marstall, en plein centre-ville, qui retrace l'histoire des studios de Babelsberg. Studios à proximité dont on ne peut visiter que la partie parc d'attractions. N'hésitez pas à faire la balade en bateau qui part du Lustgarten devant le bar El Pueblo.

Le Berlin de la diversité

Difficile de prétendre découvrir la diversité de Berlin en une journée, vous la ressentirez plutôt au fil de votre séjour. Toutefois, il peut s'agir de découvrir des lieux alternatifs, comme le complexe culturel du RAW Tempel (Revaler str., U- ou S-Bahn Warschauer Str.), qui, dans les anciens bâtiments de la RATP berlinoise, propose différents bars, salles de concert, cours de sport et boîtes de nuit. Découvrez aussi les Weinerei (une se trouve au croisement de la Veteranstr. et de la Fehrberlinerstr. U8 Rosenthalerplatz) où, pour un euro, on reçoit un verre et l'on se sert à boire à volonté. Vous devez, avant de partir, déposer dans un vase la somme pour laquelle vous pensez avoir bu. Allez aussi faire un tour au marché turc du Landwehrkanal (U-Bahn Kottbusser Tor) le mardi ou le vendredi en fin d'après-midi. La variété des produits présentés et des langues parlées illustre bien la mixité culturelle de Berlin.

Séjours thématiques

À la découverte de l'architecture

▶ **Jour 1 : l'héritage prussien.** Débuter cette découverte de l'architecture prussienne à la station de U-Bahn Stadtmitte. Vous êtes alors à deux pas de Gendarmenmarkt, considéré par beaucoup comme la plus jolie place historique de Berlin. Ici se dressent les deux cathédrales symétriques, le Deutscher et Französische Dom. Entre elles, la salle de concert, la Konzert Haus. Rejoignez ensuite le Forum Friedericianum, place qui donne sur Unter den Linden. Sous la régence de Friedrich II, on prévoyait un imposant ensemble de bâtiments autour de l'actuel Bebelplatz. C'est le maître constructeur Georg Wenzeslaus von Knobelsdorff qui exécuta les travaux dont l'édification d'un palais, le palais Prinz Heinrich, d'un opéra, le Staatsoper, et de la bibliothèque de l'Académie. En face se trouve la Neue Wache, l'ancien poste de garde du dépôt de munitions, aujourd'hui mémorial aux Victimes de la guerre. Le bâtiment voisin est l'Arsenal, la Zeughaus, qui abrite le Musée historique allemand. Traversez ensuite la Spree par le Schlossbrücke, un des ponts les plus étonnants de Berlin, notamment par le travail réalisé pour les bas-reliefs. Vous rejoignez alors l'île des Musées, siège des plus grands musées de la capitale : l'Altes Museum, l'Alte Nationale Galerie, le Pergammon Museum, le Bode Museum et le Neues Museum qui a rouvert ses portes en octobre 2009 après des travaux de rénovation. Si l'après-midi n'est pas trop avancé, allez visiter l'un de ces musées. Le soir, admirez la Brandenburger Tor illuminée.

▶ **Jour 2 : le Gründerzeit du tournant du XXe siècle.** Débutez cette journée à la station de S-Bahn de Hackescher Markt pour découvrir les bâtiments du quartier qui rappellent le tournant du siècle et l'urbanisation accélérée de Berlin. Le tissu urbain s'est alors densifié, privilégiant un habitat mixte où les cours abritaient ateliers, usines, habitations et lieux de divertissement. S'il y a autant de cours intérieures à Berlin (*Hinterhöfe*), cela s'explique par le fait que l'impôt était calculé sur la surface de la façade donnant sur la rue. Dans la Rosenthalerstr., on voit l'ancien Grand Magasin Wertheim construit en 1903 par Messel. De la Rosenthalerstr., accédez aux Hackescher Höfe. Ici, Kurt Berndt et August Endell s'associèrent pour réaliser en 1906 un bâtiment qui s'organise autour d'une cour principale où sont installés différents commerces, et dont la façade est un bel exemple de ce que fut l'Art nouveau en Allemagne. Pour avoir une idée de ces cours avant rénovation, jetez un œil à la cour voisine, la Haus Schwarzenberg. Le long de la Oranienstr., autre exemple d'*Hinterhof*, le Kunsthof au n° 27, puis au n° 32, une ancienne usine de margarine, les *Heckmannhöfe*. Continuez jusqu'à la Rosa Luxemburg Platz et le cinéma Babylon. Conçu durant la période des grandes réformes sur l'habitat (1928-1930), cet ensemble de bâtiments s'inscrit parfaitement dans le style des années 1920 en Allemagne, avec notamment la prédominance de lignes verticales et les façades arrondies aux angles. Pour clore cette journée, allez admirer les Mietkasern de Prenzlauer Berg notamment le long de la Rykestraße, de la Oderbergerstraße, etc.

▸ **Jour 3 : l'après-guerre à l'Ouest.** Dans le quartier du Zoologischer Garten, on admirera l'ancien centre commercial en face de la gare, le Zentrum am Zoo. En 1956-1957, le projet était de construire un grand centre de mode pour les femmes et ce, grâce à l'argent reçu du plan Marshall. Le Zoo Palast à proximité a été lui construit en 1957 sur le terrain qui accueillait le UFA-Palast Cinéma. Toujours sur le chemin vous menant à la Breitscheidplatz, juste avant l'église, admirez la Bikini Haus, construite également entre 1956 et 1957, d'après les plans de Paul Schwebes et Hans Schoszberger. A l'origine, ils n'avaient pas prévu un troisième étage pour le bâtiment, il était divisé entre le haut et le bas par un niveau fait de colonnes. C'est la raison pour laquelle les Berlinois l'appelèrent le Bikini. En 1978, le niveau manquant fut ajouté afin d'y accueillir un nouvel espace destiné à des expositions d'œuvres d'art. Arrivé sur la place, observez l'église du Souvenir, la Gedächtniskirche. La construction en 1961 de cet édifice moderne, intégrant les ruines du mémorial du Kaiser Wilhelm, fit grand bruit. Une exposition est installée à l'intérieur des ruines. L'Europa Center en face fut construit entre 1963 et 1965 d'après les plans des architectes Helmut Hentrich et Hubert Petschnigg. L'esthétique de ce monumental centre commercial est très discutable aujourd'hui, mais il brillait à l'époque par l'audace de son modernisme. Pour l'après-midi, sautez dans le bus 200 pour rejoindre le Kulturforum. Descendez à l'arrêt Philarmonie pour admirer cette salle de concerts à l'architecture originale et à l'acoustique exceptionnelle (visite possible mais sur réservation préalable). Le Kulturforum a été entièrement réalisé durant les années 1950 et abrite aujourd'hui de nombreux musées comme la Neue National Galerie qui accueille des expositions temporaires renommées et le Kunstgewerbemuseum, le musée d'Arts décoratifs.

▸ **Jour 4 : l'après-guerre à l'Est.** Cette journée vous mènera sur les traces d'une architecture imposante et parfois glaciale dont le meilleur exemple est la Stalinallee, aujourd'hui renommée en Karl Marx Allee. Débutez la balade à la station Frankfurter Tor avec les deux minarets qui prennent exemple sur les cathédrales du Gendarmenmarkt. Parcourez ensuite les quelques kilomètres de l'avenue. Cette réalisation pharaonique est incontestablement le plus important témoignage de l'urbanisme tel qu'il était envisagé à l'époque, en Allemagne de l'Est. Cette avenue fut désignée comme la première avenue socialiste, car elle devait accueillir les membres de toutes les classes à vivre ensemble, en harmonie. Soyez attentif au cinéma Kino International au niveau de la station de Schlillingstraße ainsi qu'au Café Moskau en face. Le café Sybille vous offrira une halte réconfortante dans cette longue marche, il abrite une petite exposition sur l'histoire de l'allée. Enfin, rentrez dans la Karl Marx Buchhandlung, librairie mythique. Une fois arrivé à l'Alexanderplatz, observez l'œuvre de Hermann Henselmann, la Haus des Lehrers. La frise de près de 125 m de longueur fut réalisée par Walter Womacka. Celle-ci représente les différentes sciences et techniques qui seront enseignées ou étudiées. La Fernsehturm fut, elle, construite entre 1965 et 1969 par les architectes Dieter Fritz, Günter Franck et Werner Ahrand. Terminez la balade dans le Nikolaïviertel, reconstruction du quartier médiéval par le gouvernement est-allemand à l'occasion du 750e anniversaire de la ville. La balade se termine là car il n'est plus possible d'admirer le Palast der Republik, entièrement détruit, qui était également un bel exemple d'architecture d'après-guerre.

▶ **Jour 5 : le Berlin moderne.** Vous consacrerez la matinée à la Potsdamer Platz et ses gratte-ciel. Sont particulièrement intéressants les bâtiments du Sony Center dont le toit représente le volcan du Fujiyama, clin d'œil aux origines de Sony. Ils abritent notamment le musée du Cinéma allemand ainsi que quelques multiplexes. Continuez ensuite soit en direction du nord du Tiergarten admirer les nombreuses ambassades de la Hiroshima Straße et des rues environnantes. Sinon, longez l'Ebertstraße jusqu'au Reichstag. Arrêtez-vous quelques instants au mémorial aux Juifs assassinés. Une fois arrivé au Reichstag, déambulez le long de la Spree pour admirer les nouveaux bâtiments gouvernementaux et la nouvelle gare centrale, tous fruits de la vague architecturale moderne des années 1990-2000.

Les années hitlériennes et la guerre

▶ **Jour 1 : les années hitlériennes.** On commence sur la Bebelplatz (proche de Unter den Linden) où se trouve le mémorial de l'Autodafé, une plaque de verre rappelant l'endroit où les nazis brûlèrent des livres en 1933. Puis direction le Reichstag, sur la place de la République (Platz der Republik), siège du Parlement qui fut partiellement incendié le 27 février 1933 par des militants d'extrême droite. Il a, depuis, été reconstruit et il est possible de visiter gratuitement la coupole. De là, on se rend à la porte de Brandenburg, sur laquelle se trouve le quadrige conduit par la Victoire, initialement tournée en direction de la ville, en signe de paix, et qu'Hitler fit déplacer vers l'extérieur, comme signe de conquêtes. A côté de la porte de Brandenburg, sous le mémorial de l'Holocauste, se trouvait le bunker d'Hitler (où il se serait suicidé). Les entrées ont été bouchées à renfort de béton, on ne peut donc pas le visiter. Continuez sur la rue du 17-Juin, vers la Siegessäule. Cette colonne initialement située sur la Königsplatz, en face du Reichstag – et symbolisant les différentes victoires de l'Empire prussien – fut déplacée jusqu'à sa place actuelle en 1938 par Hitler. Son but était de l'installer sur un axe très passant (entre Unter den Linden et le parc des Expositions) afin d'affirmer le triomphe de l'Allemagne. Enfin, poussez encore plus à l'ouest jusqu'à l'Olympiastadion et la Waldbühne, construits sous Hitler et reflets de l'architecture et de la démesure nazies. C'est dans ce stade qu'eurent lieu les Jeux olympiques de 1936.

▶ **Jour 2 : la guerre.** La visite commence sur Unter den Linden, à la Neue Wache – transformé en mémorial pour les victimes de la guerre et de la dictature. Puis se rendre sur la Stresemannstraße, au n° 110 où, dans l'ancien bâtiment annexe de la Gestapo, se situe l'exposition permanente « Topographie des Terrors » portant sur la répression en Allemagne. Continuez vers Potsdamer Platz, en passant par le Stiftung Denkmal für die ermordeten Juden Europas (mémorial en l'honneur des juifs assassinés d'Europe) et allez voir le mémorial de la Résistance allemande (Gedenkstätte Deutscher Widerstand) sur la Stauffenbergstraße, n°s 13-14 (à côté du Kulturforum). Là se trouvent aussi un monument en rappel de l'attentat manqué contre Hitler (dans la cour) ainsi qu'une exposition permanente sur la résistance allemande au régime nazi (au 2e étage). Enfin, on se rend à l'église du Souvenir (Kaiser-Wilhelm-Gedächtniskirche) sur la Breitscheidplatz (U-Bahn Zoologischer Garten ou Kurfürstendamm). Construite en mémoire du fondateur de l'Empire allemand, elle fut à moitié détruite par les bombardements de 1943. Elle sert maintenant de monument commémoratif contre la guerre. De là, dirigez-vous vers l'aéroport de Tegel afin de visiter le mémorial de Plötzensee. Il se trouve dans la Hüttigpfad. Il s'agit d'une ancienne prison où furent torturés et exécutés des centaines d'opposants politiques et de résistants entre 1933 et 1945. Sur place, on trouve de bonnes brochures explicatives dans plusieurs langues.

▶ **Jour 3 : la guerre (bis).** Se rendre à Wannsee avec la S1. Visitez la Haus der Wannsee Konferenz, sur Grossen Wannsee 56-58 (prenez le bus n° 114 jusqu'à Haus der Konferenz, à la sortie de la S-Bahn). C'est là qu'eut lieu la conférence du 20 janvier 1942 sur la solution finale. Entrée gratuite. Puis allez à Potsdam avec la S7 afin de visiter le mémorial Lindenstraße 54, qui se trouve au 54-55 de la Lindenstraße, dans le Potsdam-Museum. Ce fut une prison pour opposants politiques pendant la période nazie, et on y trouve maintenant un centre de documentation sur la justice politique à Potsdam. En profiter pour visiter l'ancienne prison du KGB sur la Friedricht Ebert Straße 53, à Potsdam.

▶ **Jour 4 : la guerre (ter).** Le mémorial de Sachsenhausen, à Oranienburg, sur la rue des Nations. Pour s'y rendre, prendre la S1 en direction de Oranienburg et marcher un peu. C'est un camp de concentration datant de 1936 et qui servira de modèle pour les autres camps. Il fut en activité jusqu'en 1945 et « accueillit » plus de 200 000 personnes de toute l'Europe. Il devint ensuite un camp d'internement sous l'occupation soviétique.

▶ **Jour 5 : les témoignages soviétiques.** Sur l'avenue du 17-Juin se trouve le mémorial en l'honneur des soldats soviétiques tombés lors de la Seconde Guerre mondiale. De là, prenez la S9 depuis Friedrichstraße en direction de Schönefeld, descendez à Treptower Park pour y visiter le mémorial soviétique en l'honneur des soldats de l'Armée rouge tombés en 1945 et à la gloire de Staline. On se rend ensuite dans Lichtenberg pour visiter le musée de Berlin-Karlshot (Gedenkstätte Berlin-Karlshot). Il s'agit de la caserne dans laquelle s'installa le quartier général de l'Armée rouge à la fin de la Seconde Guerre mondiale. C'est là que fut signée, le 8 mai 1945, la capitulation sans condition de l'Allemagne nazie.

Le mur de Berlin et la division de la ville

▶ **Jour 1 : le Mur.** Le circuit commence à la Bernauerstraße, entre l'Ackerstraße et la Bergstraße (U-Bahn 5 : Bernauerstraße) où un morceau de Mur est classé monument historique. Un mémorial y a été inauguré en 1998. À côté se trouve la chapelle de la Réconciliation, construite à la place de l'église de la Réconciliation qui fut détruite par les troupes frontalières en 1985. En face se trouve le centre de documentation sur le Mur (entrée gratuite). Ensuite, allez à Mauerpark, sur la Eberswalder Straße. C'était auparavant un no man's land qui longeait le Mur. Puis, on se rend à la East Side Gallery, sur Mülen Straße (S-/U-Bahn : Warschauer Straße) où se trouve plus d'un kilomètre du Mur illustré par des artistes internationaux en 2009 pour célébrer les 20 ans de la chute du Mur. Allez voir le mirador, sur la Schlesische Straße (U-Bahn Schlesische Tor). Descendez ensuite jusqu'à la station de S-Bahn Marienfelde pour visiter le musée des Réfugiés allemands de Marienfelde. Ensuite, allez voir la cloche de la Liberté, place J-F-Kennedy (U-Bahn Rathaus Schöneberg) d'où JFK lança son célèbre « Ich bin ein Berliner ».

▶ **Jour 2 : le Mur (bis).** Direction le musée du Mur, appelé Haus Am Checkpoint Charlie, sur la Friedrichstraße, au n° 44 (U-Bahn Kochstraße ou Stadmitte). Après 2 ou 3 heures dans ce musée, vous saurez tout sur le Mur depuis sa construction jusqu'à sa chute. Explications en français. Sur la Niederkirchnen Straße se trouvent quelques mètres de Mur à voir. Allez ensuite admirer la Potsdamer Platz, nouveau centre de la ville et emblème de l'architecture moderne à Berlin. Remontez vers la porte de Brandebourg (Brandenburger Tor), longtemps considérée comme le symbole de la division allemande. Un peu plus au nord, non loin du Reichstag, on peut voir des couronnes en commémoration des personnes abattues en tentant de franchir le Mur (une double ligne de pavés indique l'emplacement du Mur). Terminez ensuite dans le Invaliden Friedhof (cimetière des Invalides), sur la Scharnhorststraße, une perpendiculaire à la Invalidenstraße. Ce cimetière était traversé par le Mur, des tombes ont été déplacées et l'accès interdit au public.

▶ **Jour 3 : à l'est.** Débutez par la Gethsemanekirche, Stargarden Straße 77, U-Bahn Schönhauser Allee, église où commença la résistance au régime de la RDA. Puis allez visiter le mémorial de Hohenschönhausen, sur la Genslerstraße 66 (tram n° 6 ou 7 jusque Genslerstrasse). Ancienne prison de l'époque soviétique et de la RDA qui accueillit entre 1945 et 1946 entre 10 000 et 20 000 prisonniers, dont beaucoup sont morts, en mars 1951, ce lieu devint un des quartiers généraux de la Stasi (ministère de la Sécurité nationale) où ont été torturés de nombreux suspects. Terminez par le mémorial de Normannenstraße. Ancien quartier général de la Stasi, ce lieu est maintenant un centre de recherche et de commémoration de la résistance allemande.

▶ **Jour 4 : au sud, le blocus de Berlin.** Le Luftbrücke, à Tempelhof. A côté de l'aéroport (sur la place) se trouve un monument commémoratif rappelant le pont aérien effectué pendant le blocus de Berlin-Ouest (de juin 1948 à mai 1949). Cet arc est complété par son autre moitié qui se trouve dans les environs de Francfort-sur-le-Main où l'on peut l'apercevoir depuis l'autoroute. Le musée des Alliés (cinéma Outpost, Clayallee 135, U-Bahn Oskar-Helene-Heim). Situé dans l'ancien cinéma de l'armée américaine, c'est un musée expliquant le rôle de la France, la Grande-Bretagne et des Etats-Unis pendant l'après-guerre.

Jour 5 : la vie sous la RDA. Débutez par deux musées à ciel ouvert du régime de l'Allemagne de l'Est. Tout d'abord, la (longue) Karl Marx Allee (S-Bahn Schillingsstr.), la rue symbolique de Berlin-Est. Le régime y faisait défiler son armée chaque année. Un petit musée lui est consacré dans l'enceinte du Café Sybille, au 24, de l'avenue (entrée gratuite). Puis, allez vous promener du côté du mémorial soviétique, esplanade impressionnante au sein du parc de Treptow (Sowjetisches Ehrenmal, S-Bahn Treptower Park). L'après-midi, faites un tour au musée de la Vie quotidienne de la RDA au bout de l'Alexander Platz, au niveau du pont de Karl Liebknecht.

Le relais des parcs et châteaux

Jour 1 : lac et château de Tegel. Un lac des plus agréables en été, pour se baigner, faire de la barque ou du pédalo ou tout simplement flâner. En remontant vers le nord, on arrive au château de Tegel, au n° 19 de l'Adelheid Allee, de style Renaissance.

Jour 2 : Charlottenburg. Le parc du château de Charlottenburg : l'un des châteaux les plus vieux de Berlin. Il fut construit pour la reine Sophie Charlotte entre 1695 et 1699 et agrandi en 1701 pour le couronnement de Frédéric Ier. Dans le parc du château se trouvent un mausolée, un belvédère, ainsi que des jardins à la française. Le zoo : ouvert tous les jours dès 9h et jusqu'à 18h30 au plus tard. Datant de 1844, il accueille près de 13 000 animaux sur 35 ha. On peut aussi visiter un aquarium.

Jour 3 : du vélo dans Berlin. Treptower Park : entre la Puchkin Allee et Am Treptower Park, c'est un grand parc agréable. Un passage permet de rejoindre la presqu'île de Stralau. Un chemin aménagé pour les vélos en fait le tour. Une bonne balade en perspective. Si l'on part de l'autre côté en longeant la Spree, on peut faire un tour sur l'île de la Jeunesse (Insel der Jugend) ou dans le Plänterwald, autour du Spreepark, ancien parc d'attractions.

Jour 4 : le sud de Berlin. Le Viktoria Park : parc de 16 ha en plein centre de Kreuzberg. On y trouve aussi une magnifique cascade, autour de laquelle il est agréable de se promener, et de grandes étendues d'herbe où il est agréable de s'allonger en été. Le Jardin botanique : un des plus grands jardins botaniques du monde. Sur 42 ha, on peut admirer plus de 20 000 sortes de plantes différentes, dont des plantes tropicales et carnivores.

Jour 5 : Wannsee et Glienicke. Pfaueninsel (l'île aux Paons) et son château (SBahn Wannsee puis bus A16 jusqu'au ferry). Sur cette île se trouve le petit château de bois construit entre 1794 et 1796 par Brendel, le charpentier royal de Potsdam. Il était auparavant entouré de vaches paissant tranquillement, elles ont été remplacées pour raison esthétique par des paons. Schloss und Park Glienicke (S-Bahn Wannsee puis bus n° 116 jusqu'à Glienicker Brücke). Reconstruit en 1826 par Schinkel pour le prince Charles de Prusse, le château est de style italien. L'entrée du château est dominée par la fontaine aux Lions, fortement inspirée de la Villa Medicis de Rome. Le parc, particulièrement joli et romantique, est de Lenné.

Jour 6 : Potsdam. Parc et châteaux de Sanssouci. Le château de Sanssouci – encore appelé le Petit Versailles – était la résidence secondaire de Frédéric le Grand. Ce petit château de douze pièces seulement fut construit entre 1745 et 1747 par Knobelsdorff. Dans le parc très vaste, on peut visiter le Neues Palais, le Neue Kammern, l'Orangerie, la Chinesische Haus, la Bildergalerie, le Schloss Charlottenhof et les Römische Bäder.

Jour 7 : Potsdam. Parc et château de Babelsberg. Le château de Babelsberg fut construit dès 1833 d'après les plans de Schinkel. Ce fut la résidence secondaire du roi Guillaume Ier pendant plus de 50 ans. Les plans du parc furent dessinés par Lenné en 1833. On trouve aussi une tour datant de 1856 du haut de laquelle on peut observer la ville. Neuer Garten – Schloss Cecilienhof et Marmorpalais. Au nord-ouest de Potsdam, le Nouveau Jardin, construit sur la demande de Frédéric-Guillaume II en 1786, accueille le château de Cecilienhof et le palais de Marbre. C'est à Cecilienhof qu'eut lieu la conférence de Potsdam de 1945 entre les vainqueurs de la guerre.

Jour 8 : tour dans la forêt de Grünewald. La forêt et le pavillon de chasse de Grünewald. Construit au bord du lac de Grünewald, au milieu de la forêt, ce pavillon date de 1542 et est le plus ancien château de Berlin. Aujourd'hui, c'est un musée de Peintures. Teufelsberg – la montagne du Diable – est une montagne artificielle de 115 m de hauteur, constituée à partir des gravats d'après-guerre. On peut la descendre en VTT ou même à ski.

DÉCOUVERTE

Berlin Plage au bord de la Spree.
© SIEGFRIED STOLTZFUSS - ICONOTEC

Berlin en 30 mots-clés

Ampfelmann
Le célèbre petit bonhomme marquant la circulation pour les piétons est devenu l'emblème de Berlin. Il fut créé en 1961 par un psychologue qui estimait que cette figure sympathique rendrait les usagers plus enclins à respecter son signal. Instauré d'abord à Berlin-Est, il fut ensuite utilisé dans toute la RDA. A la chute du Mur, la municipalité voulut le remplacer par les classiques feux pour piétons de l'Ouest, mais il fut ardemment défendu. Il fut donc maintenu et, à partir de 1997, il fut même instauré dans certains quartiers de Berlin-Ouest. C'est aujourd'hui une véritable mascotte déclinée sur de nombreux souvenirs touristiques.

Architecture
Après la réunification de la ville, l'architecture contemporaine a eu tout le loisir d'investir les anciens no man's land autour du Mur pour des réalisations aussi impressionnantes que la Potsdamer Platz ou la Friedrichstraße. Les nouvelles ambassades dans le Tiergarten ont aussi fait l'objet de réussites architecturales. Mais l'architecture à Berlin n'est pas que moderne, loin de là. On appréciera l'architecture prussienne le long d'Unter den Linden, celle un peu moins esthétique de l'Allemagne de l'Est avec comme exemple le plus frappant, la Karl Marx Allee. Enfin, les Mietkaserne, ces immeubles ouvriers de Prenzlauer Berg, et les arrière-cours de Mitte pourront faire l'objet de promenades architecturales des plus agréables.

Beaux jours
Quittant son image de ville froide et pluvieuse soumise aux vents de Sibérie, Berlin renaît en été pour devenir une des plus agréables villes d'Europe. La capitale adopte enfin un climat clément, sans risque de canicule, seulement des températures estivales et un soleil assuré. Berlin se transforme alors : les habitants qui avaient disparu pendant l'hiver se retrouvent pour s'installer en terrasse. Il est l'heure de sortir les barbecues pour faire des grillades dans les parcs, qui deviennent vite pleins. Tout comme les lacs aux alentours de la cité qui sont pris d'assaut le week-end. Les piscines en plein air (*Freibad*) ouvrent leurs portes de même que les cinémas en plein air (*Freiluftskino*) et les *Strandbar* (bars en plein air). L'été est la meilleure période pour visiter Berlin, qui déploie ainsi ses plus beaux atours.

Bière
La bière est une boisson de prédilection à Berlin – comme dans toute l'Allemagne d'ailleurs. Bien que les fêtes de la bière aient lieu dans le sud de l'Allemagne – à Munich ou à Stuttgart –, Berlin n'est pas en reste et la bière ici aussi coule à flots. Il est ainsi courant de célébrer la fin de la journée de travail par un verre de bière, il s'agit du *abendfeierbier*. Une spécificité berlinoise est la Berliner Weisse, bière légère et généralement servie avec du sirop de framboise (rouge) ou de petit muguet (Waldmeister, vert) et deux pailles. Sachez toutefois que cette bière est en fait bue essentiellement par les touristes, les locaux préférant la Berliner Pilsner (bière blonde à fort goût de houblon), la Beck's originaire de Hamburg ou la Weissbier originaire de Bavière. Enfin, ne vous étonnez pas de voir des gens boire leur bouteille de bière dans le métro. Il s'agit tout bêtement de la traditionnelle *Bier unterwegs* (bière en chemin). En se rendant au bar ou en soirée, il est ici habituel de prendre une bouteille pour la route, histoire de se mettre en jambe.

Bio
Bien avant les autres pays européens, le consommateur allemand réfléchi (et à l'aise financièrement) a commencé à s'intéresser à l'étiquetage de ses produits. Une bonne partie des classes moyennes supérieures a une approche assez hygiéniste de l'alimentation et de la consommation en général et les enseignes bio, du supermarché au restaurant, sont bien établies à Berlin.

Brunch
Tradition dominicale des Berlinois : le brunch (assez similaire pour les Allemands au *Frühstück* – petit déjeuner – quotidien).

Servi dans la plupart des cafés et restaurants jusqu'en milieu d'après-midi, il est le moment de repos du clubber berlinois mais aussi le rendez-vous des familles. Végétarien ou non, brésilien, indien ou typiquement allemand (muesli, petits pains, fromage et charcuterie), le buffet sera plus ou moins garni et plus ou moins cher. Les boissons sont rarement comprises. On en trouve déjà de très bons à partir de 3 €, autour de 6 € et plus pour les meilleurs, c'est-à-dire les plus élaborés (salades diverses) et les plus fins. Il est de bon ton de rester quelques heures attablé à voir défiler les plats du buffet, à se resservir copieusement, le principe de ces brunchs étant le buffet à volonté. Dès lors, les activités du dimanche après-midi sont réduites, souvent à une promenade dans un parc ou un petit tour au marché aux puces (*Flohmarkt*), moments propices à la digestion.

Bundestag

Berlin a retrouvé son statut de capitale politique et, depuis 1998, le Parlement allemand (Bundestag) est retourné dans les locaux historiques du Reichstag. Au cours des dix dernières années, le centre-ville autour de la place de la République a ainsi été aménagé, et de nombreux édifices se dressent aujourd'hui là où autrefois se trouvait l'espace désertique du Mur : la chancellerie fédérale, les bâtiments de la conférence de presse ainsi que la nouvelle gare centrale se sont installés autour de l'énorme esplanade du Bundestag-Reichstag qui, depuis, est un des lieux les plus spectaculaires de Berlin.

Créativité

Membre européen du réseau des Villes créatives dans le cadre de l'Alliance globale pour la diversité culturelle de l'Unesco depuis 2005, Berlin s'est fait une place de choix dans le monde très sélect du design. Près de 12 000 Berlinois travaillent dans cet univers, que ce soit dans la mode, le design de produits et de meubles, l'architecture, la photographie ou les arts visuels. Le paysage artistique de Berlin résulte de l'association complexe et paradoxale des deux anciennes scènes, de l'Est et de l'Ouest. Ces dernières, généralement privées et largement entretenues, privilégient évidemment les artistes de renom, dans des atmosphères recueillies, qui permettent aux acheteurs de se concentrer, tandis que celles de l'Est tablent plutôt sur l'expérimentation et la spontanéité. Dans Mitte, le cœur artistique de l'Est où coexistent encore les artistes maudits et les galeristes plus branchés, le paysage est donc nettement plus varié qu'à Charlottenburg, par exemple. Il n'est d'ailleurs pas rare de se promener autour de la Augustastraße ou de Hackescher Markt et de tomber sur des vernissages où DJs, animations et alcool font de l'exposition un événement urbain et joyeux. Donc gardez l'œil lorsque vous sortez, car vous ne manquerez pas de passer devant une des nombreuses galeries de Berlin (250 à peu près, sans compter celles qui sont improvisées pour une seule exposition).

Discipline

Dans le domaine des clichés, il est vrai qu'on a tendance à associer l'Allemagne à la discipline. Sans aller trop loin, vous remarquerez cependant la présence d'une certaine discipline à Berlin. Juste quelques exemples : les Allemands et donc les Berlinois ne traversent que très rarement les rues lorsque le petit bonhomme au passage piéton n'est pas vert. Si vous ne respectez pas cette règle, vous aurez alors affaire à des regards réprobateurs, voire des commentaires désobligeants. Évitez cependant de traverser devant des enfants, alors même que les parents sont en train de les éduquer aux règles de la sécurité routière. De même, bien qu'il n'y ait pas de barrières à l'entrée des transports en commun, chacun achète et composte un titre de transport. Enfin, des initiatives comme les Weinerei, où l'on consomme du vin à volonté et laisse en partant la somme estimée dans un vase, ne pourraient perdurer en France !

Diversité

Berlin est la ville des diversités : de nationalités, de cultures, de religions, Est-Ouest, de quartiers, divers centres-villes… On s'y perdrait presque ! Ainsi, il ne sera pas étonnant de rencontrer toutes origines confondues, depuis les Turcs aux Brésiliens en passant par les Européens, Africains ou Asiatiques. On croisera aussi tout style de personnes, depuis les irréductibles Allemands de l'Est jusqu'aux hommes d'affaires de l'Ouest, en passant par les étudiants ou encore les punks. Diversité des mœurs aussi, dans une ville où l'on se sent libre d'affirmer ses différences et ses préférences amoureuses. Berlin est ainsi une ville favorable à l'ouverture sur le monde et à l'acceptation des différences.

Döner (ou kebab)

Remonter l'avenue de Kottbusserdamm à Kreuzberg depuis Hermanplatz jusqu'à Kottbusser Tor est un véritable hymne au kebab, la densité de vendeurs de *döner* atteignant ici les sommets. Toutefois, sachez que, où que vous vous trouviez à Berlin, vous serez toujours proche d'un endroit où manger un *döner*. La légende veut même que le *döner* ait été inventé à Berlin même, par un jeune immigré turc : Mehmed Aygün. Assez différent de son homologue français, le kebab berlinois semble presque diététique : point de frites graisseuses mais du simple pain pita, des lamelles de viande bien grillées et très peu grasses et des crudités arrosées d'une sauce au choix. Avec ou sans oignons (*mit oder ohne Zwiebeln*) ? Le kebab se déguste dès lors à toute heure de la journée et de la nuit, il n'est pas rare de trouver les vendeurs de kebabs, de Eberswalderstraße à Prenzlauer Berg, assaillis sous les coups de 4h du matin par des clubbers affamés. De plus, ce mets est très peu onéreux (de 1,50 à 3 €), d'où son succès. Un jeu de cartes sur le *döner* de Berlin existe même (www.doenerberlin.de).

Lacs

Vous le remarquerez sans doute en sortant un peu de la ville : les environs marécageux de Berlin sont entourés de nombreux lacs, où il fait bon se balader en automne et au printemps et où, en été, vous pourrez vous baigner et vous rafraîchir. Mais attention : les Berlinois le savent, eux aussi. Dès les premiers beaux jours, ils prennent d'assaut les lacs des environs. Vous aurez alors l'occasion d'assister à des scènes typiquement allemandes, familles et amis rassemblés autour d'un barbecue, qui déjeunent dès 11h30. Si vous aimez la tranquillité, optez pour les lacs au nord de Berlin (Tegel, etc.), bien moins courus que les énormes étangs à l'ouest (Wannsee, etc.).

Liberté

Berlin est le souffle de liberté de l'Allemagne. C'est une ville dans laquelle demeure cette impression que tout est possible, même les choses les plus folles. Ville culturelle, elle fut le rendez-vous des artistes et intellectuels dont beaucoup s'opposèrent aux régimes rigides ou fascistes. Cité d'étudiants, elle possède une population jeune et ouverte au monde. Ville des diversités, elle regroupe des habitants d'horizons divers, ce qui favorise le dialogue et la découverte. Ville de tolérance, elle ne cache pas ses minorités (punks, homosexuels…). Tout cela lui confère une atmosphère de bien-être, de légèreté et de liberté très agréable.

Faire – Ne pas faire : quelques réflexes berlinois

Faire

- **Respecter les règles en matière de circulation** et faire attention aux pistes cyclables. Attendre que le petit bonhomme soit vert pour traverser (vous verrez souvent des piétons patienter cinq minutes avant de traverser une rue sans voiture) et utiliser de préférence les passages cloutés.
- **Laisser un pourboire (*trinkgeld*).** La coutume est d'arrondir l'addition à une somme supérieure et d'annoncer au serveur au moment de l'addition le montant que vous lui paierez, pourboire inclus. Ainsi, il vous rendra la monnaie en conséquence. On ne laisse donc pas le pourboire sur la table !
- **Toujours se munir d'une certaine somme en liquide :** les cartes de crédit ne sont pas toujours acceptées comme moyen de paiement.

Ne pas faire

- **Se vexer** si l'on n'affiche pas une politesse marquée dans les services. Les codes allemands nécessitent moins de sourire et il n'est pas impoli en Allemagne de ne pas en esquisser.
- **Plaisanter sur le nazisme.** Les Allemands évoquent assez volontiers ce sujet sensible, mais pas question de s'en amuser.
- **Faire du charme insistant** à une jolie Allemande. Les rapports de séduction ne sont pas les mêmes que dans les pays latins, et les femmes allemandes se sentent vite oppressées si l'on cherche à leur faire du rentre-dedans.

Mur

Il n'est pas possible de penser à Berlin sans penser au Mur. Construit en une nuit en 1961 pour empêcher les migrations de plus en plus fortes de l'est vers l'ouest, ce mur sépara pendant près de trente années non seulement un pays mais aussi et surtout une ville et des familles. Quelques restes demeurent à Berlin et s'il est une ville où l'on peut voir les différences est-ouest, c'est bien celle-là (même si ces différences s'estompent petit à petit). Symbole du totalitarisme soviétique, il demeure aussi un symbole de l'incompréhension quant à la permissivité des autres pays face à une telle construction.

Naturisme

Si l'on savait déjà que les Allemands faisaient du naturisme au bord de la mer, on sait maintenant qu'ils le pratiquent aussi quand il fait beau dans les parcs de Berlin. En effet, les Allemands, surtout dans les nouveaux Länder à l'est, ont une culture du corps très libérée et peu pudique. La plupart des Allemands de l'Est pratiquaient de façon courante la FKK – Freie Körper Kultur (ou culture du corps libre) – conception de la vie saine en plein air et de la liberté du corps au soleil remontant, d'après les dires, aux années 1920. Ainsi, en plus de se dénuder au bord de l'Ostsee (mer Baltique), beaucoup de Berlinois se dénudent aussi en été dans les parcs de la ville. Enfin, beaucoup d'établissements proposent des saunas mixtes où l'on évolue dans le plus simple appareil.

Ostalgie

Jeu de mots basé sur la nostalgie de l'Ost, l'Est en allemand. Juste après la chute du Mur, les Allemands de l'Est ont refoulé leur histoire et se sont tournés vers l'Ouest, pleins d'espoir. Mais dès 1992, des usines ont fermé, le chômage s'est accru, c'est le désenchantement. A la fin des années 1990, des films et des livres ont commencé à aborder la vie quotidienne de la RDA sur le ton de l'ironie. En 2003, ce fut l'apogée. Le film *Goodbye, Lenin !* et des expositions d'artistes de la RDA ont connu un grand succès. La presse s'est alors emparée du phénomène en le déformant. L'ostalgie était lancée. On croisera ainsi dans les rues des safaris en Traban, et un Musée de la vie quotidienne de la RDA. Si cette tendance a un côté très commercial avec la réapparition dans les rayons des supermarchés du Mokafix (boisson chocolatée), des cornichons de la Spreewald, des chocolats Halloren et du mythique Ampelmann, ce phénomène révèle

Festival de Berlin, les ours symboles de la Berlinale.

la profonde nostalgie des habitants de l'ex-Allemagne de l'Est fortement touchés par le chômage et la désindustrialisation, alors même qu'ils n'ont plus accès aux mêmes services que sous le régime est-allemand. Ainsi, même si le Mur a physiquement disparu, il n'est pas rare au détour d'une conversation de le voir réapparaître, encore bien ancré dans les mentalités.

Ours

L'ours est le symbole de la ville de Berlin. Appelé B*är* en allemand, beaucoup racontent que ce mot est à l'origine du nom de la capitale et que Berlin serait alors sous la protection de l'ours. Le premier symbole d'ours est apparu en 1280, représentant deux ours, censés protéger la cité contre les menaces de l'Est et de l'Ouest. L'ours unique apparaît sur l'écusson berlinois en 1338. En 1448, il est représenté à quatre pattes, un aigle sur le dos, symbole de la soumission de la ville à l'empereur. En 1709, un nouveau blason est créé, avec un ours au centre, l'aigle rouge de Brandebourg à sa droite et l'aigle noir de Prusse à sa gauche. Ce n'est qu'en 1920 que disparaissent les aigles et que l'ours seul représente Berlin. En 2001, on vit apparaître dans les rues nombre d'ours en résine, peints par différents artistes. On en trouve encore beaucoup éparpillés dans les rues et l'Unesco organisa fin 2002 une vente aux enchères de 125 ours peints aux couleurs de 125 pays, symbole de tolérance et de paix entre les nations.

Palast der Republik

Détonnant au milieu des bâtiments classés au patrimoine historique de l'Unesco de l'île des Musées, le Palast der Republik suscitait les commentaires esthétiques, des plus enthousiastes aux plus négatifs. Siège de l'Assemblée des peuples de la RDA, ce vaste bâtiment aux couleurs ocre fut détruit, la décision fut prise en 2006 et l'achèvement terminé en décembre 2008. Avec cette démolition c'est une trace du passé historique est-allemand qui a disparu et une nouvelle qui s'ouvre avec le projet de reconstruction de l'ancien château de Berlin détruit par le gouvernement communiste. Ouverture annoncée en 2019. En attendant, la Humboldt Box, une sculpture de verre, de plastique et d'acier haute de 28 mètres, assure la transition.

Parcs

Les parcs berlinois représentent près de 20 % de la superficie de la ville. Ils sont très prisés par les habitants, et beaucoup de monde s'y réunit autour d'un barbecue le week-end ou vient y faire bronzette. C'est notamment un incontournable pour les familles. Le plus grand est le Tiergarten avec près de 200 hectares. La ville comporte aussi deux parcs zoologiques et un jardin botanique qui reçoivent chacun entre 1 million et 1,5 million de visiteurs annuels. Si l'on rajoute à cela une superficie des lacs égale à plus de 6 % de la superficie totale de la ville, on peut assurer sans aucun problème que Berlin est une ville qui allie à merveille nature et urbanisme.

Pistes cyclables

Berlin est la ville allemande du vélo. Les commerces de deux-roues sont monnaie courante et le réseau des pistes cyclables est très développé (même s'il n'est pas toujours bien entretenu). Les vélos sont partout dans la ville, et les automobilistes font attention aux cyclistes, ce qui n'est pas le cas partout. Bref, avec un vélo, vous pouvez faire le tour de Berlin. Ce n'est d'ailleurs pas pour rien qu'il existe des vélos-taxis et que la Deutsche Bahn loue des vélos dans la ville entière.

Queer

La scène gay de Berlin est une des plus grandes d'Europe, et le bourgmestre-gouverneur (équivalent du maire) de Berlin, Klaus Wowereit, est fier d'affirmer son identité sexuelle dès qu'il le peut. La phrase qu'il a d'ailleurs prononcée lors de son *coming out* est devenue culte en Allemagne : « Ich bin Schwul, und das ist auch gut so ! » (je suis gay, et c'est très bien comme ça). Le quartier prédominant pour la communauté gay se trouve depuis toujours aux environs de la Nollendorfplatz et de la Winterfeldplatz. Dans ce centre historique, si l'on peut dire, les communautés gay et lesbienne étaient, dans les années 1920, les plus importantes au monde. Dans la Motzstraße qui est restée jusqu'à ce jour une des rues convergentes de la scène gay, des stars illustres, comme Marlène Dietrich qui vivait à proximité, se rendaient à l'Eldorado, un club qui n'existe plus mais qui a suffisamment de relève pour ne pas être regretté. Aujourd'hui, la scène homosexuelle se concentre surtout dans les quartiers de Schöneberg, de Kreuzberg et de Prenzlauer Berg, mais les LGTB sont les bienvenus partout et il est habituel de voir des couples homos s'afficher main dans la main ou roucoulant aux terrasses des cafés, sans pour autant risquer ni remarques ni coups d'œil réprobateurs.

Reconstruction

A la chute du Mur, il a fallu non seulement reconstruire les monuments en ruine de Berlin-Est, mais aussi connecter les deux demi-villes (raccorder les canalisations d'eau, réunir les lignes de transports…). Pour cette raison, la partie est de la ville est remplie de chantiers. Construction de nouveaux centres autour de Friedrichstraße et Potsdamer Platz, création d'un centre politique et administratif autour du Reichstag, rénovation des immeubles de Prenzlauer Berg, etc., partout on voit des échafaudages. La reconstruction se fait lentement – mais sûrement, dira-t-on !

Réunification

L'acte symbolique de la Réunification fut sans aucun doute la chute du mur de Berlin. Si l'on considère que Berlin était alors la seule ville coupée en deux par un mur, la fusion – ou l'unification – des deux demi-villes est la preuve concrète et visible que le pays est enfin réunifié. Longtemps capitale artistique, Berlin devint capitale politique et administrative – avec le transfert des ministères et administrations de Bonn à Berlin à la chute du Mur.

Squats

Symboles du Berlin underground, ils étaiens près d'une centaine à la chute du mur et ce sont ces résidences d'artistes dans des immeubles illégalement occupés qui, dans une certaine mesure, ont fait la réputation touristique de Berlin comme capitale alternative. Beaucoup ont été légalisés à la fin des années 1990 et transformés en centres culturels. D'autres résistent encore mais sont peu à peu expulsés, les immeubles qui les abritent étant vendus à des promoteurs pour des projets d'immobilier de luxe.

Szene

La scène berlinoise, dit Szene est une notion qui recouvre à la fois une façon de vivre, une mode, des sorties, des courants politiques, etc. Elle rejoint l'idée de tendance. Berlin, moins guindé que Paris, devient la capitale et le lieu de naissance des plus grandes tendances, que ce soit en se déclarant capitale de la mode, en rentrant dans le réseau très privé des villes du design de l'Unesco ou en ayant donné lieu aux mouvements les plus alternatifs autour des années 1990. En ce qui concerne les sorties, la Szene recouvre les différents lieux de fêtes, des clubs les plus incongrus aux plus sélects, des squats en cours d'officialisation ou en rébellion totale face au capitalisme. Il faut alors se plonger vraiment dans cet état d'esprit pour partir à la découverte des lieux alternatifs. Mais même au cours de ce voyage, le style vestimentaire berlinois vous donnera un avant-goût de cette fameuse Szene.

Vie en communauté

La vie en communauté est un phénomène très développé à Berlin. Il s'agit en fait de personnes de toutes sortes – y compris des familles – qui vivent dans un même immeuble et se partagent les différentes tâches à effectuer. Ainsi, chacun à son tour est de corvée de nettoyage des parties communes, et des réunions ont lieu toutes les semaines pour discuter de ce qu'il faut faire la semaine suivante. Plus qu'une cohabitation, c'est un mode de vie qui est adopté dans ces communautés. Elles sont souvent peuplées de marginaux, de hippies ou de personnes un peu démunies, et on y prône la quiétude, l'entraide et le respect des autres. Si une personne ne se comporte pas de façon adéquate, elle peut s'en faire exclure. On retrouve beaucoup de ces communautés en été dans les parcs. Elles se réunissent, telle une grande famille, autour d'un barbecue.

Vie nocturne

Si le nombre de musées de la ville est très étonnant, la proportion de bars, théâtres ou boîtes de nuit ne l'est pas moins ! Outre les *kneipen* et les chopes de bière, Berlin possède un taux incalculable d'établissements nocturnes de toutes sortes : salles de concert, bars à cocktails, restaurants, bars gays, bars gothiques, opéras, théâtres, salles de cinéma ou discothèques ; il y en a pour tous les goûts et toutes les bourses. En effet, ici, l'entrée en boîte de nuit ainsi que les consommations restent généralement à des prix raisonnables. De plus, très peu d'établissements jugent leurs clients sur leur style vestimentaire : les baskets sont donc très bien acceptées !

Weinerei

La version berlinoise des bars à vins sur le concept du « pay what you want ». En effet, on paie ce qu'on juge bon de payer après dégustation : en gros si on a aimé son verre, on laisse le prix que l'on souhaite. Une cotisation de 1 € est parfois demandée à l'entrée du bar. Certains *weinerei* servent aussi à manger, généralement comme pour le vin, l'addition est laissée à l'appréciation du client.

WG

La colocation – ou WG – est très développée à Berlin, où la législation autorise un locataire à sous-louer une partie de son appartement. Ainsi, pas besoin de trouver les colocataires avant de trouver un appartement qui se prête à la colocation ; ici, les annonces tombent comme s'il en pleuvait et l'on propose souvent une chambre libre dans un appartement où résident déjà trois autres personnes. Très usité par les jeunes mais aussi les moins jeunes – il faut savoir que bon nombre de Berlinois ne se mettent en ménage qu'à partir de 30 ou 35 ans –, c'est un bon moyen pour payer moins cher son habitation mais aussi pour faire des connaissances, surtout lorsque l'on est étranger.

Wurst (Currywurst, Bockwurst, Bratwurst)

Au curry ou nature, de Francfort ou de Thuringe, moutarde ou ketchup, impossible d'échapper à la *Wurst* sous toutes ses formes. Dès 10h du matin, les effluves de saucisses s'échappent des kiosques (*Imbiss*). Vous croiserez même des vendeurs de saucisses ambulants. Equipés d'un gril dans le dos, d'un large plateau pour vous préparer votre *Wurst*, ils sont souvent aux sorties des U-Bahn. Petit lexique de la saucisse. *Bockwurst* : saucisse de Francfort ; *Bratwurst* : saucisse grillée ; *Currywurst* : saucisse dont la sauce est parfumée au curry donc légèrement épicée (spécialité berlinoise dont plusieurs adresses se partagent le titre de la meilleure) ; *Rohwurst* : saucisse crue comme le saucisson (salami) et *Blutwurst* : boudin.

Survol de Berlin

GÉOGRAPHIE

Teufelsberg, ou la montagne de débris

Au nord de la forêt de Grünewald se trouve une montagne artificielle de 115 m de haut, entièrement constituée de débris de la Seconde Guerre mondiale. Elle a été érigée après la Seconde Guerre mondiale par les Alliés et est composée des débris de la ville. On estime à 12 millions de m³ de ruines son volume total. Du haut de la Montagne du diable (traduction littérale de *Teufelsberg*), il y a un très beau panorama sur tout Berlin. Alors que dans la forêt de Grünewald, on se sent en pleine nature comme dans les Vosges françaises, la vue sur Berlin nous rappellera qu'on est encore dans la capitale allemande !

Bordée par la mer Baltique et la mer du Nord, l'Allemagne se situe au cœur de l'Europe et est entourée de 9 pays : la France, le Luxembourg, la Belgique et les Pays-Bas à l'ouest, le Danemark au nord, la République tchèque et la Pologne à l'est, et l'Autriche et la Suisse au sud. Elle occupe donc une position géographique stratégique au carrefour des civilisations slaves, scandinaves et latines. D'une superficie de 357 022 km² sur lesquels vivent 81,3 millions d'habitants, le pays dispose d'une densité parmi les plus importantes en Europe (235 hab./km²). L'Allemagne est divisée en 16 Länder (ou régions) dont 3 sont des Etats-villes : Berlin, Brême et Hambourg. Etat-ville situé dans le Land de Brandebourg, Berlin se trouve au nord-est de l'Allemagne, non loin de la frontière polonaise. Le Grand Berlin s'étend sur un rayon de 60 km autour du centre urbain. Si l'on prend en compte les banlieues, l'agglomération comprend 7 000 km² et compte plus de 5 millions d'habitants. Sans ses banlieues, Berlin a une superficie de 892 km² et une population de 3,5 millions d'habitants. C'est donc la plus grande ville d'Allemagne en termes de surface et de population. La ville est traversée par la Spree et le Landwehrkanal, et s'étend également sur les bords de la Havel.

Balade en bateau sur la Spree.

CLIMAT

Berlin se situe au milieu d'une plaine, parsemée par de nombreux lacs et forêts, et elle connaît un climat continental. Néanmoins, comme la région où elle se situe est couverte de lacs, cela lui confère aussi une légère tendance océanique. On peut ajouter que Berlin est aussi bien exposée aux vents de l'est, qui apportent un froid sec, qu'aux vents de l'ouest, qui apportent l'humidité. D'où le fameux *Berliner Luft*, ce vent qui s'engouffre dans les grandes avenues de Berlin et vous glacera jusqu'aux os en hiver.

La meilleure période pour partir est celle qui est comprise entre mai et septembre. La neige ayant fini de fondre, Berlin renaît pour devenir une des plus agréables capitales d'Europe. Le climat y est clément, pas trop chaud mais avec des températures agréables. C'est le moment où les barbecues fleurissent et l'on commence à pique-niquer dans les parcs et à se baigner dans les lacs des alentours. La période hivernale, entre novembre et mars, plus froide (voire très froide). Les températures chutent et peuvent atteindre les -10 °C la nuit. Le froid berlinois est généralement sec, il n'est donc pas forcément désagréable si l'on est bien couvert. Les larges rues sont autant de boulevards dans lesquels s'engouffre un vent assez violent et la nuit tombe aux environs de 16h. C'est une autre façon de découvrir la ville, on y vient notamment pour les nombreux marchés de Noël. Février est le mois du festival de cinéma de Berlin (la Berlinale où est décerné l'Ours d'or).

> ### Blitzeis
> Pour tous ceux qui s'aventureraient à Berlin durant les courtes et froides journées d'hiver, faites attention ! Car le temps, souvent pluvieux combiné à des températures largement situées en dessous de 0 °C, provoque ce que les Berlinois appellent le *blitzeis*, le verglas éclair. Marchez alors lentement et prenez bien garde à chaque pas que vous faites, car nombreux sont ceux qui tombent plusieurs fois par jour.

ENVIRONNEMENT – ÉCOLOGIE

Umwelt (environnement) est un mot couramment utilisé en Allemagne. En effet, ici, le respect de l'environnement est en vigueur depuis de nombreuses années. La pratique du vélo est courante, facilitée par les nombreuses pistes cyclables de la ville ; et les ménages berlinois font naturellement le tri et possèdent en moyenne cinq poubelles.

De même, dans les gares et stations de transports en commun, vous trouverez des poubelles de couleurs différentes, vous invitant à faire le tri à tout moment. En outre, les sacs plastiques dans les supermarchés sont payants, afin de limiter leur consommation et la pollution qui en découle et, depuis 1992, les consommateurs allemands ont le droit de laisser dans les supermarchés les emballages des produits qu'ils achètent. Enfin, pour inciter les entreprises à produire moins d'emballages, ceux-ci sont retournés aux fabricants qui supportent ainsi les coûts de recyclage. C'est pourquoi de nombreuses bouteilles en verre, mais aussi en plastique, ont un système de *pfand* (consigne). Enfin, et c'est ce qui fait qu'à Berlin on ne se sent jamais très loin de la nature, il faut savoir que les parcs et espaces verts représentent 20 % de la superficie de la ville.

FAUNE ET FLORE

La flore de Berlin comporte la végétation des forêts et des parcs (comme le Tiergarten ou la forêt de Grünewald) ainsi que celle du Jardin botanique, qui regroupe près de 20 000 sortes de plantes différentes. Berlin abrite surtout de petits animaux des bois dans ses forêts, des poissons dans ses lacs, toutes sortes d'animaux dans ses deux zoos et quelques paons sur l'île aux Paons située à proximité de Wannsee. Des sangliers ont fait leur apparition ces dernières années dans des quartiers tels que Grünewald ou Zehlendorf. Profitant du radoucissement climatique et de l'abondance de glands dans les forêts berlinoises, il leur arrive de pointer leur nez sur le pas des portes des maisons, à la recherche de quelques ordures.

Histoire

Berlin est une ville pétrie d'histoire. Créée au Moyen Age, elle devint ensuite la ville prussienne par excellence. Elle fut habitée par des gentilshommes, des rois et des empereurs, et le nombre de châteaux et de monuments prestigieux qui y furent construits ne cessa d'augmenter. Point de départ du IIIe Reich, elle connut la guerre et ses bombardements ainsi que l'occupation soviétique. Divisée en quatre zones par la suite, elle fut séparée en deux parties, Est et Ouest, par le Mur pendant vingt-huit ans. Elle est maintenant la ville-symbole de la Réunification allemande, orientée vers le futur.

Des origines tardives

La ville fut créée en 1307 par l'alliance entre Berlin et Cölln, villages de pêcheurs peuplés par la tribu slave des Wendes. Son nom aurait une étymologie d'origine slave et viendrait probablement du terme sorabe *barlen* qui désigne des grillages en bois placés en certains endroits de la Spree par les pêcheurs. Les Ascaniens sont alors au pouvoir, le plus connu d'entre eux, Albert l'Ours, aurait quelque chose à voir avec l'animal symbole de Berlin. De cette période médiévale, il ne reste que peu de monuments à l'exception de la Marienkirche sur l'Alexander Platz. Berlin n'entre dans l'histoire qu'à la fin du XVe siècle, lorsqu'elle fut choisie comme capitale du Brandebourg par la dynastie des Hohenzollern en devenant ainsi la ville principale de la Marche de Brandebourg. La croissance de la ville s'accompagne d'une envie d'indépendance et, pour résister aux princes allemands, elle s'allie à la Hanse en 1430. Toutefois, Cölln et Berlin ont du mal à faire face à la dynastie des Hohenzollern et sont obligés d'accepter la présence d'un de leurs châteaux sur leur territoire. La publication des thèses de Martin Luther au XVIe siècle y connaît un fort succès, et Berlin devient alors essentiellement protestant. Mais la Réforme sera aussi un des éléments déclencheurs de la guerre de Trente Ans (1618-1648). Complètement dévastée, l'Allemagne connaît la famine et près de la moitié de la population berlinoise disparaît. Le prince-électeur, Frédéric Guillaume, prend la reconstruction en main, étendant son pouvoir sur une ville ruinée. Il met en place un nouvel Etat unique au pouvoir centralisé, aux frontières agrandies par les traités de Westphalie en 1648, en développant sa capitale Berlin et en accueillant de nombreux étrangers, notamment les huguenots français chassés de France par la révocation de l'édit de Nantes.

La dynastie des Hohenzollern

Son successeur, l'électeur Frédéric III réunit autour de lui et de sa femme Sophie Charlotte une cour dynamique. Féru d'art et de sciences, il établit l'Académie des arts en 1696 ainsi que l'Académie des sciences en 1700. Il s'autoproclame Frédéric Ier, roi de Prusse en 1701.
La ville s'agrandit avec l'aménagement de nouveaux quartiers (Friedrichstadt et Dorotheenstadt) et s'embellit avec la construction de monuments prestigieux, comme Charlottenburg et l'Arsenal. Son fils, Frédéric-Guillaume Ier, le Roi-Sergent s'intéresse, lui, plutôt à la puissance militaire de son royaume. Il aime ainsi voir défiler ses armées composées de soldats de grande taille, les Lange Kerle. Son successeur, Frédéric le Grand est beaucoup plus apprécié par les Berlinois, qui le surnomment « le vieux Fritz ».

Le 9 novembre, date-clé de l'histoire allemande

Du fait de ces nombreux événements historiques, pas toujours des plus glorieux, la date du 9 novembre ne fut pas choisie comme date de la fête nationale du pays. On célèbre celle-ci le 3 octobre, date officielle de la réunification allemande.

- **9 novembre 1918** : proclamation de la république de Weimar.
- **9 novembre 1923** : putsch raté d'Hitler.
- **9 novembre 1938** : la Nuit de cristal.
- **9 novembre 1989** : chute du Mur de Berlin.

Chronologie

- **1307 >** Union de Berlin et Cölln qui marque la fondation de la ville.
- **1685 >** Accueil des protestants français à Berlin.
- **1871 >** Guillaume Ier, roi de Prusse, devient empereur de l'Allemagne qui est unifiée.
- **Janvier 1919 >** Ecrasement de la révolte spartakiste (socialistes extrémistes).
- **22 juin 1919 >** Ratification du traité de Versailles.
- **27 février 1933 >** Incendie du Reichstag.
- **1944 >** Echec de l'attentat visant Hitler, le mémorial de la Résistance allemande commémore cette date.
- **Août 1945 >** La conférence de Potsdam établit le partage de l'Allemagne en quatre zones.
- **Juin 1948 >** Début du blocus soviétique de Berlin et pont aérien américain.
- **23 mai 1949 >** Création de la République fédérale d'Allemagne (RFA).
- **7 octobre 1949 >** Création de la République démocratique allemande (RDA).
- **17 juin 1953 >** Soulèvement ouvrier en RDA.
- **13 août 1961 >** Construction du mur de Berlin.
- **1965-1968 >** Contestations étudiantes à Berlin-Ouest et début du terrorisme d'extrême gauche avec la Fraction de l'armée rouge (RAF).
- **Septembre 1972 >** Reconnaissance mutuelle des deux Etats allemands.
- **1987 >** Le 750e anniversaire de la ville de Berlin donne lieu à la rénovation du Nikolaïviertel.
- **9 novembre 1989 >** Chute du mur de Berlin.
- **31 août 1990 >** Traité d'unification signé à Berlin (accords 4+2).
- **1999-2001 >** Déménagement du gouvernement fédéral à Berlin.
- **Juin 2001 >** Klaus Wowereit est élu à la tête de la ville de Berlin, la ville est alors en faillite.
- **2009 >** 20e anniversaire de la chute du mur de Berlin.
- **Septembre 2011 >** Klaus Wowereit est réélu bourgmestre-gouverneur (maire) de Berlin pour un troisième mandat.

Potsdamer Platz.

Sa statue trône encore devant le bâtiment de l'université de la Humboldt sur Unter den Linden. Symbole du siècle des Lumières, le souverain accueillit Voltaire dans son domaine à Potsdam. A la mort de Frédéric le Grand en 1786, Berlin est une grande capitale politique européenne et la Prusse un Etat moderne au sens de l'absolutisme éclairé. Cependant, les guerres napoléoniennes anéantiront la ville, les soldats français s'y installeront pendant deux ans, rackettant la population. La fin de l'occupation en 1808 laisse derrière elle une ville ruinée. Après les guerres de libération de 1813 à 1815, Berlin connaît l'industrialisation du XIXe siècle. Rien qu'entre 1850 et 1870, la population triple. Les ouvriers commencent à s'entasser dans des conditions sanitaires exécrables dans les Mietkaserne, ces immeubles construits à la va-vite pour héberger les ouvriers dans les quartiers populaires périphériques. La ville s'enrichit grâce à ses activités industrielles, les réformes économiques vont bon train, mais sans contrepartie libérale au niveau politique. La révolution de 1848 est rapidement étouffée par le régime du très réactionnaire Frédéric Guillaume IV. Des nouveaux partis politiques représentant le prolétariat se créent cependant, dont la Sozialdemokratische Partei Deutschland (SPD, parti social-démocrate) en 1865, qui acquiert un rapide succès à Berlin. Le frère de Frédéric Guillaume IV, qui assure sa régence après 1857, est plus ouvert au changement et prend en 1862 Otto von Bismarck comme chancelier. Sous l'influence de Bismarck seront réaménagées les avenues de Berlin, sur le modèle haussmannien. Bismarck devient aussi l'artisan de l'unification allemande. Après avoir battu l'Autriche en 1866, la Prusse domine tout l'espace germanophone et est parvenue à annexer toute la partie septentrionale de l'Allemagne. Afin de s'approcher des Etats du Sud, Bismarck provoque un conflit avec le Second Empire français. Suite à l'affaire de la fameuse « dépêche d'Ems », Napoléon III déclare la guerre à la Prusse. En quelques semaines seulement, la défaite de la France est totale – les troupes prussiennes occupent Paris en 1871 – et le roi Guillaume Ier est proclamé empereur des Allemands dans la galerie des Glaces à Versailles. L'Allemagne devient maintenant un Etat fédéral avec un Parlement constitué de deux chambres : le Bundesrat, où se réunissent les délégués des Etats fédérés, et le Reichstag, élu au suffrage censitaire. La position du chancelier, chef du gouvernement et uniquement responsable devant l'empereur, est renforcée. Le 10 mai 1871, le traité de Francfort entérine la cession de l'Alsace-Lorraine à l'Empire allemand. Ce dernier s'étend désormais sur une superficie de 540 848 km².

L'empire allemand

Le règne de Guillaume Ier (1871-1888) est une période d'expansion économique. C'est aussi l'époque de la lutte du prolétariat pour l'amélioration de ses conditions de vie et des premières lois sociales, ce qui n'empêche pas le régime de rester autoritaire. Le règne de Guillaume II (1888-1918) sera une période d'expansion coloniale et de politique pangermaniste. L'Allemagne passe du 4e rang des puissances mondiales en 1890 au 2e rang en 1913, ce qui provoque l'inquiétude de la Grande-Bretagne qui se rapproche de la France et de la Russie par l'Entente cordiale de 1903. L'assassinat de l'archiduc héritier François-Ferdinand d'Autriche, seul allié de l'Empire allemand, en juin 1914 à Sarajevo est le déclic pour le déclenchement de la Première Guerre mondiale. A la fin de la guerre, l'empereur abdique et se réfugie aux Pays-Bas. L'Allemagne est vaincue et le traité de Versailles du 28 juin 1919 lui impose de restituer l'Alsace et la Lorraine à la France. Le régime monarchique est alors remplacé par la république de Weimar.

La république de Weimar

Ce nouveau régime, profondément démocratique mais né de la défaite, est particulièrement mal accepté. De plus, le chômage grandissant et l'inflation galopante de l'après-guerre favorisent l'instabilité politique. En janvier 1919, le gouvernement provisoire doit faire face à la révolution spartakiste proclamée par Karl Liebknecht du balcon du Stadtschloss à Berlin. La Ligue spartakiste, dont l'autre personne illustre est l'économiste féministe Rosa Luxemburg, s'allie avec d'autres partis prolétariens pour former le parti communiste allemand, le KPD. Leur insurrection révolutionnaire suite aux désaccords avec le SPD en janvier est sauvagement réprimée. Sous le commandement de Gustav Noske, des officiers procèdent à l'exécution sommaire des révolutionnaires spartakistes à la tête de l'insurrection de Berlin : Karl Liebknecht et Rosa Luxemburg.
Cette dernière, emprisonnée durant la quasi-intégralité de la Première Guerre mondiale pour son engagement pacifique d'extrême gauche, avait été libérée après la révolution

de novembre 1918. Elle était la principale théoricienne du communisme allemand. Peu après, Friedrich Ebert, devenu président de la République, subit l'effondrement du mark en 1923. Des millions d'Allemands sont dans la misère, et le président nationaliste français Raymond Poincaré fait occuper la Ruhr en dédommagement des retards de paiements à la France. En 1924, grâce à Gustav Stresemann, aux réformes financières de Hjalmar Schacht et aux prêts du plan Dawes, l'Allemagne connaît un miracle économique et développe une politique de réconciliation européenne. Le Grand Berlin est formé en 1921 par le rattachement de l'agglomération à plus de 60 villes et villages environnants. La ville compte alors plus de 4 millions d'habitants et connaît un rayonnement culturel des plus importants. Il s'agit des Goldene Zwanziger, les « années dorées ». Mais la crise de 1929 augmente radicalement le nombre de chômeurs et le pays replonge dans la misère. Tout cela ajouté à l'humiliation du traité de Versailles favorise la montée du parti national-socialiste (NSDAP) de l'Autrichien Adolf Hitler. Encore en deuxième position au Reichstag en 1930, le NSDAP devient le premier parti en 1932. Hitler est alors appelé à la chancellerie en janvier 1933 par le président national-conservateur Hindenburg et, le 7 mars 1933, la loi sur « l'harmonisation » (*Gleichschaltungsgestze*) donne les pleins pouvoirs au parti nazi, éliminant de facto la république de Weimar.

L'Allemagne nationale-socialiste

En 1934, Hitler qui cumule les fonctions de chancelier et de président, prend le titre de Führer (le guide). C'est la naissance du IIIe Reich. La Gestapo, la police secrète d'Etat, est créée sous la responsabilité d'Heinrich Himmler, afin de détruire toute opposition. En même temps, Joseph Goebbels développe la propagande antisémite et les premiers camps de concentration sont créés. Construits au début pour accueillir les prisonniers politiques, ces camps sont de plus en plus destinés aux populations dites inférieures comme les juifs, les Tziganes, les homosexuels et les handicapés. Un plan d'extermination de ces populations est mis en œuvre dès 1941 et formalisé en 1942 par la conférence de Wannsee sur la « solution finale de la question juive ». Se fondant sur la théorie de « l'espace vital » nécessaire au peuple allemand et sur la volonté de réunir tous les Allemands d'Europe dans un Etat unique, Hitler réoccupe la Rhénanie en 1936 et annexe l'Autriche et les Sudètes en 1938. En mars 1939, il finira par envahir le reste de la République tchèque. L'agression de la Pologne en septembre 1939 provoque la Seconde Guerre mondiale. Grâce à un effort de guerre très important, les armées allemandes mènent des offensives victorieuses dans la plupart des pays d'Europe occidentale. Les pays conquis sont alors soumis à un régime d'occupation qui provoque l'émergence de mouvements résistants. Les bombardements aériens des Alliés commencent en 1943. Peu à peu, l'Allemagne subit des revers sur tous les fronts et ne vient pas à bout de la résistance de la Grande-Bretagne et de l'URSS alliées aux Etats-Unis. Berlin tombe le 2 mai 1945 et la capitulation de l'Allemagne sans condition est signée le 8 mai 1945. C'est la fin du IIIe Reich. L'Europe est en ruine et l'on compte des millions de morts. Dès novembre 1945, les criminels de guerre seront jugés à Nuremberg par un tribunal international.

L'après-guerre

En 1945, suite à la guerre et à ses bombardements, plus de 30 % de Berlin est détruit. La ville devient alors une cité partagée en quatre zones d'occupation entre la France, la Royaume-Uni, les Etats-Unis et l'URSS. En 1947, les Soviétiques, en représailles du renflouement de l'économie et de la transformation de la monnaie dans les zones occidentales, décident de mettre en place le blocus de Berlin qui dura presque une année. La population de Berlin souffre, manque de nourriture. Le maire Ernst Reuter adresse alors son célèbre discours « *Völker der Welt, seht auf diese Stadt* ! » (Peuples du monde, regardez cette ville !). Après quelques semaines, l'ancienne capitale commence à être ravitaillée grâce au pont aérien avec les Etats-Unis. Mais la guerre froide a bel et bien commencé et les tensions entre l'Est et l'Ouest ne disparaissent pas avec la fin du blocus. La République fédérale d'Allemagne (RFA) est créée à l'Ouest en mai 1949 et la République démocratique allemande (RDA) à l'Est en octobre 1949. Le 17 juin 1953, une révolte ouvrière se déclenche à l'Est et les autorités sur place, incapables de gérer la situation, font appel à l'Armée rouge pour rétablir le calme. Au cours des prochaines années, le régime de la RDA cherche une solution pour enrayer la fuite de milliers d'Allemands de l'Est vers l'Ouest…

Le mur de Berlin

Au matin du 13 août 1961, les Berlinois se réveillent sur une vision d'effroi : un réseau de barbelés et chevaux de frise sépare dorénavant les secteurs occidental et soviétique. L'opération, « Muraille de Chine », décidée par Walter Ulbricht vise à endiguer l'exode des ressortissants de la RDA vers la RFA. A l'aube, près de 25 000 miliciens se postent à la frontière, les chars de l'Armée rouge et de la NVA contrôlent les axes stratégiques, les transports en commun sont interrompus : la nasse vient de se fermer. La tension monte. Les Alliés mobilisent leurs forces le long du no man's land. Chacun s'observe en chien de faïence, mais les Occidentaux assistent impuissants à la construction du Mur. Kennedy se rend sur place le 27 juin 1963 pour constater la fracture. Certaines personnes profitent encore des failles du dispositif pour fuir à l'Ouest. Le régime est-allemand peaufinera au cours des années suivantes l'amélioration de la surveillance de la frontière. A partir de 1972, le Mur devient infranchissable : le mur principal est rehaussé et recouvert d'un socle arrondi, un second mur est édifié, renforcé par des pièges et surveillé par des rondes incessantes de Vopos. Le Mur coupe la ville en deux sur 45 km et sépare l'enclave occidentale de la RDA sur 120 km. Les seuls points de passage entre l'Est et l'Ouest se résument au Checkpoint Charlie et à celui qui est situé à proximité de la gare Friedrichstraße. La tentative de franchir le Mur coûtera la vie à 79 personnes entre 1961 et 1989.

RFA – RDA

Le paysage politique de la république fédérale d'Allemagne est dominé après la guerre par le Parti chrétien-démocrate (CDU). Theodor Heuss, premier président de la République, nomme à la chancellerie Konrad Adenauer qui travaille au redressement économique de son pays avec l'aide du plan Marshall. En 1952, les accords de Paris mettent fin à l'état de guerre entre l'Allemagne et les trois Etats alliés qui proclament la RFA comme Etat souverain en 1955. L'Allemagne adhère alors à l'Otan en 1955 et à la CEE en 1957. De l'autre côté du Mur, la RDA est officiellement une démocratie populaire. Sa structure dirigeante est constituée de la Chambre du peuple, élue, et du Conseil d'Etat. Mais de fait, c'est bien le parti unique communiste (SED) qui décide. Organisée selon les principes marxistes-léninistes, la création de la RDA sera un des facteurs de la guerre froide. Ainsi, le modèle stalinien se développe en RDA : collectivisation des moyens de production et course à la productivité sont de mise. Cela déclenchera des émeutes ouvrières à Berlin, Leipzig et Dresde en 1953, qui n'empêcheront cependant pas l'adhésion de la RDA au pacte de Varsovie le 14 mai 1955. Avant la construction du Mur en 1961, près de 3 millions d'Allemands de l'Est avaient fui le nouveau régime depuis sa création. Le Mur matérialisait la coupure de l'ancienne capitale et par là même du pays. Dès cet instant, la reconnaissance politique et le renforcement économique sont les deux objectifs principaux en RDA. Mais bien qu'économiquement forte au sein du bloc soviétique, elle n'en demeure pas moins faible en comparaison des pays occidentaux. Dès 1960, la politique intérieure de RDA était l'une des plus dures à cause de l'omniprésence au sein de la population de la Stasi, police secrète, imposée par Walter Ulbricht, puis par son successeur Erich Honecker. En 1963, à l'Ouest, Adenauer se retire et laisse sa place à son ministre de l'Economie, Ludwig Erhard (CDU), qui poursuit le redressement du pays. En plein « miracle économique » (Wirtschaftswunder), Erhard est à son tour remplacé en 1966 par Kurt Georg Kiesinger (CDU), qui s'allie au parti social-démocrate (SPD) pour former un gouvernement de grande coalition. Le 1er juillet 1969, Gustav Heinemann, fervent partisan du rapprochement Est-Ouest, devient président de la République fédérale. A l'issue des élections législatives du 21 octobre 1969, Willy Brandt, secrétaire général du parti socialiste, est nommé chancelier avec l'appui du parti libéral (FDP). Il met alors en pratique l'Ostpolitik, visant le rapprochement avec l'Est. Sa politique de paix permet à la République fédérale d'adhérer au traité de non-prolifération des armes nucléaires le 28 novembre 1969. Mais il s'emploie surtout à renouer des relations avec la RDA.
Le 19 mars 1970, Brandt rencontre Willi Stoph, Premier ministre de la RDA, à Erfurt. De nombreux entretiens sur le renoncement à la force finissent par aboutir à différents traités comme le traité de Moscou, en août 1970, et le traité de Varsovie, en décembre 1970, qui reconnaissent les frontières existantes, notamment la ligne Oder-Neisse comme frontière de la Pologne. Ces traités sont ratifiés

en 1972 par le Bundesrat. La RDA se voit reconnaître le statut d'Etat à part entière et entre alors à l'Onu. Brandt, qui doit démissionner suite à une affaire d'espionnage, est remplacé par Helmut Schmidt (SPD) le 16 mai 1974. Optant pour un système de péréquation, ce dernier obtient la confiance des milieux financiers. Il renforce les relations entre la France et la RFA, et rencontre fréquemment Valéry Giscard d'Estaing, alors président de la République française. Il est néanmoins contesté par son propre parti ainsi que par les écologistes. Une crise gouvernementale provoquant la démission des ministres, il est remplacé le 1er octobre 1982 par Helmut Kohl (CDU) qui renforce la politique en matière de sécurité, poursuit les démarches en vue de l'unification des deux Allemagne et redonne confiance à l'économie. A la fin des années 1980, le système stalinien est-allemand n'étant plus soutenu par Mikhaïl Gorbatchev et d'importantes manifestations ayant lieu à Leipzig et à Berlin, le pouvoir est déstabilisé et Honecker démissionne.

La réunification

Début novembre 1989, la RDA connaît une effervescence qu'elle n'a pas connue depuis le dernier soulèvement ouvrier du 17 juin 1953. Depuis la visite officielle de Gorbatchev, la population réclame davantage de libertés et de réformes, et se heurte au mutisme d'un régime stalinien sur la défensive. Le 9 novembre 1989, le Conseil des ministres de la RDA décide l'ouverture du mur de Berlin et des frontières. Dans l'euphorie générale, des milliers de Berlinois des deux parties de la ville se retrouvent sur le Mur pour célébrer la fin de 28 années de séparation. Cet événement marque le début de la décomposition du régime est-allemand. L'implosion du système socialiste permet la tenue d'élections libres que remporte le CDU conservateur. La réunification effective est proclamée le 3 octobre 1990. Les dernières troupes d'occupation quittent Berlin en 1994.

La nouvelle capitale fédérale

C'est une nouvelle République fédérale d'Allemagne qui commence en 1990, agrémentée de six nouveaux Länder dont Berlin. La ville est choisie comme capitale de l'Allemagne unie. Suite aux élections de décembre 1990, gagnées par la CDU, Helmut Kohl devient le premier chancelier de cette Allemagne réunifiée. Dès lors, une longue et coûteuse période de reconstruction de l'Est et d'unification des deux parties du pays s'annonce et le boom économique escompté suite à la réunification n'est pas au rendez-vous. En 1999, le Bundestag, l'Assemblée parlementaire s'établit à Berlin, il s'installe dans le palais du Reichstag, suivi en 2000 par le Bundesrat (Conseil fédéral).Dans la capitale et le reste du pays, la relance espérée fait bientôt place à une stagnation puis à une récession. Dans un contexte de crise mondiale, le pays doit faire face aux difficultés économiques et aux récriminations des Allemands de l'Ouest déclarant payer trop d'impôts. Le chômage, qui jusqu'alors avait relativement épargné l'Allemagne, fait son apparition de manière douloureuse. Les inégalités Est-Ouest demeurent, avec des salaires sensiblement plus bas à l'Est. Berlin continue malgré tout de se développer. Sous les trois mandats de Klaus Wowereit, bourgmestre de la ville depuis 2001, les travaux de restauration et de construction se multiplient. La porte de Brandebourg en 2002, le stade olympique en 2004, la gare centrale en 2006, et actuellement l'île aux Musées en sont quelques exemples. La ville arrive ainsi à occuper une place de plus en plus importante au niveau européen et mondial. Elle a accueilli de grands événements comme la Coupe du Monde de football en 2006 et a célébré dignement les 20 ans de la chute du Mur en 2009.

En 2011, le bourgmestre est élu pour la troisième fois consécutive.

En 2013, l'ouverture du nouvel aéroport international Berlin Brandebourg finira de la positionner comme une capitale de premier ordre.

Politique et économie

POLITIQUE

Structure étatique

L'Allemagne est une République fédérale divisée en 16 *Länder*. La Fédération est responsable de la politique étrangère, de la défense, de la poste, des chemins de fer, de la monnaie, de la politique douanière et commerciale et du système judiciaire. Les Länder sont responsables de l'enseignement, de la police, de la sécurité et de l'application des lois fédérales. L'Allemagne possède un chef de l'Etat (*Bundespräsident*), qui est élu pour cinq ans par les membres des deux assemblées législatives (*Bundestag* et *Bundesrat*) et qui a un rôle représentatif. Cette fonction est actuellement occupée par Joachim Gauck, ministre-président de Basse-Saxe qui a été élu le 18 mars 2012 après la démission de Christian Wulff. Le chancelier ou chef du gouvernement (*Bundeskanzler*) est élu tous les quatre ans lors des élections législatives. Lors de ces élections, le peuple vote pour les députés du Bundestag qui élisent à leur tour le chef du gouvernement.

Lors des dernières élections législatives du 28 octobre 2009, 622 députés issus de cinq partis politiques ont été élus au Bundestag. Les 239 députés de la CDU/CSU forment le plus grand groupe parlementaire, suivis du SPD (146 députés), du FDP (93 députés), du PDS (76 députés) et des Verts (68 députés). Le président actuel du Bundestag est Norbert Lammert (CDU) et Angela Merkel est la chancelière depuis 2005.

Berlin est à la fois une ville, une capitale et un Land fédéral. C'est donc le siège du Bundestag, du Bundesrat, de la présidence fédérale et de la chancellerie fédérale, de ministères et d'un hôtel de ville. Le maire actuel de Berlin est Klaus Wowereit (SPD), en poste depuis 2001. A noter lors des dernières élections pour le parlement du land de Berlin, en septembre 2011, le score de 8,9 %, soit 15 sièges, obtenu par le Parti Pirate (PP) prônant notamment la dépénalisation du téléchargement dans le cadre familial.

En tant que *Land*, Berlin est dotée de structures politiques particulières .

▶ *Senatskanzlei*: gouvernement du Land.

▶ *Bürgermeister* : maire et chef du Land de Berlin (Klaus Wowereit) qui a son bureau dans la Senatskanzlei, la mairie rouge sur l'Alexanderplatz. Les mots *Senat* et *Senatoren* se rapportent donc à Berlin au pouvoir exécutif.

▶ *Les Senatsverwaltungen* : elles correspondent aux ministères du *Land*. On trouve à Berlin huit *Senatsverwaltungen* (Formation, Jeunesse et Science ; Finances ; Santé et Social ; Intérieur et Sports ; Travail, Intégration et Femmes ; Justice et Protection des consommateurs ; Développement urbain et Environnement ; Economie, Technologie et Recherche).

Chancellerie (Kanzleramt).

POLITIQUE ET ÉCONOMIE ◀ 35

▶ *Abgeordnetenhaus* : le Parlement de Berlin.

On peut grossièrement distinguer les comportements électoraux suivants à Berlin.

▶ **Un Berlin-Est** qui vote de préférence à gauche (plus on s'éloigne vers l'est, plus les votes sont d'extrême gauche).

▶ **Un Berlin-Ouest** qui vote de préférence à droite.

▶ **Un Berlin-Centre-Est** qui vote de préférence pour le parti écologique.

Partis

▶ **CDU – Christlich Demokratische Union Deutschlands** : Union des chrétiens-démocrates d'Allemagne, droite conservatrice.

▶ **SPD – Sozialdemokratische Partei Deutschlands** : Parti social démocrate, équivalent de la gauche française.

▶ **Bündnis 90 – Die Grünen** : Alliance 90 – les Verts, il s'agit du principal parti écologiste allemand.

▶ **FDP – Freie Demokratische Partei** : Parti libéral-démocrate, parti libéral économique.

▶ **Die Linke** : nouveau parti d'extrême gauche créé en 2007 et qui regroupe des membres de l'ancien parti communiste d'Allemagne de l'Est et des dissidents du SPD.

▶ **NPD – Nationalistische Partei Deutschlands** : Parti nationaliste, équivalent de l'extrême droite française.

Puisque le système électoral proportionnel rend fréquemment nécessaires des coalitions, les alliances sont courantes et multicolores : l'alliance gauche-Verts, encore appelée alliance rouge-verte (SPD-Grüne) sous le gouvernement Schröder, les récurrentes alliances centre-droite, encore appelée alliance noire-or (CDU-FDP) ou la Grande Coalition d'Angela Merkel (rouge-noire) entre 2005 et 2009, qui a laissé alors la place à la coalition noire-jaune (CDU-FDP).

Enjeux actuels

Malgré des performances économiques toujours supérieures à celles de ses voisins européens, les effets de la crise se font aussi sentir en Allemagne, qui par ailleurs subit toujours le contrecoup de la réunification.

▶ **Le grand problème national est le chômage,** même si dans ce domaine le pays obtient des résultats encourageants puisque en avril 2012 le taux de chômage est descendu à 7 %, soit la meilleure performance depuis vingt ans.

▶ **L'intégration des immigrés,** et particulièrement des Turcs, par la naturalisation allemande de leurs ressortissants sur le territoire teuton, est une première en politique allemande, qui a beaucoup servi Gerhard Schröder lors des élections de 2005. De la bonne marche de ce processus dépendront des éléments clés de la cohésion sociale, particulièrement dans les villes industrielles de l'Ouest.

▶ **En politique intérieure,** c'est toujours la reconstruction de l'Est et surtout sa dynamisation économique qui reste l'enjeu de ces vingt dernières années. Les nouveaux Länder sont plus touchés par le chômage et les Länder de l'Ouest continuent de financer la reconstruction.

▶ **La reconversion des industries** et le glissement d'une économie secondaire vers une économie tertiaire sont les défis majeurs des politiques allemandes du début du XXIe siècle, avec au sein de ces questions, celles de l'emploi et de la cohésion sociale.

▶ **Surfer sur la réussite économique nationale** sans se désolidariser de son rôle majeur dans la construction européenne, tel est le dilemme dans lequel sont prises les élites politiques de l'Allemagne contemporaine.

ÉCONOMIE

Principales ressources

Les principaux secteurs d'activité à Berlin sont les services (information, médias, hôtellerie, gastronomie, sécurité, surveillance, consultation et assistance). Les sciences et la recherche technologique, prioritaires dans la politique économique et internationale de l'Allemagne, sont des secteurs de plus en plus porteurs pour la capitale allemande. Symbole de cette réussite : le parc de haute technologie d'Adlershorf, avec la création de plus de 10 000 emplois depuis 1990. Le site réunit une multitude d'institutions de recherches publiques dont les travaux jouissent d'une reconnaissance mondiale.

POLITIQUE ET ÉCONOMIE

Cartes postales de l'Ampelmann.

L'industrie, qui était prédominante avant la chute du Mur et qui connut un déclin important ces dernières années, se modernise et connaît un regain d'activité avec, entre autres, l'électrotechnique, la chimie ou la pharmacie.

Place du tourisme

Le tourisme à Berlin est depuis plusieurs années en progression constante avec 9 millions de touristes et 21 millions de nuitées enregistrés en 2011, soit une hausse de 10 % par rapport à l'année précédente. Avec plus de 170 musées, 3 opéras, près de 150 théâtres, 5 orchestres, de nombreux sites historiques et commémoratifs, des foires, des salons et des événements culturels tels que la Love Parade ou la Berlinale, Berlin est la destination la plus prisée d'Allemagne. Au niveau européen, elle est désormais plus touristique que Rome ou Barcelone. De nombreux nouveaux hôtels ouvrent chaque année et, en 2012, la capacité d'accueil devrait passer de 112 000 à 120 000 lits. Une aubaine pour la ville puisque le secteur emploie près de 250 000 personnes et génère un revenu de 9 milliards d'euros. La tendance devrait bien sûr se confirmer avec l'arrivée du nouvel aéroport international.

Enjeux actuels

L'Allemagne est l'un des pays les plus riches du monde. Néanmoins, cette puissance économique connaît quelques problèmes. Berlin n'est pas la plus avantagée, bien au contraire : le taux de chômage tourne autour de 12,7 %, soit presque le double de la moyenne nationale. Si le domaine de l'industrie a beaucoup baissé à Berlin depuis le début des années 1990, le secteur tertiaire lui a augmenté. Aujourd'hui, Berlin est caractérisé par un parc d'entreprises performantes, soutenu par des moyens financiers accordés par le Fonds structurel européen : 1,3 milliard d'euros jusqu'en 2006 et une somme similaire pour la période actuelle dont l'échéance arrivera en 2013. Depuis que la crise a touché l'économie mondiale, l'économie berlinoise en pâtit moins que le reste du pays. En effet, l'activité économique a chuté de « seulement » 2,3 % à Berlin, contre 6,8 % dans le reste de l'Allemagne. Cette baisse modérée vient en partie du fait que l'économie berlinoise est bâtie à 80 % sur un système de services, secteur moins touché par la crise.

L'un des enjeux actuels pour la ville de Berlin est la gestion de la pression immobilière pour les années à venir. Car si le prix des appartements berlinois continuent de faire rêver Parisiens et Londoniens, la réhabilitation des immeubles du centre par les promoteurs et les investissements étrangers entraînent une augmentation du prix des loyers qui pousse peu à peu les populations les plus pauvres en périphérie. Berlin, forte de sa mixité sociale, pourrait y perdre beaucoup de son âme, sans compter les tensions sociales qui devraient s'ensuivre.

Population et langues

Population

Berlin abrite plus de 3,4 millions des 82 millions d'habitants de l'Allemagne. Même si cela ne semble pas exceptionnel, cela fait quand même de cette ville la plus peuplée du pays. Depuis 1945, la RFA et Berlin connaissent un brassage des populations continu. En effet, 4 millions de travailleurs étrangers (dont un tiers de Turcs) sont venus en Allemagne de l'Ouest entre 1960 et 1973. En contrepartie, l'Allemagne de l'Est connaissait une fuite de sa population vers l'ouest. La construction du Mur tenta d'y remédier mais, à la fin du bloc socialiste, beaucoup d'Allemands de l'Est partirent à l'ouest du pays. Le phénomène inverse n'eut pas lieu. On remarquera ainsi que l'entente entre Allemands de l'Ouest (Wessis) et Allemands de l'Est (Ossis) ne fut pas toujours des meilleures. En effet, après la chute du Mur, les habitants de l'Est se rendent compte que leur salaire et leur niveau de vie sont inférieurs à ceux des habitants de l'Ouest. En contrepartie, l'Ouest du pays ne voyait pas d'un très bon œil d'assumer la reconstruction de l'Est, ce qui amputait leur niveau de vie dans un contexte de récession économique mondiale. Or, la division entre les Wessis et les Ossis est plus visible à Berlin que partout ailleurs en Allemagne. Malgré les efforts d'intégration et de réunification mis en œuvre par la ville – comme la création d'un nouveau centre-ville commun –, on observe peu de Berlinois de l'Ouest ayant migré vers l'Est et une différence sociale dans les deux parties de la ville. Ainsi, les salaires sont toujours plus faibles à Berlin-Est qu'à Berlin-Ouest ! On notera que ces différences sont soulignées par les comportements électoraux : les électeurs de l'Est, quand ils ne s'abstiennent pas, accordent plus facilement leurs faveurs aux représentants de Die Linke, héritier du parti communiste d'Allemagne de l'Est. Néanmoins, ces différences s'atténuent avec le temps.

Langue

La langue parlée est l'allemand, mais il n'est pas rare d'entendre parler turc, français ou anglais, la ville étant multiculturelle et les Berlinois polyglottes. Plus de 13 % de la population est d'origine étrangère, en provenance de plus de 180 pays différents ! L'anglais est utilisé dans le monde du travail, et de nombreux Allemands, surtout les jeunes, le parlent couramment. Le français est la seconde langue étrangère parlée, grâce à la francophilie légendaire des Allemands.

Maison d'artistes Tacheles (Kunsthaus Tacheles).

Mode de vie

VIE SOCIALE

Naissance et âge

Comme dans tous les pays développés, la population de l'Allemagne vieillit. Malgré une augmentation de la natalité en 2011 (ce qui ne s'était pas produit depuis 2002), le taux de fécondité de 1,4 enfant par femme reste insuffisant pour le renouvellement des générations. En 2060, l'Allemagne devrait compter 34 % de plus de 65 ans, contre 20 % actuellement. Une des raisons expliquant ce faible taux de natalité sont les difficultés rencontrées par les femmes pour élever leurs enfants sans s'arrêter de travailler. Les places en crèche sont non seulement rares mais aussi chères. Ensuite, l'école n'accueille les enfants que jusqu'à 14h ou 15h, il faut donc une baby-sitter pour les fins d'après-midi. Enfin, les mères allemandes choisissant de laisser leur enfant à la crèche pour continuer à travailler ont longtemps été mal vues, surnommées les « mamans corbeaux » dans l'Allemagne conservatrice des années 1950 et 1960. Pourtant, les mœurs changent : depuis janvier 2006, les parents peuvent déduire de leurs impôts deux tiers des frais de garde. Depuis 2007, ils bénéficient également d'un congé parental plus long et mieux indemnisé. Toutefois c'est à Berlin, plus précisément dans le quartier de Prenzlauer Berg, que le taux de natalité le plus fort d'Allemagne est enregistré !

Education

Le système éducatif allemand est en général performant, avec un taux d'alphabétisation de 99 %. Du domaine de compétence des Etats fédérés, l'école est obligatoire entre 6 et 13 ans. La majorité des cours commencent entre 7h et 8h le matin et se terminent entre 13h et 15h l'après-midi, ce qui laisse du temps libre aux enfants pour faire du sport ou une activité artistique. Entre 3 et 5 ans, les enfants ont la possibilité d'aller au *Kindergarten* (école maternelle). A l'âge de 6 ans, ils rentrent à la *Grundschule* (école primaire) qui dure quatre ans. Une fois cet ensemble de connaissances générales acquis s'ensuivent deux années d'orientation pendant lesquelles l'élève devra choisir une diverses formes de collège en fonction de ses goûts et de ses aptitudes. Il devra choisir un enseignement soit plutôt théorique, soit plutôt pratique. La majorité des écoliers berlinois partent alors au *Gymnasium* (collège et lycée d'enseignement général). Beaucoup d'entre eux aussi vont dans des *Gesamtschule* (enseignement général) ou la *Realschule*. Certains élèves optent pour un enseignement pratique, la *Hauptschule*. Ce système pédagogique est aujourd'hui de plus en plus critiqué, car les élèves des *Hauptschulen* sont souvent issus des couches les plus basses de la population et, statistiquement, auront moins de chances d'accéder à un poste de travail. Après avoir obtenu leur *Abitur* (baccalauréat) à la sortie du *Gymnasium* (à 19 ans), les garçons doivent effectuer leur service militaire de 10 mois ou un service civil de 13 mois dans des associations ou établissements sociaux. En effet, l'Allemagne manque de personnel médical et le service civil est un bon moyen de combler les manques. Après le service militaire – ou après le bac pour les filles –, les élèves rentrent donc en université (*Universität*) ou en *Fachhochschulen* (plus pratiques). Les études durent alors au minimum 8 à 9 semestres, soit 4 ou 5 ans (il faut savoir que les étudiants ont le droit de faire des pauses d'un semestre entre chaque semestre, ce qui explique les études à rallonge de certains !). Les étudiants allemands passent en moyenne 7 ans à l'université. Les études supérieures ne sont pas très chères : il faut compter en moyenne 200 € par semestre à Berlin. De nombreux étudiants berlinois ont néanmoins un petit job de 20 heures par semaine à côté de leurs études. On recense à Berlin près de 140 000 étudiants dont 13 % sont étrangers.

Caractère et identité

Les Berlinois se sentent berlinois, parfois de l'Est, parfois de l'Ouest, plus généralement des deux. En effet, bien que l'on observe encore des différences entre les deux parties de la ville, cela a tendance à se résorber ; et même si les Ossis ne déménagent pas à l'Ouest et surtout si les Wessis ne s'installent pas à l'Est, il n'est pas toujours évident de faire la différence entre les deux. Mais cela peut aussi s'expliquer par le fait qu'il y ait de nombreux étrangers ainsi que de nombreux Allemands non originaires de Berlin qui habitent la ville.

Structure sociale

Le taux de chômage à Berlin avec 13,2 % en février 2012 (contre 7,4 % à l'échelon national) reste le plus élevé d'Allemagne. Ce taux important explique les différences sociales que l'on peut rencontrer dans la ville. Berlin est arrivé à se maintenir en cette période de récession, grâce à son fort pourcentage de travailleurs dans le domaine des services, moins touché par la crise. Comme en France, les salaires varient en fonction de la qualification et du poste occupé par une personne. Ainsi, un travailleur non qualifié gagne en moyenne à Berlin 1 500 € brut par mois et un travailleur qualifié 2 500 € alors qu'un artisan gagne 1 800 € brut. Le revenu mensuel net moyen des ménages berlinois est de 1 475 €. On remarquera que la femme demeure toujours moins bien payée que l'homme à poste équivalent.

Place de la femme

La révolution féminine a été parmi les plus fortes en Allemagne dans les années 1970. Dans le domaine politique par exemple, la gent féminine est bien présente : environ un tiers des députés sont des femmes. Des quotas de femmes dans la vie politique ont été mis en place par différents partis comme Bündnis 90/Die Grünen (les Verts), la CDU, le SPD ou le PDS. De plus, promouvoir des femmes vers les postes de haute responsabilité dans les entreprises est également une priorité. Néanmoins, il demeure difficile pour une femme en Allemagne de travailler et d'avoir des enfants en même temps ! En effet, deux phénomènes sont à prendre en compte. Tout d'abord, fiscalement parlant, une fois les enfants nés, il est plus intéressant que l'un des parents arrête de travailler. Les femmes étant moins bien payées que les hommes, c'est bien souvent la femme qui abandonne son travail et reste à la maison. Ensuite, le manque de crèches ou de structures pour accueillir les enfants et le prix de tels services obligent plus ou moins l'un des deux parents à ne plus travailler.

Habitat

Les logements du centre de Berlin sont en majorité des appartements alors que l'on trouve plutôt des maisons dans les parties (très) excentrées de la ville. La superficie moyenne par appartement est de 69 m² ; celle par habitant est de 38 m². Ce n'est donc pas

Supportrice allemande.

la place qui manque à Berlin ! Néanmoins, beaucoup d'immeubles et d'appartements doivent encore être rénovés, surtout à l'est de la ville ; et si l'on considère que 3 à 4 millions d'Allemands souhaitent venir habiter à Berlin, la qualité de vie actuelle risque d'en pâtir. Et les prix de l'immobilier, même s'ils restent bas comparés à des capitales comme Londres ou Paris, sont en augmentation ces dernières années.

Jeux, loisirs et sports

La plupart des Allemands sont inscrits dans un club de sports, principalement de fitness ou de musculation, ou fréquentent assidûment les stades et les piscines. Il n'est pas rare de voir une horde de nageurs ou de coureurs envahir ces lieux dès 7h ou 8h du matin. A Berlin, plus de 445 000 habitants sont membres d'une association sportive, soit 1/7e de la population berlinoise. Il existe d'ailleurs plus de 2 000 de ces associations à Berlin et la ville possède plus de 100 piscines, 115 stades et plus 1 100 salles de sports. Les sports préférés des Berlinois sont, dans l'ordre des préférences : le football, la gymnastique, le tennis, la natation, la voile, le handball, l'athlétisme, le volley-ball, l'aviron et le golf.

Santé et retraite

L'Allemagne est un Etat providence, avec une sécurité sociale et un remboursement des prestations médicales. Les remboursements ne sont pourtant pas les mêmes pour tous. En effet, il existe plusieurs assurances sociales dont des assurances privées qui donnent la possibilité de se faire rembourser intégralement pour tout service (sauf pour les dents). Il existe aussi trois tarifs différents pour les médecins. Concernant les retraites, chacun cotise pendant sa vie active et, comme en France, en bénéficie par la suite. Néanmoins, l'Allemagne connaissant des difficultés financières, il est question de réforme ici aussi avec notamment un allongement de la durée de travail (les personnes âgées étant bientôt plus nombreuses que les personnes actives).

MŒURS ET FAITS DE SOCIÉTÉ

La nation allemande n'est une et unie que depuis une quinzaine d'années : la question du sentiment d'identité nationale s'est reposée avec acuité après la réunification allemande dans les années 1990. Le peuple allemand était vu, pour la première fois depuis des décennies, comme une entité unique, à la fois politiquement, économiquement et socialement. Pourtant, aujourd'hui encore, les Allemands cultivent avant tout une identité régionale : ils se sentent bavarois, hessois, berlinois, etc., avant de se sentir allemands.

Valeurs

▶ **Les Allemands sont très pointilleux au sujet du racisme.** Leur vigilance est à l'image du sentiment de culpabilité qui les habite après soixante ans de démocratie exemplaire côté RFA et de devoir de mémoire dans les deux Allemagne. Malgré certains débordements d'une marge « nostalgique » du IIIe Reich (notamment envers la communauté turque), Adolf Hitler représente, pour la quasi-totalité des Allemands, l'incarnation du mal absolu.

▶ **L'un des traits socioculturels** les plus représentatifs des Allemands est leur sens civique et leur respect des règles. Ainsi l'obligation du tri sélectif des déchets ménagers a été très vite et tout naturellement acceptée.

▶ **Les Allemands sont convaincus de l'importance de l'écologie.** Les organisations comme Greenpeace sont très populaires : les « commandos verts » sont souvent actifs. Cet intérêt se traduit aussi par la prise en considération de l'écologie dans les institutions politiques. Ainsi, l'Allemagne entend développer l'énergie géothermique pour assurer les besoins d'une société moderne : de l'eau est envoyée dans le sous-sol à bonne profondeur pour avoir une température adéquate et la vapeur remonte à la surface faisant ainsi tourner des turbines génératrices d'électricité. Cela n'empêche pas que peu d'Allemands seront prêts à renoncer à leur automobile, élément sacro-saint de la vie nationale...

▶ **Un cliché avéré :** le sens pratique est une valeur importante, et le fait de savoir construire son environnement quotidien est quelque chose d'apprécié et de recherché. Ainsi, les Allemands (hommes et femmes) sont souvent bricoleurs, ils aiment construire leur propre maison ou arranger leur appartement ou leur jardin à leur goût, décorer, pratiquer la mécanique, la menuiserie... Les métiers d'artisans sont souvent bien considérés, et le maître à bord sera souvent le *Hausmeister*, l'homme à tout faire qui répare les soucis matériels du quotidien...

Courtoisie

Les codes de politesse en Allemagne sont sensiblement moins formels qu'en France. Ainsi, nul besoin de faire des tonnes de sourires et courbettes, ni de rechercher des dizaines de formules de politesse. Simplement, les Allemands se saluent (sans se faire la bise, connotée « amoureux », les amis se serrent dans les bras) et peuvent assez variablement se dire *Guten Tag* ou *Hallo*, même dans les rapports d'inconnu à inconnu. En revanche, la notion d'intimité est plus développée que dans des pays plus méridionaux, aussi les Allemands sont-ils sensibles à ne pas être dérangés dans leur sphère, ni par le bruit, ni par une présence physique trop proche, ni par des questions trop indiscrètes. De même, les contacts directement visuels dans la rue sont moins appuyés que dans les cultures latines.

Kollwitzplatz.

Rapport au corps et vie matrimoniale

S'ils sont peut-être un peu plus discrets et moins démonstratifs que d'autres sur leur vie sexuelle, les Allemands sont très décomplexés de ce côté-là. La sexualité n'est plus ni un tabou, ni dépendante, si ce n'est dans certains milieux très religieux, d'institutions sociales comme le mariage ou l'approbation de la famille. Les jeunes Allemands sont libérés ; ils vivent souvent en célibataire jusqu'à 30 ans environ. Puis, nombreux se marient, en partie pour alléger leurs impôts, très élevés pour les célibataires. Les mariages se font à la mairie et à l'église, avec la famille et les amis. La vente de pilules est bien sûr autorisée, et des distributeurs de préservatifs sont installés dans les rues, les bars ou dans les lieux de passage.

Bien des visiteurs sont étonnés par la décontraction affichée par beaucoup d'Allemands vis-à-vis du corps, héritée des mouvements de libération du corps et de culture physique des deux derniers siècles. Les Allemands ont souvent un rapport naturaliste décomplexé à la nudité. Les plages FKK (nudistes) abondent sur la côte, et au bord d'un lac, personne ne s'émoustillera à en voir certains se déshabiller entièrement pour nager.

RELIGION

Dans la société allemande, le rôle joué par la religion est beaucoup plus important qu'en France. Près de la moitié de la population berlinoise fait partie d'une communauté religieuse. La liberté de croyance étant un droit fondamental et Berlin étant une ville multiculturelle, on recense un nombre important de communautés religieuses. La communauté la plus importante est celle de l'église évangélique (communauté protestante) qui rassemble entre 20 et 25 % des fidèles berlinois. La seconde est la communauté catholique avec un peu moins de 10 % des fidèles et la troisième est la communauté islamique avec près de 6 % des croyants. En effet, la communauté turque étant très présente à Berlin, l'islam est aussi fortement développé. Enfin, on recense moins de 1 % de juifs ainsi que quelques bouddhistes, hindouistes ou membres de croyances minoritaires. On peut aussi préciser que chaque citoyen allemand doit déclarer à l'administration son appartenance religieuse, et s'il en a une, paie un impôt à l'Etat qui le reverse à l'Eglise concernée.

Arts et culture

ARCHITECTURE

Berlin, capitale artistique et dynamique

Berlin est devenu au fil des années un lieu de création artistique remarquable et remarqué. Ainsi, la cité fait partie depuis 2005 du réseau des villes créatives dans le cadre de l'Alliance globale pour la diversité culturelle de l'Unesco. La ville accueille de nombreux événements comme le salon Bread & Butter, dans le domaine de la mode, le festival des arts médiatiques, la Transmediale et le Mois du design en mai. Enfin les nombreuses galeries, notamment dans le quartier de Hackesche Höfe donne aux tendances de demain des possibilités d'exposition en nombre, encourageant la dynamique créatrice.

L'histoire de Berlin se lit dans son architecture. La ville a ainsi été, au fil des siècles, un véritable laboratoire d'expérimentation architecturale et urbanistique, depuis l'époque de l'Empire prussien jusqu'aux récentes réalisations qui ont suivi la chute du Mur en passant par la Gründerzeit du XIXe siècle, le fonctionnalisme de la Nouvelle Objectivité des années 1920, ou encore l'architecture totalitaire planifiée par les nazis. Berlin est indéniablement une ville très hétérogène et l'on est loin de l'unité et de l'harmonie préservées et défendues dans les autres capitales européennes. Plus de vingt ans après la réunification, la ville est encore un immense chantier. Son statut de capitale l'a en effet considérablement remodelée, notamment par les récentes réalisations architecturales comme les bâtiments gouvernementaux et fédéraux, la construction des ambassades, institutions et organisations nationales et mondiales. De nouveaux projets d'envergure sont d'ores et déjà terminés ou en passe de l'être, c'est le cas pour Alexander Platz, la gare centrale, le Zoofenster, les rives de la Spree, ou encore la rénovation complète de l'île aux Musées.

L'architecture médiévale

Le Berlin médiéval a été détruit lors de la Seconde Guerre mondiale et de la forte industrialisation des années 1930. La dernière trace disparaît en 1931 lorsque le Krögel, quartier de maisons à colombage et de petits ateliers sis près de l'hôtel de ville, est rasé. Aujourd'hui, seules les églises Nikolaikirche (Saint-Nicolas) et Notre-Dame (Marienkirche) affichent des formes gothiques massives et plutôt sévères.

La Renaissance

De l'époque Renaissance, il y avait le château de Berlin, résidence des Hohenzollern jusqu'à la chute de l'Empire qui fut détruit en 1950. Edifié entre 1443 à 1451 lors du règne de Frédéric II sur l'île de Cölln (aujourd'hui appelée Museumsinsel, l'île des Musées), il est par la suite agrandi par Caspar Theyss, sur la demande de Joachim II qui souhaite épouser le modèle des résidences de Saxe dans le style Renaissance. A Berlin, le pavillon de chasse de Grunewald est, avec la citadelle de Spandau, le seul bâtiment Renaissance encore existant construit sous Joachim II. Le corps du pavillon connut de nombreux remaniements mais, épargné pendant la Seconde Guerre mondiale, il est le premier musée à rouvrir au public en 1949. La citadelle de Spandau, commencée en 1559 par l'architecte italien Francesco Chiaramelle, est une fortification dite à l'italienne dont l'ossature n'a pratiquement pas bougé au fil des siècles.

L'architecture baroque

C'est au lendemain de la guerre de Trente Ans qu'un vaste plan de reconstruction de Berlin est lancé par le Grand Electeur. Cette époque est marquée par la présence de nouvelles fortifications à l'italienne édifiées sous la conduite de Gregor Memhardt en 1658. Ce tracé est toujours visible de nos jours dans la configuration irrégulière de la place du Spittelmarkt et de la Hausvogteiplatz. A la même époque l'architecte Andreas Schlüter (1660-1714) est désigné comme directeur de l'Académie des arts. Egalement sculpteur, il rebâtit le château de la ville dans un style baroque plus lié au style du moment et participe à la construction du Zeughaus (Arsenal), avec les architectes Johann Arnold Nering (1659-1695) et Jean de Bodt (1670-1745). On lui doit également la statue équestre du Grand

Electeur qui trône sur la place du château de Charlottenburg. Disgracié en 1706 à cause de nombreuses fautes de construction, il est remplacé par l'architecte suédois Eosander von Goethe (1669-1728). C'est ce dernier qui entreprend l'agrandissement du petit château de Litzenburg, qui devient par la suite le château de Charlottenburg en 1695. Le château de Köpenick est un autre bel exemple d'architecture baroque, il abrite aujourd'hui le musée des Arts décoratifs.

L'architecture sous Frédéric Guillaume Ier et Frédéric II

Sous le règne de Frédéric Guillaume Ier, l'élan artistique est un peu freiné. On note seulement la construction du mur d'Octroi, du pavillon de chasse de l'Etoile (Jagdschloss Stern) aux abords de Potsdam et du bâtiment de la Cour suprême. C'est à cette époque que se développent de nouveaux quartiers tels que Friedrichstadt et Dorotheenstadt avec une structure en damier moderne, bien loin des espaces médiévaux qui existait avant. C'est notamment à Friedrichstadt que s'installèrent les huguenots chassés par Louis XIV. Le forum Fredericianum, centre de la culture et des arts, décidé par Frédéric II, est l'illustration d'une architecture baroque arrivée à maturité. Le projet de grande ampleur prévoyait la construction d'une Académie des arts, d'un opéra et d'un nouveau palais. Seul l'opéra correspond aux plans initiaux. Les autres projets furent abandonnés ou construits ultérieurement dans un style différent. Le roi Frédéric II aimait à s'entourer d'artistes et fréquentait des architectes, peintres et sculpteurs tels que Georg von Knobelsdorff, Antoine Pesne ou encore Friedrich Christian Glume. Le roi voulait des monuments dans un style nouveau et leur demanda de créer ce qui s'avère être les plus beaux exemples d'architecture rococo allemande : le salon de musique du château de Sanssouci et la Galerie dorée du château de Charlottenburg. La construction du Nouveau Palais à Potsdam par Johann Gotfried Büring, Karl von Gontard, Jean Laurent Legeay et Heinrich Ludwig Manger est un autre exemple de ce nouveau style qui éclot en Prusse. Poussé à son paroxysme, le rococo est partout. La mode est lancée, tout le monde y succombe et notamment la classe bourgeoise qui se fait construire de belles demeures rococo afin d'essayer de rivaliser avec la noblesse prussienne. Hélas, tous ces chefs-d'œuvre seront en grande partie détruits durant la Seconde Guerre mondiale, et aujourd'hui il ne reste que deux vestiges dans le centre-ville : dans le quartier du Nikolaiviertel, la façade du palais Ephraim, construite pour le joailler de la cour et directeur de la Monnaie sous le règne de Frédéric II, et, tout à côté, l'Ermeler Haus cache de très beaux intérieurs rococo de la fin du XVIIIe siècle.

Deux architectes majeurs

▶ **Karl Friedrich Schinkel,** architecte et peintre allemand (1781-1841). Architecte de l'Etat dès 1810, il est considéré comme le plus grand architecte allemand du XIXe siècle. C'est à lui que l'on doit les débuts de l'architecture classique en Prusse. Il est aussi l'auteur de nombreux monuments prestigieux de Berlin et des alentours. C'est par exemple à lui que l'on doit la Neue Wache (Nouvelle Garde) construite entre 1816 et 1818, le Musée ancien construit entre 1824 et 1828, le théâtre d'Etat ou encore le château de Babelsberg, construit entre 1833 et 1844 et pour lequel il associa le gothique et l'antique. Ces constructions témoignent toutes de son désir de créer un « Gesamtkunstwerk » (œuvre d'art globale), intégrant le bâtiment et son mobilier à son environnement. Egalement peintre, il subit un temps une influence romantique (*La Porte du rocher*, 1816). Il décora aussi des appartements et réalisa de nombreux projets de décors pour le théâtre, notamment pour *La Flûte enchantée* de Mozart.

▶ **Walter Gropius,** architecte allemand (1883-1969). Il suit ses études d'architecture à Berlin puis à Munich. A 27 ans, en 1910, il dirige son propre cabinet dans lequel il crée une nouvelle esthétique industrielle. Sa nouvelle conception architecturale est basée essentiellement sur la rationalisation. En conséquence, il développera des toits-terrasses, des murs-rideaux, la préfabrication ou encore la standardisation. Il exposera à Cologne en 1914 un projet d'usine expérimental puis fondera le Bauhaus en 1919, à Weimar. Gropius y enseigne une architecture basée sur la pluridisciplinarité et l'expérimentation. Il s'essaie d'ailleurs à concevoir en 1927 un théâtre total synthétisant toutes les salles de spectacles existantes et assorti d'une scène tournante.

L'architecture néoclassique

Comme un peu partout en Europe, la fin du XVIIIe siècle, qui correspond également à la fin du règne de Frédéric II, est marqué par un retour à l'Antique. Le développement urbanistique s'en imprègne et une logique classique s'instaure avec la construction du forum Fredericianum, du palais du prince Henri, du Gendarmenmarkt (place de l'Académie) et d'une nouvelle cathédrale. La place de l'Académie constitue le plus bel ensemble néoclassique de Berlin en raison de la symétrie et de la majesté des édifices qui la composent. L'architecte Karl von Gontard (1731-1791) exécuta un remaniement des deux églises Französischer Dom et Deutscher Dom en les dotant d'une coupole grandiose (1780-1785). Autre exemple de style néoclassique, le château de Bellevue, aujourd'hui résidence du président de la République. C'est Frédéric-Guillaume II qui permet à la ville de se voir insuffler un nouvel élan architectural. Berlin se dote alors de constructions d'apparat autant que de bâtiments publics. Le style dorique est partout. Outre l'architecture, le néoclassicisme s'exprime avec richesse dans la sculpture. L'un des exemples les plus emblématiques est dû à Johann Gotfried Schadow (1764-1850) qui réalise le quadrige de la porte de Brandebourg.

L'école de Karl Friedrich Schinkel

Le néoclassicisme continue de s'épanouir sous Frédéric-Guillaume III (1797-1840). Le roi fait appel aux services de l'architecte Schinkel pour l'exécution d'ambitieux projets. Schinkel bâtit ainsi en un quart de siècle d'innombrables édifices qui façonneront durablement l'image de Berlin : palais, châteaux, églises, théâtres, musées, ponts, et écoles dans le quartier d'Unter den Linden et à Potsdam. Fortement influencé par l'architecture grecque classique il arrive dans ses réalisations à marier différents styles : gothique anglais, style industriel… Il lègue à la Prusse un patrimoine architectural d'une grande diversité ainsi qu'une œuvre théorique importante (dessins, esquisses, essais, projets non réalisés) qui est perpétué par certains de ses élèves. L'on compte parmi eux des noms aussi illustres que Martin Gropius (1824-1880), Georg Heinrich Hitzig (1811-1881), Ludwig Persius (1803-1845), Friedrich August Stüler (1800-1865) ou Eduard Knoblauch (1801-1865). Outre la présence de Schinkel, on peut citer le paysagiste Peter Joseph Lenné qui conçoit vers 1841 un projet d'aménagement du quartier de Luisenstadt à Kreuzberg : un nouveau canal y est percé, l'église Michaelskirche est construite ainsi que l'Oranienplatz. A la fin du XIXe siècle, ce style néogrec et néogothique s'essouffle, c'est désormais le style Beaux-Arts qui arrive.

L'architecture wilhelmienne

Guillaume II avait un caractère particulier et était considéré par beaucoup comme extravagant. Les bâtiments qu'il fit construire sont le reflet de ce caractère. Les plus marquants de cette période, qui sont encore aujourd'hui des monuments majeurs de Berlin, sont la nouvelle cathédrale, l'église commémorative de Guillaume Ier et le Reichstag. Un autre projet d'envergure, le musée de Pergame sur l'île des Musées, ne sera achevé qu'au lendemain de la Première Guerre mondiale.

Gründerzeit

Berlin connut au XIXe siècle une forte période d'industrialisation où les personnes venant des campagnes venaient s'implanter notamment dans les faubourgs aux abords de la ville en cours d'aménagement. Cet afflux massif de population s'est accompagné d'une vaste campagne de construction de logements souvent surpeuplés et de mauvaise qualité (humidité). Ces années de « fondation » (*Gründerzeit*) sont caractérisées par la construction de bâtiments cossus aux façades majestueuses mais derrière ce faste se cachaient bien souvent ces logements insalubres et surpeuplés des « casernes locatives » (*Mietskaserne*). Parmi les projets proposés, l'ingénieur James Hobrecht songe à un réaménagement de Berlin à l'image du Paris de Haussmann. C'est ce modèle que l'on retrouve dans le quartier de Luisenstadt : systèmes de bâtiments dessinés autour d'un square ou d'une église. L'apparition de parcs populaires accentue cette volonté de créer de nouveaux quartiers plus aérés. Ce sont les paysagistes Gustav Meyer et Hermann Mächtig qui façonnent la plupart de ces espaces verts. Mais ces projets initiaux ne seront pas suivis par d'autres et la plupart des rues secondaires ne furent pas remodelées. Seul l'îlot du Riehmers Hofgarten de Kreuzberg fut construit.

Le renouveau de l'urbanisme

Dès le début du XXe siècle, Berlin est sous l'influence d'architectes comme Alfred Messel (1853-1909) et Peter Behrens (1868-1940) qui développent une architecture fonctionnelle et moderne. Cette architecture est annonciatrice du mouvement Bauhaus. La création du Grand Berlin, bien qu'initié en 1912, ne se concrétise qu'en 1920 avec l'intégration des communes de Köpenick, Charlottenburg, Spandau, Neukölln, Lichtenberg, Wilmersdorf et Schöneberg. Berlin compte à ce moment là 3,8 millions d'habitants. Les difficultés économiques rencontrées à cette époque par la jeune République ont pour conséquence l'abandon de nombreux projets ambitieux comme le gratte-ciel de Mies Van der Rohe, près de la Friedrichstraße. Les efforts se concentrent alors sur des réalisations de dimension sociale. Au lendemain de la grande inflation, Berlin s'inspire de l'architecture américaine, les premières tours se dressent dans le paysage urbain, notamment celle de la société Borsig.

La Nouvelle Objectivité

Les années 1920 voient apparaître un nouveau courant architectural : la Nouvelle Objectivité (Neue Sachlichkeit). Rattachés à cette conception, les architectes font passer le détail au second plan et préfèrent l'abstraction des formes qui sont alors planes et nettes. On retrouve cette configuration abstraite dans des bâtiments tels que l'Onkel Toms Hütte à Zehlendorf ou à la Weisse Stadt de Reinickendorf. C'est alors l'époque de projets tels que l'Alexanderplatz.

Le Bauhaus

Le Bauhaus n'est pas qu'un mouvement architectural, c'est une pensée globale qui vise notamment à intégrer un ensemble de disciplines pour concevoir entièrement un projet. C'est grâce à une étroite collaboration entre ingénieurs, architectes et artisans que naît en Allemagne le design moderne et son architecture. Il est question de concevoir des objets qui peuvent être manufacturés à grande échelle et qui allient autant esthétique qu'aspect fonctionnel. Les peintres Wassily Kadinsky, Paul Klee et le plasticien Laszlo Moholy-Nagy y enseignent, ainsi que les architectes Mies van der Rohe (1886-1969) et Walter Gropius (1883-1969) qui en sont les maîtres à penser. Sous l'impulsion du Bauhaus, l'architecture berlinoise s'oriente vers un modèle clair et abstrait. Bien que fondé en 1919, le mouvement va se retrouver malmené par le pouvoir politique en place jusqu'en 1933 où il reçoit le coup de grâce : le mouvement est contraint de se dissoudre. En effet, après s'être installés à Dessau pour se trouver à l'écart des heurts de la république de Weimar, les architectes doivent à nouveau déménager et choisissent alors d'ouvrir une école privée à Berlin. Mais là encore, la Gestapo perquisitionne et supprime définitivement ce groupe. L'expérience berlinoise fut donc de courte durée.

Germania ou le délire architectural du IIIe Reich

Hitler n'aime pas Berlin, il veut complètement remanier la ville et lui donner une physionomie en rapport avec ses ambitions politiques. Pour cela, il entreprend une démolition systématique des bâtiments qui entravent les projets de son architecte Albert Speer. C'est la guerre qui retarde la construction de cette nouvelle capitale, baptisée « Germania », qui devait être terminée en 1950, au moment de l'Exposition universelle. De toutes les constructions envisagées pour Germania, l'immense hall du Peuple au centre de la ville devant être couronné d'un dôme de 240 m de diamètre est un bel exemple de cette démesure ! De ce projet, aujourd'hui, les seules réalisations encore visibles sont les installations olympiques des Jeux d'été de 1936 de Werner March, l'aéroport de Tempelhof par Ernst Sagebiel, le complexe administratif de la Fehrbelliner Platz, les casernes de l'ancien quartier Napoléon (occupé après 1945 par les Forces françaises stationnées en Allemagne) et l'ancien ministère de l'Air (*Reichsluftfahrtministerium*).

L'architecture de la reconstruction

Berlin a particulièrement souffert des bombardements de la Seconde Guerre mondiale. Les destructions représentent près de 43 %. La ville doit se relever et se reconstruire sans attendre. Pour cela, on se concentre sur les habitations et la restauration des lieux de travail. On continue également de construire en périphérie de la ville et ainsi en déplacer ses limites. Ce n'est qu'à partir des années 1960 que l'on commence à revaloriser le patrimoine architectural dans le secteur ouest : on entame un vaste programme de réhabilitation des Mietskasernen et des immeubles de la fin du XIXe siècle. Cette prise de conscience va se faire beaucoup plus tardivement à l'Est, en raison des délires idéologiques des responsables politiques : il faudra attendre le 750e anniversaire de la ville en 1987.

Les architectes du Berlin moderne

▶ **Daniel Libeskind (1946).** Né à Łódź en Pologne, Daniel Libeskind part d'abord étudier la musique en Israël avant de s'envoler pour les Etats-Unis et de s'inscrire en architecture à la Cooper Union School de New York. Il fonde ensuite en 1986 sa propre école d'architecture à Milan. Deux réalisations majeures vont porter Daniel Libeskind sur le devant de la scène. D'abord, le Musée juif de Berlin qu'il va construire entre 1993 et 1998. Ce bâtiment aux lignes aussi cassées et violentes que l'histoire des juifs rompt avec les mémoriaux plus classiques. Daniel Libeskind a réussi un équilibre entre le voir et le non-dit, entre l'intention chargée de sens et l'apparente absence. Dernièrement, Daniel Libeskind s'est distingué en étant retenu pour la pharaonique reconstruction du site du World Trade Center à New York.

▶ **Renzo Piano (1937).** Né en Italie, cet architecte a étudié à Milan puis a poursuivi sa formation pratique en Grande-Bretagne et aux Etats-Unis. Il a, entre autres, participé à la construction du Centre Georges-Pompidou à Paris, et s'est fait connaître du grand public allemand par la construction du Musical Theater de Berlin, mais aussi et surtout en tant qu'architecte en chef de l'aménagement de l'imposante Potsdamer Platz. En 1998, Renzo Piano a reçu la plus haute distinction dans le domaine de l'architecture : le prix Pritzker.

▶ **Norman Foster (1935).** Cet architecte anglais de renom va laisser longtemps son empreinte dans le paysage berlinois. Il a en effet réaménagé le Reichstag qui abrite le Parlement allemand, inauguré en 1999. Avec une nouvelle coupole en verre, symbole de transparence et de tolérance, ce bâtiment chargé d'histoire (il a été incendié par les nazis en 1933) fait partie des grands travaux de la nouvelle capitale de l'Allemagne réunifiée.

Même si la majeure partie des monuments historiques se trouvent à l'Est, ils ne sont pas forcément réhabilités car le régime de Pankow souhaite suprimer toute trace de l'héritage prussien : Berlin-Est doit devenir une capitale selon le modèle socialiste : on détruit notamment le château de Berlin. En parallèle, on conçoit l'avenue de prestige du régime, la Stalinallee (aujourd'hui Karl-Marx Allee – 1953-1959).

Le renouveau des infrastructures culturelles

Avec la ville qui se trouve divisée, Berlin-Ouest se trouve amputé de la majeure partie du noyau culturel et artistique de l'ancienne capitale allemande. De nouveaux repères doivent être trouvés qui sont caractérisés par le nouveau centre commercial de l'Europa Center (1963-1965) et l'église du Souvenir, qui devient le symbole de cette partie de la ville. L'église en ruine est conservée et complétée par un campanile moderne. On développe de nouveaux projets d'envergure comme l'ICC, le Centre international des congrès, (1973-1979), qui donne à Berlin-Ouest une dimension internationale. A l'initiative des Alliés, de nouvelles facultés sont inaugurées, notamment pour concurrencer la mainmise soviétique sur l'université de Humboldt. L'Université libre (FU, Freie Universität) et l'Université technique (TU, Technische Universität) ouvrent leurs portes en 1948. Un tout nouveau complexe culturel (Kulturforum) voit aussi le jour au sud du Tiergarten. Sous la conduite de Scharoun, la Philharmonie (1960-1963) et la Bibliothèque nationale (1967-1978) sont érigées.

Le nouveau Berlin

La dernière grande étape au niveau de l'histoire architecturale de la ville se produit lors de la réunification de l'Allemagne. Berlin devient alors la nouvelle capitale de la République fédérale. Les instances gouvernementales viennent s'y installer. Pour les accueillir, un chantier d'aménagement est entrepris. Il faut également engager la ville dans de lourds travaux d'assainissement des quartiers est, en particulier les districts de Prenzlauer Berg et Mitte. Une fois le Mur disparu, il appartient aux architectes de combler cette cicatrice laissée entre les deux secteurs de la ville. C'est à ce titre que la Potsdamer Platz, la Pariser Platz et la Leipziger Platz retrouvent leur fonction d'autrefois. L'architecte Renzo Piano remporte le concours pour l'aménagement de la Potsdamer Platz. La configuration de la place, telle qu'elle a été imaginée, permet notamment de relier le Kulturforum avec le nouveau centre névralgique et le quartier historique. Les quartiers gouvernementaux s'installent pour la plupart dans Spreebogen, à proximité du Reichstag. 800 architectes du monde entier participent à ce projet titanesque qui prévoit la construction de la nouvelle chancellerie, de nouveaux ministères ainsi que le réaménagement de l'hémicycle du Reichstag.

EXPRESSIONS MODERNES

Avec sa scène artistique en ébullition, Berlin regorge de lieux – souvent d'anciens squats réhabilités – dédiés à la création contemporaine et à l'art conceptuel. Les amoureux des graffitis trouveront leur bonheur, en particulier dans les quartiers de Kreuzberg et Friedrischain.

CINÉMA

L'histoire du cinéma allemand est ponctuée de périodes fastes (les années 1920, les années 1970) mais aussi de passages à vide. Cependant, avec la Berlinale, le festival annuel du film allemand, et des nouvelles œuvres de jeunes réalisateurs remarqués ces dernières années, on peut estimer que le cinéma occupe aujourd'hui à nouveau une place importante dans la capitale allemande.

Les années 1920, sous l'égide de l'Universum Film Aktiengesellschaft (UFA), constituent le premier âge d'or du cinéma berlinois. Issus d'un courant que l'on a qualifié d'expressionniste, *Le Cabinet du docteur Caligari* (1919) de Robert Wiene, *Nosferatu le Vampire* (1922) de Friedrich Wilhelm Murnau, *Le Docteur Mabuse* (1922) et bien sûr *Metropolis* (1925), le chef-d'œuvre de Fritz Lang, illustrent de manière éclatante la richesse du cinéma de cette époque. La veine expressionniste se tarissant, elle sera remplacée par un courant réaliste, caractérisé notamment par les films de Georg Wilhelm Pabst (*Loulou* en 1929) et de Joseph von Sternberg (*L'Ange bleu* en 1930). L'avènement de Hitler en 1933 provoque l'exil de l'élite culturelle. Le cinéma n'est pas épargné et seuls les films qui, d'une manière ou d'une autre, font l'apologie du régime ont droit de cité. Les deux exemples les plus significatifs en sont *Le Juif Süss* de Veit Harlan en 1940 et *Les Dieux du stade* de Leni Riefenstahl en 1938, film tourné au moment des Jeux olympiques de Berlin.

Après la Seconde Guerre mondiale, il faudra attendre le milieu des années 1960 et les réalisations de Volker Schlöndorff et de Werner Herzog – souvent des adaptations de textes littéraires célèbres – pour que le cinéma allemand atteigne de nouveau une renommée internationale. Dans une veine plus sociale et militante, plus provocante également, Werner Rainer Fassbinder (1945-1982) réhabilita Berlin comme ville du cinéma et livra des chefs-d'œuvre comme *Le Marchand des quatre saisons* en 1971, *Tous les autres s'appellent Ali* en 1973 et *Le Mariage de Maria Braun* en 1978, sans oublier la dizaine d'épisodes télévisés inspirés du célèbre roman d'Alfred Döblin, *Berlin Alexanderplatz*.

Graffiti sur le Mur dans le quartier du pont Oberbaumbrücke.

ARTS ET CULTURE

Que ramener de son voyage ?

L'artisanat allemand le plus remarquable concerne les décorations de Noël, jeux et objets en bois, souvent axés sur des mécanismes, ou encore figurines de crèche.
En dehors des périodes de fêtes, les reliques de la RDA et les objets vintage en général sont les souvenirs les plus prisés. On peut les trouver dans les boutiques et friperies ou encore mieux, sur les marchés aux puces. Les objets autour du mur, de l'Ampelmann ou de l'ours emblématique de la ville feront aussi des petits cadeaux appréciés.

Du côté est-allemand, la DEFA, la société de production nationale, a coordonné la réalisation de plus de 700 films. Parmi les plus remarqués, *Der Geteilte Himmel* de Konrad Wolf en 1964, *La Légende de Paul et Paula* de Heiner Warow en 1972 et *Jacob le Menteur* de Frank Beyer en 1974. Elle fut dissoute après la réunification, et les studios de Babelsberg de la DEVA sont aujourd'hui la propriété d'Universal. De grands films continuent d'y être tournés, dont *Stalingrad* de Jean-Jacques Annaud ou le plus récent *Ghost Writer* de Polanski. Aujourd'hui, des réalisateurs comme Doris Dörnie ou Edgard Reitz représentent la nouvelle génération du cinéma allemand. Wim Wenders, qui situe à Berlin son chef-d'œuvre *Les Ailes du désir* (1987), reste une référence incontournable. Parmi les films récents remarqués, *Cours Lola Cours* (*Lola rennt*) de Tom Tykwer (1998), *Head-On* (*Gegen die Wand*) de Fatih Akin (2003) sur les difficultés d'intégration de la communauté turque ou encore *The Edukators* (*Die fette Jahren sind vorbei*) de Hans Weingartner (2005). Les années est-allemandes sont peu à peu abordées dans des films, de manière humoristique, avec *Sonnenallee* (Leander Haußman, 1999) ou dans le grand succès *Good bye Lenin !* (Wolfgang Becker, 2003), mais aussi de manière sérieuse et tragique à travers les activités de la Stasi dans *La Vie des autres* (*Das Leben der Anderen*) de Florian Henckel von Donnersmarck (2006).

Quelques grands cinéastes

▶ **Fritz Lang**, cinéaste autrichien (1890-1976). Il fut à l'origine de nombreux chefs-d'œuvre du cinéma berlinois des années 1920. A l'arrivée du nazisme, Goebbels aimerait le mettre à la direction du cinéma allemand mais il préfère partir pour les Etats-Unis.

▶ **Ernst Lubitsch**, cinéaste allemand (1892-1947). Fils d'un tailleur juif de Berlin, il se fait remarquer au cinéma par ses comédies satiriques, ses drames mondains et ses reconstitutions historiques. Parti en 1922 aux Etats-Unis, il excelle dans la comédie derrière laquelle se cache une lucidité politique. On parle de son style comme de la Lubitsch Touch.

▶ **Volker Schlöndorff**, cinéaste allemand (1939). Il étudie le cinéma en France, où il devient l'assistant de Jean-Pierre Melville et d'Alain Resnais, puis se fait spécialiste de l'adaptation à l'écran d'œuvres romanesques. Codirecteur depuis 1992 des légendaires studios de Babelsberg près de Berlin, il tourne en 1995 une adaptation du *Roi des aulnes* de Michel Tournier.

▶ **Billy Wilder**, scénariste autrichien (1906-2002). Il commence sa carrière en écrivant des scénarios pour les studios UFA de Berlin. Il fuit ensuite l'Allemagne avec l'arrivée des nazis au pouvoir, réalise un premier film en France puis reprend son métier de scénariste aux Etats-Unis. Il devient un des maîtres les plus reconnus d'Hollywood dans les années 1940 et 1950 (*Sunset Boulevard*, *Certains l'aiment chaud*…)

La Berlinale, un festival des plus accessibles au public

La Berlinale, le festival du film de Berlin est l'un des rendez-vous du monde du cinéma. Il a la particularité de se dérouler en plein cœur de la ville, à la Potsdamer Platz et d'offrir un large accès au public qui peut assister à toutes les projections. Dans la sélection officielle, la compétition pour les Ours d'or et d'argent est au cœur du festival. D'autres points forts de ce festival sont la section Panorama avec plus de 30 premières mondiales, la section Perspective du film allemand et le Forum international du jeune cinéma. Et l'intérêt manifesté à l'égard de la Berlinale augmente chaque année : plus de 20 000 professionnels et visiteurs ainsi que près de 4 000 journalistes se retrouvent pour l'événement !

Filmographie de Berlin

Voici une sélection de films dont l'intrigue se passe à Berlin.

▶ *Le Temps d'aimer et le Temps de mourir* de Douglas Sirk (1958) : tiré du roman d'Erich Maria Remarque.

▶ *Les Ailes du désir* (*Der Himmel über Berlin*) de Wim Wenders (1987) : l'histoire aigre-douce d'un ange qui tombe amoureux d'une trapéziste.

▶ *Si loin, si proche* (*In weiter Ferne, so nah !*) de Wim Wenders (1992) : suite du film précédent, histoire d'un ange dans le Berlin réunifié.

▶ *Cours, Lola, cours !* de Tom Tykwer (1998) : histoire à fins multiples dans les rues de Berlin.

▶ *Sonnenallee* de Leander Haußman (1999) : les aventures du Michael et de ses amis dans les années 1980 le long de la Sonnenallee.

▶ *Berlin Is in Germany* de Hannes Stör (2002) : histoire d'un ancien détenu de l'Est qui découvre le nouveau Berlin de la réunification.

▶ *Downhill City* de Hannu Salonen (2002) : coproduction germano-finlandaise qui retrace un portrait actuel de Berlin.

▶ *Good bye, Lenin !* de Wolfgang Becker (2003) : ou comment Daniel Brühl recrée la RDA dans un appartement de Berlin.

▶ *La Vie des autres* (*Das Leben der Anderen*) de Florian Henckel von Donnersmarck, (2006) : récompensé par l'oscar du meilleur film étranger en 2007, ce chef-d'œuvre suit les activités d'un agent de la Stasi (police secrète du régime est-allemand).

▶ *Valkyrie* de Bryan Singer (2008) : sur la tentative d'assassinat d'Hitler.

▶ *Barbara* de Christian Petzold (2012). Dans le milieu médical, une chronique sur la scission est-ouest en 1980. Ours d'argent du meilleur réalisateur à la Berlinale 2012.

Wim Wenders

Né à Düsseldorf, Wim Wenders commence des études de médecine et de philosophie, mais les interrompt pour aller passer un an à Paris, où il fréquente assidûment la Cinémathèque. En 1967, il entre à l'Ecole supérieure du cinéma et de la télévision, à Munich. Parallèlement à ses études, il écrit des critiques de films pour le journal *Süddeutsche Zeitung* et la revue *Kritik*. En 1971, Wim Wenders fait partie des cofondateurs de la maison de production Filmverlag der Autoren et crée en 1975 la société de production Road Movies. Pour son deuxième long-métrage, il adapte un roman de Peter Handke : *L'Angoisse du gardien de but au moment du penalty*. Wenders signe ensuite une « trilogie du voyage », composée des road-movies contemplatifs *Alice dans les villes*, *Faux mouvement* (adaptation de Goethe avec une toute jeune Nastassja Kinski) et *Au fil du temps* (un film en noir et blanc de trois heures qui lui vaut sa première sélection au Festival de Cannes). Acceptant une commande de Francis Ford Coppola, il réalise ensuite *Hammett*, un hommage au célèbre auteur de polars. Mais cet amateur de littérature est aussi un cinéphile averti, comme il le prouve avec *Nick's Movie*, coréalisé par Nicholas Ray au soir de sa vie, *Tokyo-ga*, déclaration d'amour au cinéma d'Ozu, et, plus tard, *Par-delà les nuages*, sur lequel il sera l'assistant de luxe du maître Antonioni. La consécration arrive en 1984 avec *Paris, Texas,* coécrit par Sam Shepard, émouvante traversée de l'Amérique qui décroche la Palme d'or au Festival de Cannes, et trois ans plus tard avec *Les Ailes du désir*, film-poème sur Berlin et succès international, qui donnera lieu à une suite tournée après la chute du Mur. Le cinéaste-voyageur, qui sillonna le Portugal dans *L'Etat des choses* (Lion d'or à Venise en 1982) et *Lisbonne Story*, livre en 1991 *Jusqu'au bout du monde*, une ambitieuse fable futuriste qui déconcerte les spectateurs. Au milieu des années 1990, Wim Wenders retourne aux Etats-Unis pour y tourner des films désenchantés sur l'évolution de la société américaine : le polémique *The End of Violence* en 1997 avec Gabriel Byrne et Andie McDowell, et *Land of Plenty*, une méditation, tournée en DV, sur les conséquences des attentats du 11 Septembre. Dans un autre genre, Wim Wenders connaît également un triomphe inattendu en 1999 avec son documentaire sur la musique cubaine, *Buena Vista Social Club*. Plus récemment, il s'est fait remarquer pour sa très belle biographie de la danseuse et chorégraphe allemande Pina Bausch, *Pina*, sortie en 2011.

LITTÉRATURE

Deux œuvres majeures sont à l'origine de la littérature allemande. Il s'agit du *Chant de Hildebrand* (IXe siècle) et de *L'Epopée des Niebelungen* (fin du XIIe siècle). Mais il faut attendre la Réforme et, précisément 1534, pour lire le premier texte rédigé en allemand moderne : la traduction de la Bible par Luther. En raison d'une guerre de Trente Ans incroyablement dévastatrice, le XVIIe siècle est peu prolixe en littérature, mis à part le roman picaresque de Grimmelshausen, intitulé *Les Aventures de Simplicius Simplicissimus*. En revanche, le XVIIIe siècle illumine l'Europe. Deux mouvements se partagent alors la vie intellectuelle : l'Aufklärung (les Lumières) avec le monstre sacré de la philosophie Emmanuel Kant (1724-1804) et le Sturm und Drang, en réaction au premier et dont les jeunes Goethe et Schiller se font les porte-parole. La révolte et la liberté sont mises en avant, ainsi qu'un rappel aux exigences de la sensibilité, si souvent délaissée par le siècle des Lumières. Issu du Sturm und Drang, le romantisme devient à la fin du XVIIIe siècle le courant privilégié de la jeunesse allemande. Il s'agit d'un mouvement philosophique, religieux, littéraire, où lyrisme et quête d'infini ont ici libre cours et qui oppose la raison à une perception intuitive et sentimentale du réel. On privilégie le passé, la nostalgie, l'esprit enfantin et la rêverie à la réalité fade de ce monde. Les très inspirés August et Wilhelm Schlegel, Friedrich Hölderlin et Novalis deviennent les premiers théoriciens de cette nouvelle façon de percevoir la réalité. Après Jena et Heidelberg, Berlin devient un important foyer du romantisme, avec des auteurs comme E.T.A. Hoffmann et Joseph von Eichendorff. En développement surtout depuis le milieu du XVIIIe siècle avec des auteurs comme Kleist, le théâtre berlinois connaît une de ses meilleures périodes jusqu'en 1814. S'ensuit un siècle peu faste où Berlin est bien plus occupée par la politique que par l'art dramatique. Ce n'est qu'avec l'arrivée d'Otto Brahm à la direction du Deutsches Theater en 1894 que la situation change. A la même époque, l'acteur et metteur en scène autrichien Max Reinhardt fait ses débuts à Berlin. En 1924, il travaillera avec un jeune Bertolt Brecht, qui, peu de temps après, mettra en place son célèbre Théâtre Ensemble. Son *Opéra de quat'sous* (1928), mis en musique par Kurt Weill, est un brûlant réquisitoire contre la montée du nazisme. *La Résistible Ascension d'Arturo Ui* (1941) n'a pas perdu une once de ses vertus critiques, tandis que *Mère Courage et ses enfants* (1941) ou *La Vie de Galilée* (1943) continuent d'exercer une grande influence sur les metteurs en scène contemporains. Parallèlement, la littérature de la seconde moitié du XIXe siècle est marquée par un intérêt croissant pour la forme réaliste, qui se développe sous la plume d'Heinrich Heine et Wilhelm Busch. Plus tard, sous l'influence des écrits philosophiques de Karl Marx et d'Arthur Schopenhauer, le courant naturaliste connaît son heure de gloire avec Gerhart Hauptmann (*Les Tisserands*). La littérature du début du XXe siècle est alors d'une prodigieuse richesse. Dans toutes les contrées de l'espace germanophone, des écrivains tels Thomas Mann (*Docteur Faustus* et *La Montagne magique*), Stefan Zweig (*Amok, La Confusion des sentiments, Le Joueur d'échecs*) ou Robert Musil (*L'Homme sans qualité*) sont de plain-pied avec leur époque où la psychanalyse freudienne élargit considérablement les champs d'interprétation. De nombreux autres auteurs connaissent le succès. Parmi les plus brillants, on peut citer Arthur Schnitzler (*La Ronde*), Léo Perutz (*La Neige de Saint-Pierre, Le Cavalier suédois*), les expressionnistes, Hermann Hesse (*Le Loup des steppes*) ou encore la troublante et émouvante Anna Seghers (*Les morts restent jeunes*). Au lendemain de la guerre, une nouvelle génération d'auteurs, ayant à gérer l'après-Auschwitz et la reconstruction, se constitue autour du Groupe 47. Ceux qui figurent aujourd'hui parmi les piliers de la littérature allemande en font partie, comme Heinrich Böll (*L'Honneur perdu de Katharina Blum*), Günter Grass (*Le Tambour*), Hans Magnus Enzensberger (*Le Bref Eté de l'anarchie*) et Martin Walser (*Mi-temps*). Le poète Paul Celan (*Pavot et Mémoire*), qui passa la dernière partie de sa vie à Paris, est aujourd'hui considéré comme le plus grand poète de langue allemande de la fin du XXe siècle. De leur côté, Peter Handke (*La Femme gauchère* et *Le Poids du monde*) et Arno Schmidt (*Soir bordé d'or*) s'attachent à travailler davantage le langage, comme objet formel et parfois ludique.

MÉDIAS

Berlin a toujours été considéré comme la ville des médias, et cette appellation n'est pas prête de disparaître. Déjà siège de la presse allemande avec la parution de dix quotidiens, Berlin est devenu le siège des chaînes de télévision. Ainsi, on trouvera à Berlin les studios de N-TV, de ARD et ZDF, mais aussi de SAT 1 ou de chaînes locales comme FAB. Avec 300 maisons d'édition dans ses murs, Berlin est aussi la ville de l'édition. Mais la ville est surtout le centre des nouveaux médias avec un foisonnement d'entreprises travaillant dans le multimédia. S'ajoutent encore à cela près de 60 maisons d'édition musicale et 50 studios d'enregistrement ! Les quotidiens les plus importants sont le *Berliner Zeitung*, le *Tagesspiegel* ainsi que le *Berliner Morgenpost*.

■ 030 MAGAZINE BERLIN
www.berlin030.de
Pour toutes vos sorties, la version Internet du magazine que l'on trouve gratuitement dans les bars (en allemand).

■ 36 15 BERLIN
www.3615berlin.com
Ce « city-guide culturel à l'attention du jeune désœuvré » propose, avec humour et en français, un tas de bons plans sur la vie culturelle alternative et underground de la ville.

■ À BERLIN
berlin.equipier.com
Un blog rubriqué comme un guide de voyage et bien illustré qui distille des infos originales et sympathiques.

■ BERLINALE
www.berlinale.de
Site en anglais ou en allemand du festival du film de Berlin.

■ BERLIN.DE
www.berlin.de
Site de renseignements en anglais et en allemand. Il vous sera particulièrement utile pour vos visites de musées et vos réservations d'hôtel.

■ BERLIN EN LIGNE
www.berlin-en-ligne.com
Guide en français de voyage en ligne.

■ BERLINIEN.DE
www.berlinien.de
Les programmes de cinémas, de concerts, de spectacles... y sont donnés en allemand.

■ BERLIN ONLINE
www.berlinonline.de
Tout sur l'actualité culturelle et festive de la ville. En allemand.

■ BERLIN POCHE
✆ +49 30 67 30 45 11
www.berlinpoche.de
1 € le numéro, dans un des points de vente papier ou sur le kiosque numéroque Scopalto.
Un guide en français portant sur les lieux de sortie berlinois. Ciné, concert, agenda, théâtre et danse, tout y est, avec en prime un plan de métro au milieu du guide. Son format réduit – comme son nom l'indique, il tient dans la poche –, allié à ses 56 pages d'informations, le rendent rapidement indispensable. Ecrit par des Berlinois pour les locaux comme les visiteurs francophones, Berlin Poche est une bonne option pour ne plus faire qu'un avec la ville.

▶ **Autre adresse :** Le Stube, 31, rue de Richelieu, 75001 Paris.

■ BERLIN WALL ONLINE
dailysoft.com/berlinwall
Site en anglais très complet sur le Mur de Berlin.

■ BVG
www.bvg.de
Le site du réseau des transports berlinois. Propose le plan de la ville avec les stations de métro à proximité et vous permet de calculer votre itinéraire (www.fahrinfo-berlin.de). Indispensable ! En anglais et en allemand.

■ CITYSCOPE
www.cityscope.de
Des panoramas de la ville de Berlin, au sens architectural du terme.

■ CONNEXION FRANÇAISE
www.connexion-francaise.com
Site à destination des Français expatriés en Allemagne avec des informations plus spécifiques sur Berlin.

■ DIE BERLINER CURRYWURST IN WEB
www.currywurst-berlin.com
Pour les fans de *Currywurst* (saucisse dont la sauce est parfumée au curry).

■ DIE DDR IM WWW
www.ddr-im-www.de
Tout ce que vous avez toujours voulu savoir sur la RDA (en allemand).

ARTS ET CULTURE

■ **DOENER365.DE**
www.doener365.de
Le site de la spécialité culinaire berlinoise.

■ **EXBERLINER**
www.exberliner.com
Site très complet sur la ville, en anglais.

■ **GRÜN BERLIN**
www.gruen-berlin.de
Site en allemand ou anglais sur les développements récents ou futurs de parcs à Berlin.

■ **LATLON-EUROPE**
www.latlon-europe.com
Site de renseignements en français sur la culture, les monuments et les offres touristiques à Berlin. Visites guidées et conseils.

■ **LE PETIT JOURNAL**
www.lepetitjournal.com
Le journal des Français à l'étranger présente l'actualité de Berlin.

■ **LOVE PARADE**
www.loveparade.net
Site en anglais ou allemand de la Love Parade.

■ **MEIN BERLIN**
www.meinberlin.de
Infomations en allemand et même un quiz sur la ville !

■ **STAATLICHE MUSEEN ZU BERLIN**
Bodestraße 1
www.smb.spk-berlin.de
Site en anglais et en allemand des musées nationaux de Berlin avec infos pratiques et expositions en cours.

■ **ZITTY**
www.zitty.de
Site du magazine *Zitty* recensant les sorties et horaires de cinémas et de soirées. En allemand.

MUSIQUE

Après de débuts incertains, le XVIIIe siècle marque sans conteste le premier siècle d'or de la musique germanique, avec comme chef de file Jean-Sébastien Bach (1685-1750). Compositeur de génie et infatigable, il écrit de nombreux concertos, cantates et autres pièces instrumentales ou vocales, dont les *Concertos brandebourgeois* (1717-1723) ou encore *Les Variations Goldberg* (1741). L'Allemagne, à l'instar de l'Italie et de la France, livre au cours de cette période plusieurs pièces figurant désormais au Panthéon de la musique baroque. Georg Friedrich Haendel (1685-1759) et son *Messie* (1742), Georg Philipp Telemann (1681-1767), promoteur du singspiel ou encore Christoph Willibad Glück (1714-1787) et son *Orphée* (1774) ont largement contribué à cet épanouissement musical. A la fin du XVIIIe siècle, romantisme et classicisme atteignent une puissance d'expression inégalée avec Ludwig Van Beethoven (1770-1827), le second grand maître de la musique allemande. De lui, Joseph Haydn dira : « Vous me faites l'impression d'un homme qui a plusieurs têtes, plusieurs cœurs, plusieurs âmes. » Ses contemporains – Carl Maria von Weber (1786-1826), Robert Schumann (1820-1856) et Johannes Brahms (1833-1897) – incarnent de la manière la plus brillante le romantisme musical, dans lequel déjà perce l'ombre de Richard Wagner. Ce dernier, à l'origine du drame intégral où se côtoient musique, poésie, théâtre et danse, composa quelques-unes des pièces les plus célèbres du répertoire allemand dont notamment *Tannhäuser* (1845) et *Parsifal* (1882). Par la suite, sa philosophie et l'aspect messianique de son œuvre, dont Friedrich Nietzsche fut dans ses débuts l'un des plus véhéments promoteurs, furent l'objet de nombreuses interprétations contradictoires et erronées. Son contemporain Gustav Mahler (1860-1911) développa un langage musical proche du dodécaphonisme, cher au XXe siècle, tandis que Richard Strauss (1864-1949), dernier grand musicien romantique, privilégia encore la richesse des lignes mélodiques classiques. La production musicale germanique du XXe siècle est également fort riche. On notera le flamboyant *Carmina Burana* de Carl Orff (1895-1982), le *Wozzeck* (1921) d'Alban Berg (1885-1935), adapté d'un texte de Georg Büchner, ainsi que les nombreuses productions de Kurt Weill (1900-1950), dont le répertoire est joué sur les plus grandes scènes du monde. Enfin, Karlheinz Stockhausen (né en 1928), élève de Darius Milhaud et d'Olivier Messiaen, influencé par Pierre Boulez, est aujourd'hui le chef de file de ce que l'on appelle le sérialisme, mouvement jouant un rôle considérable dans la création contemporaine.

En matière de musique pop, rock ou techno, des groupes comme Kraftwerk ou Scorpions peuvent être considérés aujourd'hui comme des précurseurs. Cependant, d'autres groupes plus contestataires comme les rappeurs Die Phantastischen Vier ou les rockeurs Die Toten Hosen ont eu un franc succès ces dernières années. Dans un autre genre, on trouve Die Prinzen – anciens petits chanteurs du célèbre chœur des Thomaner à Leipzig – qui se lancent dans le rock. Nina Hagen a marqué les esprits par ses exubérances de cantatrice punk. Une autre voix, Nena, s'est fait connaître dans le monde entier en 1984 avec ses *99 Luftballons* et revient sur le devant de la scène en 2002. Production la plus récente de l'industrie pop allemande, le groupe d'adolescents Tokio Hotel continue de faire des ravages.

■ PEINTURE ET ARTS GRAPHIQUES

Tandis qu'en Italie, en France et en Hollande, la peinture de la Renaissance est un art à part entière où se côtoient de grands noms à partir du XVe siècle, il faut attendre le XVIe siècle pour que le premier grand courant pictural allemand perce avec Albrecht Dürer (1471-1528), Matthias Grünewald (1460-1528), Lucas Cranach l'Ancien (1472-1553), Hans Holbein le Jeune (1497-1543) et Albrecht Altdorfer (1480-1538). Ces peintres sont marqués par un sens aigu d'imaginaire religieux où les exigences de la Réforme ne cédaient en rien à un intense souci de réalisme, parfois quasi entomologique. En combinant l'art médiéval avec les acquis de la Renaissance, ces premiers grands noms de la peinture allemande créèrent un style unique en Europe. Les XVIIe et XVIIIe siècles seront surtout des périodes glorieuses pour la sculpture. Au XIXe siècle, on retiendra surtout *Les Falaises, le vent et les nuages* de Caspar David Friedrich (1774-1840), de loin la figure la plus importante de la peinture romantique allemande. Ce n'est qu'au XXe siècle que l'Allemagne renouera avec le faste qui fut le sien trois cents ans auparavant. En effet, elle est le berceau de nombreuses avant-gardes dans la première partie du siècle. L'école expressionniste en est le plus parfait représentant. Mouvement du début du XXe siècle, qui ne prit son appellation définitive qu'en 1911 à Berlin avec une exposition de tableaux cubistes et fauvistes, l'expressionnisme se base sur l'instinct, l'émotion et le désespoir humain. Inspiré par le Norvégien Edvard Munch (1863-1944) et par Vincent van Gogh (1853-1890), ce courant se scinda en deux mouvements : Die Brücke (le pont) et Der Blaue Reiter (le cavalier bleu). Le premier compta dans ses rangs Ernst Ludwig Kirchner, Erich Heckel et Emil Nolde et dura de 1905 à 1913 ; le second, créé en 1911 à Munich à l'initiative de Wassily Kandinsky et de Franz Marc, comptait également August Macke et Paul Klee. Die Brücke s'installera à Berlin en 1911, la ville étant alors le centre de la vie artistique allemande et sera dissous en 1913. Ce mouvement expressionniste à la vision panthéiste est créé à Dresde en 1905. A une période où les menaces de la crise économique et la montée du nazisme se précisaient, Otto Dix (1891-1969) fut le symbole d'une nouvelle approche picturale, plus réaliste, trouvant sa source dans la vie sociale. A l'arrivée d'Hitler au pouvoir, la majeure partie de ces artistes durent migrer en France ou aux Etats-Unis. Nombre d'entre eux en profitèrent pour changer de nationalité. « L'art dégénéré », qui fut l'objet d'une exposition en 1936, n'avait désormais plus sa place dans l'Allemagne nazie.

Après la guerre, différents mouvements se développèrent à l'est et à l'ouest de la ville, les artistes de l'Est étant soumis au réalisme socialiste. On vit une évolution dans les années 1960 avec des œuvres de la Berliner Schule (école berlinoise), plus sensuelles, puis avec des œuvres orientées sur l'individu et ses problèmes dans les années 1970 et 1980. L'Ouest, plus libre, resta longtemps dominé par l'abstrait. L'influence du pop art se fit sentir dans les années 1960. Aujourd'hui, la peinture contemporaine allemande perpétue cette tradition d'innovation. Ainsi, Georg Baselitz, Sigmar Polke ou Gerhard Richter figurent parmi les artistes les plus cotés du marché.

Festivités

Il se passe toujours quelque chose dans les rues berlinoises, que ce soit une manifestation, un défilé, des festivités ou autres. Ceux qui viendront au printemps et en été ramèneront des souvenirs chaleureux. C'est le moment idéal pour partir à la rencontre des gens et des genres. N'hésitez pas à consulter le site de l'office de tourisme de Berlin avant votre départ pour voir les événements à venir.

Janvier

■ INTERNATIONALE GRÜNE WOCHE
Messedamm 22 – Messe Berlin
www.gruenewoche.de
Dix jours fin janvier, ouvert de 9h à 18h tous les jours.
En janvier, pendant dix jours, ouvert de 9h à 18h tous les jours. Le Salon de la semaine verte est le lieu de toutes les orgies, mais c'est aussi l'occasion idéale de découvrir les spécialités culinaires d'Allemagne, et du monde. Des milliers de visiteurs s'y goinfrent et s'y abreuvent, bien que rien n'y soit gratuit, tout en célébrant l'exploitation agricole.

■ LANGE NACHT DER MUSEUM
Klosterstraße 68
www.lange-nacht-der-museen.de
Fin janvier.
Fin août et fin janvier. La majorité des musées de Berlin sont ouverts alors de 18h à 2h du matin aux personnes munies d'un ticket spécifique.

Février

■ FESTIVAL INTERNATIONAL DU FILM DE BERLIN (BERLINALE)
Potsdamer Platz
www.berlinale.de
Du 9 au 19 février.
Pendant douze jours en février. La Berlinale, couronnée par l'Ours d'or, figure parmi les festivals de cinéma les plus prestigieux au monde et les stars s'y bousculent. En parallèle de la cérémonie sont diffusés chaque année plus de 300 films du monde entier.

■ TRANSMEDIALE
John-Foster-Dulles-Allee 10
www.transmediale.de
Tout au long du mois de février.
Festival des arts et de la culture numérique qui interroge le rôle des nouvelles technologies dans la société.

Mars

■ ITB FOIRE INTERNATIONALE DU TOURISME
Messe Berlin – www.itb-berlin.com
Début mars.
Les professionnels du tourisme venus du monde entier se retrouvent au Messe Berlin pour représenter leur pays ou leur région. Le plus important salon du genre !

■ MAERZMUSIK – FESTIVAL DE MUSIQUES CONTEMPORAINES
Schaperstrasse 24 ✆ +49 30 254 89 0
www.berliner-festspiele.de
U-Bahn Spichernstrasse.
Mi-mars.
Concerts de musique contemporaine dans différents lieux de la ville.

Avril

■ WEEK-END DES GALERIES
www.gallery-weekend-berlin.de
Dernier week-end d'avril.
Portes ouvertes dans plus de 50 galeries berlinoises avec de nombreux événements organisés en marge des expositions.

Mai

■ KARNEVAL DER KULTUREN
www.karneval-berlin.de
En mai. A travers Kreuzberg.
Inspirée du carnaval londonien de Notting Hill, cette fête est dédiée à toutes les cultures et communautés qui coexistent à Berlin, et ça en fait un paquet ! Des douzaines de camions et des centaines de musiciens forment une procession haute en couleur, qui drainent des milliers de spectateurs, le tout dans Kreuzberg, le quartier Multikulti de Berlin.

■ MAY DAY RIOTS
Oranienstraße
Le 1er mai. Autour de Kottbusser Tor.
Depuis 1987, le May Day Riots est un rendez-vous fixe. Cette année-là, les autonomes s'étaient retrouvés impliqués dans des confrontations violentes avec la police, et cela finit en une véritable émeute.

De nos jours, le 1er mai s'est pacifié, une fête de rue est alors organisée à Kreuzberg, les manifestations débutent dans l'après-midi, le tout se déroule dans la bonne humeur. Cependant, le soir, quelques poubelles sont incendiées en hommage à la tradition des May Day Riots. Donc profitez des rues la journée, et sortez le soir uniquement si vous voulez comparer les fins de manifestations entre France et Allemagne.

Juin

■ CHRISTOPHER STREET DAY
www.csd-berlin.de
Juin.
Assortie de soirées et d'événements en commémoration des émeutes de 1969 dans la Christopher Street à New York, cette fête marque le début de la libération gay. Extravagance, originalité et outing sont de mise, pour l'une des attractions les plus flamboyantes de l'été annuellement organisée à la fin du mois de juin.

■ DMI – INTERNATIONAL DESIGN FESTIVAL
Arena Berlin – Eichenstrasse 4
dmy-berlin.com
U-Bahn Schlesische Tor.
Une semaine début juin.
Le rendez-vous des professionnels du design permet aux visiteurs de découvrir les dernières tendances de la décoration et de l'architecture d'intérieur.

■ FÊTE DE LA MUSIQUE
www.fetedelamusique.de
Le 21 juin.
S'inspirant de la France, la ville de Berlin consacre, depuis 1995, le 21 juin aux musiques et des scènes sont érigées un peu partout. Les amateurs investissent les rues et des centaines de bandes et de DJs créent l'ambiance, qui selon les lieux sera soit rock, dance, hip-hop ou carrément populaire allemande. Le tout se passe également dans les bars et clubs.

■ LANGE NACHT DER WISSENSCHAFTEN
www.langenachtderwissenschaften.de
Début juin. Les billets sont en vente en avance de 7 à 13 €.
Pour les férus de sciences ou les touristes curieux, une manifestation pendant laquelle les universités, les instituts de recherches ouvrent leurs portes.

■ SCHWULLESBISCHES STRASSENFEST
Nollendorfplatz
www.berlin.gay-web.de
Le deuxième ou le troisième week-end de juin.
Cette fête de deux jours s'étale tout autour de la Nollendorfplatz, le quartier historique gay et lesbien, et tous les bars, boutiques et clubs du coin y participent. Des dizaines de stands sont dressés dans les rues, des spectacles sont organisés, ainsi que des concerts. Cette fête non-stop n'est alors pas seulement réservée aux homos, mais est aussi ouverte à tous.

Juillet

■ CLASSIC OPEN AIR
Gendarmenmarkt Mitte
www.classicopenair.de
En juillet, pendant quatre jours.
De grands noms du classique participent au concert d'ouverture de cette manifestation qui siège, prestige oblige, dans un des plus beaux endroits de Berlin. Ce sont ensuite les orchestres de Berlin qui l'investissent, ainsi que des solistes venant de toute l'Europe. Un grand moment en perspective pour tous les fans de classique.

Août

■ INTERNATIONALES BIERFEST
Staussberger Platz
www.bierfestival-berlin.de
Le 1er week-end d'août.
1 000 différentes sortes de bières, venant de plus de 60 pays, y sont représentées, depuis la bière noire de Bavière, jusqu'à la bière mexicaine aromatisée à la tequila. Un bonheur pour les amateurs de bières que sont les Allemands, dans un cadre assez pittoresque de l'ancienne Stalinallee.

Septembre

■ BERLINER FESTWOCHEN
Budapester Strasse 50
www.berlinerfestspiele.de
Tout le mois de septembre.
L'été culturel se clôt par un mois entier de représentations, de concerts et d'événements à thème. Au programme : musique classique, troupes de théâtre venues du monde entier dans des endroits prestigieux, comme la Philharmonie ou le Konzerthaus. Le festival de jazz de Berlin a lieu aussi dans ce cadre-là.

FESTIVITÉS

■ **ÉVÉNEMENTS –
CCN MARATHON DE BERLIN**
Hanns Braun Strasse
www.bmw-berlin-marathon.com
Septembre.
Le grand marathon de Berlin se tient tous les ans à la fin septembre. Les inscriptions se font jusqu'en décembre.

Octobre

■ **FESTIVAL DE LUMIÈRES**
www.festival-of-lights.de
En octobre, pendant 2 semaines.
Fin octobre. Ce festival propose durant 2 semaines un fantastique spectacle de lumière à travers la ville. Les monuments se parent de mille couleurs et on assiste à une véritable explosion de lumière sur toute la ville. Le point d'orgue est le feu d'artifice tiré le dernier jour.

Novembre

■ **JUDISCHE KULTURTAGE**
Fasanenstrasse 79-80
www.juedische-kulturtage.org
En novembre, pendant 2 à 3 semaines. A partir de mi-novembre. Ce festival de deux à trois semaines témoigne de la nouvelle vie juive à Berlin et de la place que la communauté a retrouvée.
Au travers d'événements comme concerts, films, discussions et *workshops*, les jours culturels juifs se proposent de dresser un portrait de la scène artistique juive locale, mais invitent également de nombreux ensembles et troupes de l'étranger. Ces journées ne sont évidemment pas réservées aux membres de la communauté juive.

Décembre

■ **SILVESTERPARTY**
Brandenburger Tor
www.silvesterparty.in
31 décembre.
Chaque nouvel an, un point de chute apprécié des Berlinois qui passent au moins une fois dans la soirée, pour voir ce qui s'y passe. Entre concerts et animations, c'est la fête dans les alentours de la porte de Brandebourg !

La fête de Noël traditionnelle

▶ **Saint-Nicolas.** Beaucoup plus développée qu'en France, la Saint-Nicolas est fêtée en Allemagne et attendue avec impatience par les plus petits (sauf s'ils n'ont pas été sages). Le 6 décembre donc, le Nikolaus – apporte des sucreries aux enfants sages et le père Fouettard qui l'accompagne toujours, donne des coups de crosse (mais pas pour de vrai) aux vilains enfants. C'est surtout une bonne occasion de manger bonbons, chocolats, brioches ou gâteaux.

▶ **Les marchés de Noël : une tradition dans toute l'Allemagne.** Ce sont de véritables marchés, plus ou moins grands, qui restent installés en général deux à trois semaines et sur lesquels on peut trouver toutes sortes de souvenirs, souvent artisanaux, ainsi que de nourriture allemande : *Wurst*, galettes de pommes de terre, *Glühwein* (vin chaud), pain d'épices, *Stollen*… A Berlin, on y trouve surtout des objets en bois en provenance de l'Erzgebirge (massif montagneux à l'est). Parmi les plus connus sont les *Räuchermänner*, petites figurines de bois dans lesquelles on met à brûler un morceau d'encens, faisant ainsi croire que la figurine fume, ou les *Holzpyramiden*, porte-bougies en forme de pyramide. Ce commerce fut une source importante de devises de l'Ouest dans l'ex-RDA. De nombreux marchés de Noël se tiennent dans tout Berlin, mais s'il en est un à ne pas manquer, c'est le Weinachtszauber qui se tient sur la célèbre Gendarmenmarkt à Mitte et reste ouvert tous les jours jusqu'à 22h (et même 23h le vendredi et samedi).

▶ **Noël ou Weihnachten.** La fête de Noël est préparée longtemps à l'avance. Ainsi, il existe les couronnes de l'Avent que l'on se procure quatre semaines avant Noël et sur laquelle on allume une à une les quatre bougies, une par semaine de l'Avent écoulé. Les calendriers de l'Avent sont aussi très usités en Allemagne. Il s'agit de calendriers en trois dimensions sur lesquels se situent 24 petites portes en carton que l'on ouvre jour après jour pour en déguster les friandises. Enfin, il est courant que les gens fassent eux-mêmes des petits biscuits qu'ils offrent à leurs amis quand ils sont invités.

Cuisine berlinoise

PRODUITS CARACTÉRISTIQUES

Depuis le milieu des années 1990, Berlin a fait des progrès décisifs en matière d'art culinaire. Aucune autre ville allemande ne possède une palette gastronomique aussi complète et variée. Boulettes, jambonneau et autres classiques de la cuisine quotidienne berlinoise n'ont heureusement pas disparu, mais l'offre culinaire et gastronomique s'est décuplée. Depuis la chute du Mur, la ville a renoué avec son arrière-pays et sa table s'oriente à nouveau vers les produits de saison. Berlin est un client privilégié pour les produits frais du Brandebourg et de Mecklembourg-Poméranie occidentale, pour le sandre de la Müritz, les salades, les fines herbes et les navets de Teltow, les fruits et légumes de Werder et, surtout, pour les asperges de Beelitz. Le gourmet berlinois apprécie également les fruits du sud de l'Europe, les poissons de l'Atlantique, le gibier et les volailles d'Europe de l'Est… On l'aura compris, les Berlinois aiment surtout la cuisine d'ailleurs, avec une prédilection pour le *döner*, signe de l'importante population d'origine turque de la ville. Mais il est encore possible de manger typiquement berlinois à Berlin. Faite pour affronter les grands froids, la cuisine berlinoise est assez lourde et calorique, mais plutôt bonne. On trouve quantité de plats en sauce, particulièrement à base de porc, et d'accompagnement à base de chou, de choucroute ou de pommes de terre. Parmi les plats typiques, on trouve les *Kasseler Rippen* (côtes de porc fumées), l'*Eisbein* (jarret de porc), la *Currywurst* (saucisse épicée relevée de sauce au curry), les *Bouletten* (boulettes de bœuf haché), les *Schnitzel* (escalopes panées – aussi spécialité autrichienne), le *Sauerbraten* (bœuf mariné) ou encore les *Matjes* (harengs marinés). On peut aussi citer les *Kohlroulade* (roulades de chou) ou les goulasch. Les pommes de terre, quant à elles, sont déclinées en *Bratkartoffel* (pommes de terre sautées aux lardons), en *Knödel* (boulettes de pomme de terre, équivalent des *klouskis* polonais ou des quenelles de pain tchèques) ou encore en *Kartoffelpüree* (purée de pommes de terre).

Boissons

▶ **La bière** est une boisson très consommée à Berlin – comme dans toute l'Allemagne – et il existe une spécialité berlinoise qui s'appelle la Berliner Weisse, fabriquée à base de froment, légèrement acidulée et servie dans de grands verres arrondis avec un doigt de sirop de framboise pour adoucir le goût. Si vous en buvez, vous serez vite catalogué comme touriste, mais il faut bien goûter une fois ! Sinon, les bières se répartissent en plusieurs catégories et sont soit servies en bouteille ou en pression (vom Fass). Sur la carte, au moins une sorte de Weizenbier (bière blanche) qui sera filtrée (Kristall) ou non (Hefe). La Becks est la marque de Pils (bière blonde à basse fermentation) très appréciée chez les jeunes, les plus anciens lui préfèrent la Berliner Pilsner. Vous rencontrez parfois le nom de Kölsch dans certains restaurants, il s'agit de la Pils de Cologne qui se sert dans des verres longs et fins de 0,20 l. Sinon les autres bières sont servies en plus grande quantité 0,33 cl au minimum, la norme étant 0,50 l pour une Weizenbier.

▶ **Eau.** Sachez que dans les restaurants allemands, il est rare qu'on vous serve un pichet d'eau. Normalement, les restaurateurs sont obligés de vous servir de l'eau du robinet si vous le demandez, cependant c'est quasi impossible dans la réalité. Dès lors, vous devrez commander une bouteille d'eau. Les Allemands consomment beaucoup plus d'eau pétillante (*Sprudelwasser*) que d'eau plate.

▶ **L'*Apfelschole*** est un mélange de jus de pomme et d'eau pétillante, souvent consommé à la place de l'eau au moment des repas.

▶ **Les cafés allemands** sont généralement servis dans des grandes tasses avec du lait (*mit Sahne*) et sont plutôt insipides. Précisez donc lors de votre commande que vous souhaitez un espresso ou testez un Latte Macchiato dont les Allemands raffolent.

▶ **Les vins allemands,** souvent originaires de la vallée rhénane, sont très bons, n'hésitez pas à en goûter. Sur les marchés de Noël, le *Glühwein* (vin chaud à la cannelle et aux diverses autres épices) est incontournable !

HABITUDES ALIMENTAIRES

La journée allemande est rythmée par quatre repas.

▶ **Le petit déjeuner (*Frühstück*)**, qui comprend du fromage, de la charcuterie, des œufs, du müesli, ainsi que pain, beurre et confiture. Si vous êtes à l'hôtel, ces copieux petits déjeuners vous permettront facilement de sauter le repas de midi !

▶ **Entre midi et 13h, le déjeuner (*Mittagessen*)** est traditionnellement un repas chaud, mais à Berlin comme dans toutes les grandes villes, les personnes actives réduisent le temps consacré à ce repas.

▶ **En fin d'après-midi vient l'heure du goûter (*Kaffe und Kuchen*)**, comportant café, thé et pâtisseries. On a ici un goût très prononcé pour les pâtisseries.

▶ **Enfin, à 19h est servi le dîner (*Abendbrot*)**, habituellement froid. Il consiste en salades, en tartines en tout genre, de fromage, de charcuteries, etc. A Berlin, tourisme oblige, vous pourrez dîner plus tardivement mais on vous servira difficilement après 22h.

RECETTES

Boulettes de viande à la berlinoise

▶ **Ingrédients (pour 3 à 4 personnes) :** 275 g de bœuf haché maigre • 275 g de porc haché • 2 petits pains rassis • 25 cl de lait chaud • 1 œuf • 1 cuillerée à soupe de persil haché fin • sel • poivre • muscade râpée • poudre de cari • 50 g de beurre • 1 oignon coupé en rondelles.

▶ **Préparation (20 minutes).** Mélanger le bœuf et le porc hachés dans un bol. Couper les petits pains en tranches et les tremper dans le lait. Les égoutter et les incorporer à la viande en ajoutant l'œuf, le persil, le poivre, la muscade et le cari. Bien mélanger. Façonner des boulettes légèrement aplaties. Faire fondre le beurre dans une poêle à feu moyen. Une fois la poêle chaude, faire cuire les boulettes de 5 à 7 minutes en les retournant de temps en temps. Les disposer dans un plat chaud. Faire frire l'oignon dans la même poêle. Le disposer autour des boulettes. Servir avec des pommes de terre sautées.

Jarret de porc à la choucroute

▶ **Ingrédients (pour 4 personnes) :** 4 cuisses de porc (environ 2 kg) • 3 l d'eau • sel • 3 oignons • 3 feuilles de laurier-sauce • 4 grains de poivre • 5 piments • 2 pincées de sucre • 60 g de saindoux de porc • 500 g de choucroute • 5 clous de girofle.

▶ **Préparation (1 heure 30 à 2 heures).** Laver les cuisses de porc à l'eau froide puis les faire cuire dans 3 l d'eau bouillante salée. Eplucher 2 oignons et les couper grossièrement en dés. Les ajouter aux cuisses de porc ainsi que 2 feuilles de laurier-sauce, les grains de poivre, les piments et 1 pincée de sucre. Laisser cuire le tout à feu doux pendant environ 1 heure. Pendant ce temps, préparer la choucroute. Verser environ 2 cuillerées à soupe de saindoux tiède dans la choucroute. Eplucher l'oignon restant et le piquer de clous de girofle. L'ajouter au mélange avec la feuille de laurier et le sucre. Faire mijoter pendant 40 à 45 minutes. Servir sur une assiette. Retirer les cuisses de porc de leur bouillon, les laisser égoutter et les disposer sur la choucroute. Accompagner d'une bonne bière.

Bière et choucroute.

Jeux, loisirs et sports

DISCIPLINES NATIONALES

Cyclisme

Le cyclisme est l'un des sports favoris des Allemands. Deux coureurs sortent du lot. Erich Zabel, professionnel de 1992 à 2008, ses 214 victoires et tout son palmarès font de lui une légende de la petite reine. Jan Ullrich, grand battant et vainqueur du Tour de France, a lui aussi un grand nombre de victoires dans les mollets. Ses scandales de dopage ne lui ont pas enlevé la sympathie du public, due tant à ses performances sportives qu'à son attitude désinvolte face aux contraintes du métier (bon vivant, il n'hésitait pas à participer à des fêtes ou à ne pas suivre le régime ascétique de règle à la veille de compétitions).

Football

Comme dans beaucoup de pays, le football est le sport national. La légendaire *Mannschaft* (« équipe ») est la sélection nationale la plus titrée du monde après l'équipe du Brésil. Lors du Mondial 1990, l'international anglais Gary Lineker dira même avec humour, après une défaite aux portes de la finale contre l'Allemagne : « Le football est un sport simple : 22 hommes courent après un ballon pendant 90 minutes et, à la fin, les Allemands gagnent. » Il faut dire que le pays compte nombre de joueurs de talent et sait créer des équipes fortes de qualités morales qui leur a souvent permis d'éliminer des équipes techniquement supérieures à la leur. Franz Beckenbauer, le plus respecté de tous les anciens joueurs du pays, a sans doute fait partie de la plus brillante équipe que l'Allemagne ait connue. Lorsqu'elle était constituée de l'axe Maier – Beckenbauer – Netzer – Gerd Müller, la Mannschaft a réellement connu ses heures de gloire, en gagnant notamment l'Euro 1972 puis la Coupe du monde 1974. En 2006, le Mondial de football sur le sol allemand fut un événement majeur et euphorique. Depuis, la nation entière s'est jetée dans un engouement débordant pour le football ; jeunes et vieux de toutes générations et tous milieux se sont fait supporters. Dotée d'une équipe de qualité, l'Allemagne a pour

East Side Gallery, le Mur de Berlin objet de graffitis.

l'occasion ressorti les drapeaux qu'elle hésitait à brandir depuis la fin de la Seconde Guerre mondiale. Entre les mains de Jürgen Klinsmann, la Mannschaft a de plus su casser son image d'école austère, raflant la troisième place.
Le sport préféré des Allemands reste le football, et le rang de l'équipe nationale au niveau mondial le justifie ! Les deux principaux clubs de Berlin sont le Herta Berlin et le FC Union Berlin.

Formule 1

La course automobile est l'un des sports dans lesquels les Allemands se sont toujours illustrés, depuis les balbutiements de la discipline. A la pointe de l'industrie automobile, le pays donne une place particulièrement importante à la voiture, et les sports automobiles y sont naturellement très populaires. Outre les prestigieux engins de course de Porsche, Mercedes ou BMW, l'Allemagne connaît des pilotes hors norme, à l'image de son grand champion Michael Schumacher.

Location de vélos.

Tennis

Un autre sport populaire en Allemagne est le tennis. Le pays a produit de formidables champions. Les plus connus sont Boris Becker (surnommé Boom Boom pour sa force de frappe), vainqueur 3 fois de Wimbledon, 2 fois de l'Open d'Australie et 1 fois de l'US Open ; l'impressionnante Steffi Graf, dont le palmarès est l'un des plus, sinon le plus prestigieux du tennis féminin (22 titres en tournoi du Grand Chelem dont un Grand Chelem, les quatre tournois majeurs remportés en 1988, n° 1 mondial pendant 378 semaines) ; ainsi que Michael Stich, vainqueur du tournoi de Wimbledon en 1991. Malgré une culture tennistique assurée par ces anciens champions, l'Allemagne connaît actuellement une baisse de sa représentation sur les courts. En août 2012, le n° 1 allemand, Philipp Kohlschreiber, ne pointait le bout de sa raquette qu'à la 16e place du classement ATP. Un autre joueur, Tommy Haas, fait davantage la une des magazines people qu'il ne joue convenablement sur un court.

ACTIVITÉS À FAIRE SUR PLACE

L'athlétisme, le handball (invention allemande), le canoë, le cyclisme, l'équitation, le football, la gymnastique, le hockey sur glace, la natation, le patinage, le tennis, le water-polo... Les Allemands sont très sportifs. Beaucoup sont inscrits dans un club de sport, ou pratiquent régulièrement une ou deux disciplines. Il n'est pas rare de voir une horde de nageurs ou de coureurs envahir piscines et stades dès 7h ou 8h du matin. Les élèves des écoles, des collèges et des lycées finissent les cours entre 13 et 15h. Ils ont ainsi souvent du temps à consacrer à la culture sportive. En témoigne le grand nombre de champions originaires de l'État fédéral.
Berlin est une ville de choix pour les sportifs. Nul besoin de s'inscrire au marathon pour dépenser quelques calories, il suffit de faire comme les Berlinois et de joindre l'utile à l'agréable en se déplaçant en vélo ! Pour des activités plus spécifiques, les environs de Berlin riches de forêts, de lacs et de rivières regorgent de possibilités : luge et ski de fond en hiver, canoë, baignade, randonnées et pêche (permis national obligatoire) en été.

Enfants du pays

Daniel Brühl

Né en Espagne et ayant grandi à Cologne, l'acteur, très connu depuis son rôle d'Alex dans le film *Good-bye Lenin !* de Wolfgang Becker, vit depuis plusieurs années à Berlin. Très apprécié des demoiselles, il connaît une jolie carrière internationale. On l'a vu dans le film *Joyeux Noël* de Christian Carion sur les amitiés qui se sont nouées entre soldats allemands et français dans les tranchées de la Première Guerre mondiale. Il a joué aussi aux côtés de Julia Jentsch dans *The Edukators*. En 2009, il faisait partie du très beau casting de Quentin Tarantino pour son *Inglourious Basterds*. En 2010, il joue dans le film *La Comtesse*, de Julie Delpy, et collabore à nouveau avec elle en 2012 dans *Two Days in New York*, après une participation au premier volet, *Two Days in Paris* en 2007. Acteur à succès, il n'en reste pas moins modeste et fréquente sans problème les cafés de Prenzlauer Berg.

Marlene Dietrich

Celle qui fut l'une des plus grandes figures de l'âge d'or d'Hollywood est née le 27 décembre 1901 dans le quartier de Schöneberg. Egalement chanteuse, elle débute sa carrière au théâtre et dans les cabarets du *Kurfürstendamm*. Après quelques rôles mineurs au cinéma, elle devient célèbre en 1930 lorsque le réalisateur Josef von Sternberg lui offre le rôle, inoubliable, de *L'Ange bleu*. Opposée au régime nazi, elle rompt les liens avec son pays et prend la nationalité américaine en 1937, grâce à l'appui de Joseph Kennedy avec qui elle aura une brève liaison. Durant la guerre, elle s'engage dans l'armée américaine et chante pour les troupes alliées. Au cinéma, outre Josef von Sternberg, elle tourne pour Fritz Lang, Alfred Hitchcock, Orson Welles. De sa vie privée, on peut retenir sa relation passionnée avec Jean Gabin. Marlene Dietrich est morte à Paris, à l'âge de 90 ans. Une place de Berlin, sa ville natale qui l'a longtemps rejetée, porte aujourd'hui son nom.

Nina Hagen

La diva punk qui a marqué les esprits dans les années 1980 est née à Berlin-Est en 1955. Elle débute sa carrière de chanteuse en Pologne puis rentre à Berlin où elle monte plusieurs groupes dont Automibil, avec lequel elle connaît son premier succès : *Du hast den Farbfilm vergessen* (« Tu as oublié la pellicule couleur »). Après un passage à Londres, elle s'installe à Berlin-Ouest où elle enregistre son premier album solo *Nina Hagen Band*. Son charisme, sa voix hors norme et son look déjanté lui permettent de trouver rapidement son public. En 1979, son tube *African Reggae* dépasse largement les frontières de l'Allemagne. Après son divorce d'avec le chanteur néerlandais Herman Brood, elle vit un temps aux Etats-Unis où elle devient bouddhiste. En 1982, elle sort *NunSexMonkRock*, un album en anglais, mélange de punk, de funk et d'opéra. Partie dans des délires mystiques, elle utiliser la scène comme tremplin pour exposer ses idées sur Dieu, la nature, les extra-terrestres... Elle enchaîne les tournées en Europe et les albums avec un total de 13 albums solo parmi lesquels *Street* (1991), version allemande de la comédie musicale *Hair*, ou encore *Big Band Explosion* (2003), dans lequel elle reprend des standards du jazz. S'intéressant à tous les univers musicaux, elle collabore aussi bien avec des groupes de métal que des musiciens classiques et a même produit un album de chants indiens à des fins caritatives. En 2006, elle est jury de l'émission allemande *Pop Stars*. Son dernier album *Volksbeat* est sorti en 2011.

Julia Jentsch

Actrice allemande née en 1978, Julia Jentsch représente la génération montante du cinéma allemand. Originaire de Berlin, elle s'est notamment illustrée dans le film *The Edukators* et a reçu l'Ours d'argent du Festival de Berlin en 2005 ainsi que le titre d'actrice européenne du Prix du cinéma européen pour son interprétation de Sophie Scholl dans le film *Sophie Scholl. Les Derniers Jours*. Elle est également apparue dans le film *La Chute* sur les derniers jours de la vie de Hitler.

Udo Lindenberg

Chanteur berlinois des années 1980 très célèbre et qui a profité de la vague musicale allemande de l'époque, on ne le voit plus très souvent sur scène, mais quand on le voit, on remarque qu'il est resté star dans l'âme.

Au cours des dix dernières années, il s'est surtout fait remarquer en tant que peintre, avec son concept de « peinture automatique en pleine panique ». En 2008, il a publié un nouvel album, intitulé *Stark wie zwei* (Fort comme deux).

Angela Merkel

L'une des femmes les plus puissantes du monde et l'une des rares femmes politiciennes en Allemagne, venant des nouveaux Länder, plus précisément du Mecklenburg-Vorpommern (Mecklembourg-Poméranie) où elle était représentative de la CDU à Stralsund. A la suite de l'affaire des dépenses du parti de la CDU mettant en cause Helmut Kohl et Wolfgang Schäuble, elle a été élue en avril 2000 à la tête du parti des chrétiens démocrates. Elle est la première femme à obtenir une telle fonction. Sous le chancelier Kohl, de 1991 à 1994, elle était ministre de la Famille et de l'Environnement. Cette femme de caractère aura connu une ascension fulgurante qui se conclut en 2005 par le poste de chancelière, réélue en 2009. Elle conduit une politique que les Allemands semblent apprécier, son premier mandat est orienté vers un consensus s'appuyant sur la Grande Coalition, qui fait place à une Coalition Noire-Jaune avec l'union CDU/CSU en 2009.

Ulrich Mühe

Ce grand acteur de théâtre et de cinéma s'est surtout fait connaître par le public international grâce à son rôle d'agent de la Stasi dans *La Vie des autres*. Mais son immense talent était déjà reconnu et estimé en Allemagne : né en 1953, Ulrich Mühe se consacra entièrement au métier d'acteur dès l'âge de 20 ans. Après des premiers succès à Leipzig, il monta à Berlin en 1982, où il deviendra l'acteur vedette de la Volksbühne. Après la chute du Mur, il multiplie les représentations partout en Europe, notamment à Salzbourg et à Vienne. Parallèlement, il entame sa carrière au cinéma, où il excelle en 1997 dans *Funny Games,* de Michael Haneke. Sa brillante carrière trouve son apogée en 2006 avec *La Vie des autres* – et une fin tragique en juillet 2007 : à l'âge de 54 ans, il succombe à un cancer de l'estomac.

Nena

« Neun und neuzig Luftballons… » le tube des années 1980, c'était elle ! Sa carrière commença en 1979 avec les trois garçons de The Stripes avant qu'elle n'entame sa carrière solo et connaisse ce grand succès. Elle revient vingt ans plus tard sur le devant de la scène avec, entre autres, une nouvelle version de ce hit.
Toujours aussi jolie, très posée et sensée, on apprécie de la voir lors d'émissions télévisées. Elle a sorti un nouvel album en 2009 *Made in Germany*.

Helmut Newton

De son vrai nom Helmut Neustädter, le célèbre photographe est né à Berlin le 31 octobre 1920. De mère américaine et de père juif allemand, il quitte l'Allemagne nazie en 1938 et émigre en Australie. En 1961, il s'installe à Paris où il devient un très grand photographe de mode, collaborant notamment avec le magazine *Vogue*. Les plus belles femmes du monde, de Catherine Deneuve à Kate Moss en passant par Monica Bellucci, Grace Jones et Claudia Schiffer ont posé devant son objectif. Ses images très stylisées et au fort pouvoir érotique ont été réunies dans une célèbre anthologie, *SUMO*, un énorme ouvrage de près de 500 pages. Helmut Newton est décédé dans un accident de la route à Los Angeles, en 2004. Selon son souhait, il a été enterré dans sa ville natale à laquelle il avait légué en 2003 toutes ses archives. Ses œuvres sont exposées au Musée de la photographie – Fondation Helmut Newton, dans le quartier de Chalottenburg. Un grande rétrospective a été organisée au Grand Palais à Paris au printemps 2012.

Klaus Wowereit

Entré en politique en 1984, le plus jeune conseiller municipal de Berlin est l'actuel maire de la capitale allemande, entamant son 4e mandat depuis les élections de 2006. Il est également depuis novembre 2009 vice-président fédéral du Parti social-démocrate. Revendiquant fièrement ses origines berlinoises, le maire clame à qui veut l'entendre son amour de la ville dont il dit, non sans malice, « qu'elle est pauvre, mais sexy ! ». Il est vrai que son profil particulier correspond totalement à celui de la ville : dynamique, charismatique, un peu brusque dans ses déclarations. En 2001, il fait son *coming out* en déclarant « *Ich bin Schwul und das ist auch gut so* » (je suis homo, et c'est très bien comme ça !).

Communiquer en allemand

*L'allemand que nous vous présentons ici est un allemand standard **(Hochdeutsch)**. L'Allemagne étant un pays relativement jeune (son unification réelle date du XIXᵉ siècle), de nombreux dialectes – c'est-à-dire des langues régionales avec des spécificités au niveau de la prononciation, du vocabulaire et parfois même de la grammaire – sont encore très présents. Ainsi vous entendrez du bavarois à Munich ou du saxon vers Leipzig. Toutefois l'allemand standard est évidemment la langue d'usage et vous permettra d'être compris dans tous les pays germanophones.*

Cette rubrique est réalisée en partenariat avec

Prononciation et accentuation

La prononciation allemande est assez hachée et les mots sont très articulés : les Allemands prononcent plus distinctement chaque syllabe, contrairement à la tendance de beaucoup de francophones de les avaler.

Pour vous aider à bien prononcer, nous utilisons une transcription phonétique simplifiée (notée en italique sous la phrase allemande). Il vous suffit de la lire comme si c'était du français.

Quand une voyelle doit se prononcer de manière longue, nous l'avons fait suivre de deux points dans la transcription phonétique. Généralement, l'accent tonique porte sur la première syllabe du mot. Si ce n'est pas le cas (il y a quelques exceptions), nous vous indiquons la ou les syllabes qui portent l'accent en les soulignant.

- **ai, ay, ei** *ay* comme dans "k**ay**ak"
- **au** *aô* comme dans "ch**ao**s"
- **ä** *è* comme dans "p**è**re"
- **äu, eu** *oy* comme dans "cowb**oy**"
- **e** *é / è* comme dans "m**é**lange" ou "p**è**re"
  e comme dans "douc**e**ment", "d**e**"
- **-en** *'n* avec un **-n** final, **e** est parfois avalé (on l'entend à peine)
- **-er** *a* La terminaison **-er** devient un [a] bref, à peine soufflé.
- **ö** *eu:* comme dans "p**eu**"
- **u** *ou* comme dans "c**ou**c**ou**"
- **ü, y** *u* comme dans "c**u**lture"
- **ch** *ch☺* se prononce chuinté (lèvres plus étirées, comme pour sourire ☺ en montrant les dents)
  rH [r] "raclé" prononcé du fond de la gorge
- **chs** *kss* comme dans "ex**cès**"
- **ck** *k* comme dans "cal**c**ul"
- **v** *f / v* se prononce toujours [f] sauf dans les mots d'origine étrangère, où il se prononce [v]
- **g** *g(u)* se prononce toujours [g] comme dans "gare" ou "guitare", même devant **e** et **i**
- **h** *H* Il est audible ! légère expiration, comme pour un râle
- **j** *y* comme dans "**yo**yo"
- **qu** *kv* comme dans "la**c v**aste"
- **s** *z / ss* comme dans "**z**oo", "ro**s**e" ou comme dans "bu**s**"
- **ss, ß** *ss* comme dans "bu**s**"
- **sch** *ch* comme dans "**ch**ou"
- **sp** *chp* devant **p** et **t** le **s** se prononce [ch]
- **st** *cht*
- **tsch** *tch* comme dans "**tch**èque"
- **w** *v* comme dans "**v**ous"
- **z, tz** *tss* comme dans "mouche **ts**é-**ts**é"

Grammaire

Les pronoms personnels

▶ je	**ich**	*ich☺*
▶ tu	**du**	*dou:*
▶ il / elle	**er / sie**	*è:r / zi:*
▶ il / elle / cela (*neutre*)	**es**	*èss*
▶ nous	**wir**	*vi:r*
▶ vous	**ihr**	*i:r*
▶ ils / elles	**sie**	*zi:*
▶ vous (*de politesse*)	**Sie**	*zi:*

La formule de politesse pour s'adresser à une ou plusieurs personnes est **Sie** (qui prendra alors une majuscule) ; **sie** (cette fois sans majuscule) est aussi la 3ᵉ personne du pluriel.

La structure des phrases

En allemand, le verbe conjugué est toujours le deuxième élément de la phrase (dans une proposition indépendante). Si on place un complément (ou même une proposition subordonnée) en tête de la phrase, pour respecter cette règle, le sujet doit alors obligatoirement passer derrière le verbe. Seule exception : la proposition interrogative, qui peut commencer par un verbe.

▶ **Ich fahre nach Berlin.**
ich☺ fa:re na:rH bèrli'n
Je vais (en voiture) à Berlin.

▶ **Morgen fahre ich nach Berlin.**
morg'n fa:re ich☺ na:rH bèrli'n
Demain, je vais à Berlin.

• *L'interrogation*
Pour transformer une phrase affirmative en phrase interrogative, il suffit d'intervertir le verbe avec le sujet :

▶ **Sie hat einen Bruder.**
zi: Hat ayne'n brou:dᵃ
Elle a un frère.

▶ **Hat sie einen Bruder?**
Hat zi: ayne'n brou:dᵃ
A-t-elle / Est-ce qu'elle a un frère ?

▶ oui	**ja**	*ya*
▶ non	**nein**	*nayn*

Les pronoms interrogatifs :

▶ qui ?	**wer?**	*vé:r*
▶ quoi ?, que ?	**was?**	*vass*
▶ qui ? (COD)	**wen?**	*vé:n*
▶ à qui ?	**wem?**	*vé:m*
▶ où ?	**wo?**	*vô:*
▶ vers où ?	**wohin?**	*vôHi'n*
▶ d'où ?	**woher?**	*vôHè:r*
▶ quand ?	**wann?**	*va'n*
▶ comment ?	**wie?**	*vi:*
▶ pourquoi ?	**warum?**	*varoum*
▶ combien ?	**wie viel?**	*vi fi:l*
▶ lequel / laquelle ?	**welcher / welche?**	*vèlch☺ᵃ / vèlch☺e*
▶ lequel / laquelle ?	**welches?** (n.)	*vèlch☺ess*
▶ lesquel(le)s ?	**welche?**	*vèlch☺e*

Les pronoms interrogatifs se placent au début de la phrase ; suivent ensuite le verbe, puis le sujet.

▶ **Qui est-ce ?**
Wer ist das?
vé:r isst dass

▶ **Qu'est-ce que c'est ?**
Was ist das?
vass isst dass

• *La négation*
Non se dit **nein**, *nayn*. Pour nier une action ou une situation, on utilise toujours le mot **nicht** qui correspond à *ne ... pas*. **Nicht** se place toujours après le verbe conjugué :

▶ **Ich rauche nicht.**
ich☺ raôrHe nich☺t
Je ne fume pas.

COMMUNIQUER EN ALLEMAND ◀ 65

La plupart des compléments viennent s'intercaler entre le verbe conjugué et **nicht** :
▶ **Wir bezahlen die Rechnung nicht.**
vi:r bétssal'n di rèch☺nou'ng nich☺t
Nous ne payons pas la note/l'addition.

Si vous ne connaissez pas le contraire d'un adjectif ou d'un adverbe, vous pouvez facilement contourner le problème en plaçant **nicht** juste devant :
▶ **Das Buch ist nicht teuer.**
dass bou:rH isst nich☺t toy^e
Le livre n'est pas cher.

▶ rien **nichts** *nich☺tss*
▶ jamais **nie** *ni:*

Pour une négation suivie d'un nom commun (quand en français on pourrait remplacer par "ne … pas de" ou "ne … aucun/e"), on utilise **kein** *kayn* (litt. "aucun").
▶ **Ich habe keinen Hunger / keine Zeit / kein Geld.**
ich☺ Ha:be kayne'n Hou'ng^e / kayne tssayt / kayn guèlt
Je n'ai pas faim / pas le temps / pas d'argent.

Kein a également une forme au pluriel : **keine** (pour les trois genres).

La conjugaison

Il est important de faire la différence entre les verbes dits "forts" et les verbes dits "faibles". Les verbes faibles ont presque tous une conjugaison régulière : la racine reste identique lorsqu'on les conjugue. Les verbes forts, eux, sont irréguliers : ils changent de radical au prétérit et au passé composé.

• *Le présent*
Conjuguer un verbe allemand au présent est assez simple : il suffit d'ajouter les terminaisons ci-dessous au radical (ce sont les mêmes pour les verbes faibles et pour les verbes forts). Pour connaître le radical d'un verbe, ôtez la marque de l'infinitif (**-en** ou **-n**) : **seh-**, par exemple, est le radical de **sehen**, *voir*. Les tirets utilisés dans le tableau mettent en évidence les terminaisons.

▶ **kaufen** *kaôf'n* acheter
▶ **ich kauf-e** *ich☺ kaôfe* j'achète
▶ **du kauf-st** *dou: kaôfsst* tu achètes
▶ **er, sie, es kauf-t** *è:r, zi:, èss kaôft* il, elle achète
▶ **wir kauf-en** *vi:r kaôf'n* nous achetons
▶ **ihr kauf-t** *i:r kaôft* vous achetez
▶ **sie kauf-en** *zi: kaôf'n* ils/elles achètent
▶ **Sie kauf-en** *zi: kaôf'n* vous achetez (*politesse*)

Comme vous pouvez le constater, au présent, la 1ʳᵉ et la 3ᵉ personne du pluriel (donc la forme de politesse) correspondent à l'infinitif. C'est plutôt pratique, n'est-ce pas ?

• *Le passé composé*
Comme en français, le passé composé se forme en combinant les auxiliaires **haben**, *avoir* ou **sein**, *être* avec le participe passé d'un verbe. Seul l'auxiliaire se conjugue, le participe reste toujours invariable et vient se placer en fin de phrase.

– Les verbes de mouvement se conjuguent au passé composé avec l'auxiliaire **sein**. De même, les verbes d'état comme **sein**, *être*, **werden**, *devenir* ou **bleiben**, *rester* se conjuguent également avec l'auxiliaire **sein**.
– Les autres verbes (90 % des cas) forment leur passé composé avec **haben**.

Le participe passé des verbes faibles se forme toujours selon les règles suivantes :
– remplacez la terminaison infinitive du verbe (**-en** ou **-n**) par un **-t** ;
– ajoutez **ge-** devant le radical (si le verbe possède une particule séparable, **ge-** s'intercale entre la particule et la racine).

▶ **suchen** ▶ **gesucht**
zou:He'n *guézou:rHt*
chercher cherché

Pour former le participe passé des verbes forts, on fait une distinction entre les verbes qui gardent le même radical qu'à l'infinitif et ceux dont le radical change. Dans le premier cas, le participe passé se forme encore plus simplement que pour les verbes faibles : on ajoute juste **ge-** devant l'infinitif. Pour les autres verbes forts, le participe passé se forme comme précédemment, mais à partir du radical modifié.

- **kommen**
 kome'n
 venir

- **gekommen**
 guékome'n
 venu

• *Le prétérit*
Il correspond aussi bien au passé simple qu'à l'imparfait en français, suivant le contexte. Pour les verbes réguliers, la formation du prétérit est relativement simple, il suffit d'ajouter les terminaisons suivantes au radical :

- **machen** — faire
- **ich mach-te** — je faisais
- **du mach-test** — tu faisais
- **er, sie, es mach-te** — il, elle faisait
- **wir mach-ten** — nous faisions
- **ihr mach-tet** — vous faisiez
- **sie mach-ten** — ils/elles faisaient
- **Sie mach-ten** — vous faisiez (*politesse*)

• *Le futur*
On se sert du verbe **werden** *vè:rd'n* (litt. "devenir") au présent comme auxiliaire, suivi de l'infinitif du verbe.

- **Ich werde reisen.**
 ich☺ vè:rde rayz'n
 Je voyagerai.

- **werden**
- **ich werde**
- **du wirst**
- **er, sie, es wird**
- **wir werden**
- **ihr werdet**
- **sie, Sie werden**

- **Ich werde nicht ins Museum gehen.**
 ich☺ vè:rde nich☺t i'nss mouzé:oum gué:e'n
 Je ne vais pas aller au musée. / Je n'irai pas au musée.

Être (sein) et avoir (haben)

• *sein* (*zayn*) être

Présent
- **ich bin** — *ich☺ bi'n*
- **du bist** — *dou: bisst*
- **er, sie, es ist** — *è:r, zi:, èss isst*
- **wir sind** — *vi:r zi:'nt*
- **ihr seid** — *i:r zayt*
- **sie sind** — *zi: zi:'nt*
- **Sie sind** — *zi: zi:'nt* (*politesse*)

Prétérit
- **ich war** — *ich☺ var*
- **du warst** — *dou: varsst*
- **er, sie, es war** — *è:r, zi:, èss var*
- **wir waren** — *vi:r va:r'n*
- **ihr wart** — *i:r vart*
- **sie waren** — *zi: va:r'n*
- **Sie waren** — *zi: va:r'n* (*politesse*)

• *haben* (*Ha:b'n*) *avoir*

Présent
- **ich habe** — *ich☺ Ha:be*
- **du hast** — *dou: Hasst*
- **er, sie, es hat** — *è:r, zi:, èss Hat*
- **wir haben** — *vi:r Ha:b'n*
- **ihr habt** — *i:r Hapt*
- **sie haben** — *zi: Ha:b'n*
- **Sie haben** — *zi: Ha:b'n* (*politesse*)

Prétérit
- **ich hatte** — *ich☺ Hate*
- **du hattest** — *dou: Hatesst*
- **er, sie, es hatte** — *è:r, zi:, èss Hate*
- **wir hatten** — *vi:r Hat'n*
- **ihr hattet** — *i:r Hatet*
- **sie hatten** — *zi: Hat'n*
- **Sie hatten** — *zi: Hat'n* (*politesse*)

Les verbes de modalité

- **wollen** *vol'n* — vouloir
- **sollen** *zol'n* — devoir (obligation imposée par un tiers)

COMMUNIQUER EN ALLEMAND ◄ 67

▶ **müssen** — *muss'n* — devoir (obligation physique ou personnelle)
▶ **können** — *keu:ne'n* — pouvoir (être capable/avoir les moyens de)
▶ **dürfen** — *durf'n* — pouvoir (avoir le droit/l'autorisation de)
▶ **mögen** — *meu:g'n* — aimer bien, apprécier, avoir envie

Si vous utilisez un verbe de modalité, n'oubliez pas de placer le verbe à l'infinitif en fin de phrase.

Conversation

N.B. : Nous vous indiquons le pluriel des noms entre parenthèses.

Bonjour ! et Au revoir !

▶ Salut ! — **Hallo!** — *Halô:*
▶ Bienvenue ! — **Willkommen!** — *vi:lkome'n*
▶ Bonjour ! (le matin) — **Guten Morgen!** — *gou:t'n mo:rg'n*
▶ Bonjour ! — **Guten Tag!** — *gou:t'n ta:k*
▶ Bonsoir ! — **Guten Abend!** — *gou:t'n abe'nt*
▶ Au revoir ! — **Auf Wiedersehen!** — *aôf vi:der-zé:e'n*
▶ Salut ! — **Tschüss!** — *tchuss*
▶ À la prochaine ! — **Bis dann!** — *biss da'n*
▶ À bientôt ! — **Bis bald!** — *biss balt*

▶ Comment vas-tu ?
Wie geht's dir?
vi: gué:tss di:r

▶ Comment allez-vous ? (*politesse*)
Wie geht es Ihnen?
vi: gué:t èss i:ne'n

La politesse

▶ oui / non — **ja / nein** — *ya / nayn*
▶ s'il te/vous plaît / de rien — **bitte** — *bite*
▶ Merci ! / Merci beaucoup ! — **Danke! / Vielen Dank!** — *danke / fi:l'n dank*
▶ De rien ! (pour un service rendu) — **Keine Ursache!** — *kayne ou:rzarHe*
▶ Je vous en prie. — **Bitte (schön).** — *bite (cheu:n)*
▶ Excuse(z)-moi ! — **Entschuldigung!** — *èntchouldigou'ng*
▶ Pardon ! — **Verzeihung!** — *fè:rtssayou'ng*
▶ Pardon ? (lorsqu'on n'a pas compris qqch.) — **Wie bitte?** — *vi: bite*
▶ D'accord ! — **Einverstanden!** — *ayn-fè:rchta'nd'n*

▶ Peux-tu / Pouvez-vous m'aider, s'il te/vous plaît ?
Kannst du / Können Sie mir bitte mal helfen?
ka'nss–dou: / keu:ne'n zi: mi:r bite ma:l hèlf'n

▶ Je suis (vraiment) désolé(e).
Das tut mir (so) Leid.
dass tout mi:r (zô:) layt

▶ Comment t'appelles-tu ?
Wie heißt du?
vi: Hayss–dou:

▶ Comment vous appelez-vous ?
Wie heißen Sie?
vi: Hayss'n zi:

▶ Je m'appelle Claudia.
Ich heiße Claudia.
ich☺ Haysse klaôdia

▶ Mon nom est Udo Schmidt.
Mein Name ist Udo Schmidt.
mayn na:me isst oudô chmit

▶ Ça me fait plaisir de te / vous connaître !
Freut mich, dich / Sie kennenzulernen!
froyt mich☺ dich☺ / zi: kène'n-tssou-lèrne'n

▶ Enchanté(e) !
Angenehm!
a'nguéné:m

Rien compris ? Essayez ça !

▶ Je (ne) comprends (pas) !
Ich verstehe (nicht)!
ich☺ fè:rchté:e (nich☺t)

▶ Je n'ai pas compris.
Ich habe nicht verstanden.
ich☺ Ha:be nich☺t fè:rchta'nd'n

- Pouvez-vous répéter, svp ?
  Können Sie das bitte wiederholen?
  keu:ne'n zi: dass bite vi:dᵉHô:le'n

- Est-ce que vous pourriez parler plus lentement, svp ?
  Könnten Sie bitte etwas langsamer sprechen?
  keu:nt'n zi: bite ètvass langzamᵃ chprèch☺'n

- Parlez-vous français / anglais ?
  Sprechen Sie Französisch / Englisch?
  chprèch☺'n zi: fra'ntsseu:zich / ènglich

- Comment ça s'appelle en allemand ?
  Wie heißt das auf Deutsch?
  vi: Haysst dass aôf doytch

- Comment dit-on / Comment appelle-t-on… en allemand ?
  Wie sagt man / Was heißt … auf Deutsch?
  vi: za:gt ma'n / vass Haysst … aôf doytch

- Pourriez-vous (me) l'écrire, svp ?
  Könnten Sie das aufschreiben, bitte?
  keu:nt'n zi: dass aôf-chrayb'n bite

Quelques phrases clés pour vous dépanner

• *Où est / Où se trouve… ?*

- Où est / sont… ?
  Wo ist / sind…?
  vô: isst / zi:'nt

- Où se trouve la police / l'hôpital ?
  Wo ist die Polizei / das Krankenhaus?
  vô: isst di pôlitssay / dass kra'nk'n-Haôss

- Où sont les toilettes ?
  Wo ist die Toilette?
  vô: isst di toualète

▶ l'aéroport	**der Flughafen**	*dè:r flou:k-Ha:f'n*
▶ l'ambassade	**die Botschaft**	*di bô:tchaft*
▶ une banque	**eine Bank**	*ayne bank*
▶ la gare	**der Bahnhof**	*dè:r ba:'n-Hô:f*
▶ un hôtel	**ein Hotel**	*ayn Hôtèl*
▶ une pharmacie	**eine Apotheke**	*ayne apôté:ke*
▶ la poste	**die Post**	*di posst*
▶ un restaurant	**ein Restaurant**	*ayn rèsstora'nt*

• *Je voudrais…*

- Je voudrais / J'aimerais…
  Ich möchte…
  ich☺ meu:ch☺te

- Je voudrais téléphoner / payer / une chambre, s'il vous plaît.
  Ich möchte telephonieren / zahlen / ein Zimmer, bitte.
  ich☺ meu:ch☺te téléfô'ni:r'n / tssal'n / ayn tssimᵃ bite

• *Avez-vous… ?*

- Avez-vous… ?
  Haben Sie…?
  Ha:b'n zi:

- Avez-vous du feu / des cartes postales ?
  Haben Sie Feuer / Postkarten?
  Ha:b'n zi: foyᵉ / posst-kart'n

• *Y a-t-il… ?*

- Y a-t-il… ?
  Gibt es…?
  guibt èss

COMMUNIQUER EN ALLEMAND ◀ 69

- Y a-t-il encore une place libre ?
  Gibt es noch einen freien Platz?
  guibt èss norH ayne'n fraye'n platss
- Y a-t-il encore des places libres ?
  Gibt es noch freie Plätze?
  guibt èss norH fraye plètsse

- Oui, il y en a.
  Ja, gibt es.
  ya guibt èss
- Non, il n'y en a pas.
  Nein, gibt es nicht.
  nayn guibt èss nicht

• *Combien coûte... ?*
- Combien coûte / coûtent... ?
  Wie viel kostet / kosten...?
  vi fi:l kosstet / kosst'n
- Combien ça coûte en tout ?
  Wie viel kostet alles zusammen?
  vi fi:l kosstet aless tssouzame'n
- Combien (ça) coûte cela ?
  Wie viel kostet das da?
  vi fi:l kosstet dass da:

Les transports

un aller simple	**die einfache Fahrt**	*di aynfarHe fa:rt*
aller-retour	**Hin- und Rückfahrt**	*Hi'n ount ruk-fa:rt*
l'arrêt / la station (de bus)	**die (Bus)Haltestelle(n)**	*di (bouss)Halte-chtèle('n)*
l'arrivée	**die Ankunft**	*di a'n-kounft*
l'autoroute	**die Autobahn(en)**	*di aôtô-ba:'n(e'n)*
le boulevard circulaire, le périphérique	**der Ring**	*dè:r ri'ng*
le bus	**der Bus(se)**	*dè:r bouss(e)*
changer (correspondance)	**umsteigen**	*oum-chtayg'n*
le départ	**die Abfahrt**	*di ap-fa:rt*
descendre	**aussteigen**	*aôss-chtayg'n*
entrée interdite	**Eingang verboten**	*ayn-gan'g fè:rbô:t'n*
l'essence	**das Benzin**	*dass bèntssi:'n*
faire le plein	**volltanken**	*fol-tank'n*
la gare ferroviaire	**der Hauptbahnhof (-höfe)**	*dè:r Haôpt-ba:'n-Hô:f (-Heu:fe)*
la gare routière	**der Busbahnhof (-höfe)**	*dè:r bouss-ba:'n-Hô:f (-Heu:fe)*
le métro	**die U-Bahn(en)**	*di ou:-ba:'n(e'n)*
monter	**einsteigen**	*ayn-chtayg'n*
la place de stationnement	**der Parkplatz (-plätze)**	*dè:r park-platss (-plètsse)*
la route nationale	**die Bundesstraße(n)**	*di boundess-chtra:sse('n)*
la station-service	**die Tankstelle(n)**	*di tank-chtèle('n)*
stationnement interdit	**parken verboten**	*pa:rk'n fè:rbô:t'n*
le ticket / le billet	**die Fahrkarte(n)**	*di fa:r-karte('n)*
le train	**der Zug (Züge)**	*dè:r tssou:k (tssu:gue)*

ASSiMiL évasion

Ce guide vous propose les bases de la grammaire, du vocabulaire et des phrases utiles ainsi que des informations sur les Allemands et leurs coutumes.
Bref, tout ce qu'il faut savoir avant d'aller faire un petit séjour en Allemagne.

▶ le train de banlieue	**die S-Bahn(en)**	*di èss-ba:'n(e'n)*
▶ le tramway	**die Straßenbahn(en)**	*di chtra:sse'n-ba:'n(e'n)*
▶ la voie	**das Gleis(e)**	*dass glayss (glayze)*
▶ la voie rapide	**die Schnellstraße(n)**	*di chnèl-chtra:sse('n)*
▶ la voiture	**das Auto(s)**	*dass aôto(ss)*

▶ Pouvez-vous m' / nous appeler un taxi ?
Können Sie mir / uns ein Taxi bestellen?
keu:ne'n zi: mi:r / ounss ayn takssi béchtèl'n

▶ Un ticket pour la station "Cathédrale", svp.
Eine Fahrkarte bis zur Haltestelle "Dom", bitte.
ayne fa:r-karte biss tssou:r Halte-chtèle "dô:m" bite

▶ Pouvez-vous me dire quand je dois descendre, svp ?
Bitte sagen Sie mir, wann ich aussteigen muss.
bite za:g'n zi: mi:r va'n ich☺ aôss-chtayg'n mouss

▶ À quelle heure part le train pour Berlin ?
Wann fährt der Zug nach Berlin ab?
va'n fè:rt dè:r tssou:k na:rH bèrli'n ap

▶ De quel quai part le train pour Cologne ?
Von welchem Gleis fährt der Zug nach Köln ab?
fo'n vèlchem glayss fè:rt dè:r tssou:k na:rH keu:ln ap

▶ Est-ce le train pour … ?
Ist das der Zug nach …?
isst dass dè:r tssou:k na:rH

▶ Est-ce que cette place est encore libre ?
Ist dieser Platz noch frei?
isst di:zᵃ platss norH fray

L'hébergement

▶ l'auberge de jeunesse	**die Jugendherberge**	*di you:gue'nt-Hèrbèrgue*
▶ avec baignoire	**mit Badewanne**	*mit ba:de-vane*
▶ avec petit déjeuner	**mit Frühstück**	*mit fru:chtuk*
▶ le camping	**der Campingplatz (-plätze)**	*dè:r kèmpi'ng-platss (-plètsse)*
▶ la chambre d'hôte	**das Gästezimmer**	*dass guèsste-tssimᵃ*
▶ une chambre double	**ein Doppelzimmer**	*ayn dopel-tssimᵃ*
▶ une chambre simple	**ein Einzelzimmer**	*ayn ayntssel-tssimᵃ*
▶ le chauffage	**die Heizung**	*di Haytssou'ng*
▶ la clef	**der Schlüssel (-)**	*dè:r chlussel*
▶ la couverture	**die Decke(n)**	*di dèke('n)*
▶ l'eau chaude	**das Warmwasser**	*dass varm-vassᵃ*
▶ l'eau froide	**das Kaltwasser**	*dass kalt-vassᵃ*
▶ en demi-pension	**mit Halbpension**	*mit Halp-pènzi:ô'n*
▶ en pension complète	**mit Vollpension**	*mit fol-pènzi:ô'n*
▶ l'hôtel	**das Hotel**	*dass Hôtèl*
▶ le lit	**das Bett(en)**	*dass bèt(e'n)*
▶ l'oreiller	**das Kissen (-)**	*dass kisse'n*
▶ pour une nuit	**für eine Nacht**	*fu:r ayne na:rHt*
▶ pour deux nuits	**für zwei Nächte**	*fu:r tssvay nèch☺te*
▶ la salle de bains	**das Badezimmer**	*dass ba:de-tssimᵃ*
▶ la serviette	**das Handtuch (-tücher)**	*dass Ha'nd-tourH (-tuch☺)ᵃ*
▶ les toilettes	**die Toilette / das Klo** (fam.)	*di toualète / dass klo:*

▶ À quelle heure sert-on le petit déjeuner ?
Wann gibt es Frühstück?
va'n guibt èss fru:chtuk

▶ Je m'en vais (après-)demain.
Ich reise (über)morgen ab.
ich☺ rayze (ubᵃ-)morg'n ap

Le temps des repas

▶ l'assiette	**der Teller (-)**	*dè:r tèl[a]*
▶ l'auberge	**der Gasthof**	*dè:r gasst-Hô:f*
▶ le bar à vin	**die Weinstube(n)**	*di vayn-chtou:be('n)*
▶ la bouteille	**die Flasche(n)**	*di flache('n)*
▶ le café (lieu)	**das Café(s)**	*dass kafé:(ss)*
▶ le café, le bistrot	**die Kneipe(n)**	*di knaype('n)*
▶ le café-restaurant	**das Lokal(e)**	*dass lôka:l(e)*
▶ la cave à vin	**der Weinkeller (-)**	*dè:r vayn-kèl[a]*
▶ le couteau	**das Messer (-)**	*dass mèss[a]*
▶ la cuillère	**der Löffel (-)**	*dè:r leu:fel*
▶ le déjeuner	**das Mittagessen**	*dass mita:k-èss'n*
▶ le dessert	**das Dessert(s)/ der Nachtisch(e)**	*dass déss[a] (déssrss) / dè:r na:rH-tich(e)*
▶ le dîner	**das Abendessen**	*dass a:be'nt-èss'n*
▶ l'en-cas	**der Imbiss**	*dè:r imbiss*
▶ la fourchette	**die Gabel(n)**	*di ga:bel(n)*
▶ les garnitures	**die Beilagen** (pl.)	*di bay-la:g'n*
▶ le gobelet / pot	**der Becher (-)**	*dè:r bèch☺[a]*
▶ le hors-d'œuvre	**die Vorspeise(n)**	*di for-chpayze('n)*
▶ le jardin où l'on boit de la bière	**der Biergarten**	*dè:r bi:r-gart'n*
▶ le petit déjeuner	**das Frühstück**	*dass fru:chtuk*
▶ le plat principal	**der Hauptgang**	*dè:r Haôpt-gang*
▶ prendre le petit déjeuner	**frühstücken**	*fru:chtuk'n*
▶ le repas (pain) du soir	**das Abendbrot**	*dass a:be'nt-brô:t*
▶ le snack spécialisé dans la vente de saucisses	**die Würstchenbude**	*di vursstche'n-bou:de*
▶ le verre	**das Glas (Gläser)**	*dass gla:ss (glèz[e])*

▶ Combien coûte l'emplacement par jour pour un camping-car ?
Wie viel kostet ein Stellplatz für ein Wohnmobil pro Tag?
vi fi:l kosstet ayn chtèl-platss fu:r ayn vô:'n-môbi:l prô ta:k

▶ Combien coûte la nuit par personne avec une tente ?
Wie viel kostet eine Nacht pro Person mit einem Zelt?
vi fi:l kosstet ayne na:rHt prô pè:rzô:'n mit aynem tssèlt

▶ Que désirez-vous boire / manger ?
Was möchten Sie trinken / essen?
vass meu:ch☺t'n zi: tri'nk'n / èss'n

▶ Puis-je avoir la carte, svp ?
Kann ich bitte die Speisekarte haben?
ka'n ich☺ bite di chpayze-karte Ha:b'n

▶ Je voudrais…
Ich hätte gerne...
ich Hète guèrn

▶ Bon appétit !
Guten Appetit!
gou:t'n apétit

▶ Tchin-tchin ! / À votre santé !
Prost! / Zum Wohl!
prôsst / tssoum vô:l

▶ L'addition, svp !
Die Rechnung, bitte!
di rèch☺nou'ng bite

▶ boudin blanc cuit à l'eau	**Weißwurst**	*vayss-voursst*
▶ boulette de pommes de terre	**Kartoffel-Knödel**	*kartofel-kneu:del*
▶ choucroute	**Sauerkraut**	*zaô[a]-kraôt*
▶ pâtes fraîches (au fromage)	**(Käse-)Spätzle**	*(kèze-)chpèttssle*
▶ sorte de gros raviolis	**Maultaschen**	*maôl-tach'n*
▶ l'asperge	**der Spargel**	*dè:r chparguel*
▶ le beurre	**die Butter**	*di bout[a]*
▶ le bœuf	**das Rindfleisch**	*dass ri'nt-flaych*

COMMUNIQUER EN ALLEMAND ◀ 73

▶ la cannelle	**der Zimt**	*dè:r tssimt*
▶ la cerise	**die Kirsche(n)**	*di ki:rche('n)*
▶ le champignon	**der Pilz(e)**	*dè:r piltss(e)*
▶ la charcuterie	**Wurstwaren** (m. pl.)	*voursst-va:r'n*
▶ le concombre	**die Gurke(n)**	*di gourke('n)*
▶ les courgettes	**Zucchini** (pl.)	*tssouki:ni*
▶ le cumin	**der Kümmel**	*dè:r kumel*
▶ l'escalope	**das Schnitzel (-)**	*dass chnitssel*
▶ la fraise	**die Erdbeere(n)**	*di èrdbé:re('n)*
▶ la framboise	**die Himbeere(n)**	*di Himbé:re('n)*
▶ le fromage	**der Käse**	*dè:r kè:ze*
▶ le fromage blanc	**der Quark**	*dè:r kva:rk*
▶ les fruits (en général)	**das Obst** (sing.)	*dass ô:bsst*
▶ le gâteau	**der Kuchen**	*dè:r kou:rHe'n*
▶ le lait entier	**die Vollmilch**	*di fol-milch☺*
▶ la moutarde	**der Senf**	*dè:r zènf*
▶ les nouilles	**die Nudeln** (pl.)	*di nou:deln*
▶ l'oignon	**die Zwiebel(n)**	*di tssvi:bel(n)*
▶ le pain aux graines de courge	**das Kürbiskernbrot**	*dass kurbiss-kèrn-brô:t*
▶ le pain blanc	**das Weißbrot**	*dass vayss-brô:t*
▶ le pain complet	**das Vollkornbrot**	*dass folkorn-brô:t*
▶ le petit pain rond	**das Brötchen (-)**	*dass breu:tch☺'n*
▶ le poivre	**der Pfeffer**	*dè:r pfèfª*
▶ la pomme	**der Apfel (Äpfel)**	*dè:r apfel (èpfel)*
▶ la pomme de terre	**die Kartoffel(n)**	*di kartofel(n)*
▶ le porc (viande)	**das Schweinefleisch**	*dass chvayne-flaych*
▶ le poulet	**das Hähnchen (-)**	*dass Hè:nch☺'n*
▶ la prune	**die Pflaume(n)**	*di pflaôme('n)*
▶ le raisin	**die Weintraube(n)**	*di vayn-traôbe('n)*
▶ la saucisse	**die Wurst (Würste)**	*di voursst (vursste)*
▶ le saumon	**der Lachs**	*dè:r lakss*
▶ le sel	**das Salz**	*dass zaltss*
▶ le sucre	**der Zucker**	*dè:r tssoukª*
▶ la viande	**das Fleisch**	*dass flaych*

Les boissons

▶ la bière	**das Bier**	*dass bi:r*
▶ les boissons	**die Getränke**	*di guétrènke*
▶ la bouteille consignée	**die Pfandflasche(n)**	*di pfa'nt-flache('n)*
▶ le café au lait	**der Milchkaffee**	*dè:r milch☺-kafé:*
▶ une petite cafetière de café	**ein Kännchen Kaffee**	*ayn kènch☺'n kafé:*
▶ un chocolat chaud avec de la chantilly	**eine heiße Schokolade mit Sahne**	*ayne Haysse chokola:de mit za:ne*
▶ l'eau	**das Wasser**	*dass vassª*
▶ l'eau minérale	**das Mineralwasser**	*dass minéral-vassª*
... gazeuse	**... mit Kohlensäure**	*mit kô:l'n-zoyre*
... non gazeuse	**... ohne Kohlensäure**	*ô:ne kô:l'n-zoyre*
▶ l'infusion	**der Kräutertee**	*dè:r kroytª-té:*
▶ le jus de fruits	**der Saft (Säfte)**	*dè:r zaft (zèfte)*
▶ mélange de vin et... d'eau gazeuse	**die Weinschorle**	*di vayn-cho:rle*
▶ un verre d'eau minérale	**ein Glas Mineralwasser**	*ayn gla:ss minéra:l-vassª*
▶ le vin blanc	**der Weißwein**	*dè:r vayss-vayn*
▶ le vin rosé / rouge	**der Rotwein**	*dè:r rô:t-vayn*

Faire des achats

▶ la boucherie	**die Fleischerei / die Metzgerei**	*di flaycheray / di mètssgueray*
▶ la boulangerie	**die Bäckerei**	*di bèkeray*
▶ le bureau de tabac	**der Tabakladen**	*dè:r tabak-la:d'n*

74 ▶ COMMUNIQUER EN ALLEMAND

▶ faire des courses, du shopping	**einkaufen, shoppen**	*ayn-kaô:f'n, chôp'n*
▶ la librairie	**die Buchhandlung**	*di bou:rH-Ha'ndlou'ng*
▶ le magasin	**das Geschäft(e) /**	*dass guéchèft(e) /*
	der Laden (Läden)	*dè:r la:d'n (lè:d'n)*
▶ le grand magasin	**das Kaufhaus (-häuser)**	*dass kaôf-Haôss (-Hoyzᵉ)*
▶ le marché	**der Markt**	*dè:r ma:rkt*
▶ la pharmacie	**die Apotheke(n)**	*di apôté:ke('n)*
▶ la poste	**die Post**	*di posst*

▶ Avez-vous... ?
Haben Sie...?
Ha:b'n zi:

▶ Y a-t-il... ?
Gibt es...?
guibt èss

▶ Donnez-moi ... svp.
Geben Sir mir ... bitte!
gué:b'n zi: mi:r ... bite

▶ Où peut-on acheter ... ?
Wo kann man ... kaufen?
vô: ka'n ma'n ... kaôf'n

▶ Combien ça coûte ?
Wie viel kostet das?
vi fi:l kosstet dass

▶ Je voudrais / J'aimerais...
Ich möchte...
ich☺ meu:ch☺te

▶ J'ai besoin de / Je cherche...
Ich brauche / Ich suche...
ich☺ braôrHe / ich☺ zou:rHe

▶ Autre chose ?
Darf es sonst noch etwas sein?
darf èss zo'nsst norH ètvass zayn

▶ C'est trop cher.
Das ist zu teuer.
dass ist tssou toyᵉ

▶ Je paie en espèces.
Ich bezahle bar.
ich☺ bétssale ba:r

▶ Puis-je payer par carte bancaire ?
Kann ich mit Kreditkarte zahlen?
ka'n ich☺ mit krédit-karte tssal'n

▶ Le magasin est ouvert / fermé (jusqu'à ... heures).
Der Laden ist (bis ... Uhr) geöffnet / geschlossen.
dè:r la:d'n isst (biss ... ou:r) guéeu:fnet / guéchloss'n

▶ la carte de crédit	**die Kreditkarte(n)**	*di krédit-karte('n)*
▶ la carte de téléphone	**die Telefonkarte**	*di téléfô:'n-karte*
▶ la carte postale	**die Postkarte(n)**	*di posst-karte('n)*
▶ la cigarette	**die Zigarette(n)**	*di tssigarète('n)*
▶ la pellicule couleur	**der Farbfilm(e)**	*dè:r fa:rb-fi:lm(e)*
▶ le portefeuille	**die Brieftasche**	*di bri:f-tache*
▶ le sac à main	**die Handtasche(n)**	*di Ha'nt-tache('n)*
▶ le timbre	**die Briefmarke(n)**	*di bri:f-marke('n)*

S'orienter dans l'espace

▶ Où est / sont... ?
Wo ist / sind...?
vô: isst / zi:'nt

COMMUNIQUER EN ALLEMAND ◄ 75

- Comment puis-je aller à… ?
  Wie komme ich zu / nach…?
  vi: kome ich☺ tssou: / na:rH

▶ à côté	**neben**	*nébe'n*
▶ à droite	**(nach) rechts**	*(na:rH) rèch☺tss*
▶ à gauche	**(nach) links**	*(na:rH) li'nkss*
▶ devant / derrière	**vor / hinter**	*fô:r / Hi'nt[a]*
▶ en face	**gegenüber**	*guégue'n-u:b[a]*
▶ en revenant	**zurück**	*tssouruk*
▶ ici / là / là-bas	**hier / da / dort**	*Hi:r / da / dort*
▶ près / loin	**nah / weit**	*na: / vayt*
▶ tout droit	**geradeaus**	*guéra:deaôss*

- J'aimerais me rendre à cette adresse.
  Ich möchte zu dieser Adresse.
  ch☺ meu:ch☺te tssou: di:z[a] adrèsse

- Est-ce très loin ?
  Ist es sehr weit?
  isst èss zé:r vayt

- Peut-on s'y rendre à pied ?
  Kann man zu Fuß gehen?
  ka'n ma'n tssou: fou:ss gué:e'n

Se repérer dans le temps

▶ aujourd'hui	**heute**	*Hoyte*
▶ hier / demain	**gestern / morgen**	*guèsst[e]n / morg'n*
▶ maintenant / bientôt	**jetzt / bald**	*yètsst / balt*
▶ déjà / pas encore	**schon / noch nicht**	*chô'n / norH nich☺t*
▶ toujours / jamais	**immer / nie**	*imer / ni:*
▶ tôt / tard	**früh / spät**	*fru: / chpè:t*
▶ à midi	**mittags**	*mita:gss*
▶ l'après-midi	**nachmittags**	*na:rH-mita:gss*
▶ en soirée, le soir	**abends**	*a:be'ndss*
▶ de nuit, la nuit	**nachts**	*na:rHtss*
▶ ce matin	**heute Morgen**	*Hoyte morg'n*
▶ ce soir	**heute Abend**	*Hoyte a:be'nt*
▶ lundi	**Montag**	*mô:'nta:k*
▶ mardi	**Dienstag**	*di'nssta:k*
▶ mercredi	**Mittwoch**	*mitvorH*
▶ jeudi	**Donnerstag**	*do'n[e]ssta:k*
▶ vendredi	**Freitag**	*frayta:k*
▶ samedi	**Samstag**	*zamssta:k*
▶ dimanche	**Sonntag**	*zo'nta:k*

- Quel jour sommes-nous ?
  Welcher Tag ist heute?
  vèlch[a] ta:k isst Hoyte

- On est mardi.
  Heute ist Dienstag.
  Hoyte isst di'nssta:k

- dimanche prochain / dernier
  am kommenden / letzten Sonntag
  am kôme'nde'n / lètsste'n zo'nta:k

- mercredi après-midi
  Mittwoch nachmittags
  mitvorH na:rH-mita:gss

▶ janvier	**Januar**	*yanoua:r*
▶ février	**Februar**	*fé:broua:r*
▶ mars	**März**	*mè:rtss*

DÉCOUVERTE

- avril — **April** — *april*
- mai — **Mai** — *may*
- juin — **Juni** — *you:ni*
- juillet — **Juli** — *you:li*
- août — **August** — *aôgousst*
- septembre — **September** — *zèptèmb^a*
- octobre — **Oktober** — *ôktô:b^a*
- novembre — **November** — *nôvèmb^a*
- décembre — **Dezember** — *dètssèmb^a*

- Quelle heure est-il ?
  Wie spät ist es?
  vi: chpè:t isst èss

- Il est une / deux / trois heure(s).
  Es ist ein / zwei / drei Uhr.
  èss isst ayn / tssvay / dray ou:r

- Il est huit heures et quart.
  Es ist Viertel nach acht.
  èss isst fi:rtel na:rH arHt

- Il est huit heures moins le quart.
  Es ist Viertel vor acht.
  èss isst fi:rtel fô:r arHt

Attention, l'allemand donne l'heure qui suit la demie et non l'heure en cours. Pour annoncer qu'il est deux heures et demie, vous direz donc :

- **Es ist halb drei.**
  èss isst Halb dray
  (« il est demi trois »)

Autour des nombres

- 0 — **null** — *noul*
- 1 — **eins** — *aynss*
- 2 — **zwei** — *tssvay*
- 3 — **drei** — *dray*
- 4 — **vier** — *fi:r*
- 5 — **fünf** — *fu'nf*
- 6 — **sechs** — *zèkss*
- 7 — **sieben** — *zi:b'n*
- 8 — **acht** — *arHt*
- 9 — **neun** — *noyn*
- 10 — **zehn** — *tssé:n*
- 11 — **elf** — *èlf*
- 12 — **zwölf** — *tssveu:lf*
- 13 — **dreizehn** — *dray-tssé:n*
- 14 — **vierzehn** — *fi:r-tssé:n*
- 15 — **fünfzehn** — *fu'nf-tssé:n*
- 16 — **sechzehn** — *zèch-tssé:n*
- 17 — **siebzehn** — *zi:p-tssé:n*
- 18 — **achtzehn** — *arH-tssé:n*
- 19 — **neunzehn** — *noyn-tssé:n*

- 20 — **zwanzig** — *tssva'ntssich☺*
- 30 — **dreißig** — *drayssich☺*
- 40 — **vierzig** — *fi:rtssich☺*
- 50 — **fünfzig** — *fu'nftssich☺*
- 60 — **sechzig** — *zèch☺tssich☺*
- 70 — **siebzig** — *zi:ptssich☺*
- 80 — **achtzig** — *arHtssich☺*
- 90 — **neunzig** — *noyntssich☺*

En allemand, les unités précèdent les dizaines. Pour 21, vous direz donc "un et vingt", pour 32 "deux et trente" :

- 21 — **einundzwanzig** — *ayn-ount-tssva'ntssich☺*
- 32 — **zweiunddreißig** — *tssvay-ount-drayssich☺*
- 43 — **dreiundvierzig** — *dray-ount-fi:rtssich☺*
- 100 — **(ein)hundert** — *(ayn)Hound^{e}t*
- 300 — **dreihundert** — *dray-Hound^{e}t*
- 1 000 — **tausend** — *taôze'nt*
- 10 000 — **zehntausend** — *tssé:n-taôze'nt*

BERLIN

Maison d'artistes Tacheles (Kunsthaus Tacheles).

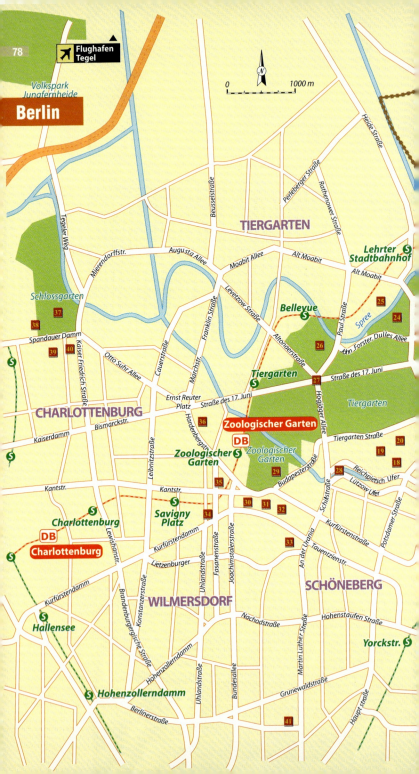

Quartiers

La première chose à faire en arrivant à Berlin, c'est d'oublier ses repères et ses perceptions spatiales habituelles. Explication : à en juger par sa taille, Berlin n'est pas une ville, c'est une mégalopole où l'on peut facilement perdre le nord. Tout y est beaucoup plus large, plus vaste et étalé que dans la plupart des villes d'Europe.

Dans les faits, ce n'est qu'en 1920 que les dirigeants allemands décident de faire du Berlin d'alors, beaucoup plus petit, et de sept villes des alentours, de 40 communes et de 27 domaines une seule et même ville : le Grand-Berlin, sous-divisé en vingt circonscriptions, qui ont été réduites à 12 en 2001. La volonté de rassembler en un même lieu autant de communautés différentes a contribué à l'essor culturel et commercial de la ville. Ce qui n'empêche pas, en se promenant dans ses rues, de découvrir que l'esprit de quartier (kiez) est resté très présent. Chaque quartier, de par son origine, mais aussi par les hasards de l'histoire, a une existence très personnelle. Plongez donc dans cette ville en perpétuel mouvement, en pleine expansion, bref en plein délire.

■ MITTE

Cœur historique de la ville, le quartier est le symbole de la ville réunifiée depuis la chute du Mur. Fortement marqué par l'architecture communiste avec des monuments majeurs tels que l'Alexanderplatz, la tour de télévision ou le palais de la République, c'est surtout le rendez-vous incontournable des touristes qui viennent ici pour la multitude de ses monuments et points d'intérêt, de l'île des Musées en passant par le symbole de la ville : la porte de Brandenburg. En outre, il reste également un rendez-vous de la scène *underground*, en abritant notamment le plus célèbre squat d'artistes, le *Tacheles*.

Regierungsviertel

A l'extrémité ouest se trouve le nouveau quartier gouvernemental, avec la chancellerie (Kanzleramt), les différents bâtiments du gouvernement et, bien sûr, le Reichstag. Cette imposante bâtisse, qui avait brûlé dans les affres de l'hitlérisme en 1933, abrite aujourd'hui à nouveau le Parlement allemand sous un dôme de verre, signé Sir Norman Foster. Grimpez au sommet de ce nouveau symbole de la ville et vous aurez une vue imprenable sur Berlin.

Friedrichstadt et Unter den Linden

A l'entrée de Mitte se trouve la porte de Brandenburg, Brandenburger Tor, posée sur la Pariser Platz où fleurissent tout autour les ambassades. La jolie avenue Unter den Linden (« Sous les Tilleuls ») prend son départ ici. Elle relie la porte de Brandenburg à l'Alexanderplatz et elle est vraiment un résumé de l'histoire allemande, depuis la dynastie des Hohenzollern jusqu'au IIIe Reich. Si vous décidez d'éviter les musées, vous ne la parcourez qu'en peu de temps, en y admirant les façades, mais si vous êtes curieux et avez soif de connaissance, c'est l'endroit de passage obligé. Sur l'avenue même se trouvent la Humboldt-Universität, la Bebelplatz où les nazis brûlèrent tous les livres qu'ils considéraient comme subversifs, le Deutsche Staatsoper et le musée de l'Histoire allemande.

▶ **En son milieu,** Unter den Linden est coupé par la Friedrichstraße, le principal axe nord-sud du centre-ville et l'artère centrale de l'ancien (et nouveau) centre commercial de la ville, la Friedrichstadt. Il faut découvrir ses bâtiments avant-gardistes (quartier 205 et 206) et les magasins chic de l'avenue la plus chère de Berlin. A son extrémité, un monument de tout autre sorte : le Chekpoint Charlie, l'ancien point de passage entre l'Est et Ouest.

▶ **Le centre du quartier** est formé par la place de Gendarmenmarkt, un des lieux historiques les plus impressionnants de la ville. De part et d'autre trônent les deux cathédrales du dôme français et du dôme allemand qui abritent respectivement le musée des Huguenots et le musée des Questions de l'histoire allemande. Au centre de la place, le Konzerthaus, où réside l'orchestre symphonique de Berlin.

Museuminsel (l'île des Musées)

Au bout de l'avenue Unter den Linden, juste avant l'Alexanderplatz et ses bâtiments à l'architecture soviétique, émerge une île. Cette île est le berceau de Berlin, là ou la ville a vu le jour, il y a plus de 800 ans, et où elle a fait son histoire. Divisée en deux par la Werderstraße, d'un côté se trouve la Museum Insel (l'île des Musées) et de l'autre la Fischer Insel (île des Pêcheurs), aujourd'hui un quartier résidentiel. L'Île des Musées renferme pour sa part le Pergamon Museum, un des lieux les plus visités, qui recèle des pans entiers de cités antiques comme une porte de la Babylone antique ; le Bode Museum ; le Neues Museum ; la Alte Gemäldegalerie et le Altes Museum avec son célèbre buste de Nefertiti. L'île est surplombée par le Berliner Dom. En face, la Schlossplatz clôt l'avenue Unter den Linden : c'est ici que se trouvait, avant la guerre, la résidence de l'empereur. Depuis la guerre froide, un des pires vestiges de la RDA y avait pris sa place : le palais de la République, un bloc empesté par l'amiante et démoli en 2008.

Alexanderplatz

Lorsque vous venez de la Museumsinsel, vous apercevez d'abord le forum de Marx et Engels, avec les statues monumentales des deux pères fondateurs du communisme. Derrière, l'énorme Alexanderplatz s'offre à vous, avec sa mairie rouge et sa tour de la Télévision (le bâtiment le plus haut d'Allemagne). Au sud de cette place massive au charme soviétique contestable, le Nikolaiviertel est le seul quartier de toute la ville qui ait encore préservé son aspect médiéval. Bien que détruit pendant la Seconde Guerre mondiale, il a été reconstruit dans les années 1980 dans son état original. N'hésitez pas à flâner dans ces quelques ruelles étroites et charmantes, dotées de cafés agréables et de restaurants typiquement allemands.

Hackescher Mart et Scheunenviertel

Au nord de l'Alexanderplatz, on débouche sur le Hackescher Markt, la place de Mitte où convergent tous les branchés de la ville. Autour de la station de S-Bahn, des cafés se nichent dans les arcades et les *Hackeschehöfe*, les cours intérieures aménagées, forment une chaîne dans tous les pâtés de maisons récemment rénovés. Ici, cafés, bars, salons de coiffure, cinémas, boutiques de jeunes créateurs berlinois se succèdent, pour un aperçu de la vie bohème chic du quartier.

▶ **À ne pas rater non plus,** l'Oranienburger Straße et le Scheunenviertel. La zone a hérité de ce nom de « quartier de Granges », à la chute du Mur alors que la rue était laissée aux squatters. Cependant, la situation actuelle est tout autre : en effet, la Oranienburger Straße cultive toujours son aspect bohème, mais tout est rénové, occupé par des boutiques, des cafés et des bars et il est loin le temps où les bâtiments semblaient sur le point de s'écrouler... Etant donné que le quartier est resté longtemps bon marché et ouvert aux squatters, il est devenu et est resté le quartier chaud de Berlin : un endroit où l'on peut ouvrir et fermer à volonté galeries ou clubs, où il reste toujours quelque chose à découvrir. Hormis le *Tacheles*, le premier squat officiel ouvert aux touristes, et les quelques prostituées qui sillonnent le trottoir la nuit venue, la rue est devenue très *clean*. Par ailleurs, la Nouvelle Synagogue avec son superbe dôme doré a donné le déclic à une nouvelle installation de la communauté juive à Berlin, et la symbolique juive est redevenue une composante essentielle de ce quartier.

Checkpoint Charlie.

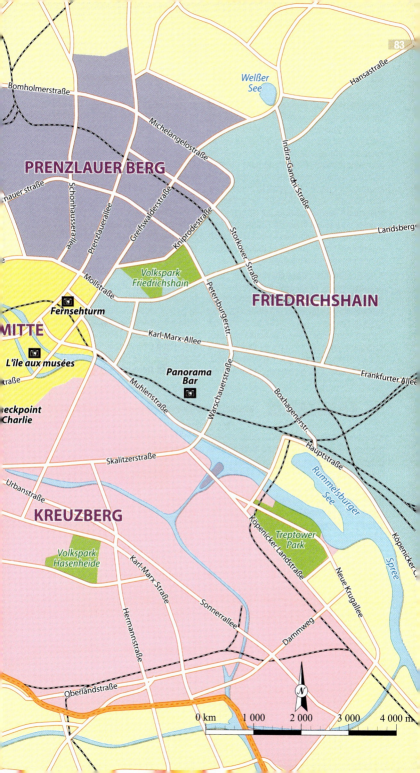

PRENZLAUER BERG

Longtemps perçu comme un quartier gris et déprimant, c'est aujourd'hui un des plus à la mode. Les façades ont été rénovées, les rues assainies, et les artistes et bohèmes qui se voyaient refoulés de Mitte y ont trouvé un nouveau terreau. C'est justement ce côté bohème, typiquement berlinois, qui fait le charme du quartier. Comme la plupart des quartiers de l'Est, Prenzlauer Berg dégage beaucoup d'énergie, générée par les nombreux artistes qui y vivent et y créent, mais comme à Mitte, on sent ici aussi, que l'esprit originel est légèrement corrompu par les jeunes cadres, tombés sous le charme du quartier.

▶ **La Schönhäuser Allee** commence au métro Senefelderplatz, et ici, déjà, on peut observer les anciennes fabriques qui se succèdent sur l'allée et qui pour la plupart ont été recyclées en salles de concerts ou en club. Toutes les rues qui partent à droite de l'allée sont riches en cafés, clubs, et boutiques, et il faut au moins voir la Husemannstraße qui rejoint la Kollwitzplatz. Cette rue adorable, récemment restaurée est un enchaînement de locaux très chaleureux et mène à la Kollwitzplatz, un des cœurs les plus authentiques de la ville. Là, il suffit de flâner, de lever les yeux et de boire un café pour se sentir bien. Dédiée à la peintre socialiste Käthe Kollwitz, la place a vu beaucoup de grandes décisions prises en son sein, puisque les dirigeants de l'Est y ont siégé jusque dans les années 1980, mais aujourd'hui, à part une statue de Kollwitz, il ne reste rien de politique. Partant de la place, longez ensuite la Knaackstraße, qui mène à la Wasserturm, un château d'eau autour duquel se trouvent une synagogue, un square et de nombreux cafés, qui font l'un des coins les plus fréquentés du quartier.

▶ **À voir aussi dans Prenzlauer Berg :** la Kastanienallee qui fait concurrence à la Schönhäuser Allee avec ses boutiques, le Mauerpark et son marché aux puces le dimanche, le Ernst Tählman Park et son buste de Ernst-Tählman dans la plus pure tradition soviétique, et le Planetarium Zeiss, bâti à la gloire des astronautes soviétiques.

KREUZBERG

Kreuzberg était pendant de longues années clôturé à l'est par le mur de Berlin, et le Landwehrkanal était la frontière fluviale entre les deux Berlin. Laissé pour compte par le reste de la ville, Kreuzberg devint un lieu assez décadent, où communautés de squatters, punks et anarchistes élurent domicile. Par ailleurs, la plupart des immigrants turcs s'y installèrent, parce que les loyers y étaient les plus bas de Berlin. Pendant les années 1970 et 1980, l'air de Kreuzberg était donc plein de vapeurs de haschich, de pop et de discours politiques de gauche. Après 1990, toute la scène alternative sortit de son trou pour investir les quartiers de l'Est comme Mitte et Prenzlauer Berg, et seuls les anarchistes contribuent aujourd'hui encore au côté trash du quartier. C'est aussi ici que vit la population la plus pauvre de la ville. Bien que le quartier ait perdu son côté radical, il est, et restera, un endroit particulier de Berlin, d'abord parce qu'il est réputé pour être « la petite Istanbul » et parce qu'il est un lieu de rencontres particulièrement chaleureux.

▶ **Neukölln.** Le quartier au sud du canal, au nord de Hermannplatz, est théoriquement dans le quartier de Neukölln, mais les habitants l'appellent Kreuzkölln (contraction des deux quartiers), tant il s'est gentrifié, avec des bars et des restos qui ouvrent toutes les semaines.

FRIEDRICHSHAIN

Après Mitte et Prenzlauer Berg, c'est la dernière conquête de la bohème berlinoise. A l'origine, Friedrichshain était un quartier industriel, très marqué par l'ère communiste. Le meilleur moyen de le découvrir est de remonter en premier lieu Karl Marx Allee en partant de l'Alexanderplatz. A gauche, dans Lichtenberger Straße, vous découvrirez le paradis socialiste et sa succession de buildings datant des années 1950. Pire, dans l'ancienne Stalinallee, Proskauer Allee, vous vous croirez à Moscou ; tous les bâtiments y sont rénovés, ainsi que

Un kiez, deux facettes

Kreuzberg a gardé une originalité toute particulière en développant autour de l'Oranienstraße et de la Bergmannstraße deux pôles, deux *kiez* (quartiers) distincts.

▶ **Autour d'Oranienstraße,** clubs, cinémas, cafés, restos et boutiques excentriques contribuent au caractère bohème du quartier. Wiener Straße, qui la continue et longe Görlitzer Bahnhof, n'a pas bougé d'un pouce ces dernières décennies et les punks y sont toujours présents. De là, on peut rejoindre le quartier de Friedrichshain en longeant Mühlenstraße, réputée pour sa vie nocturne post-industrielle, ou se diriger au sud vers le charmant Landwehrkanal où se tient le marché turc le mardi et le vendredi.

▶ **Bergmannstraße et ses alentours,** qui se situent à l'ouest du quartier, sont plus pittoresques et plus chic. Le Victoria Park fait figure d'entrée de ce *kiez*, car situé sur le Kreuzberg à proprement parler et doté d'une cascade charmante ainsi que de belles pelouses. Du haut de la colline, vous apercevrez la brasserie Schultheiss, mais aussi Friedrichstraße, Potsdamer Platz, et l'Europa-Center. Si la vue est meilleure en hiver, lorsque les arbres sont bien dénudés, la cascade ne fonctionne qu'en été : il faudra choisir ! A la sortie du parc, Mehringdamm vous mènera à nouveau à Bergmannstraße et ses multiples magasins, cafés et restos.
C'est l'endroit idéal pour découvrir la vie de quartier à Berlin le jour, et faire la tournée des bars la nuit. Autour de Chamiso Platz se trouve également une des plus belles parties de Berlin épargnée pendant la guerre, et qui est un délicieux endroit pour manger. On peut aussi se rendre au théâtre.

---

les statues de travailleurs héroïques, censés représenter à chacun un idéal. On raconte que cette rue fut habitée par des artistes, des ouvriers, des écrivains, tous participant à un modèle de société idéale, mais c'est aussi d'ici que sont parties les premières révoltes contre le régime, en 1953.

Plus au sud, autour de la gare d'Ostbahnhof, c'est un tout autre univers que l'on découvre, une cité administrative transformée en scène underground. C'est un drôle d'endroit dont l'attraction, de jour, est surtout la East Side Gallery, un grand pan du Mur décoré par des artistes, et, de nuit, la scène des clubs qui se sont réappropriés les anciens locaux administratifs de la RDA.

C'est ici que l'on perçoit le mieux l'ambiance du quartier qui attire beaucoup d'étudiants : le petit prix de l'immobilier et la multitude de bons plans. Ces derniers, vous les découvrirez dans Simon Dach Straße et Gabriel Max Strass, deux rues parallèles, et autour de Boxhagener Platz, qui forment le *kiez* et regorgent de petits restos, de boutiques alternatives et de bars sympathiques. Au nord-ouest du quartier, à la frontière de Prenzlauer Berg se trouve le Volkspark Friedrichshain, un gigantesque parc avec un assortiment d'art socialiste, une scène de concerts et une fontaine du début du siècle dernier. Le parc est également réputé pour abriter des rencontres gay.

■ CHARLOTTENBURG

Ancienne ville indépendante, Charlottenburg fut rattaché à Berlin lors de la création du Grand Berlin en 1920. Le quartier a la réputation d'être un quartier bourgeois, avec des rues calmes, ombragées et entourées de petits parcs ou de squares. En effet, le passant pourra observer une multitude de bâtiments *Jugendstil* (Art nouveau), tout en ornements, avec de grandes fenêtres, qui abritent des plafonds hauts et de vastes chambres. Avant la chute du Mur, Charlottenburg représentait Berlin pour la plupart des touristes.

Autour du château

Situé au nord de la Kantstraße, le château vaut le détour : son intérieur versaillais est impressionnant, et le superbe parc qui s'étend au-delà abrite la résidence personnelle de la princesse Sophie-Charlotte, un vrai bijou. En outre, c'est dans le château que se situe le musée de la Préhistoire et en face se trouve le Berggruen Museum, une collection d'art contemporain.

Kurfürstendamm

▸ **Un peu plus loin commence Kurfürstendamm (ou Ku'damm),** une allée à trois voies, qui n'a été pendant des siècles qu'une route de passage entre l'assemblée et la cour royale et qui est devenue avec Bismarck, à la fin du XIXe siècle, une allée bordée de villas. Il ne reste plus beaucoup de ces habitations aujourd'hui, à part la Literatur Haus sur Fasanenstraße et la Villa Grisbach, car le Ku'damm est très vite devenu une allée appréciée par les commerçants, et les immeubles ont peu à peu remplacé les maisons. Une grande partie de celles-ci ont été détruites pendant la Seconde Guerre mondiale, ce qui explique la cohabitation de bâtiments superbes et d'« horreurs » d'après-guerre. Mais ces derniers tendent aussi à disparaître pour faire place à des constructions contemporaines aux formes futuristes… qui jurent tout autant, mais que voulez-vous, Berlin est la ville des contradictions !

▸ **Sur le Ku'damm,** on trouve aussi bien les couturiers les plus chics que les magasins les plus ringards, les bonnes vieilles *Bierstube* que les restaurants raffinés. L'église du Souvenir, l'Europa-Center et différents centres commerciaux entourent Breitscheidplatz, que se partagent les portraitistes et les skaters, et juste à côté se trouve le parc zoologique, la gare, mais aussi Budapester Straße, avec ses fast-foods et ses magasins de souvenirs. L'allée est longue de 3,5 km et ses multiples rues adjacentes sont pleines de bons plans, ainsi que ceux de Kantrasse et de Savignyplatz attenante.

▸ **À voir aussi dans Charlottenburg :** le Palais des congrès (Messegelände), qui organise une fois par an la semaine verte, la Grüne Woche : le rendez-vous des produits naturels du monde entier ; le stade olympique, Olympisches Stadion, où l'on organise des concerts et qui est le stade officiel du Herta BSC, le club de football le plus populaire à Berlin ; enfin, le mémorial aux Victimes du fascisme : la Gedenkstätte Plötzensee.

SCHÖNEBERG

Schöneberg est un quartier tampon entre le Charlottenburg bourgeois et le Kreuzberg populaire. Avant la chute du Mur, c'était le quartier alternatif par excellence, mais aujourd'hui, la plupart de ses immeubles datant du début du siècle étant rénovés, c'est devenu un quartier très prisé et plus cher. Dans les années 1930, il était connu sous le nom Rote Insel, car c'était le bastion de la résistance allemande durant la montée au pouvoir de Hitler, et un endroit difficile à bloquer à cause de ses multiples ponts.

▸ **De Monumentenbrücke,** on a une très belle vue sur l'est de Berlin, et Langenscheidbrücke amène jusqu'à l'intersection de Kleistpark, où une multitude de petits bars et restos s'étalent sur Hauptstraße. En remontant cette dernière, on rejoint Potsdamer Straße, qui fait le lien entre ce quartier et le Tiergarten. Depuis le U-Bahn Kleistpark, on peut rejoindre le parc du même nom par une entrée en colonnades. Ce lieu abritait le premier jardin botanique de Berlin, qui fut détruit pendant la guerre et accueillit juste après le Conseil de contrôle allié. Au nord du quartier, Nollendorfplatz forme le maillon central de la nuit berlinoise à l'ouest et c'est aussi le quartier gay de la ville. A la sortie du métro est d'ailleurs érigé le mémorial aux Victimes homosexuelles des nazis, et, chaque année, une fête est organisée dans Motzstraße. On y trouve également un centre d'informations et de nombreux bars et cafés gay. Parallèle à cette dernière, on trouve Maaßenstraße qui mène jusqu'à Winterfeldplatz. Ici, les cafés, snacks et bars se succèdent jusqu'à la place, lieu idéal pour les fans de rollers, sauf le mercredi et le samedi, jours de marché. Sur Winterfeldstraße, qui part de la place, se trouvent beaucoup d'antiquaires, mais dans Golzstraße, de l'autre côté, recommence la chaîne des bars. La mairie du quartier se trouve sur Kennedy Platz : elle est devenue célèbre depuis l'allocution du président américain en 1961, lorsque JFK déclarait, dans un allemand approximatif : « Ich bin ein Berliner. »

TIERGARTEN

Autour du parc

▌ **Le grand parc du Tiergarten,** qui donne son nom au quartier, est un bel espace vert et de loisirs, dont une partie est consacrée au parc zoologique. Créé au XVIe siècle, sa première fonction fut d'être une réserve de chasse pour la famille princière avant de devenir aujourd'hui le repaire des amoureux de la nature : on y jogge, les enfants remplissent les parcs de jeux, les joueurs de foot envahissent les pelouses, on vient parfaire son bronzage et les barbecues fleurissent. Mais attention, il est strictement interdit de se baigner dans les étangs du parc. Le parc est axé autour de la Siegessäule, la colonne de la Victoire, déplacée jusqu'ici par Hitler dans son fantasme de sa nouvelle capitale Germania, et entre autres parce qu'elle lui gênait la vue. Il est découpé en quatre quarts par l'avenue du 17-Juin ainsi que par différentes allées qui mènent aux quatre points cardinaux de Berlin. L'avenue du 17-Juin qui part de l'université technique et va jusqu'à la porte de Brandenburg, traverse le parc et est remplie de lieux historiques, comme la première université de Berlin ou le mémorial aux Soldats russes.

▌ **Autour du parc,** on déroule les traces du passé en découvrant Tiergartenstraße, qui était à l'origine la rue des Ambassades. D'ouest en est, on trouve la Haus der Kulturen der Welt (la maison des Cultures du monde), une drôle de construction futuriste appelée « l'Huître enceinte » par les Berlinois et qui est le rendez-vous des musiques et des cultures du monde. A voir également : le Schloss Bellevue qui abrite le palais présidentiel, le Hansaviertel élaboré par des étudiants du monde entier, le musée du Bauhaus et le mémorial de la Résistance allemande.

Potsdamer Platz

Potsdamer Platz fait le lien entre le parc et les quartiers de l'Est : c'est un des axes majeurs de la ville. Juste derrière se trouvent plusieurs musées dont la Neue Nationalgalerie, la Gemälde Galerie, mais aussi la Nationalbibliothek et la Philharmonie, qui accueille le Musikinstrumenten Museum, le musée des Instruments de musique.
Avant la Seconde Guerre mondiale, cette place était un des centres de convergence les plus importants d'Europe, mais les événements et l'Histoire l'ont engloutie (bombardements alliés, répression à base de chars, etc.) et ont entravé son renouveau pendant des dizaines d'années, jusqu'à ce que le Mur tombe. En effet, la place se situait pile sur la ligne de démarcation entre Berlin-Est et Berlin-Ouest, dans un no man's land fait pour décourager les plus téméraires qui souhaitaient s'évader du bloc communiste. En 1989, cette bande de terre entre les deux murs fut immédiatement reprise en main, le but étant de faire disparaître l'ancienne cicatrice entre les deux Berlin. Parmi les maîtres d'œuvre de la Potsdamer Platz, Renzo Piano et Christoph Kohlbecker furent les architectes les plus connus à participer au grand projet de reconstruction. Subventionnée par Sony et Daimler, c'est une cité surréaliste qui est sortie de ces 68 000 m² de terre, le tout dans un matériau nouveau spécialement conçu pour la place, dans des teintes ocre qui ressemblent à du cuivre, et les immeubles se succèdent dans des perspectives tout simplement vertigineuses. On se croirait à Gotham City, la ville de Batman, tant tout semble sorti directement de l'imaginaire d'un illustrateur. Autour du centre de la place, qui accueille de multiples boutiques dans des galeries marchandes et de nombreux restaurants et bars, se trouvent les constructions les plus impressionnantes de la ville : le Sony Center qui a la forme de la montagne de Fuji-Yama et change de couleurs pendant la nuit, les tours Daimler et Debis, le Stella-Musical qui présente les superproductions du moment, mais aussi une discothèque. Ce qui fut le plus grand chantier d'Europe et du monde est désormais fini, et le résultat coupe tout bonnement le souffle.

Potsdamer Platz.

Se déplacer

Vous le remarquerez vite, les distances sont grandes à Berlin.
Dès lors, il vous sera très utile de maîtriser assez rapidement les différents moyens de transport afin de ne pas perdre trop de temps lors de votre séjour.

■ L'ARRIVÉE

Avion

En attendant l'ouverture programmée du nouvel aéroport international Berlin-Brandenburg le 17 mars 2013, Berlin continue d'être accessible en avion par deux aéroports, selon la compagnie que vous aurez empruntée. Les compagnies *low cost* ont choisi Schönefeld, tandis que les grandes compagnies nationales continuent à privilégier l'aéroport de Tegel.

■ AIR BERLIN
Tegel Flughafen
✆ +49 826 967 378
www.airberlin.com
La compagnie Air Berlin assure des vols directs de Paris-Orly à Berlin tous les jours. En semaine, 4 vols quotidiens sont prévus. 2 d'entre eux sont directs (départs à 9h et 21h30), les autres font une escale à Düsseldorf. Le samedi, 1 vol est prévu, et le dimanche, 2 vols sont programmés le matin. Pour Nuremberg, 1 vol quotidien est prévu (départ à 17h05 d'Orly), et de là des correspondances pour une quinzaine de villes allemandes sont disponibles. Air Berlin assure également 4 vols quotidiens pour Munich. Enfin, vous pourrez rejoindre Düsseldorf au départ de Nice et emprunter ensuite les correspondances pour les autres villes du pays. Air Berlin propose deux vols directs par jour de Paris Orly vers Berlin Tegel. Un le matin à 8h35 et un le soir à 21h10. Comptez 1 heure 40 de trajet. Une nouvelle ligne vers Berlin Brandenburg sera ouverte à partir de mars 2013

■ BERLIN BRANDENBURG AIRPORT
Berlin Brandenburg Airport
✆ +49 180 5000 186
www.berlin-airport.de
18 km au sud-est de Berlin.
Initialement prévue pour juin 2012, l'ouverture du nouvel aéroport international de Berlin a été repoussée au 17 mars 2013. Avec une capacité de 45 millions de passagers (27 millions la première année), ce sera l'un des plus grands aéroports d'Europe. Couvrant une superficie de 1 470 ha, il absorbera le site de l'ancien aéroport de Schönefeld – qui donc n'existera plus sous ce nom –, tandis que l'aéroport de Tegel sera fermé. Pour rejoindre le centre-ville en transports en commun, il faudra prendre le S-Bahn à « Flughafen Berlin Brandenburg ». L'Airport Express, qui relie déjà l'aéroport de Schönefeld au centre-ville, partira toutes les 15 minutes de la gare centrale en direction de l'aéroport, pour un trajet de 30 minutes.

■ SCHÖNEFELD AIRPORT
Flughafen Berlin-Schönefeld
✆ +49 180 5000 186
www.berlin-airport.de
Cet aéroport devrait cesser d'exister sous ce nom dès le 17 mars 2013.
Aéroport utilisé par les compagnies *low cost*, il sera à partir de mars 2013 absorbé par le nouvel aéroport international qui ouvrira sur le même site. Jusque-là, pour rejoindre le centre-ville en transport, on peut prendre le S9 à « Flughafen Berlin Schönefeld », le bus 171, ou l'Airport Express qui dessert la gare Hauptbahnhof.

■ TEGEL AIRPORT
Flughafen Berlin-Tegel
✆ +49 180 500 0186
www.berlin-airport.de
Cet aéroport devrait cesser d'être emprunté un an après la mise en route du Berlin-Brandenburg.
Situé au nord-ouest de Berlin, dans le quartier de Reinickendorf, c'était depuis les années 1970 le principal aéroport berlinois. Il sera totalement fermé après mars 2013. D'ici là, le bus TXL dessert le centre-ville et Alexanderplatz en 25 minutes. Pour rejoindre Berlin-Ouest le X9 vous déposera au Kurfürstendamm et à Zoologischer Garten (20 minutes). En taxi, comptez 20 €.

Train

Si vous avez opté pour le train, différentes possibilités d'arrivée s'offrent à vous. Dans le cas d'un train de nuit, il est possible de descendre à quatre stations différentes au sein de Berlin : Spandau, Zoologischer Garten, Hauptbahnhof et Ostbahnhof ! Mieux vaut éviter de descendre à Spandau, il s'agit encore de Berlin, certes, mais c'est très éloigné du centre-ville.

A votre arrivée à une de ces trois gares, pour prendre les correspondances selon vos destinations, il est possible avec le S-Bahn de s'arrêter soit à Friedrichstraße, soit à Alexanderplatz, où les connexions de métro sont nombreuses. Les tickets peuvent s'acheter sur le quai si vous avez de la monnaie, sinon dans les points de vente BVG (réseau des transports en commun berlinois) de la gare. Pour le bus, achetez directement votre ticket au conducteur, si vous souhaitez un aller simple. Si vous voulez acheter une carte spéciale ou d'une plus longue durée, il faudra alors vous adresser aux points de vente de la BVG. Des machines sont disponibles sur le quai des métros.

■ GARE FERROVIAIRE HAUPTBAHNHOF
Hauptbahnhof
www.bahnhof.de
S- et U-Bahn : Hauptbahnhof.
La gare centrale est impressionnante, que ce soit par les connexions ferroviaires qui y prennent place ou par son architecture. Construite selon les plans de l'architecte Meinhard von Gerkan et inaugurée en 2006, elle est reliée aux autres modes de transports en commun. Trois lignes de bus la desservent, elle est placée sur la ligne centrale de S-Bahn (S5, S7, S9) et la ligne de métro (U55) qui va notamment jusqu'à Brandenburger Tor.

■ GARE FERROVIAIRE OSTBAHNHOF
Ostbahnhof
www.bahnhof.de
S- et U-Bahn : Ostbahnhof.
Comme dans les autres gares, des taxis sont à disposition à la sortie, et la gare de l'Est est, elle aussi, située sur cette ligne centrale de S-Bahn (S3, S5, S7, S9). Divers bus la desservent.

■ GARE FERROVIAIRE ZOOLOGISCHER GARTEN
Zoologischer Garten
www.bahnhof.de
S- et U-Bahn : Zoologischer Garten.
Héritage de son statut de gare principale de Berlin-Ouest, la gare de « Zoo » continue d'être très bien desservie par les transports en commun. Elle est située sur les lignes 2 et 9 de U-Bahn et sur la ligne centrale de S-Bahn (S5, S7, S9). Vous trouverez également de nombreuses lignes de bus sur l'esplanade de la Hardenbergerplatz ainsi que des taxis.

Bus

La gare d'arrivée de toutes les compagnies de bus desservant Berlin est la quelque peu excentrée gare de bus centrale (Zentraler Omnibus Bahnhof ou ZOB), à côté de la tour de la Radio (Funkturm), au début de la Neue Kantstraße (Charlottenburg). Si vous souhaitez rejoindre le centre-ville, la station de métro la plus proche est Kaiserdamm (U2, directe jusqu'à Zoo, Stadtmitte ou Alexanderplatz). Vous devez alors suivre le sigle U et remonter le boulevard Messedamm vers le nord. Sinon, la station de S-Bahn Messe Nord ICC est plus proche et vous met directement sur le Ring (la ligne circulaire de S-Bahn). Enfin, quelques bus passent devant la gare omnibus.

Voyager malin

▶ **Le bus 100 de la BVG :** pour le prix d'un simple ticket de bus, celui-ci passe par les principaux monuments et points d'intérêt de Berlin.

▶ **Les Kurzstrecke des taxis :** pour les parcours de moins de 2 km, tarif unique de 4 €, quelle que soit l'heure et jusqu'à quatre personnes. Il vous suffit de l'annoncer au chauffeur avant de monter dans le taxi. Très pratique quand les bus de nuit tardent à arriver. Attention, une fois les deux kilomètres franchis, le tarif monte en flèche !

▶ **Les Kurzstrecke des transports en commun :** pour tout trajet de quatre stations ou moins (six pour les bus et les trams), vous pouvez acheter un ticket de 1,50 € au lieu de 2,30 €.

▶ **Le métro et le S-Bahn** fonctionnent toute la nuit le vendredi et le samedi.

▶ **Pour aller vite d'un point à un autre de la ville :** le Ring Bahn et la ligne centrale du S-Bahn.

Voiture

L'autoroute qui mène à Berlin est la A2 (Autobahn 2) ou éventuellement la A9 pour ceux qui viennent de Suisse.

Depuis la France et la Belgique, la direction pour Berlin est la suivante : depuis Paris, prendre direction Valenciennes, puis traverser la Belgique (sans passer par Bruxelles) en direction de Aachen (Aix-la-Chapelle). Traverser ensuite la Ruhr en prenant soit la direction Köln (Cologne), soit la direction Düsseldorf pour suivre ensuite la direction Dortmund (attention, la Ruhr est une région d'embouteillages en heures de pointe). Prendre ensuite la A2 en direction de Hanovre et rester dessus jusqu'à Potsdam puis Berlin.

Note : les autoroutes allemandes sont gratuites et il n'y a pas de limitation de vitesse sauf sur certains tronçons.

■ **ALLROUND AUTOVERMIETUNG**
Kaiser Friedrich Straße 86
✆ +49 30 348 0600
Fax : +49 30 342 6894
www.allround-autovermietung.com
A partir de 29 € pour 1 jour et 100 km inclus, 49 € pour 1 jour avec kilométrage illimité, selon le modèle. Dès 189 € pour 7 jours à 1 500 km.

EN VILLE

Si la circulation automobile est aisée dans le centre, c'est avant tout en utilisant les transports en commun que vous découvrirez le mieux Berlin. La ville possède, en effet, un excellent réseau géré par la compagnie de transports urbains de Berlin, la BVG (Berliner Verkehrsbetriebe).

Transports en commun

Pour vous déplacer dans Berlin, plusieurs possibilités s'offrent à vous : le métro (U-Bahn), le RER (S-Bahn), le tramway et le bus.

▶ **Les stations de U-Bahn** sont signalées par un « U » blanc sur fond bleu, et il circule de 4h à 1h du matin. Toutes les lignes sauf la U4 circulent toute la nuit le vendredi et le samedi soir ainsi que les jours fériés à une fréquence de 15 minutes.

▶ **Les stations de S-Bahn** sont signalées par un « S » blanc sur fond vert. Les lignes centrales du S-Bahn, qui traversent la ville d'est en ouest (et vice versa), vous permettront de traverser très rapidement la ville entière, en pouvant vous arrêter à des points cruciaux (Zoo, Hauptbahnhof, Alexanderplatz…).

Tarifs des transports en commun

Ils sont calculés selon trois zones principales, mais en général un ticket AB suffit pour emprunter tous les modes de transport et accéder à tous les points d'intérêt de la ville. Si vous souhaitez vous déplacer jusqu'à Potsdam, il vous faudra prendre un ticket ABC pour atteindre la ville en S-Bahn – et reprendre des tickets pour les transports de Potsdam même. Veillez à circuler en règle, car les contrôles sont fréquents, les contrôleurs en civil et absolument intransigeants !

Voici les prix des principaux billets :

▶ **Les tickets pour un trajet simple** coûtent 2,30 € (1,40 € pour les enfants de 6 à 14 ans et les vélos).

▶ **Les tickets à la journée** (Tageskarte). Ils coûtent 6,30 € et donnent le droit de circuler jusqu'à 3h le lendemain matin.

▶ **La carte pour les petits groupes** (Kleingruppenkarte) coûte 15 € et permet de voyager en groupe de trois à cinq personnes pendant 24 heures.

▶ **La carte à la semaine** coûte 27,20 € et permet de circuler durant 7 jours.

▶ **Il existe aussi la Welcome Card** qui, en plus de donner droit à des réductions pour certains théâtres, opéras ou salles de concerts, permet de circuler dans Berlin. Elle coûte 17,90 € pour 48 heures, 23,90 € pour 72 heures et 35,90 € pour 5 jours.

▶ **Les bus** circulent de 4h30 à 1h du matin et certaines lignes circulent toute la nuit, il s'agit alors de Nachtbus qui passent environ toutes les demi-heures et suivent les lignes de stations de métro. Certains bus ont un « M » devant leurs numéros, il s'agit de bus express qui passent plus souvent.

▶ **Quant aux tramways,** ils circulent uniquement dans l'est de la ville et ont parfois un « M » devant leurs numéros.

▶ **Le Ringbahn** est un RER qui fait le tour de la ville à la limite de la zone A. Il est très pratique car plus rapide que le métro. Pensez-y lors de vos déplacements. Les deux lignes circulaires font le même trajet mais chacune dans un sens. Dès lors, pour vous repérer, regardez le sens de la flèche sur le panneau d'indication du quai, elle indique le sens dans lequel tourne le Ring.

■ **CALL CENTER DE LA BVG**
✆ +49 30 194 49
www.bvg.de
Pour tout renseignement sur les transports en commun.

Tramway

Les tramways circulent uniquement dans l'est de la ville et, comme les bus, ont parfois un « M » devant leurs numéros. Ils sont très pratiques pour sillonner les quartiers de Mitte, Prenzlauer Berg et Friedrischain. Le réseau est dense. Vous trouverez des plans à l'intérieur des tramways, tandis ques les stations desservies sont indiquées sur des panneaux aux arrêts.

Taxi

Environ 7 000 taxis sillonnent Berlin ! Il est donc facile d'en trouver un et les chauffeurs sont en général assez réglos. Cependant, des exceptions existent nécessairement. Il suffit en général de lever la main dans la rue pour qu'un taxi s'arrête. Sinon, on trouve des stations aux gares et à proximité des grands axes (Gendarmenmarkt ou Potsdamer Platz, par exemple). La prise en charge est de 3,20 € puis de 1,65 € le kilomètre. Ce n'est donc pas nécessairement une option avantageuse (sauf les Kurzstrecke pour moins de 2 km au prix fixe de 4 €).

Non aux véhicules polluants

Depuis le 1ᵉʳ janvier 2010 Berlin a renforcé sa politique de restriction de véhicules polluants autorisés à pénétrer dans le centre-ville. En effet, seules les voitures possédant une étiquette verte, concernant uniquement les véhicules achetés après le 1ᵉʳ janvier 2006, sont autorisé à rouler. Le sticker et l'autorisation sont à se procurer à la Préfecture et dans divers centres agréés. Si vous pénétrez en ville sans, le risque d'amende est grand.

▶ **Renseignements** sur le site www.berlin.de

■ **CITY-FUNK**
✆ +49 30 21 02 02
www.cityfunk.de

■ **TAXI IN BERLIN**
✆ +49 163 717 3833
www.taxiberlin24.de

■ **TAXI RUF**
www.taxi-ruf-berlin.com

■ **TAXI-RUF WÜRFELFUNK**
✆ +49 800 222 2255
www.wuerfelfunk.de

Vélo

Avec 600 km de pistes cyclables, Berlin est un paradis pour les amateurs de vélo qui se sentent plus en sécurité que dans les couloirs de bus parisiens. En plus la ville est pratiquement plate. Si vous voulez devenir un vrai Berlinois, un de ceux qui font du vélo même en hiver ou qui tirent leurs enfants dans des charrettes spécialement aménagées, louez un vélo ! C'est réellement un moyen agréable de découvrir la ville, et vous pourrez, en payant un petit supplément, le mettre dans le S-Bahn pour découvrir les lacs berlinois une fois les beaux jours venus. Les hôtels proposent parfois des locations de vélo exclusivement réservés à leurs clients. Sinon on trouve des loueurs dans tous les quartiers de la ville dont les tarifs varient de 12 à 20 € pour la journée avec des réductions pour les jours suivants.

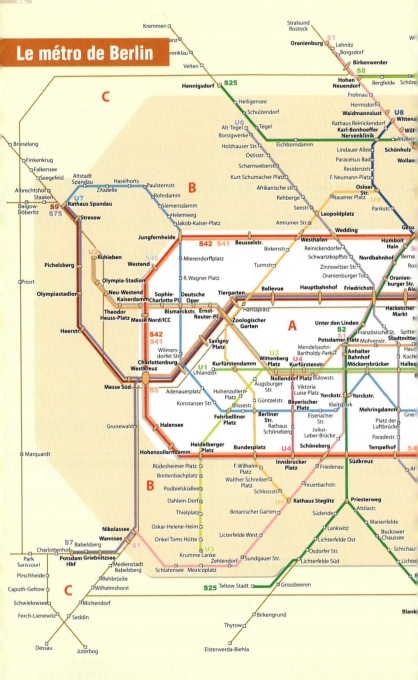

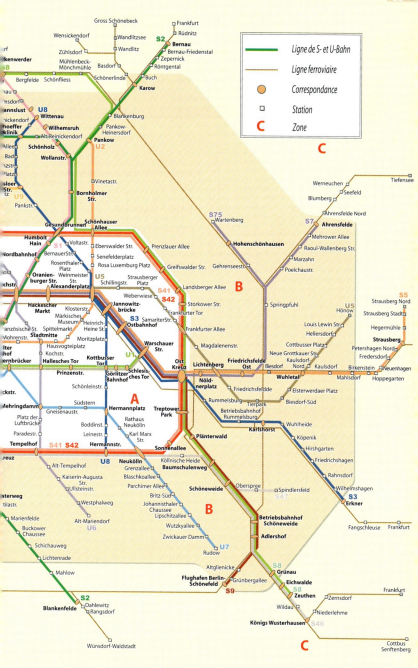

■ BERLIN ON BIKE
Knaackstrasse 97
Kulturbrauerei (Hof 4) ✆ +49 30 440 483 00
✆ +49 30 437 399 99
www.berlinonbike.de
U-Bahn Eberswalder Strasse.
10 € la location de vélo, 19 € avec une visite guidée incluse. Certaines visites disponibles avec un guide francophone. Possibilité de créer des circuits sur mesure. Réduction pour les enfants et aux possesseurs de Welcome Card. Faire du vélo à Berlin, c'est bien. Peu de pentes, peu d'embouteillages et pas moins de 600 km de pistes cyclables. Si vous ne maîtrisez pas assez bien la ville pour un tour en solo, demandez à Berlin on Bike. Parcours différents chaque jour et même un tour by night.

■ CALL A BIKE
Hauptbahnhof
✆ +49 7000 522 5522 – www.callabike.de
12 € la journée. Ou location à l'heure.

■ FAHRRADSTATION
Leipziger Straße 56 ✆ +49 180 510 8000
www.fahrradstation.com
15 € la journée, 50 € la semaine.

■ FAT TIRE BIKE RENTAL
Alexanderplatz ✆ +49 30 240 479 91
www.berlinfahrradverleih.com
12 € la journée le premier jour, 10 € à partir du deuxième jour et 8 € pour les jours suivants. En plus de louer des vélos, l'agence propose aussi des visites guidées entrecoupées de fréquents arrêts pour prendre le temps de commenter les monuments et vues sur la ville. Si à la fin de votre périple à vélo vous n'étiez pas vraiment convaincu que ce soit la meilleure manière de découvrir Berlin, l'excursion est offerte ! Des vélos et casques adaptés aux enfants sont à disposition.

▶ **Autre adresse :** Zoologischer Garten.

■ ORANGE BIKES
Kollwitzstrasse 37 ✆ +49 30 4435 6852
www.orange-bikes.de
Ouvert tous les jours, entre avril et octobre, de midi à 18h. Tarif 6 €/24h.

Ce n'est pas une grosse compagnie et il faudra se rendre dans le quartier de Prenzlauer Berg pour dénicher cette petite boutique et se procurer l'un de ses vélos oranges à un prix très abordable.

Moto – Scooter

■ BERLIN SCOOTER
Krossener Strasse 9
www.berlinscooter.de
U-Bahn Frankfurter Tor ou S-Bahn Warschauer Strasse.
Ouvert tous les jours de 11h30 à 18h. 29 € la journée ou 19 € la demi-journée.

■ RENT A SCOOTER
Bornholmer Strasse 6 ✆ +49 30 4172 2323
✆ +49 160 688 2057
www.rent-a-scooter.com
U-Bahn et S-Bahn Schönhauser Allee.
Ouvert du lundi au vendredi de 11h à 19h et le samedi de 11h à 16h.

■ SCOOTER RENT
Wiesendamm 37 ✆ +49 30 3088 3308
www.scooter-rent.de
U-Bahn Ruhleben.
Ouvert tous les jours à partir de 10h sauf le dimanche.

À pied

Vous le remarquerez vite, les distances sont grandes à Berlin. Il est possible de sillonner un quartier à pied mais faites bien attention aux échelles sur les plans ! L'usage, même ponctuel, des transports en commun vous permettra d'économiser un temps précieux et de ne pas trop vous fatiguer.

Voiture

Il est facile de circuler en voiture en ville mais plus compliqué de se garer dans certains quartiers. Les places sont payantes en centre-ville. Attention aux stationnements gênants : les voitures sont rapidement enlevées. il faut ensuite se rendre au poste de police et payer une amende pour savoir où elle se trouve.

Pratique

Tourisme – Culture

■ BUREAU DE LA PORTE DE BRANDENBURG
Pariser Platz
Ouvert tous les jours de 10h à 18h, d'avril à octobre horaires prolongés.
Infos générales sur la ville avec de la documentation en français.

■ EUROPARC DEUTSCHLAND
Friedrichstr. 60 ✆ +49 30 288 7882
Fax : +49 30 288 7882
www.europarc-deutschland.de
Pour en savoir plus sur les parcs nationaux et espaces protégés de l'Allemagne.

■ OFFICE DE TOURISME HAUPTBAHNHOF
Hauptbahnhof
S-Bahn Hauptbahnhof.
Ouvert tous les jours de 8h à 22h.

■ OFFICE DE TOURISME REICHSTAG
Scheidemannstrasse
S-Bahn Unter Den Linden.
Ouvert tous les jours de 10h à 18h.

Représentations – Présence française

■ AMBASSADE DE BELGIQUE
Jägerstr. 52-53, Mitte ✆ +49 30 20 64 20
Fax : +49 30 206 422 00
www.diplomatie.be/berlinfr
Ouvert du lundi au vendredi de 9h à 12h20 et de 13h30 à 17h. Section consulaire ouverte de 9h à midi.

■ AMBASSADE DE SUISSE
Allee 4A Otto von Bismarck
✆ +49 30 390 4000
Fax : +49 30 391 1030
www.eda.admin.ch/berlin
Ouvert du lundi au vendredi de 9h à midi.
N'hésitez pas à les contacter en cas de problème, ils sauront vous indiquer les médecins francophones si vous êtes malades, vous fournir une assistance juridique, etc.

■ AMBASSADE DU CANADA
Leipziger Platz 17
✆ +49 30 2031 2470
Fax : +49 30 2031 2457
www.dfait-maeci.gc.ca/canada-europa/germany
Ouvert de 9h à midi, de 14h à 16h sur rendez-vous.

■ AMBASSADE ET CONSULAT DE FRANCE
Pariser Platz 5
✆ +49 30 590 039 000
www.botschaft-frankreich.de
Entrée publique Wilhelmstrasse 69. Section consulaire ouverte tous les jours de 9h à midi et aussi de 14h à 17h le mercredi.

Chancellerie (Kanzleramt).

PRATIQUE - Représentations – Présence française

■ **ASSOCIATION DÉMOCRATIQUE DES FRANÇAIS À L'ÉTRANGER (ADFE)**
✆ +49 30 444 2492
www.francais-du-monde.net, adfe.org/berlin
Président Denis Combe-Chastel.

■ **INSTITUT FRANÇAIS DE BERLIN**
Kurfürstendamm 211
✆ +49 30 885 9020
www.institut-francais.fr
Accueil ouvert du lundi de 10h à 18h, du mardi au vendredi de 10h à 19h et le samedi de 11h à 15h.
La salle de lecture a des horaires différents (généralement de midi à 19h). Accueille une médiathèque, une bibliothèque, de nombreuses manifestations culturelles (lectures, conférences, rencontres). Abrite aussi le cinéma Paris Berlin. L'ambassade de France abrite un ciné-club tous les quinze jours.

■ **OFFICE FRANCO-ALLEMAND DE LA JEUNESSE**
Molkenmarkt 1
✆ +49 30 228 7570
www.ofaj.org
Ouvert du lundi au jeudi de 9h à 12h30 et de 14h à 17h et le vendredi de 9h à 12h30 et de 14h à 14h30.

■ **UNION DES FRANÇAIS DE L'ÉTRANGER (UFE)**
Veteranenstr. 24
✆ +49 179 926 6377
www.ufe.asso.fr – www.ufeberlin.de

Argent

Depuis 2002, les retraits à l'étranger sont gratuits dans toute la zone euro. Dès lors, il vous suffit de trouver un distributeur de billets acceptant les cartes internationales pour retirer de l'argent. Ceux-ci sont fréquents, surtout dans les zones commerciales (Unter den Linden, Friedrichstr, Kurfürstendam). Attention cependant dans des zones moins centrales : la densité des banques à Berlin est nettement inférieure à la France. Plusieurs agences Western Union existent en ville.

■ **AGENCE WESTERN UNION**
Friedrichstraße 141-142
✆ +49 30 204 550 96

■ **DEUTSCHE POSTBANK AG**
Kaiser Wilhelm Straße 60-62
www.postbank.de

▶ **Autres adresses :** Karl Liebknecht Straße 13 • Potsdamerstraße 134-136 • Uhlandstraße 85.

■ **REISEBANK CASH EXPRESS**
A la gare de Friedrichstraße
✆ +49 30 204 550 96
Dans le centre commercial de la gare. Ouvert en semaine de 7h à 20h, le week-end de 8h à 20h.

Moyens de communication

▶ **Poste.** On trouve des timbres dans les bureaux de poste (ouverts en général jusqu'à 18h), dans des distributeurs de timbres (rares), dans des kiosques (parfois) ou chez certains marchands de cartes postales. Les boîtes aux lettres sont jaunes et en destination de la France, glissez votre courrier dans la fente « Andere Postleitzahlen ».

▶ **Internet.** En général, les prix de connexion dans les cybercafés sont de 1 € les 15 minutes et de 3 € l'heure, les prix varient selon des quartiers. Il est assez facile de trouver des cybercafés.

▶ **Téléphone.** En Allemagne, chaque ville possède un indicatif. Celui de Berlin est le 030. Les numéros allemands commençant par les préfixes 016, 017 sont des téléphones portables. Les communications sont assez chères, surtout depuis un fixe.

■ **EASY EVERYTHING**
Kufürstendamm 224
S- et U-Bahn Zoologischer Garten.
Ouvert 24h/24.
Le plus grand café Internet de la ville : 350 ordinateurs sur deux étages !

Santé – Urgences

■ **AUGENKLINIK AM GENDARMENMARKT**
Charlottenstraße 60
✆ +49 30 206 5890
www.augenklinik-gendarmenmarkt.de
Institut spécialisé dans les problèmes oculaires.

■ **CENTRE ANTI-POISON**
Spandauer Damm 130
✆ +49 30 0244 450
www.bbges.de
A contacter en cas d'intoxication.

Santé – Urgences - **PRATIQUE** ◀ 97

■ **CHARITÉ MITTE**
Charitéplatz 1
✆ +49 30 450 531 000
www.charite.de
Entrée des urgences au
65/66 Luisenstraße.
C'est le plus grand hôpital universitaire de Berlin, regroupé sur trois campus.

■ **CHRISTOPHER MARCHAND**
Pestalozzistraße 57A
✆ +49 30 323 8222
Fax : +49 30 3270 1587
www.hausarzt-marchand.de
Médecin généraliste ayant étudié à Paris.

■ **CLINIQUE DENTAIRE BERLIN DAHLEM**
Königin-Luise-Platz 1
114195 Berlin
✆ +49 30 841 9100
www.medeco.de

■ **DOCTEUR JEAN CLAUDE POPOT**
Bouchéstr. 23
✆ +49 30 534 8400
Médecin conseil auprès du consulat de France.

■ **DOCTEUR SVEN KURTH & PARTNER**
Brüderstraße 43
Ecke Földerichstraße ✆ +49 30 331 5415
www.kurth-zahnarzt.de
En cas de besoin de soins dentaires.

■ **OLAF MEYER**
Seestrasse 99 ✆ +49 30 451 4805
Médecin généraliste, correspondant d'Air France.

■ **POMPIERS**
✆ 112

■ **STEPHAN-PETER HAMM – CHRISTOPH KLOSE**
Aßmannhauser Straße 11a
✆ +49 30 827 093 00
Cabinet de généralistes avec des spécialités en pédiatrie, psychothérapie et médecine tropicale.

■ **SUSANNE LUTZ**
Tegel
Waidmannsluster Damm 21
✆ +49 30 433 1263
Fax : +49 30 4377 6098
Généraliste et naturopathe.

Les différentes cartes de réduction

▶ **La Welcome Card :** le Pass de l'office de tourisme de Berlin est adaptable à vos souhaits. Il couvre soit les zones AB, soit ABC (donc le S-Bahn jusqu'à Potsdam inclus) du réseau de transports berlinois. Valable pour deux jours (17,90 € pour la zone AB, 19,90 € pour les trois zones) 3 ou 5 jours (23,90/30,90 € les deux zones, 25,90/35,90 € les trois zones). Un peu plus chère que la Tageskarte (qui ne donne accès qu'aux transports publics), cette carte vous offre des réductions sur certaines visites guidées de la ville, pour de très nombreux théâtres et spectacles, pour une petite vingtaine de musées aussi bien à Berlin qu'à Potsdam. Pour avoir la liste complète : www.visitberlin.de/welcomecard – Vous pourrez aussi prendre l'option Culture+ qui associe le Museum Pass à la Welcome Card. La WelcomeCard Museumsinsel qui offre les mêmes avantages et propose en plus la gratuité dans tous les musées de Museumsinsel sur 3 jours pour 34 ou 36 € selon le nombre de zones. Vous pouvez vous procurer ces cartes aux automates ou points de vente de la BVG (RAPT berlinoise), des S-Bhan, aux aéroports, aux offices de tourisme ainsi que dans certains hôtels.

▶ **Le Museumspass :** idéal pour un marathon de musées. Pour 19 € (9,50 € pour les enfants ou étudiants), vous aurez accès à plus de 70 musées ou collections de Berlin pendant trois jours consécutifs. La liste est disponible à l'adresse suivante – www.visitberlin.de – A ce prix-là, la carte est un vrai bon plan et vite rentabilisée. Vous pouvez vous la procurer à l'entrée des musées participants à l'initiative ainsi qu'à l'office de tourisme. Souvenez-vous juste que les musées sont généralement fermés le lundi.

▶ **Le Berlin Pass :** il donne accès aux principaux musées et monuments de la ville, offre la gratuité sur les transports en commun des zones ABC, et réserve en plus la possibilité d'une croisière sur la Spree et d'un tour en bus touristique. Une fois le pass acheté, il n'y pas plus qu'à profiter de la ville ! Le Berlin Pass est proposé au tarif de 69 € pour deux jours (tarif réduit 34 €) ou 82 € pour trois jours (tarif réduit 39 €). Un guide de 95 pages disponible en allemand ou en anglais est offert !

Se loger

Pour se loger à Berlin, ce ne sont pas les établissements qui manquent, entre les auberges de jeunesse de plus en plus nombreuses, les Mitwohnzentralen *(agences proposant des chambres ou appartements à louer)* ou les hôtels, les possibilités sont nombreuses. Seul problème, les établissements les plus abordables sont souvent complets, il faut penser à réserver le plus tôt possible et essayer d'éviter les périodes de congrès, foires et salons (Messe en allemand) pendant lesquelles il y a encore plus de monde. Notez que la ville est très vaste, c'est pourquoi il est préférable de choisir un hébergement dans le centre de Berlin.

Locations

■ ABRI APARTMENTS
Baseler Str. 144 ✆ +49 30 26 55 88 11
Fax : +49 30 26 55 88 10
www.abri-berlin.com
S-Bahn Sundgauer Strasse.
A partir de 75 €/nuit pour un appartement pour 1 ou 2 personnes et 95 € pour 4 personnes. Entre 490 et 595 € pour la semaine.
Petite entreprise familiale qui loue des appartements avec beaucoup de charme dans le centre et les quartiers résidentiels du sud-ouest de Berlin. Thomas Kayser et son équipe feront tout pour que votre séjour se passe le mieux possible. Les appartements sont tous équipés d'une cuisine moderne avec frigo, d'un salon, de TV-Sat et d'une grande salle de bains. Leur taille varie selon l'emplacement et le nombre de personnes (entre 2 et 5). Consultez également les possibilités de réduction en saison basse.

■ O.F.T. APARTMENTS
✆ +49 306 050 60 52
www.ohnefragetoll.de
Appartements pour 1 à 6 personnes à partir de 60 € la nuit.

Marita Schwalm est depuis toujours une passionnée de vintage. En plus de sa formidable boutique, elle loue une sélection de sept appartements à Mitte et dans les plus chouettes coins de Prenzlauer Berg. Du studio de 40 m² à 3 chambres de 140 m², tous sont décorés dans un style unique avec des objets vintage choisis. Certains ont même servi pour des tournages de clips et des séances photos !

■ BED & BREAKFAST BERLIN
Stresemannstraße 72
✆ +49 30 786 2003
Fax : +49 30 785 0614
www.bed-and-breakfast.de
Pour une chambre simple, les prix varient de 27,30 à 52 € et pour une chambre double, de 45,50 à 78 €.
Il s'agit d'une agence de location de chambres chez l'habitant dans le centre et à Kreuzberg. Elle propose plusieurs catégories de chambres, depuis la catégorie simple où la salle de bains est partagée avec la famille, jusqu'à la catégorie luxe. Accueil chaleureux.

■ FERIENWOHNUNGEN 24
Bielefelderstraße 11a
✆ +49 30 893 1395
www.ferienwohnung-24-berlin.com
A partir de 26 € par personne ou 78 € par appartement, en fonction de l'emplacement et du nombre d'hôtes.
Cette entreprise de location d'appartements offre là encore un choix très varié. Vous trouverez tout, du petit studio jusqu'à la résidence estivale pour 15 personnes dans les différents quartiers de la ville.

■ FRIENDLY RENTALS BERLIN
✆ +49 09 75 18 02 87
www.friendlyrentals.com
Une vaste sélection d'appartements dans les différents quartiers de Berlin à partir de 19 € par personne.

APPARTMENTS FOR RENT
SHORT-AND MIDTERM
BERLIN-MITTE
PRENZLAUER BERG
FRIEDRICHSTRASSE

ask for MariTa
CHAUSSEESTRASSE 131 B
D - 10115 BERLIN MITTE

TEL/FAX 0049 30 60506052
MOBIL 0049 171 6857777

LIVINGBERLINMITTE@YAHOO.DE
WWW.OHNEFRAGETOLL.DE

BERLIN - BARCELONE - PARIS - ROME - MADRID - VALENCE
LISBONNE - NEW YORK - MILAN - LONDRES - VENISE
GRENADE - SITGES - FLORENCE - SEVILLE et plus encore

Friendly Rentals vous propose plus de 3000 appartements pour vos vacances et voyages d'affaires, dans les plus belles destinations : Londres, Madrid, Rome, Berlin, New York, Le Cap, et bien d'autres...Nous vous offrons des appartements de grande qualité, idéalement situés dans les meilleurs quartiers.

www.friendlyrentals.com

Friendly Rentals: Passatge Sert, 1-3 bajos, Barcelone - 08003 - Espagne
+34 93 268 80 51 / 09 7518 02 87 (Gratuit depuis la France) / info@friendlyrentals.com

SE LOGER - Locations

Les appartements sélectionnés sont de bonne qualité et bien équipés. L'agence mère, qui se trouve à Barcelone, garantit le maximum de satisfaction à ses clients. Friendly Rentals compte plus de 2 000 appartements sur 24 destinations différentes en Europe et dans le reste du monde : Barcelone, Madrid, Paris, New York… et bien d'autres encore. Le petit plus : le site Internet est disponible en français.

■ LODGE BERLIN
Gabriel-Max-Strasse 2
✆ +49 178 87 80 993
✆ +49 30 53 02 59 64
www.lodge-berlin.de
U-Bahn, S-Bahn Warschauer Strasse.
Appartements du T2 au T4 à partir de 60 € la nuit. Appartements disponibles au cœur de Friedrichshain et Prenzlauer Berg.

■ OH-BERLIN.COM
✆ +33 1 76 542 573
✆ +34 93 467 37 82
www.oh-berlin.com
À partir de 15 € la nuit/personne.
Ce site Internet, simple d'utilisation, vous permet de réserver un logement à Berlin très facilement. L'agence dispose d'un grand choix de plus de 600 appartements, d'hôtels et de chambres d'hôtes. Il donne des informations précises sur chaque propriété, vous permettant de trouver exactement ce que vous recherchez. Pensez au système de filtre qui permet de paramétrer vos choix en fonction des besoins : quartier, budget, équipements et aménagements souhaités... Les réservations peuvent aussi être faites en ligne, ou par téléphone et toutes sont sécurisées à 100 %.

Centrales de réservation – Réseaux

■ AGENTUR WOHNWITZ
Holsteinische Strasse 55
✆ +49 30 861 8222
✆ +49 30 861 9192
Fax : +49 30 861 8272
www.wohnwitz.com
U-Bahn Blissestr. Bus 104, 101, 115.
Agence ouverte de 10h à 19h en semaine et de 11h à 14h le samedi.
Elle loue des appartements pour des durées supérieures à 1 mois uniquement. Selon la situation géographique de l'appartement, les prix varient de 300 € par mois pour une colocation (WG en allemand) à 1 500 € par mois pour un 4-pièces.

■ FINE + MINE
Neue Schönhauser Strasse 20
✆ +49 30 235 5120
Fax : +49 30 235 512 12
www.fineandmine.de
Ouvert de 9h à 19h (de 10h à 18h le samedi) avec un personnel international et agréable.
Agence qui s'occupe de vous aider dans vos démarches pour trouver un appartement ou mettre en location le vôtre si l'envie vous prend de vouloir bouger pendant quelques mois et retrouver votre *home sweet home* à votre retour.

■ FREIRAUM AGENTUR
Wiener Str. 14
✆ +49 30 618 2008
Fax : +49 30 618 2006
www.freiraum-berlin.com
En plus de proposer des appartements et chambres pour une location au mois, l'immeuble qui abrite l'agence Freiraum abrite une *guesthouse*.
Cette *guesthouse* propose la location de chambres pour une courte durée à partir de 20 € pour une simple, de 30 € pour une double ainsi que des appartements à partir de 47 €. Le quartier environnant est très agréable et dynamique.

Mitte

Mitte est un quartier où l'on trouve tous les extrêmes, cela vaut pour tout, notamment les logements avec aussi bien des auberges de jeunesse que des hôtels de grand standing ; entre les deux, les adresses sont rares.

Bien et pas cher

■ CIRCUS HOSTEL
Weinbergsweg 1a
✆ +49 30 20 00 39 39
Fax : +49 30 28 39 14 84
www.circus-berlin.de
U-Bahn Rosa-Luxemburg-Platz.
Lit en dortoir à partir de 19 €.
Une rénovation complète de l'hôtel a eu lieu début 2010. C'est un hôtel coloré aux chambres épurées mais agréables, ayant un café ouvert sur la rue qui permet de prendre son petit déjeuner jusqu'à 13h et un bar en sous-sol qui facilite les rencontres. Les services proposés sont nombreux : dépose bagages, coffre, accès Internet, réservations en tout genre, vente de tickets, visites guidées, portes ouvertes 24h/24, location de vélos.

■ CITYSTAY
Rosenstrasse 16, Mitte
✆ +49 30 236 240 31
Fax : +49 30 279 071 70
www.citystay.de
Dortoir à partir de 17 €, chambre simple 40/55 €, double 50/64 € (salle de bains partagée/privée).
Le rendez-vous de tous ceux qui souhaitent bien boire, bien manger, bien dormir et cela à un prix très abordable. L'hôtel est installé dans une usine datant de 1896, situé à deux pas de la tour de la Télévision. Certaines chambres disposent d'une salle de bains privée et les autres ont une salle de bains située au milieu de chaque étage. La réception est ouverte 24h/24, le personnel parle français et est toujours prêt à vous donner des infos ou vous aider à faire des réservations. Wi-fi, presse internationale, consigne.

■ HELTER SKELTER HOSTEL
Kalkscheunenstraße 4-5
✆ +49 30 280 449 97
www.helterskelterhostel.com
U-Bahn Oranienburger Tor, S-Bahn Oranienburger Straße, U- et S-Bahn Friedrichstraße.
A partir de 12 € en dortoir de 12 lits et 16 € en dortoir de 3 lits, chambre double à partir de 44 €, appartement de 80 à 180 €.
Un hostel sympa. Ici toutes les chambres ont été redécorées mais avec une inégale qualité. Essayez d'en voir plusieurs afin d'être sûr de trouver une chambre à votre goût. L'hôtel reste très bien situé et propre. Pour sortir danser, il vous suffit de descendre au rez-de-chaussée où se trouve le Kalkscheune (www.kalkscheune.de) qui alterne soirées littéraires, soirées dansantes et nuits flamenco. Cuisine à disposition des hôtes.

■ THREE LITTLE PIGS HOSTEL
Stresemannstraße 66
✆ +49 30 263 958 80
www.three-little-pigs.de
S-Bahn Anhalter Bahnhof. Dortoir à partir de 13 €. Chambre simple à partir de 34 €, double 44 €. Avec salle de bains privée à partir de 44 € simple et 62 € double. Internet gratuit.
Vous le trouverez niché dans une arrière-cour sympathique. De plus, de cet hôtel, vous êtes à 5 minutes à pied de la Potsdamer Platz donc idéalement situé. Les chambres sont propres et claires. Un supermarché et une boulangerie à proximité, la cuisine étant à disposition. Un très bon rapport qualité/prix pour le quartier.

Confort ou charme

■ ARTIST RIVERSIDE HOTEL & SPA
Friedrichstraße 105-106
✆ +49 30 28 49 00
www.great-hotel.com
U-Bahn Oranienburger Tor.
Chambre de 80 à 200 € (certaines sont très simples, d'autres sont composées de plusieurs pièces et possèdent un Jacuzzi privé). Réductions sur le site Internet.
Véritable hôtel de charme en plein cœur de la ville. Les 18 chambres sont bien équipées et offrent, pour la plupart, une vue sur la Spree. Elles sont toutes décorées différemment dans le style Art nouveau et certaines sont des chambres Spa avec baignoire. Pour les moins chanceux, le Spa de l'hôtel permettra de profiter tout de même d'un moment de relaxation et de détente.

■ CIRCUS HOTEL
Rosenthalerstraße 1
✆ +49 30 20 00 39 39
www.circus-berlin.de
U-Bahn Rosa-Luxemburg-Platz.
Chambre double de 80 à 100 € la nuit. Petit déjeuner 4 ou 8 € formule buffet.
La façade un peu austère contraste avec le design pop et les couleurs acidulées de la décoration à l'intérieur. A la jonction de Mitte et de Prenzlauer Berg, dans l'un des quartiers les plus sympas de la ville, cet hôtel (à ne pas confondre avec l'hostel juste en face) jouit d'une excellente réputation. Les chambres sont calmes, spacieuses, et le service, assuré par un personnel jeune et dynamique, est excellent. Respect de l'environnement et produits bio sur la carte du restaurant.

■ COSMO HOTEL
Spittelmarkt 13
✆ +49 30 585 822 22
Fax : +49 30 585 822 29
www.cosmo-hotel.de
U-Bahn Stadtmittel.
Compter entre 105 et 150 € pour une chambre double, petit déjeuner inclus.
Pour son emplacement, comme pour la qualité de ses services, cet hôtel design est, depuis son ouverture en 2010, l'une des meilleures options pour un séjour dans le cœur historique de Berlin. Une décoration élégante mélant les teintes épicées et les éclats argentés caractérisent les 84 chambres et suites de l'hôtel, hyper confortables, qui disposent généralement d'une vue intéressante. Le restaurant est réputé et le petit déjeuner excellent. Enfin, le staff saura vous informer sur les lieux de visite à ne pas louper.

■ HONIGMOND RESTAURANT-HOTEL
Tieckstraße 12
✆ +49 30 28 44 55 77
Fax : +49 30 28 44 55 88
www.honigmond.de
S-Bahn Nordbahnhof.
Chambre simple de 95 à 165 € et double de 145 à 235 €. Petit déjeuner compris.
L'hôtel se trouve dans un bel immeuble de la fin du XIXe restauré, dans un emplacement très central mais aussi très calme. Les chambres sont claires, confortables et plutôt stylées. Allez faire un tour au restaurant du même nom au rez-de-chaussée pour découvrir la cuisine

Circus Hostel.

berlinoise. L'historique du lieu est de plus assez intéressant. Le Borsig-Eck, l'ancêtre de l'Honigmond était le lieu de rencontres des intellectuels et artistes ainsi que des prêtres (deux églises sont à proximité) à l'époque de la RDA.

■ HOTEL AMANO
Auguststrasse 43
✆ +49 30 80 94 150
Fax : +49 30 80 94 15 22 00
www.hotel-amano.com
U-Bahn Rosenthaler Platz.
Chambre double de 70 à 130 €, appartement de 90 à 140 €. Tarifs dégressifs.
Hôtel design à petits prix, l'hôtel Amano dispose de 117 chambres et 50 appartements de 70 à 100 m². Si les appartements sont grands et spacieux, les chambres, bien que très bien équipées, paraissent un peu petites. Mais on ne peut pas se plaindre avec des prestations dignes d'un 4-étoiles pour le prix d'un 3-étoiles. La terrasse offre une vue sur tout Mitte et, avec son espace pétanque et sa balançoire, c'est un excellent *playground* pour tous. Le bar de l'hôtel est rapidement devenu un bar de quartier apprécié. Location de DVD, playstation, vélo. Wi-fi.

■ HOTEL GAT POINT CHARLIE
Mauerstraße 81-82
✆ +49 30 20 67 17 47 – www.gatrooms.de
U-Bahn Stadtmitte.
Autour de 120 € la chambre double, hors promotions Web.
Cet hôtel abrite ses visiteurs dans 140 chambres inscrites dans la modernité, avec leurs couleurs acidulées et leur minimalisme propret, mais ancrées en plein dans l'histoire berlinoise par une situation géographique privilégiée, à quelques pas du Mur. Une bonne option pour quiconque souhaite figurer au cœur de l'action.

■ HOTEL MANI
Torstrasse 136
✆ +49 30 530 280 80
Fax : +49 30 809 415 22 50
www.hotel-mani.com
U-Bahn Rosenthaler Platz.
Chambre double à partir de 69 €.
Le nouvel hôtel du groupe Amano avec ses 63 chambres bénéficie lui aussi d'un emplacement de choix. La décoration est moderne dans des tons bruns. Le restaurant dispose d'une belle terrasse et propose une cuisine méditerranéenne. Un bon rapport qualité-prix.

Hotel Gat Point Charlie
Mauerstrasse 81-82
10117 Berlin
www.gatrooms.com
Tél. +493020671747

SE LOGER - Mitte

◼ LUISE KUNSTHOTEL
Luisenstrasse 19
✆ +49 30 28 44 80
Fax : +49 30 28 44 84 48
www.luise-berlin.com
U-Bahn Bundestag.
Chambre simple de 49 à 70 €, double de 79 à 110 € (salle de bains sur le palier), ou simple de 79 à 115 €, double de 99 à 210 € (salle de bains privative). Petit déjeuner à 11 €.
Au cœur de Berlin, près du Reichstag et de la nouvelle gare centrale, cet hôtel extravagant mérite le détour. Les bâtiments existants sont déjà intéressants en eux-mêmes. L'annexe en verre donnant sur le quartier gouvernemental contraste harmonieusement avec le bâtiment principal, monument historique datant de 1825. Au rez-de-chaussée de cette annexe, une salle dédiée aux expositions et manifestations. Le principe du Luise Kunsthotel est simple mais innovant : chaque chambre est décorée par un artiste différent, de préférence reconnu. C'est dès lors à chaque fois une pièce unique dont vous aurez l'entière jouissance durant votre séjour.

◼ MINILOFT
Hessische strasse 5
✆ +49 30 847 1090
www.miniloft.com
U-Bahn Zinnowitzer Strasse.
Du plus petit au plus grand : Compact (30 m²), Classic (42 m²), Introverted (40 m²) et Extroverted (45 à 49 m²) ; de 150 à 198 €.
On ne saurait trop recommander cette adresse pour les personnes qui veulent avoir leur chez-soi à Berlin. Répartis dans deux bâtiments, en plein Mitte, à cinq minutes de la Hauptbahnhof et des restos et galeries du quartier, les 14 minilofts ont de grandes baies vitrées et sont parfaitement équipés (cuisine, salon, TV, wi-fi). Préférez les Introverted et Extroverted pour leur style industriel, les Compact et Classic pour leur calme. A voir, le bâtiment a reçu plusieurs prix d'architecture !

Luxe

◼ ARCOTEL VELVET
Oranienburgerstraße 52
✆ +49 30 27 87 530
Fax : +49 30 27 87 53 800
www.arcotelhotels.com
S-Bahn Oranienburger Straße
ou U-Bahn Oranienburger Tor.
Chambre double de 105 € dans les premiers étages à plus de 340 € pour les suites au dernier étage. Promotions sur Internet.
Hôtel design de 85 chambres, très apprécié, juste en face du Tacheles. L'avantage est d'être au cœur des sites de Mitte. L'inconvénient est que, malgré le double vitrage, on entend légèrement les bruits du quartier dans certaines chambres. Quant aux chambres, elles sont toutes sobres et élégantes. Préférez les chambres au-dessus du 4e étage où la vue sur Mitte est incroyable.

◼ HOTEL ADLON
Unter den Linden 77
✆ +49 30 22 610
Fax : +49 30 22 61 22 22
www.hotel-adlon.de
U-Bahn Alexanderplatz.
Chambre double à partir de 210 €
Dans toutes les villes, les hôtels Kempinski ont une histoire à raconter. L'Adlon ne fait pas exception. Chargé d'histoire, c'était le lieu à la mode des années 1920-1930, où les diplomates emmenaient leurs maîtresses, où les espions se retrouvaient. L'hôtel fut restauré après la chute du Mur, puis repris par Kempinski. Chambres luxueuses et traditionnelles (ce n'est pas un hôtel design), magnifique Spa...

◼ MITART HOTEL
Linienstr. 139-140 – Oranienpassage
✆ +49 30 283 904 30
Fax : +49 30 283 904 32
www.mitart.de
U-Bahn Oranienburger Tor,
S-Bahn Oranienburger Strasse.
Chambre simple de 88 à 140 €, double de 110 à 180 €. Gratuit pour les enfants de moins de 7 ans séjournant dans la chambre de leurs parents. Les chambres sont de qualité inégale, visitez-en plusieurs si possible.
En plein cœur du quartier historique de Scheunenviertel, parallèle à la Oranienburgerstr., c'est l'hôtel totalement bobo de notre guide. Tout d'abord, tout est bio : des produits ménagers à l'alimentation, l'énergie est économisée de même que l'eau. De plus, dans les trente chambres de cette pension sont exposées des œuvres de jeunes artistes car l'endroit est à l'origine une galerie d'art contemporain qui a ouvert trois chambres à la location en 2000. Le succès aidant, les chambres se sont multipliées et la pension fut créée à proximité de la galerie d'art.

miniloft.com

L'unique appart hôtel au centre de Berlin

■ **NH BERLIN FRIEDRICHSTRASSE**
Friedrichstraße 96
✆ +49 30 2062 660
www.nh-hotels.fr
U- et S-Bahn Friedrichstraße.
Chambre double à partir de 109 €, petit déjeuner non inclus.
Hôtel 4-étoiles supérieur de 262 chambres situé dans la zone historique à proximité de la porte de Brandenburg et du Gendarmenmarkt. Toutes les chambres disposent de l'air conditionné, d'Internet et de tout le confort moderne. Elles sont décorées dans des tons faits pour que vous vous y sentiez bien. Pour vos repas, vous trouverez un restaurant et un café avec une belle véranda ou encore au bar pour un verre ou un en-cas. Enfin, pour votre détente, n'hésitez pas à visiter le centre de bien-être.

■ **RADISSON BLU HOTEL**
Karl-Liebnecht Straße 1
✆ +49 30 238 280
www.radissonblu.com/hotel-berlin
U- et S-Bahn Alexanderplatz.
Chambre double à partir de 120 € en réservation à l'avance ou 175 € en standard.
Bel hôtel récent, très central, avec vue sur la Spree. Au Radisson Blu on pénètre dans un univers aussi luxueux que futuriste. On le cite pour son gigantesque aquarium que l'on aperçoit dans le hall d'entrée, surplombant la réception. C'est l'aquarium le plus grand du monde, contenant 2 500 poissons tropicaux que l'on peut apprécier assis dans son fauteuil à l'Aqua Dom Lounge ou même depuis sa chambre puisque quelques-unes donnent sur l'aquarium. Les chambres sont d'un design très sobre, et l'étendue des services proposés (piscine, Spa, salles de conférence…) font de cet hôtel l'un des plus plaisants de Berlin, dans sa catégorie.

Prenzlauer Berg

Bien que les prix aient récemment augmenté à Prenzlauer Berg, ils restent parmi les plus abordables de Berlin. Quelque peu excentré, ce quartier constitue cependant l'un des centres nerveux de la ville, avec une vie nocturne trépidante grâce aux squats les plus déjantés.

SE LOGER - Prenzlauer Berg

Bien et pas cher

■ ALCATRAZ HOSTEL
Schönhauser Allee 133a
✆ +49 30 48 49 68 15
Fax : +49 30 41 72 58 04
www.alcatraz-backpacker.de
U-Bahn Eberswalderstraße
ou Schönhauser Allee.
13/16 € (basse/haute saison) en dortoir de 8 personnes, chambre de trois de 19 à 23 € par personne, double de 22 à 25 € par personne, simple de 35 à 40 €, appartement à partir de 100 €. Petit déjeuner 3 €.
Possibilité de cuisiner, accès Internet gratuit, location de vélos, achat de billets de bus pour la prochaine étape. Les environs, à deux pas de la Kastanienallee et de la Helmholtzplatz, regorgent de cafés et autres bars. Réservez à l'avance car c'est souvent plein. Le tout est plutôt propre, l'accueil est agréable et on y parle le français.

■ EAST SEVEN
Schwedter Straße 7
✆ +49 30 93 62 22 40
Fax : +49 30 93 62 22 39
www.eastseven.de
U-Bahn Senefelderplatz.
A partir de 18 € (14 € en basse saison) en dortoir, chambre double à partir de 26 € par personne (22 € en basse saison).
L'auberge propose des prix compétitifs pour le quartier. De plus, comme le personnel se plaira à vous le répéter, l'auberge est classée dans les meilleurs hostels du pays depuis son ouverture en 2006. D'autres arguments : excellent emplacement, accès Internet, parking à vélos, jardin vraiment agréable en été, *latte machiato* à l'italienne. En revanche le petit déjeuner n'est pas inclus dans le prix et les chambres sont plutôt petites.

■ HOTEL PENSION STREUHOF
Streustrasse 123
✆ +49 30 929 019 01
Fax : +49 30 929 019 02
www.hotel-streuhof.de
Accès Ligne Tramway M4 arrêt Antonplatz ou S-Bahn arrêt Greifswalder Strasse.
Prix des chambres à partir de 39 € mais aussi appartement à partir de 49 € de 1 à 3 personnes. Suite disponible à partir de 89 €.
Situé dans un bâtiment traditionnel de Berlin, ce petit hôtel idéal pour les petits budgets dans le district oriental de Prenzlauer Berg/Weissensee bénéficie d'une connexion rapide à la célèbre Alexanderplatz et à l'animé Hackescher Markt. Situé dans une rue calme, l'Hôtel Pension Streuhof, propriété de gestion familiale, propose des chambres lumineuses et spacieuses avec salle de bains privée et TV par satellite gratuitement.

■ HOTEL TRANSIT LOFT
Greifswalder Straße 219
✆ +49 30 484 937 73
Fax : +49 30 440 510 74
www.transit-loft.de
Tram 2, 3 et 4 arrêt Hufelandstr. Attention l'entrée est dans l'Immanuelkirchstraße.

Dortoir à partir de 21 €, chambre simple à partir de 49 € et double à partir de 55 €. Petit déjeuner inclus. Facilités pour personnes handicapées.

Le style est moderne, très loft (comme son nom l'indique). Les chambres sont lumineuses et disposent toutes d'une salle de bains. C'est un endroit idéal pour une population jeune qui chercherait un peu d'intimité sans se ruiner. Un bon compromis entre l'hôtel et l'auberge de jeunesse. Les espaces sont grands, agréables, mis en valeur par une déco simple et réussie, très berlinois. Situé à la lisière de Prenzlauer Berg et de Friedrichshain, très pratique pour vos sorties nocturnes.

■ PENSION GÄSTEHAUS INTERVARKO
Greifswalder Straße 225
✆ +49 30 417 257 29
www.intervarkoberlin.de
U-et S-Bahn Alexanderplatz,
tram 2, 3 et 4 arrêt Am Friedrichshain.
Les animaux sont acceptés. Chambre simple de 25 à 50 € et chambre double de 35 à 80 € selon la saison. Petit déjeuner, 4,50 €. Les salles de bains sont sur le palier, mais la TV est dans la chambre.

Très simple, mais bien tenue, cette pension de 25 chambres est bien située et propose si l'on n'est pas très regardant sur la déco, un peu basique, des tarifs franchement compétitifs.

Confort ou charme

■ HOTEL GREIFSWALD
Greifswalder Strasse 211
✆ +49 30 443 5283
www.hotel-greifswald.de
U-Bahn Senefelderplatz.
Chambre simple de 57 à 67 €, double de 65 à 75 €. Petit déjeuner en supplément à 7,50 € par personne.

Un emplacement de choix entre Prenzlauer Berg et Mitte, un accueil chaleureux et une petite terrasse agréable sont les atouts majeurs de cet hôtel sans prétention. Les chambres sont propres et confortables. Malgré un aspect extérieur peu engageant, un bon rapport qualité/prix !

■ HOTEL PENSION KASTANIENHOF
Kastanienallee 65 ✆ +49 30 443 050
Fax : +49 30 443 051 11
www.kastanienhof.biz
U-Bahn Rosenthaler Platz et Senefelder Platz.
Tram n° 1, arrêt Kastanienallee-Zionskirchplatz.
Chambre simple à partir de 65 €, double à partir de 77 €.

Dans un quartier sympa, en bas de la Kastanienallee, l'emplacement de cet hôtel est d'autant plus stratégique que vous pouvez rejoindre l'Alexanderplatz en un coup tramway. La salle du petit déjeuner est couverte de grandes cartes anciennes de Berlin, du début du siècle dernier aux années 1990. Garage à vélo et location de vélos. Prix négociable si l'on souhaite louer pour plusieurs jours. Accueil chaleureux.

Luxe

■ ACKSELHAUS ET BLUE HOME
Belforter Straße 21 ✆ +49 30 443 376 33
Fax : +49 30 441 61 16
www.ackselhaus.de
U-Bahn Senefelderplatz.
Chambre/studio de 120 à 340 €.

Ces luxueux apparts-hôtels regroupés sur deux immeubles qui se jouxtent, en plein centre de Prenzlauer Berg, invitent à la détente et au repos ; les chambres, toutes personnalisées et regroupées autour d'un thème (le cinéma, la mer, l'Afrique, la Chine…) sont parfaitement équipées et d'une rare élégance. La décoration est soignée jusque dans le jardin patio de la cour. Le tout à proximité des nombreux bars et restaurants du quartier mais dans une rue d'une tranquillité toute appréciable. Wi-fi dans toute la maison. La dolce vita à Berlin !

■ PRECISE HOTEL MYER'S
Metzer Straße 26
✆ +49 30 97 80 88 88
Fax : +49 30 68 07 643 66
www.precisehotels.com
U-Bahn Senefelderplatz.
Simple à partir de 88 €, double à partir de 100 €, sans le petit déjeuner.

Paisible, dans un immeuble du XIXe siècle rénové en 2000, cet hôtel de 56 chambres est très cosy et mignon. Parfait pour des couples voulant profiter de Prenzlauer Berg sans le bruit et l'agitation. Le petit déjeuner, excellent, se prend dans le salon, sur la terrasse ou le jardin, à rajouter au prix de la chambre. Un espace bien-être vient d'être installé.

Kreuzberg

Un des quartiers du centre des plus agréables, avec une ambiance village. Cependant, les hôtels ne sont pas les plus nombreux dans ce quartier, et les auberges de jeunesse se taillent la part du lion.

Bien et pas cher

■ BAXPAX KREUZBERG HOSTEL
Skalitzer Straße 104
✆ +49 30 69 51 83 22
Fax : +49 30 69 51 83 72
www.baxpax.de
U-Bahn Schlesisches Tor.
Prix par personne et par nuit en dortoir entre 8 et 28 €, selon la taille de celui-ci et la saison, chambre simple entre 25 et 67 €, double entre 20 et 49 €.
Si l'entrée du bâtiment n'est pas très engageante, une fois la porte de l'auberge passée, tout s'améliore. De vastes pièces communes à la déco sympathique. Pour les dortoirs, choisissez plutôt le dortoir suisse, britannique ou italien. Sinon, on a un faible pour la chambre où l'on dort dans une coccinelle rose. Regardez sur leur page Internet comment ils ont réussi à introduire cette voiture dans l'hôtel. Parmi les services proposés : dortoir filles, Lavomatic, cuisine, cybercafé, portes ouvertes en permanence, journal en anglais du jour, bar, location de vélos, visites guidées. En somme un vrai bon plan. L'auberge est idéalement située dans Kreuzberg. Attention toutefois, certains dortoirs accueillent 32 personnes ! Vérifiez bien le nombre d'occupants avant de booker votre lit !

■ DIE FABRIK
Schlesischestraße 18
✆ +49 30 61 17 116
Fax : +49 30 61 82 974
www.diefabrik.com
U-Bahn Schlesisches Tor.
Chambre simple à partir de 38 €, double à 52 €, 18 € en dortoir. L'hôtel dispose également de chambre pour 3 et 4 personnes. Douches et toilettes sur le palier. Aménagé dans une ancienne usine désaffectée rénovée en 1995, cet hôtel, qui fonctionne à l'énergie solaire, propose 44 chambres spacieuses, claires et calmes. L'endroit est tellement charmant qu'on aurait plutôt tendance à le qualifier d'hôtel alternatif que d'auberge de jeunesse. Il possède ce charme typique des bâtiments en briques de Kreuzberg avec sa cour intérieure aménagée. Vous pourrez prendre vos repas à un prix modeste dans le Fabrik Café qui donne sur la rue. Emplacement stratégique s'il en est : l'hôtel est à Schlesisches Tor, quartier en plein essor regorgeant de clubs et de bars, à la limite entre Kreuzberg et Friedrichshain.

■ HOSTEL X-BERGER
Schlesische Str 22
✆ +49 30 695 318 63
Fax : +49 30 695 181 46
www.hostelxberger.de
U-Bahn Görlitzer Bahnhof. *Prix par personne et par nuit en dortoir entre 8 et 20 € selon la taille et la saison. La simple est entre 30 et 37 €, la double entre 38 et 48 €.*
Nouvel hôtel très fréquenté par des jeunes de tous les pays. Les chambres sont sans prétention, fonctionnelles et très propres. Cuisine commune bien équipée, pour les petits creux comme pour les dîners entre amis.

■ THE GARDEN GUEST HOUZE
Görlitzerstr 71
✆ +49 172 323 46 51
Fax : +49 30 629 086 32
www.garden-houze.de
U-Bahn Görlitzer Park. *Chambre simple entre 20 et 25 €, double entre 35 et 45 € selon la saison. Micro salle de douche sur le palier à partager avec les autres clients. Connexion Internet et possibilité de cuisiner.*
Si les chambres sont petites, elles sont bien aménagées et l'endroit vaut vraiment le coup. La *guesthouse* est installée dans une des rares maisons de Berlin avec jardin, les chambres sont à l'étage, essayez de demander la grande chambre ! Les invités peuvent profiter de la terrasse et y déjeuner par beau temps. Une fois sortis, vous êtes directement au Görlitzer Park, idéal pour un pique-nique en été et non loin du métro.

Confort ou charme

■ HUETTEN PALAST
Hobrechtstraße 66
✆ +49 30 373 058 06
www.huettenpalast.de
U-Bahn Hermannplatz.
45 € pour une personne seule, 65 € pour deux. Pour les chambres avec salle de bains, 20 € supplémentaires.
Pour une expérience originale et pour découvrir Neukölln, le nouveau quartier tendance de Kreuzberg, le Huetten Palast propose de passer la nuit dans un camping hôtel ! Vous

Retrouvez le sommaire en début de guide

pourrez dormir dans une adorable caravane relookée ou dans une cabane. Les sanitaires sont communs. Egalement des chambres d'hôtel classiques et un café-restaurant végétarien. Jardin aménagé pour l'été.

■ PENSION KREUZBERG
Grossbeerenstrasse 64
✆ +49 30 251 1362
Fax : +49 30 251 0638
www.pension-kreuzberg.de
U-Bahn Mehringdamm ou Möckernbrücke, S-Bahn Yorckstraße.
Chambre simple à 60 €, double à 72 €, 28 € le lit supplémentaire. Petit déjeuner inclus.
Un très joli cadre pour cette pension installée dans un bel immeuble du XIXe siècle. Les chambres sont simples mais vastes et claires avec salle de bains et W.-C. L'hôtel donne directement sur un bar très sympathique, le Zyankal. De plus, vous êtes tout près du Viktoriapark, de la Bergmannstr, bref un quartier fort sympathique et dynamique. Petit plus : accès Internet gratuit et saluons l'initiative d'utiliser de l'énergie provenant d'un fournisseur écologique.

Luxe

■ HOTEL RIEHMERS HOFGARTEN
Yorckstraße 83
✆ +49 30 78 09 88 00
Fax : +49 30 78 09 88 08
www.riehmers-hofgarten.de
U-Bahn Mehringdamm, S-Bahn Yorckstraße.
Animaux acceptés. Facilités pour personnes handicapées. Chambre simple à partir de 93 € et chambre double à partir de 109 €, appartements 91 €/pers. Petit déjeuner inclus.
Dans un très bel immeuble se trouve cet hôtel qui a été entièrement décoré par des artistes contemporains. Il porte le nom de l'architecte Wihlelm Riehmer qui est à l'origine de cet ensemble de bâtiments, symbole du Gründerzeit, embellie économique de la fin du XIXe siècle – une architecture classique contraste agréablement avec l'intérieur design de l'hôtel. Les chambres sont spacieuses et bien équipées (TV, douche, W.-C.).

■ MÖVENPICK HOTEL BERLIN
Schöneberger Straße 3
✆ +49 30 230 060
Fax : +49 30 230 061 99
www.moevenpick-hotels.com
U-Bahn Mendelssohn-Bartholdy-Park.
S-Bahn Berlin Anhalter Bahnhof.

Compter entre 99 € la chambre simple et 249 € la chambre double. Petit déjeuner buffet très complet : 22 €. Internet gratuit dans la business room. Bar Anhalter ouvert à partir de 17h.
Installé dans un splendide bâtiment du XIXe siècle, l'hôtel surprend par son aménagement audacieux d'un goût sûr. Epuré et gai, son design intérieur est chaleureux et fonctionnel. Ce palace résolument moderne offre une alternative excellente au formalisme pompeux et ennuyeux des vieilles institutions. Il promet à sa clientèle un accueil irréprochable et une gamme de service inventive, plus étendue que l'on ne pourrait l'imaginer !

Friedrichshain

Friedrichshain est surtout riche en hébergements pour petits budgets dont plusieurs auberges de jeunesse. Il existe aussi des hôtels, curieusement un peu chers pour les prestations proposées.

Bien et pas cher

■ A&O BERLIN MITTE
Köpenicker Str. 127-129
✆ +49 30 809 475 201
www.aoberlinmitte.berlinhotels.it
U-Bahn Ostbahnhof.
Chambre simple à partir de 38 €, double 47 €, familiale 83 €.
Ce vaste hôtel est pratique pour sillonner dans cette partie de Berlin. Plus fonctionnel que charmant, il est dans un quartier en pleine mutation assez calme voire désert, toutefois installé près de quelques clubs ce qui, pour les fêtards, est l'idéal pour rejoindre son lit à l'aube. Sur place, tout pour faciliter le séjour (bar, accès Internet, location de vélos...).

■ DAS OSTEL
Wriezener Karree 5
✆ +49 30 25 76 86 60
www.ostel.eu
S-Bahn Ostbahnhof.
Dortoir à partir de 15 €, chambre simple 25 €, chambre double 32 € et l'appartement 80 €. Petit déjeuner à 7,50 €.
Surfant sur la vague de l'Ostalgie, cette auberge de jeunesse est probablement la plus connue de Berlin. Dans un HLM, sa déco reconstitue les appartements de RDA avec du mobilier des années 1970 et 1980. Les amateurs de design seront ravis ! Pour les beaux jours, jardin avec table de ping-pong et terrain de volley. Réservation indispensable.

SE LOGER - Friedrichshain

■ EASTERN COMFORT
Mühlenstrasse 73-77
✆ +49 30 66 76 38 06
Fax : +49 30 66 76 38 05
www.eastern-comfort.com
U-Bahn Schlesisches Tor ou Warschauer Strasse.
16 € en dortoir et en chambre double de 58 à 78 €, selon sa taille. Petit déjeuner à 4 €, laverie, accès Internet. Possibilité de louer des draps pour 5 €.
Cet ancien paquebot s'est reconverti en hôtel de charme amarré sur la Spree. Comme pour une vraie croisière, vous aurez le choix entre la première et la seconde classe, avec douches individuelles ou pas. Vous pouvez même planter votre tente ou dormir à la belle étoile sur le pont pour 12 €. Enfin, pour les frileux qui appréhendent l'hiver sur un bateau : chauffage central et cheminée dans la pièce commune. Même si vous n'y logez pas, passez y boire un verre sur le pont, où la vue sur l'Oberbaumbrücke est imprenable.

■ GENERATOR HOSTEL BERLIN
Storkower Strasse 160
✆ +49 30 417 2400
www.generatorhostels.com
S-Bahn Landsberger Allee.
Environ 15-20 €/nuit en dortoir. Environ 25-30 €/nuit en chambres double, triple ou quadruple. Wi-fi gratuit dans le lobby de l'hôtel.
Très économique et bien situé dans l'est de la ville (au pied du métro Landsberger Allee), les mots-clés de cet hostel sont : sûreté (casiers individuels et sécurité dans l'hostel) ; propreté (récent et très bien entretenu) ; convivialité (bar & happy hour, soirées DJ, à thème ou soirées sports) et culture (tours de la ville). Idéal pour les backpackers et budgets moyens !

■ ODYSSEE HOSTEL
Grünberger Straße 23
✆ +49 30 29 00 00 81
Fax : +49 30 29 00 33 11
www.globetrotterhostel.de
U-Bahn Frankfurter Tor, S-Bahn Warschauer Straße. Bus 240 arrêt Grünberger Straße.
A partir de 13,50 € en dortoir, chambre double à partir de 47 € sans salle de bains et 54 € avec.
Hôtel à la décoration loufoque et très bien situé dans Friedrichshain (à proximité notamment de la Simon Dach Straße). Parmi les services proposés : draps gratuits, location de vélos, salle de billard, Baby-foot, cadenas, laverie à proximité, portes ouvertes 24h/24, Internet… Mention spéciale au bar adjacent, le Red Rooster.

■ PEGASUS HOSTEL
Straße der Pariser – Kommune 35
✆ +49 30 29 77 360
Fax : +49 30 29 77 36 33
www.pegasushostel.de
U-Bahn Weberwiese.
A partir de 11 € par personne en dortoir, 35 € pour une chambre simple et 40 € pour une double. Petit déjeuner à 5,90 €, wi-fi gratuit.
L'hôtel est un peu excentré mais à seulement deux stations de la S-Bahn d'Alexanderplatz. Avis aux amateurs, c'est le plus proche du Berghain Panorama Bar. L'auberge se trouve dans une jolie et paisible cour intérieure qui contraste totalement avec la rue grise dans laquelle elle se situe ! Le jardin arrière (avec une table de ping-pong) et la cuisine commune sont des endroits stratégiques pour faire connaissance avec d'autres voyageurs. Les chambres ont été récemment rénovées. La réception est ouverte 24h/24 et une connexion Internet est accessible. Tentez le restaurant au nom évocateur de Sauerkraut und Bulgur (Choucroute et Bulgur) !

■ THE SUNFLOWER HOSTEL
Helsingforser Straße 17
✆ +49 30 44 04 42 50
Fax : +49 30 57 79 65 50
www.sunflower-hostel.de
S-Bahn Warschauer Strasse.
Lit en dortoir de 10 à 20 €, chambre simple de 30 à 37 €, double de 38 à 48 €.
Situé aux abords d'une zone industrielle bardée de rails et de bicoques insalubres, le Sunflower Hostel offre un aperçu du côté chaotique de la ville, mais il est situé sur la limite de Friedrichshain et de Kreuzberg, ce qui facilite les déplacements et vous permet rapidement de rejoindre les quartiers à visiter. On peut en plus y squatter le bar jusqu'à ce que le soleil se lève, louer des vélos et disposer de sa chambre quand on veut. Le personnel, comme il se doit dans ce genre d'endroit, est sympa et saura vous conseiller intelligemment sur les nombreuses excursions possibles et les restos et bars du coin.

Confort ou charme

■ EAST SIDE HOTEL
Mühlenstrasse 6 ✆ +49 30 29 38 33
www.eastsidehotel.de
U-Bahn et S-Bahn Ostbahnhof.
Chambre simple à partir de 59 €, double à partir de 79 €. Petit déjeuner compris.
Un hôtel où les chambres simples ont vue sur l'East Side Gallery. Quant aux chambres doubles, elles ont l'avantage d'être très vastes. Si vous choisissez les chambres doubles deluxe, vous aurez le droit à la salle de bains en marbre. Seul

problème, les fenêtres ne sont pas très bien insonorisées et l'arrière-cour est un parking pour les véhicules municipaux. Vue sur l'East Side Gallery et emplacement de choix pour les fêtards entre Friedrichshain et Kreuzberg.

■ **HOTEL 26**
Grünberger Straße 26 ✆ +49 30 2977 780
Fax : +49 30 2977 7879 – www.hotel26.de
U-Bahn Frankfurter Tor, tram n° 10
arrêt Grünberger Str.
Chambre simple à partir de 69 € et double à partir de 89 €. Possibilité de louer des appartements pour 2 à 6 personnes de 99 à 209 €.
Une adresse qui allie charme et bon emplacement. Cette ancienne manufacture a été rénovée par deux architectes qui en ont fait cet hôtel très agréable. Les chambres sont claires, vastes et bien aménagées. Le café ouvrant sur le jardin privatif est un lieu convivial de rencontres. L'ensemble est flambant neuf et rempli de petites intentions : les chambres sont non fumeurs et traitées contre les allergies, l'eau des robinets est filtrée, la viande du buffet du petit déjeuner est une viande biologique, les produits de beauté dans la salle de bains sont sans produits chimiques, etc.

■ **IBIS STYLES BERLIN CITY OST**
Scharnweberstrasse 21-22
✆ +49 30 297 77 70
Fax : +49 30 297 77 799
www.agon-group.com
U-Bahn Kurt-Schumacher-Platz.
Chambre simple de 63 à 169 € et double de 73 à 179 €, en fonction des périodes. Réduction sur Internet.
L'établissement allie modernisme dans ses équipements et charme de l'ancien du fait de son installation dans un vieux bâtiment de briques. Les chambres, spacieuses, offrent tout le confort d'un 3-étoiles. Inclus dans le prix, le petit déjeuner, qui se présente sous la forme d'un large buffet.

Charlottenburg

A Charlottenburg, les hôtels sont très chers. C'est un quartier réputé pour être très calme la nuit, ce qui a ses avantages mais aussi ses inconvénients, d'autant que vous serez éloigné de la vie trépidante de *Berlin by night*.

Bien et pas cher

■ **A&O BERLIN AM ZOO**
Joachimstaler Straße 1-3
✆ 0800 2226 714 – +49 30 8094 753 00
Fax : +49 30 8094 753 90
www.aobackpackers.de

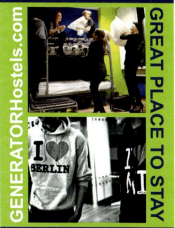

S- et U-Bahn Zoologischer Garten.
Prix par personne et par nuit à partir de 8 € en dortoir et 15 € par personne en chambre double. 4 € le petit déjeuner. Réception ouverte 24h/24.
Propose toute une gamme de prix, selon la taille du dortoir ou si vous souhaitez une chambre privée. Très bien située et propre, l'auberge est aussi conviviale et animée. Petit plus : la terrasse sur le toit avec une belle vue. Possibilité d'y louer des vélos pour la journée. Possède trois autres succursales à Berlin.

■ **ARKTUR HOTEL**
Otto Suhr Allee 74
✆ +49 30 34 80 690
Fax : +49 30 34 80 69 10
www.arktur-hotel.de
U-Bahn Richard Wagner Platz.
Chambre simple à partir de 35 €, chambre double à partir de 55 €.
Ouvert il y a peu, cet hôtel a pour leitmotiv de proposer un standard élevé pour des prix bas. Il est vrai que pour ces prix-là, difficile de trouver mieux dans le quartier : salle de bains, télé, téléphone et accès wi-fi. De plus, l'endroit est bien situé, derrière la Richard Wagner Platz.

SE LOGER - Charlottenburg

■ HAPPY GO LUCKY
Stuttgarter Platz 17
✆ +49 30 327 090 72
Fax : +49 30 327 090 73
U-Bahn Wilmersdorfer Straße, S-Bahn Charlottenburg, bus 109, 139 et X49.
A partir de 10 € par personne.
L'ancienne pension Berolina est désormais une auberge de jeunesse dotée de chambres pimpantes, d'une cuisine commune, d'une salle pour prendre ses repas et d'un solarium. La réception est ouverte 24h/24 et l'auberge offre de nombreux services : sèche-cheveux, coffre-fort, location de vélo, wi-fi gratuit dans les parties communes... Une bonne adresse pour les voyageurs à petit budget qui souhaitent loger à proximité du boulevard Kurfürstendam.

■ JUGENDGÄSTEHAUS CENTRAL
Nikolsburger Str. 2-4
✆ +49 30 873 0188
Fax : +49 30 861 3485
www.jugendgaestehaus-central.de
U-Bahn Hohenzollernplatz.
Les prix par personne et par nuit débutent à 19,50 € l'hiver, et à 24,25 € l'été, en dortoir. Chambre individuelle + 5,50 €. Petit déjeuner inclus. Vous avez aussi la possibilité de choisir la demi-pension ou la pension complète.
L'auberge est assez proche du Ku'damm et pourtant calme : les fenêtres donnent sur une impasse. Elle propose des prix très intéressants pour le quartier mais les chambres, même si elles sont très propres, restent désespérément impersonnelles.

■ PENSION AM SAVIGNYPLATZ
Kantstraße 22 ✆ +49 30 501 817 36
Fax : +49 30 501 817 38
www.am-savignyplatz-hotel.de
Simple de 35 à 65 €, double de 45 à 85 €, triple de 55 à 105 € selon la saison.
L'hôtel est situé dans le centre historique de la capitale à proximité de nombreux cafés, restaurants et clubs. Le bâtiment a été récemment restauré et l'intérieur modernisé et équipé d'un mobilier contemporain. Les 11 chambres disposent toutes d'une douche, toilettes et TV. Pour les amoureux de nature, il y a une chambre avec un petit jardin. Pour des personnes souffrant d'allergies, il y a une chambre spéciale. L'hôtel dispose de son propre parking. Les animaux de compagnie sont les bienvenus. Si vous recherchez une chambre confortable, moderne et bon marché en centre-ville, avec un service chaleureux, c'est la bonne adresse.

Confort ou charme

■ ABBA BERLIN HOTEL
Lietzenburger Strasse 89
✆ +49 30 887 1860
Fax : +49 30 8800 7851
www.abbaberlinhotel.com/fr
U-Bahn Savignyplatz.
Chambre simple à partir de 79 €, double à partir de 115 €.
L'hôtel n'a rien à voir avec le groupe suédois, encore qu'il cultive le doute jusque dans le nom de son restaurant (Abba Mia !). Dès le hall, le ton est donné ! Charme, quiétude et modernité avec des chaises design rouge carmin inoubliables. Dans les 214 chambres, tout est impeccable, le lit, vaste et confortable, la pièce accueillante et lumineuse, la salle de bains toute équipée et étincelante, tout ce qu'il faut pour vous faire passer un très agréable séjour.

■ ART HOTEL CHARLOTTENBURGER HOF
Stuttgarter Platz 14 ✆ +49 30 32 90 70
Fax : +49 30 323 3723
www.charlottenburger-hof.de
S-Bahn Charlottenburg.
Chambre simple de 49 à 99 €, double de 59 à 112 €. Petit déjeuner 10 €. Promotions ponctuelles sur le site Internet.
Coloré, gai et chaleureux, cet Art Hotel cultive un petit côté ludique, style Mondrian assuré, mélangeant le rouge, le jaune et le blanc, les trois couleurs dominantes. Beaucoup d'ingéniosité et de fantaisie dans la déco ! En plus l'hôtel est vraiment bien situé et le confort y est assuré : chaque chambre dispose notamment d'Internet en haut débit et illimité ! Une salle vidéo commune est même ouverte à tous. Le Café Miro (restaurant de l'hôtel) est ouvert 24h/24. Vous y trouverez une gamme variée de petits déjeuners, de plats internationaux et végétariens. Le patron, très sympathique, parle parfaitement le français.

■ HOTEL BOGOTA
Schlüterstraße 45
Angle Kurfürstendamm
✆ +49 30 881 5001
Fax : +49 30 883 5887
www.hotel-bogota.de
Chambre simple de 40 à 49 € (avec lavabo) et de 66 à 98 € (salle de bains et W.-C.), double de 64 à 77 € et de 89 à 150 € selon la saison. Petit déjeuner inclus.
Installé dans un beau bâtiment historique, en plein centre, l'hôtel se trouve dans une rue tranquille, adjacente au célèbre Kurfürstendamm et à proximité de nombreux magasins, restaurants et transports publics.

PENSION PETERS
L'endroit où l'on se sent chez soi.
www.pension-peters-berlin.de

Les chambres confortables sont réparties en 3 catégories différentes et ne sont pas dénuées de charme. L'hôtel organise pour ses clients de nombreuses expositions entre ses murs, sur divers thèmes historiques. La réception est ouverte 24h/24 et son personnel parle notamment le français. Les enfants de moins de 15 ans peuvent séjourner gratuitement à l'hôtel Bogota ! L'établissement a été classé en 2006 parmi les « hôtels les plus populaires d'Allemagne ».

■ PENSION GUDRUN
Bleibtreustraße 17 ✆ +49 30 881 6462
Fax : +49 30 883 7476
www.pension-gudrun-berlin.de
S-Bahn Savignyplatz, bus 109 et 119 arrêt Bleibtreustraße.
Les prix vont de 50 à 60 € en chambre simple, de 70 à 85 € en chambre double et de 110 à 115 € en chambre triple. Petit déjeuner inclus.
La pension offre quatre grandes chambres, toutes avec salle de bains, W.-C. et télévision. Autant dire tout de suite qu'il ne faut pas s'y présenter à l'improviste… Un petit réfrigérateur est mis à disposition. Passé l'entrée en bois très sombre et à l'atmosphère très monacale, la pension se trouve au 1er étage, à droite. L'accueil est simple et chaleureux. La propriétaire – qui a vécu de nombreuses années à Paris – parlera rapidement en français et sera heureuse de discuter avec ses clients.

■ PENSION PETERS
Kantstraße 146
✆ +49 30 312 2278
Fax : +49 30 312 3519
www.pension-peters-berlin.de
S-Bahn Zoo et Savignyplatz, U-Bahn Uhlandstrasse et Kurfurstendamm, bus M49.
Compter 57 € pour la chambre simple et 73 € pour la chambre double, 79 € la chambre familiale avec petit déjeuner. Gratuit pour les enfants de moins de 13 ans. Internet wi-fi et café gratuit. Animaux bienvenus.
Cette petite pension de 34 chambres offre une ambiance familiale et amicale. Elle est idéalement située, à deux pas du Ku'damm. Les chambres, très lumineuses pour certaines, sont décorées avec goût et une chambre charmante de 30 m² est proposée aux familles. Le patron, Christopher, parle parfaitement français et sa compagne, suédoise, parle anglais couramment.

Luxe

■ H10 BERLIN KU'DAMM
Joachimstaler Strasse 31
32 D 10719 BERLIN ✆ +4930322922
robert.hippmann@h10.es
Chambres de 80 € à 168 €.
L'hotel H10 est un bel hotel récent situé au bord de Küfurtendamm, à proximité des lignes de transport (S-Bahn et U-Bahn).

SE LOGER - Charlottenburg

HECKER'S HOTEL
KURFÜRSTENDAMM

Service personnalisé

Grolmanstrasse 35
10623 Berlin
Tél. +49 (0) 30-8890-0
Fax : +49 (0) 30-8890-260

info@heckers-hotel.com - www.heckers-hotel.com

A l'origine une école occupait les murs, donnant à l'hôtel un charme qui a été conservé dans le design moderne. Le hall d'entrée notamment, avec sa grande verrière est très impressionnant. Les chambres sont spacieuses et moderne et le buffet du petit déjeuner (en option à 30€) est gargantuesque. A noter : le wifi est gratuit partout dans l'hotel.

■ HOTEL BLEIBTREU BERLIN
Bleibtreustraße 31
✆ +49 30 88 47 40
Fax : +49 30 88 47 44 44
www.bleibtreu.com
S-Bahn Savignyplatz.

Chambre simple de 105 à 195 €, double de 115 à 220 €, gratuit pour les enfants de moins de 12 ans. L'hôtel abrite un restaurant (Delhi 31), un bar à espresso (Bar 31) ainsi qu'un fleuriste (Blumen 31). Chaque chambre possède un bain ou une douche, la télévision câblée, un minibar, la radio, un sèche-cheveux ainsi que la possibilité de branchements fax et vidéo. La décoration des lieux est intéressante et très recherchée : le style diffère d'un étage à l'autre tout comme les couleurs notamment dans les salles de bains ! Dernier plus, l'hôtel possède un centre de bien-être où Suzanne Reinthal vous propose ses services : massages des zones réflexes, applications d'huiles ou acuponcture, séance de yoga.

■ HECKER'S HOTEL
Grolmanstraße 35
✆ +49 30 88 900
Fax : +49 30 889 0260
www.heckers-hotel.com
S-Bahn Savignyplatz.

Chambre simple à partir de 82 €, double à partir de 87 €.
L'hôtel Heckers est un hôtel 4-étoiles privé installé depuis quatre décennies dans la partie ouest de Berlin entre Savignyplatz et Kurfürstendamm, à quelques pas des commerces, des galeries d'art, de nombreux cafés et restaurants, du Reichstag, des théâtres et des salles de concerts. Ces 69 chambres et suites modernes et confortables disposent de tout l'équipement nécessaire pour un séjour agréable. Pour vos repas, le restaurant Cassambalis, adjacent à l'hôtel, vous propose de nombreuses spécialités méditerranéennes.

■ HOTEL BRANDENBURGER HOF
Eislebener Straße 14
✆ +49 30 21 40 50
Fax : +49 30 21 40 51 00
www.brandenburger-hof.com
U-Bahn Augsburger Strasse.

Chambre simple 180 €, double de 265 à 315 € selon le type de chambre. Les prix peuvent varier selon la saison.
Berlin sous le signe du luxe. Une belle demeure du début du XXe siècle convertie en hôtel 5-étoiles. Les chambres et les suites se distinguent par leur élégance classique et leurs touches individuelles, alliant le style Bauhaus et des formes contemporaines sous des moulures précieuses. Profitez de la cuisine de l'un des meilleurs restaurants gastronomiques de la ville, Die Quadriga. Petits déjeuners individuels, séduisants *quadrolinos*, salon de thé, sans oublier les concerts de jazz se déroulant tous les jeudis.

Gedächtniskirche 50 m · Kurfürstendamm 100 m · KaDeWe 300 m

BERLIN NE DORT JAMAIS ...

... mais si vous souhaitez profiter d'un sommeil bienheureux après la visite des innombrables théâtres, bars, palais et boutiques, bienvenue à l'Hôtel Palace Berlin, l'unique hôtel de gestion privée situé au cœur de la capitale.

Budapester Str. 45
10787 Berlin
Tél. +49 (0)30 25 02-0
hotel@palace.de
www.palace.de

■ HOTEL CONCORDE
Augsburger Strasse 41
✆ +49 30 800 9990
berlin.concorde-hotels.com
U- et S-Bahn Zoologischer Garten.
Chambre double à partir de 160 €.
A deux pas de la Ku'damm et de ses attractions, ce magnifique hôtel, entièrement construit et looké par l'architecte Jan Kleihues affiche des formes épurées et un style contemporain réussi. Il s'agit de l'adresse chic et élégante du quartier. Ce 5-étoiles est parfait à tous les niveaux, qualité et confort des chambres impeccables, vue impressionnante sur la ville à mesure que l'on monte les étages (11 en tout), ambiance cosy, petit déjeuner savoureux et restaurant *french touch* délicieux.

■ HOTEL PALACE BERLIN
Budapester Strasse 45
✆ +49 30 250 20
✆ +49 30 250 211 19
Fax : +49 30 250 20
www.palace.de
Comptez de 135 à 155 € (chambre standard et supérieure) la nuit ; 175 € pour une chambre deluxe ; 255 € pour une suite junior.
Hôtel grandiose de 278 chambres toutes équipées à la pointe de la technologie et dans un cadre très chic.
Cet hôtel est situé en plein centre de Berlin, non loin de la fameuse rue commerçante Kurfurstendamm. Un bel hôtel spacieux et luxueux, recommandable pour la qualité de ses services individualisés. A l'heure du dîner, le restaurant gastronomique propose un large choix à la carte et un menu raffiné. Vous pourrez profiter gratuitement de la piscine et du Jacuzzi. Un sauna est également accessible avec un supplément. Pour les plus sportifs, une salle de fitness est disponible et relativement bien équipée. Situé près des restaurants, des boutiques et des théâtres, l'hôtel est un excellent point de chute pour une visite de quelques jours à Berlin. A quelques minutes à pied de KaDeWe, l'église cassée et le parc zoologique.

■ LINDNER HOTELS & RESORTS
Kurfürstendamm 24
✆ +49 30 818 250
www.lindner.de
U-Bahn Zoologischer Garten.
Chambre double à partir de 129 €, sans le petit déjeuner.
Un hôtel très bien situé sur la Ku'damm en face de l'office du tourisme et des nombreuses boutiques du quartier. De l'extérieur, l'hôtel est un vaste cube vitré qui renferme des chambres modernes et bien décorées, aux contours épurés et aux couleurs pastel. Les chambres sont douillettes et confortables, les salles de bains modernes et le tout invite à la détente. Le matin, petit déjeuner sous forme de buffet.

Schöneberg

Quartier légèrement excentré, Schöneberg est une bonne solution pour ceux qui veulent séjourner un peu à l'écart de l'agitation du centre-ville.

SE LOGER - Schöneberg

■ ALETTO JUGENDHOTEL
Grunewaldstraße 23
✆ +49 30 210 036 80 – www.aletto.de
U-Bahn Eisenacher Straße et Bayerischer Platz, bus M 46, arrêt Grünewaldstr.
Dortoir à partir de 14 €, chambre simple 29 €, double 39 €. Les prix comprennent le petit déjeuner et les draps.
Les chambres sont sobres et relativement petites mais toutes possèdent leur propre salle de bains. Auberge, un peu excentrée, dans un immeuble style « bloc de béton » mais ayant une cour intérieure fort sympathique. Une des salles communes a un écran géant, ce qui permet de visionner un des 200 DVD mis à disposition.

■ ELLINGTON HOTEL BERLIN
Nürnberger Strasse 50-55
✆ +49 30 68 31 50
www.ellington-hotel.com
Chambre simple : de 118 à 248 € selon le type de chambre et la saison, en double de 128 à 268 €. Suite de 188 à 460 €. Taxes incluses et petit déjeuner en sus (20 € par personne).
Ce bâtiment classé est un vaste hôtel (285 chambres) idéalement placé, à proximité du Ku'dam et du zoo. Le style des chambres est plutôt agréable : alliage de bois et de blanc, une superficie de minimum 16 m² pour les basiques et un large éventail de possibilités quant à votre lieu de séjour. Un point qui mérite qu'on s'y attarde : le dimanche, et sur demande, on a droit à un check-out tardif, ce qui arrangera les noceurs !

■ HOTEL ANSBACH
Ansbacher Straße 4 ✆ +49 30 21 90 99
www.hotel-ansbach.de
U-Bahn Kurfürstenstraße.
Chambre simple (lavabo) de 35 à 65 €, double (lavabo) de 47 à 80 € selon la saison, simple (salle de bains) de 55 à 95 €, double de 65 à 115 €. Petit déjeuner inclus. Hôtel « budget » sans prétention, très bon marché pour le quartier. Les chambres sont fonctionnelles, avec TV et téléphone. La salle de bains et les W.-C. se trouve sur le palier pour les moins chères. Le personnel de l'hôtel est sympa et vous aidera à vous familiariser avec le quartier. Une bonne adresse pour les petits budgets.

■ HOTEL PENSION DELTA
Belziger Straße 1 ✆ +49 30 78 09 64 80
pension.cca-hotels.de
U-Bahn Kleistpark.
Chambre simple de 49 à 85 € et double de 59 à 95 €, selon la saison.
Installé dans un bâtiment typique Art nouveau berlinois, cette pension familiale fait bon accueil. Les chambres, même si elles manquent quelque peu d'extravagance dans leur déco, n'en sont pas moins lumineuses et spacieuses et, somme toute, très confortables. Toutes disposent d'une TV, d'un téléphone et de fenêtres insonorisées, etc.

Tiergarten

Dans ce quartier central et très vert, les établissements luxueux s'adressent avant tout à une clientèle d'affaires ; les hôtels bon marché font défaut.

Bien et pas cher

■ ALPER HOTEL AM POTSDAMER PLATZ
Potsdamer Straße 82-84
✆ +49 30 262 6355
www.alperhotel-am-potsdamerplatz.de
U-Bahn Bülow Straße ou S-Bahn Potsdamer Platz. Bus M 85, arrêt Potsdamer Straße.
Comptez, selon la saison, entre 45 et 95 € pour la chambre simple, 50 et 115 € la double, 65 et 115 € la triple, petit déjeuner compris.
Très bien situé à côté de Potsdamer Platz, cet établissement offre des chambres sobres et propres, toutes équipées de douche, W.-C. et TV. Vous pourrez également profiter d'un parking gratuit.

■ ÉTAP HOTEL BERLIN POTSDAMER PLATZ
AnhalterStr. 6 ✆ +49 30 257 6770
www.etaphotel.com
U-Bahn Anhalter.
Chambre simple à partir de 45 €, chambre double à partir de 55 €. Petit déjeuner 6 €.
Bien situé à mi-chemin entre Postdamer Platz et Checkpoint Charlie et à 100 m du métro Anhalter, ce petit Etap Hotel est idéal pour les petits budgets. Avec des chambres fonctionnelles et propres, qui manquent certes un peu de chaleur et de recherche dans la déco mais qui possèdent l'accueil professionnel de la chaîne Accord. Petit déjeuner le matin sous forme de buffet et location de vélo possible. A côté se trouve également un Ibis.

■ HOTEL TAGUNGSHAUS TIERGARTEN
Körnerstraße 1 ✆ +49 30 261 6096
www.tagungshaus-gis.de
U-Bahn Lützowstraße.
Comptez 5 (€ pour la simple, 75 € pour la double, petit déjeuner inclus.
Petit établissement privé à l'écart des grandes avenues du quartier, et une des rares adresses

bon marché. Les chambres sont claires et bien équipées (TV, douche, W.-C.). Accueil sympathique et attentionné.

Confort ou charme

■ COMFORT HOTEL AUBERGE
Bayreuther Straße 10 ✆ +49 30 23 50 020
www.hotel-auberge.de
U-Bahn Bülow.
Simple à partir de 89 €, double à partir de 99 €.
Très joliment situé au sud du Tiergarten, à toute proximité du Kurfürstendamm et du grand magasin KaDeWe, dans un quartier calme et vert. Dans cet hôtel de charme, les chambres sont spacieuses, lumineuses et confortables, toutes équipées de TV câblée, douche, W.-C. et de coffre-fort. Attention : réservez un peu à l'avance, car l'hôtel est souvent complet.

■ HOTEL HANSABLICK
Flotowstraße 6 ✆ +49 30 390 48 00
www.hansablick.de
U-Bahn Hansaplatz et S-Bahn Tiergarten.
Chambre simple de 60 à 95 €, double de 75 à 145 € selon le type et la saison.
Certaines ont un balcon, d'autres ont vu sur la Spree. Un copieux petit déjeuner (buffet) est inclus. Réception 24h/24. Le parking est gratuit. Une salle de fitness est à votre disposition. De l'extérieur, l'immeuble refait à neuf ne laisse pas présager l'intérieur de cet hôtel. Les chambres sont spacieuses et aménagées avec goût. Des œuvres d'art sont disséminées dans tout l'hôtel.

Luxe

■ BERLIN BERLIN
Lützowplatz 17 ✆ +49 30 260 50
www.hotel-berlin.de
U-Bahn Nollendorplatz.
Chambre double à partir de 102 €.
Plebiscité par les groupes et les hommes d'affaires, cet hôtel au lobby hyper design est situé sur l'une des plus grandes places de la ville, à proximité de toutes les attractions de Berlin-Ouest. Les chambres sont d'un style plus classique mais offrent tout le confort. Superbe terrasse pour les beaux jours. L'une des particularités de l'hôtel est d'organiser des cours de cuisine. Wi-fi gratuit.

■ MARRIOTT BERLIN
Inge-Beisheim-Platz 1
✆ +49 30 22 00 00 – www.marriott.com
S- et U-Bahn Potsdamer Platz.
Environ 200 € la chambre double.
Idéalement placé sur Potsdamer Platz, non loin de la porte de Brandenburg et Checkpoint Charlie, l'hôtel Marriott vous offre une parfaite expérience du mode de vie américain. D'un style contemporain chic allié à une élégance classique, le confort sera au rendez-vous après une journée de visites ou une journée de travail. Les chambres sont spacieuses et offrent pour la plupart une vue magnifique sur Berlin. L'hôtel met à disposition un espace Fitness Gym ouvert 24h/24 et 7j/7, piscine et sauna pour une détente maximale ou encore la possibilité d'un jogging en plein air sur Tiergarten à deux pas de l'hôtel. Un espace Executive dédié aux voyageurs d'affaires vous proposera un service petit déjeuner, snacks, *open bar* et wi-fi gratuit tout au long de la journée. Le restaurant de l'hôtel Midtown Grill vous ravira aussi par ses compositions culinaires et vous permettront de profiter au mieux de Berlin dans un cadre et un service de qualité.

■ THE MANDALA HOTEL
Potsdamer Straße 3 ✆ +49 30 5900 50000
www.themandala.de
U-Bahn Potsdamer Platz.
Chambre double à partir de 150 € la nuit.
Un emplacement de choix juste en face du Sony Center pour cet hôtel élégant et raffiné qui comme son nom l'indique vous accueille dans une ambiance très zen. Les 157 chambres disposent de tout le confort digne d'un 5-étoiles avec un coin salon équipé d'un lecteur DVD et une petite cuisine. Le spa propose une gamme de soins très complète et le restaurant est gratifié d'une étoile. Excellent service.

Se restaurer

Bien que leur cuisine ne fasse pas partie des plus fines au monde, les Berlinois attachent énormément d'importance à la nourriture, surtout lorsqu'elle est lecker *(délicate ou appétissante). Ainsi, on trouvera à Berlin toutes sortes de restaurants et de toutes les nationalités. Il serait impossible de recenser toutes les tables intéressantes, et nous nous contenterons de vous en proposer une sélection dans les quartiers les plus attrayants. Une dernière remarque avant de se lancer à la recherche d'une table : la belle époque où il était possible de prendre un repas entier pour 10 DM (soit 5 €) est révolue. Ainsi, beaucoup de restaurants se sont contentés de changer la devise et un plat à 7 DM est simplement devenu un plat à 7 € !*

Mitte

C'est dans Mitte que vous trouverez les meilleurs restaurants dans les catégories supérieures. Le cadre est souvent soigné, la nourriture recherchée et créative. Et pourtant, des adresses pas chères sont aussi présentes ! Nous avons essayé de rassembler ici un panel des différentes possibilités, en faisant la part belle à la cuisine allemande. Toutefois, pour élargir votre horizon culinaire, nous vous conseillons de tester les nombreuses autres adresses. Pour cela, rendez-vous dans le coin d'Hackescher Markt et le long de la Oranienburgerstr., entre la Friedrichstr. et la Mohrenstr., ainsi que dans le Scheunenviertel jusqu'à Rosa Luxemburg Platz. De bonnes adresses également sur Torstraße.

Sur le pouce

■ **DADA FALAFEL**
Linienstraße 132
✆ +49 30 275 969 27
www.dadafalafel.de
U-Bahn Oranienburger Tor.
Ouvert tous les jours jusqu'à 2h du matin.
Situé dans la zone la plus touristique de Mitte, pratiquement en face du Tascheles, cette petite enseigne est une aubaine pour s'offrir une pause pendant la tournée des bars. On y sert divers sandwichs mais comme son nom l'indique, la spécialité de Dada, c'est le falafel. Et pour beaucoup, ce serait même le meilleur de la ville ! Et pour changer de la bière, on peut tester le yaourt salé à la menthe...

■ **TADSCHIKISCHE TEESTUBE**
Palais am Festungsgraben 1
✆ +49 30 204 1112
S-Bahn Unter den Linden ou bus 100.

Restaurants d'Oranienburger Straße.

Ouvert en semaine de 17h à minuit et le week-end de 15h à minuit. Repas entre 12 et 18 €.
Dans un palais chargé d'histoire, en face de l'université Humboldt, se niche le plus dépaysant des salons de thé. La Tadschikische Teestube et son décor magique sont un *must*, que les passionnés d'Orient-Express et autres destinations de l'autre bout du monde ne devront pas manquer. Après avoir cherché désespérément dans les couloirs du palais Am Festungsgraben, empreints de classicisme, on se retrouve subitement à l'autre bout du monde, au milieu de fresques et de boiseries admirablement travaillées.

Bien et pas cher

■ 12 APOSTEL
Georgenstraße 2
℡ +49 30 201 0222
www.12-apostel.de
S-Bahn Friedrichstraße.
Ouvert tous les jours de 11h à minuit (jusqu'à 1h les vendredi et samedi). Brunch 16 €, pâtes entre 10 et 16 €. Pizza à 6,95 € à midi.
Tout a commencé dans les années 1990 à Charlottenburg, lorsque fut ouverte le premier des « Douze Apôtres », avec sa célèbre pizza cuite au four traditionnel. Aujourd'hui, le local le plus célèbre se situe en face de l'île des Musées, en dessous des voies de S-Bahn, en plein centre-ville. Les pâtes sont tout simplement un régal et les pizzas, portant toutes un nom d'apôtre, sont copieuses et bien garnies.

▶ **Autre adresse :** Bleibtreustraße 49 (S-Bahn Savignyplatz).

■ GEORGBRÄU
Spreeufer 4 – Dans le Nikolaiviertel
℡ +49 30 242 4244
www.georgbraeu.de
U- et S-Bahn Alexanderplatz.
Ouvert tous les jours à partir de midi en semaine et de 10h le week-end. Plats entre 9 et 13 €.
Parmi les très nombreux restaurants du quartier Nikolaiviertel, cette gigantesque brasserie vaut le détour pour la qualité de la bière qu'elle fabrique et celle de ses plats. Vous y mangerez de la cuisine traditionnelle berlinoise et d'Europe centrale (*wurst*, *goulasch*, canard avec *knödel*). Autre incontournable à ne pas rater, l'offre spéciale de midi, composée de pieds de porc et de choucroute, le tout arrosé d'un demi-litre de bière pour 9,99 €.

Nos coups de cœur

▶ **Le plus beau café :** Einstein (Tiergarten).
▶ **Le meilleur** *döner* **:** Bagdad (Kreuzberg).
▶ **Le petit resto charmant :** Joseph Roth Diele (Tiergarten).
▶ **La meilleure cuisine allemande :** Theodor Tucher (Mitte).
▶ **La meilleure cuisine d'ailleurs :** Safran (Kreuzberg).

■ KEYSER SOZE
Tucholskystraße 33 ℡ +49 30 285 994 89
www.keyser-soze.de
S-Bahn Oranienburger Straße
ou U-Bahn Rosenthaler Platz.
Au coin de l'Auguststrasse.
Ouvert tous les jours de 8h à 3h. En été, terrasse dans la rue jusqu'à 1h en semaine et 2h le week-end. Plats entre 7 et 15 €.
Ce café-bar ouvert est vaste, aéré, à la mode, cool, et privilégie le blues et l'ambiance qui va avec. C'est le rendez-vous privilégié des yuppies du coin qui viennent s'admirer bien sûr, mais sans oublier de reluquer les serveuses qui semblent sortir d'une séance de photos pour *Elle*. Plutôt calme en semaine, le café se réveille le week-end et participe gaiement à l'animation qui s'empare de la rue. Et le plus, c'est que c'est un des rares cafés du quartier qui propose de la cuisine allemande et sert diverses variétés de *Wurst* et autres merveilleux *Käsespätzle*.

■ SPAGHETTI WESTERN
Torstraße 179 ℡ +49 30 203 390 11
www.spaghettiwestern.de
U-Bahn Oranienburger Tor, Oranienburger Str.
Ouvert du lundi au vendredi de midi à minuit, le samedi de 18h à minuit. Compter de 7 à 15 € pour un plat.
Comme son nom l'indique, ce restaurant décline de délicieuses spaghettis préparées dans une cuisine ouverte au centre de la salle et que l'on déguste au comptoir ou sur de grosses tables en bois. Le décor, qui balance entre le rustique et le design avec miroirs et lampes rondes, évoque les restaurants new-yorkais mais, dans l'assiette, on retrouve toutes les saveurs de l'Italie. L'huile d'olive est excellente et le tiramisu renversant. Les prix sont serrés et le service vraiment agréable.

SE RESTAURER - Mitte

■ STÄNDIGE VERTRETUNG
Schiffbauerdamm 8
✆ +49 30 282 3965 – www.staev.de
S-Bahn Friedrichstraße.
Ouvert tous les jours de 11h à 1h. Plats de 9 à 15 €. La « Représentation permanente » de la Rhénanie à Berlin commémore avec nostalgie le temps où la capitale fédérale de l'Allemagne se trouvait encore à Bonn. Très fréquenté par les étudiants, ce restaurant propose par conséquent des plats typiquement rhénans (choucroute, goulasch…), le tout accompagné de la mythique bière Kölsch en provenance de Cologne.

Bonnes tables

■ BRASSERIE GANYMED
Schiffbauerdamm 5
✆ +49 30 28 59 90 46
www.ganymed-brasserie.de
U-Bahn Friedrichstrasse ou Oranienburger Tor.
Ouvert tous les jours de midi à minuit. Plats de 15 à 30 €. Dans une salle décorée de boiseries sombres et de stuc élégant aux accents dorés, la brasserie Ganymed est idéalement située à deux pas de la Friedrichsstraße dans le quartier Berlin-Mitte, à quelques pas seulement du théâtre Berliner. Au temps de la RDA, les grands noms de la politique et les artistes « libres penseurs » s'y rencontraient déjà. Depuis 2009, le gastronome Michael Pankow dirige cet établissement de tradition, conservé en style Art nouveau, et doté d'une grande terrasse au bord de la Spree avec une vue imprenable sur le Reichstag. Aujourd'hui, la brasserie Ganymed est un lieu de rencontre entre amis de la grande cuisine française. Le chef combine avec brio les produits allemands et la haute cuisine de l'Hexagone. Festival d'escargots de Bourgogne au beurre, terrine de foie gras avec brioche et ses framboises chutney, steak tartare de bœuf préparé devant vous, navarin d'agneau accompagné de racines et pommes de terre grenailles. Une mention spéciale pour le très tendre poulet « Marensin » suprême issu d'un élevage en basse cour avec des cassis, des flageolets et du maïs de blini, du vrai bio ! Choix parmi quelque 100 vins français pour les libations. Une belle symbiose entre magie du lieu, service, convivialité, qualité des produits et des préparations.

■ KAMALA
Oranienburgerstrasse 69
✆ +49 30 283 2797
www.kamala-thaifood.de
S-Bahn Oranienburgerstrasse.
Ouvert tous les jours de midi à 23h. Plats entre 8 et 15 €. Il faut passer deux portes un peu comme si on entrait dans un appartement pour trouver ce restaurant thaïlandais discret au cœur de Mitte. Les odeurs de coco et de curry envahissent les deux salles décorées sobrement d'artisanat thaï. A la carte des plats variés cuisinés à la commande (le délai d'attente est d'ailleurs un peu long) pour un résultat irréprochable et des assiettes copieuses et très parfumées.

■ LUTTER & WEGNER
Oranienburger Straße 52-53
✆ +49 30 247 810 78 – www.lw-feinkost.de
U-Bahn Oranienburger Tor, Friedrichstraße, S-Bahn Oranienburger Straße, Hackescher Markt, Friedrichstraße.
Ouvert du lundi au dimanche de 7h à 1h. Menu du midi à partir de 7,50 €. Cet établissement a pour particularité d'être à la fois un excellent

Maximilians — Speisen wie in Bayern

Profitez de l'hospitalité typiquement bavaroise dans l'ambiance conviviale du Maximilians, que ce soit dans le restaurant ou le jardin.

Friedrichstr. 185–190 · U6 „Stadtmitte" · maximiliansrestaurant.de

restaurant mais également une boutique de vins et de mets gourmets. Plus de 350 différents types de vins exposés sur de belles étagères et dans une chambre froide transparente. Pour accompagner ces vins, n'hésitez pas à vous laisser tenter par les fromages, charcuteries et douceurs de l'Allemagne et de l'Autriche. Intérieur chaleureux avec de belles tables rustiques. L'été, une terrasse est ouverte sur la rue très animée.

■ MAXIMILIANS RESTAURANT
Friedrichstraße 185-190
U-Bahn Stadtmitte ou Mohrenstrasse.
✆ +49 30 20 45 05 59
www.maximiliansrestaurant.de
En semaine et au déjeuner, plat+dessert à 6,45 €. Spécialités bavaroises autour de 10 €, repas autour de 18 €. Ce restaurant typiquement bavarois présente l'avantage d'allier l'utile à l'agréable : non seulement on peut y tester les spécialités de Bavière, mais également celles de Berlin, à un prix somme toute abordable et dans une ambiance très conviviale. Saucisses, rôtis mais également poissons et plats végétariens sont au menu, de quoi régaler les plus tâtillons.

■ REFUGIUM
Gendarmenmarkt 5 ✆ +49 30 229 1661
www.restaurant-refugium.de
U-Bahn Stadtmitte ou Französische Straße.
Ouvert du lundi au jeudi de 11h à minuit, le vendredi et le samedi de 11h à 1h. Repas jusqu'à 23h et carte de midi à 15h pour un prix allant de 11 à 15 €. Plats pour dîner entre 15 et 34 €. Non seulement la cuisine proposée est bonne mais aussi, et surtout, le cadre est des plus séduisants. En effet, en été, les plats sont servis sur la terrasse située en plein sur Gendarmenmarkt, une des plus belles terrasses de Berlin. Mais en plus, en hiver, vous pourrez déguster votre daurade après une visite à l'Opéra ou à la Symphonie situés juste en face, dans la cave baroque du Französischer Dom.

■ SPHERE
Panoramastraße 1A
✆ +49 30 247 575 875
reservierung@tv-turm.de
S- et U-Bahn Alexanderplatz.
Ouvert de mars à octobre de 9h à minuit et de novembre à février de 10h à minuit. Plats de 7 à 25 €. Ce restaurant panoramique tournant est une des grandes attractions de la ville. Si vous n'êtes pas trop distrait par la vue à couper le souffle, du haut de la Fernsehturm, vous vous réjouirez de l'extraordinaire cuisine internationale dont entre autres un grand choix de spécialités berlinoises.

Vive la France
au Schiffbauerdamm

www.ganymed-brasserie.de
Tél. +49 30 285 990 46

Où manger typiquement berlinois ?

▶ **Commander une *Currywurst*** aux vendeurs de saucisses ambulants. Équipés d'un gril dans le dos, d'un large plateau pour vous préparer votre *Wurst*, ils sont souvent aux sorties des U-Bahn.

▶ **Manger dans une *Volksküche*** : le plat unique est servi entre 1,50 € et 2 € afin que toutes les catégories de la population puissent y avoir accès. D'où leur nom qui signifie littéralement « cuisine du peuple ». Les *Volksküche* sont plutôt organisées dans des squats ou endroits alternatifs.

▶ **Les *Weinerei*** : le concept est simple, on paie 1 € le verre et on se sert ensuite soi-même à volonté parmi les bouteilles mises à disposition. Souvent, salades et autres en-cas sont aussi servis. En sortant, on paie ce que l'on pense devoir pour ce que l'on a consommé.

Luxe

■ **THEODOR TUCHER**
Pariser Platz 6a ✆ +49 30 22 48 94 63
Fax : +49 30 22 48 94 65
www.theodortucher.de
S-Bahn Unter den Linden.
Ouvert tous les jours de 7h à 1h. Cuisine ouverte de 11h à 23h (jusqu'à 23h30 les vendredi et samedi). Comptez 30 à 40 € le repas sans boisson. Menu midi à 13,50 €. Il est conseillé de réserver le soir.
Situé à côté de l'ambassade de France, sur la place de la porte de Brandenburg, ce restaurant compte parmi les plus exquis de Berlin. Il est particulièrement prisé par les hommes politiques lors d'importantes visites. Et pour cause les plats proposés sont très originaux (salades d'artichauts sur fond de purée de thon, carré de porc avec marmelade d'oignons ou couscous glacé sur un lit de dattes à l'orange – pour n'en citer que quelques-uns…) et le service attentionné. Pour ceux qui n'ont pas forcément les moyens d'y dîner venez l'après-midi pour prendre un café et pour vous reposer dans les sofas de la bibliothèque au 1er étage.

■ **VAU**
Jägerstr. 54
✆ +49 30 202 9730
www.vau-berlin.de
U-Bahn Hausvogteiplatz.
Ouvert du lundi au samedi de midi à 14h30 et de 19h à 22h30. Menus du midi entre 65 et 85 €. Menu du soir à 120 €.
A quelques pas du Gendarmenmarkt, ce restaurant réunit des arguments très convaincants. L'architecte des lieux est Meinhard von Gerkan, celui de la nouvelle Gare centrale ; le chef Kolja Kleeberg est étoilé et il est même possible de manger le midi à un prix moindre. L'aménagement des lieux, grande baie lumineuse et murs en terre cuite, vous met en condition pour savourer votre repas que vous apporteront des serveurs au petit soin. La carte de vins recèle de nombreuses surprises.

Prenzlauer Berg

Si les terrasses de Prenzlauer Berg sont prises d'assaut en été, ce n'est pas uniquement pour se montrer le long de la Kastanienallee (surnommée la « Castingallee »). C'est que les cafés pullulent ici, de même que les restaurants. Dès lors, à vous de faire votre choix, que ce soit entre la Senefelder Platz et Eberswalder Straße, avec un arrêt obligatoire à la Kollwitzplatz. Vous devriez alors trouver votre bonheur.

Sur le pouce

■ **DER PHÖNIZIER**
Eberswalder Straße 34
✆ +49 175 420 8667
www.der-phoenizier.de
U-Bahn Eberswalder Straße.
Ouvert tous les jours de midi à minuit (jusqu'à 1h le week-end). Plats entre 5 et 7 €.
Dans cet *imbiss*, fameux dans tout le Prenzlberg, vous pourrez savourer une excellente cuisine libanaise à très bas prix. L'assiette Falafel est à 3,50 €, la Kafta à 4 € (sandwichs à partir de 2 €). Bonne adresse pour les noctambules et ceux qui souhaitent visiter le marché aux puces du Mauerpark le dimanche.

■ **KAUF DICH GLÜCKLICH**
Oderbergerstrasse 44
✆ +49 30 443 521 83
www.kaufdichgluecklich.de
U-Bahn Eberswalder Straße.
Ouvert du lundi au vendredi de midi à 1h et le week-end de 10h à 1h. Prix des gaufres et des glaces entre 2,50 et 4 €.

La terrasse la plus éclectique de la rue. Normal, l'originalité de ce salon de thé repose sur le fait qu'il vende aussi des meubles – ceux, justement, sur lesquels vous êtes assis. Libre à vous de repartir donc avec votre chaise. D'où un mobilier extrêmement dépareillé et en constant renouvellement. Sinon, vous pouvez juste venir déguster les gaufres et glaces maison et boire un café en écoutant la musique, elle aussi très variée. Vous commandez au bar, le serveur vous appele dès que cela sera prêt. Des journaux sont à votre disposition, l'endroit idéal pour passer son dimanche après-midi.

■ KONNOPKE IMBISS
Schönhauser Allee 44B
✆ +49 30 442 77 65
www.konnopke-imbiss.de
U-Bahn Eberswalder Straße.
Ouvert du lundi au vendredi de 6h à 20h et le samedi de midi à 19h.
Sous la station de métro Eberswalder Strasse. L'*Imbiss* le plus connu de Berlin, pas forcément le meilleur, mais le plus ancien ! Impossible d'échapper à une petite queue à toute heure de la journée pour ces mythiques *Currywurst* (saucisses avec une sauce curry). C'est presque devenu une obligation de s'y arrêter avant de faire les boutiques de Kastanienallee.

■ MBISS W
Kastanienallee 49 ✆ +49 30 484 926 57
www.w-derimbiss.de
U-Bahn Eberswalder Straße.
Ouvert tous les jours à partir de midi. Naan, pizzas à partir de 1,50 €, soupe du jour à 2,50 €, bol de riz à 5 €.
Un *Imbiss* pas comme les autres, comme en témoigne son patron canadien excentrique, Gordon. Ici, point de döner ou de *Currywurst* mais des *naans* (le pain indien), des bols de riz ou la soupe du jour. Tout simplement excellent, simple et différent à la fois. Essayez aussi les boissons un peu alternatives, notamment l'Appel High : un jus de pomme avec des algues hyperprotéinées.

■ NOVEMBER CAFE
Husemannstrasse 15 ✆ +49 30 442 8425
www.cafe-november.de
U-Bahn Eberswalder Strasse.
Ouvert tous les jours de 10h à 2h du matin (à partir de 9h les samedi et dimanche).
Si vous passez à Berlin en période estivale et que vous logez à Prenzlauer Berg, faites un stop au November cafe pour un petit déjeuner, une pâtisserie ou même une bière. Sa grande terrasse ombragée attire une clientèle variée mais en général assez jeune. Les brunchs du dimanche sont réputés.

Bien et pas cher

■ AAPKA
Kastanienallee 50
✆ +49 30 44 01 04 94 – www.aapka.de
U-Bahn Rosenthaler Platz.
Ouvert tous les jours de midi à 1h (le week-end à partir de 11h). Brunch le dimanche de 11h à 16h. Plats entre 7 et 15 €.
Excellent restaurant indien particulièrement couru à midi. La clientèle se compose principalement d'hommes d'affaires pendant la semaine et d'étudiants le week-end. Solution bon marché pour tous ceux qui apprécient la cuisine indienne – et pour tous ceux qui veulent la découvrir.

■ ANITA WRONSKI
Knaackstraße 26-28
✆ +49 30 44 28 483
U-Bahn Senefelderplatz, tram 1.
Ouvert tous les jours de 9h à 2h, Frühstück à la carte en semaine jusqu'à 17h et buffet le week-end et jours fériés de 10h à 15h. Plats à partir de 5 €.
Après avoir marché un peu pour se rendre dans ce restaurant légèrement excentré de la Kollwitzplatz, on s'assoit dans une banquette en cuir autour d'une table en bois, on profite de la musique d'ambiance, de la vue sur le château d'eau (Wasserturm) et l'on commande. La carte des plats n'est pas très grande et le service dure un peu, mais c'est bon ! Une cuisine raffinée et à prix doux. Rançon du succès, le café est souvent plein !

■ FRIDA KAHLO
Lychener Str 37
✆ +49 30 44 57 016
www.fridakahlo.de
U-Bahn Eberswalder Straße.
Ouvert tous les jours de 9h à 2h. Brunch le dimanche de 9h à 16h. Réservation recommandée pour le brunch. Plats entre 7 et 15 €.
Ce resto mexicain passe pour avoir un des meilleurs brunchs de Prenzlauer Berg. Au coin de la Helmholtzplatz, dans ces murs colorés (ou sur la grande terrasse en été), vous aurez le droit à un buffet copieux et diversifié. Salades originales, pains au fromage délicieux et surtout les crêpes aux cacahuètes qui sont servies avec du véritable sirop d'érable. Le sourire chaleureux du chef compense le service un peu froid. Le soir, le choix de cocktails est aussi un très bon argument pour venir !

SE RESTAURER - Prenzlauer Berg

■ KNOFEL
Wichertstraße 33a ✆ +49 30 447 6717
www.knoblauchrestaurant.de
S-Bahn Schönhauser Allee
ou Prenzlauer Allee.
Ouvert du lundi au jeudi à partir de 18h, le vendredi à partir de 14h et le week-end à partir de 13h. Ouverture quotidienne à 18h de mai à novembre. Plats entre 6 et 23 €.
Le concept a le mérite d'être original : le Knofel est un petit restaurant dans lequel on ne sert que des plats à base d'ail ! Le *Hackbraten*, spécialité allemande de viande hachée, est généreusement assaisonné et l'on trouve aussi les fameuses *Bratkartoffeln* dans leur version aillée. A côté de cet effort d'acclimatation figurent évidemment sur la carte la soupe à l'ail, le poulet provençal, mais également des mets plus exotiques de la glace à la vanille aromatisée à l'ail, et pour digérer le tout, un digestif à l'ail qui dégage tout sur son passage ! Bon, ça ne sera pas du goût de tout le monde, mais il fallait oser.

■ TEIGWAREN
Oderbergerstrasse 41
✆ +49 30 25 09 76 71
www.teigwaren-berlin.de
U-Bahn Eberswalder Straße.
Ouvert du mardi au dimanche de midi à 21h. Entre 6 et 12 € le plat.
Anja Gmelin et sa machine à pâtes fraîches vous accueille dans ce petit restaurant. Pour un prix modeste, le menu du jour se composera invariablement de pâtes fraîches, spécialité de la maison : raviolis, tagliatelles, gnocchi ou nos préférées, les tortelacci, sur place ou à emporter. Les pâtes sont faites maison, les aliments sont bio, de même que la limonade. Vous pourrez même faire quelques emplettes (moutarde, huile, etc., bio). Le choix est un peu limité puisque la maison ne sert qu'un seul plat du jour donc végétarien.

Bonnes tables

■ NOCTI VAGUS
Saarbrücker Straße 36-38
✆ +49 30 747 491 23
www.noctivagus.de
U-Bahn Senefelder Platz.
Ouvert de 18h à 1h tous les jours. Menu entre 29 et 49 €.
Ce restaurant plutôt que les autres parce qu'il a été l'un des premiers à organiser ces dîners où vous êtes plongé dans le noir absolu, et ce, afin d'être plus en mesure d'apprécier les mets qui se trouvent dans votre assiette...

■ PASTERNAK
Knaackstraße 22/24
✆ +49 30 304 413 399
www.restaurant-pasternak.de
S-Bahn Senefelder Platz.
Ouvert tous les jours de 10h à 1h. Menu à midi pour 7 € en semaine. Compter 20 € par personne à la carte.
Dédié à l'écrivain russe et Prix Nobel de littérature Boris Pasternak (auteur notamment du célèbre *Docteur Jivago*), ce restaurant propose des spécialités russes comme le *bortsch* ou une *soljanka*. Enchaînez avec des blinis ou un bœuf Strogonoff avant de déguster un *jabloko* (pomme au four) ou un *strudel* moscovite. Et pour ceux qui n'aiment pas la cuisine de l'Oural, le Pasternak propose également quelques plats juifs ashkénazes.

■ SURIYA KANTHI
Knaackstraße 4 ✆ +49 30 442 5301
www.suriya-kanthi.de
U-Bahn Senefelderplatz.
Ouvert tous les jours de midi à 1h. Plats autour de 7 €.
Un endroit où il fait bon venir dîner, avec en plus des produits bio. Le « Rayon de soleil », car c'est ce que signifie Suriya Kanthi, propose de la cuisine sri-lankaise, une cuisine qui se distingue des autres par son usage presque abusif de la noix de coco. Liquide, râpée ou cuite, elle est pratiquement présente dans tous les plats à consommer avec la main, sans mauvaise conscience !

Luxe

■ GUGELHOF
Knaackstraße 37
A l'angle de la Kollwitzplatz
✆ +49 30 442 92 29
Fax : +49 30 443 59 540
www.gugelhof.de
U-Bahn Senefelderplatz.
Ouvert le samedi et le dimanche à partir de 10h (et congés), en semaine à partir de 16h. Plats aux alentours de 15 €. Petit déjeuner de 10h à 16h le week-end.
Ce restaurant de Kollwitzplatz est renommé pour ses spécialités alsaciennes et allemandes. Tellement renommé qu'en arrivant même à 16h pour manger, toutes les tables sont déjà réservées. Si vous parvenez à obtenir une place, testez alors le *Bäckehoffe*. Il s'agit de divers morceaux de viande, marinés pendant une journée avec des légumes et des pommes de terre dans un plat spécial en céramique, un régal ! Pour accompagner le tout, la maison dispose d'une carte de vins

rhénans des plus impressionnantes. On dit que le maire de Berlin aime à venir manger ici et que Gerhard Schröder y a emmené Bill Clinton. C'est dire la renommée de la maison.

Kreuzberg

À l'image des nationalités qui cohabitent ici, les restaurants de Kreuzberg proposent de la cuisine multiculturelle. Dès lors, le choix est très large et le guide n'en propose qu'une petite sélection. Pour partir à la découverte du Kreuzberg culinaire, aventurez-vous le long de la Bergmannstr., de la Wiener Str. et autour de la Görlitzer Bahnhof. Enfin, parcourez l'Oranienstr. et humez les différentes senteurs pour choisir la nationalité de votre repas du jour.

Sur le pouce

■ **ASSAM**
Spreewaldplatz 2
Au coin de la Skalitzer Straße
℡ +49 30 61 62 74 09
U-Bahn Görlitzer Bahnhof.
Ouvert tous les jours de midi à minuit. Plats entre 8 et 15 €.
Assam ne paie pas de mine, mais on y retourne toujours, pour ses petits prix, sa bonne cuisine et sa convivialité. Autour des grandes tables, de la pop indienne en musique de fond, les conversations vont bon train, on y boit beaucoup de thé et l'on y mange bien, cela suffit à contenter tout le monde ! Bien entendu, tout le répertoire de la cuisine indienne est présent dans la carte, depuis les entrées, en passant par les plats de riz typiques avec du basmati parfumé aux épices ou aux fruits secs. Petits prix et grandes saveurs, Assam propage sa politique dans Kreuzberg.

▶ **Autre adresse :** 69 Gneisenaustraße (Kreuzberg).

■ **BAGDAD**
Schlesische Straße 2 ℡ +49 30 61 26 962
U-Bahn Schlesisches Tor.
Ouvert 24h/24. A partir de 2,50 €.
Un des *döners* les plus connus parmi les noctambules de Kreuzberg et sans doute un des meilleurs de la ville. Toutes les spécialités de la cuisine turque sont au rendez-vous, des *köfte* en passant par les *börek* jusqu'à l'éternel döner kebab. En été, profitez du minuscule jardin à l'arrière.

■ **FINGERFERTIG**
Mehringdamm 45 ℡ +49 30 69 50 58 37
www.fingerfertig-conny.de
U-Bahn Mehringdamm.

Mit oder ohne Gas ?

Sachez que dans les restaurants allemands, il est rare qu'on vous serve un pichet d'eau. En théorie, les restaurateurs sont obligés de vous servir de l'eau du robinet si vous le demandez, cependant c'est très rare en réalité. Dès lors, vous devrez commander une bouteille d'eau, et le serveur vous demandera « mit oder ohne Gas ? » (avec ou sans gaz ?) ou « Sprudelwasser ? » c'est-à-dire de l'eau gazeuse, largement consommée en Allemagne. Si vous souhaitez de l'eau plate, répondez « ohne Gas » ou « still ».

Ouvert tous les jours de 10h30 à 2h en semaine et de 17h à 4h le week-end.
Celui-là, il est inclassable. Le système est celui des tapas espagnoles : on choisit plusieurs petits plats que l'on combine selon son goût ou le désir du moment, mais, ici, les horizons sont plus vastes et on peut aussi bien déguster des tortillas espagnoles sur baguette que des boulettes de lentilles, ou encore de la feta accompagnée de roquette sur du pain, du poulet avec du riz aromatisé au coco dans des feuilles de bananier et mille autres petites choses à grignoter en faisant le tour du monde. Le tout dans un décor orangé très chaleureux, accompagné de vins du monde entier et délicieux, et ce n'est pas tout : le restaurant ne constitue en effet que la partie avant du local qui se transforme en bar dans le fond et qui accueille le vendredi et le samedi des concerts de rock, de blues, de soul ou encore de pop selon le programme.

■ **SEEROSE**
Mehringdamm 47 ℡ +49 30 69 81 59 27
www.seerose-berlin.de
U-Bahn Mehringdamm.
Ouvert du lundi au samedi de 8h à minuit, le dimanche de midi à 22h. Végétarien. Entre 4 et 12 €.
De la cuisine végétarienne de qualité à consommer dans un décor charmant, mélange d'épicerie et de bistro. Trois grandes tables en bois prennent pratiquement toute la place où de parfaits étrangers se mêlent volontiers entre eux. On y déguste surtout des salades, des boulettes de légumes, différents plats chauds comme des lasagnes aux légumes, mais également du poisson, mais pas tous les jours. Dans le rayon épicerie, on peut se procurer tout ce qu'il faut pour se faire un petit festin bio !

Amrit sur Oranienburger Straße.

Bien et pas cher

■ **AMRIT**
Oranienstraße 202-203
✆ +49 30 612 5550 – www.amrit.de
U-Bahn Görlitzer Bahnhof.
Ouvert tous les jours de minuit à 1h, vendredi et samedi fermeture plus tardive. Plat à partir de 7 €.
Fiez-vous à votre nez et laissez-vous porter par les effluves épicées et sucrées de la cuisine indienne qui se dispersent agréablement dans la Oranienstraße depuis le Amrit. Rendez-vous favori des habitués du quartier, il est conseillé de réserver pour les heures de pointe et déconseillé de s'y rendre pour un dîner en amoureux. Pour toutes les autres occasions, Amrit fait l'affaire et propose, dans une ambiance simple mais toujours très amicale, une carte très complète faisant le tour de toutes les spécialités indiennes. Les propriétaires possèdent également le Mirchi (Oranienstraße 50) pour ceux qui préfèrent les saveurs asiatiques, nouilles et cuisine au wok !

■ **CAFÉ AVRIL**
Graefestraße 83
✆ +49 30 627 353 98
www.cafe-avril.com
U-Bahn Schönleinstrasse.
Ouvert de 10h à 2h. Plats entre 7 et 12 €. Buffet le dimanche entre 10h et 16h.
Joli restaurant, un peu dans le style du bistrot parisien, parquet au sol et une cuisine ouverte sur la salle, le lieu est utilisé régulièrement pour le tournage de séries télévisées. Une fois le décor TV enlevé, reste l'endroit chaleureux dans lequel on vient déguster le dimanche un excellent brunch. Pendant la semaine, la nourriture est végétarienne, mais des plats de poissons sont aussi proposés. Pas mal de choix entre les soupes, la dizaine de salades et les gâteaux. Si vous êtes parmi ces promeneurs qui déambulent dans cette partie charmante du quartier de Kreuzberg, voici sans conteste une adresse pour bien manger.

■ **IL CASOLARE**
Grimmstrasse 30 ✆ +49 30 69 50 66 10
U-Bahn Schönleinstrasse.
Ouvert tous les jours de midi à minuit. Repas entre 10 et 20 €. La cantine préférée des habitants du quartier, et c'est peu dire vu la queue, tous les soirs, pour rentrer dans ce grand restaurant italien situé au bord du canal dans un des coins les plus agréables de Kreuzberg. D'ailleurs, tous les soirs, le petit pont d'en face prend des allures très festives. C'est avant tout pour la pizza, reconnue à travers Berlin, que se précipitent jeunes, familles ou couples de tous âges. Mais le resto, typiquement italien (les serveurs aussi) propose également de bons plats de viandes ou de pâtes. Belle terrasse l'été. Pas de réservations.

Kreuzberg - **SE RESTAURER** ◀ 127

■ **MARIA PELIGRO**
Skalitzer Strasse 81
℡ +49 163 233 23 67
www.maria-peligro.com
U-Bahn Schlesisches Tor.
Ouvert du mardi au dimanche de 17h à 23h.
Une sympathique cantine mexicaine avec DJ pour une soirée sous le signe de la bonne humeur.

■ **OSTERIA N°1**
Kreuzbergstrasse 71
℡ +49 30 786 9162
www.osteria-uno.de
U-Bahn Mehringdamm.
Ouvert tous les jours de 12h à 1h. Plat à partir de 6 €.
Un restaurant italien avec nappe blanche et accent transalpin chez les serveurs. Dans l'assiette des portions pas gigantesques mais raffinées et le midi différents menus avec pâtes ou pizzas. Une petite carte de vins très sympa pour accompagner le tout et on a passé un agréable moment.

■ **SPÄTZLE EXPRESS**
Wienerstrasse 14a
℡ +49 30 69 53 44 63
www.spaetzleexpress.de
U-Bahn Görlitzer Bahnhof.
Ouvert tous les jours de midi à 22h. Compter 6,50 € maximum pour un plat en format L.
Vous souhaitez découvrir une nouvelle facette de la cuisine allemande, en dehors du traditionnel chou (*Sauerkraut*) ? Alors poussez la porte de ce minuscule restaurant sur Wienerstrasse, pour découvrir les *Spätzle*, spécialités du Sud de l'Allemagne. Sorte de pâtes mais plus consistantes, elles sont proposées ici avec une dizaine d'accompagnements, sachant que les puristes les mangent simplement avec de la crème et du gruyère (*mit Sahne und Käse*). La bière de la région d'origine des *Spätzle*, la Rothaus, est disponible pour accompagner le tout. Sachez que les portions sont proposées en format S, M ou L et tiennent bien au ventre. Possibilité également de prendre à emporter.

■ **TRANSIT CAFE**
Schlesischestrasse 35
U-Bahn Schlesisches Tor.
Ouvert tous les jours dès 9h. Plats entre 5 et 10 €, verre à partir de 2 €.
C'est le genre d'adresse fourre-tout dont les Berlinois raffolent, un bar-café-restaurant qui le soir venu se transforme même en mini-club avec DJ et concert. On peut donc y venir à n'importe quel moment de la journée ou le soir, il y aura toujours de quoi grignoter un morceau et profiter de l'atmosphère détendue et bon enfant des lieux. Déco surannée et mobilier vintage.

■ **WIRTSHAUS HASENHEIDE**
Haseneheide 18
℡ +49 30 69 515 158
www.wirtshaus-hasenheide.de
U-Bahn Hermannplatz.
Ouvert tous les jours de 10h à minuit. Le dimanche, le brunch jusqu'à 14h pour 3,90 € est connu dans tout le quartier.
Très couru par les étudiants du quartier, en quête de la solution la moins chère pour bien manger. Le service reste pourtant attentionné, l'ambiance est détendue, et il est facile de nouer des contacts avec la population locale – et cela dès 10h du matin.

Bonnes tables

■ **LITTLE OTIK**
Graeferstrasse 71
℡ +49 30 50 36 23 01
www.littleotik.de
U-Bahn Kotbusser Tor.
Ouvert du mercredi au samedi de 19h à 23h. Comptez 80 € le menu pour 2 sans les boissons.
Voici une adresse incontournable pour les gastronomes branchés de Kreuzberg ! Ouvert par deux Américains qui ont préféré Berlin à New York, le Little Otik propose une carte élaborée chaque jour en fonction des produits de saison. Tout est frais, souvent bio et toujours bon !

Hasir, le père du kebab

Eh non, le célèbre sandwich turc n'est pas né à Istanbul, mais ici, à l'angle de l'Oranienstrasse, en 1973 ! Une institution donc, mais Hasir est un peu victime de son succès auprès des touristes et le service en salle laisse un peu à désirer. Préférez donc le traditionnel kebab à emporter.

■ **HASIR**
Adalbertstrasse 10
℡ +49 30 61 42 373
www.hasir.de
U-Bahn Kotbusser Tor.
Ouvert tous les jours, midi et soir. Plats entre 6 € et 15 €.

Où manger de bonnes pâtisseries à Berlin ?

Vous êtes à la recherche de bonnes pâtisseries à Berlin ?
Premier arrêt possible, au KaDeWe, ce grand magasin sur la Wittenbergplatz. Au 6e étage, paradis des gourmets, vous pourrez déguster des pâtisseries Lenôtre rebaptisées et adaptées aux exigences locales. Pour la même qualité à moindre prix, le pâtissier d'Aux délices normands à Dahlem a fait sa formation chez Lenôtre. Ici, vous pourrez aussi trouver les meilleures galettes de Berlin ainsi que des délicieux chocolats chauds *mit Sahne* (à la crème, faite maison). Cet endroit est situé Ihnenstr. 29.
Découvrez aussi les pâtisseries turques, dont les boulangeries de Kreuzberg regorgent. Quant au meilleur chocolatier de Berlin, il s'agit de Fassbender & Rausch, derrière le Gendarmenmarkt. En vitrine, des reproductions des principaux monuments de Berlin en chocolat ! Un restaurant se trouve au premier étage, où tous les plats sont servis avec du chocolat, ce n'est pas donné mais à tester absolument !

SAFRAN
Oranienstraße 172
✆ +49 30 61 56 211
www.safran-restaurant.de
U-Bahn Kottbusser Tor.
Ouvert tous les jours à partir de midi. Plats entre 7 et 20 €.
Où bien manger persan ? Installez-vous dans les grandes chaises en bois du Safran, le restaurant iranien le plus prisé de la ville. Vous y retrouverez toutes les spécialités de la cuisine persane traditionnelle et moderne (riz au beurre, ghemeh, brochettes). Le restaurant propose par ailleurs une carte adaptée à vos envies : vous trouverez des plats « sur le pouce », des plats « pour ceux qui ont faim » et des mets pour de « très grandes faims ». Notre conseil : l'assortiment Safran, avec un large choix de spécialités à déguster à deux ou à plusieurs.

■ WELTRESTAURANT MARKTHALLE
Pücklerstraße 34
✆ +49 30 61 75 502
Fax : +49 30 61 18 250
www.weltrestaurant-markthalle.de
U-Bahn Görlitzer Bahnhof.
Ouvert tous les jours de 10h à tard. Menu plat du jour + soupe ou dessert à 7,50 €.
Véritable institution dans le quartier, le Weltrestaurant Markthalle, installé ici depuis plus de 100 ans, a su fidéliser sa clientèle. Il faut dire que le cadre y est pour beaucoup et que le mélange de simplicité et de chaleur dégagée par les boiseries lui confère beaucoup de charme. Toute la journée, la Markthalle propose des plats simples et équilibrés. Ainsi on peut y petit-déjeuner tous les jours jusqu'à 15h pour un petit déjeuner berlinois composé de fromage, saucisson allemand (salami), jambon et petits pains coûtent ou un petit déjeuner américain, composé de bacon, d'œufs et de pommes de terre sautées ! Un menu lunch est également proposé chaque jour et à toute heure, la carte laisse le choix entre divers plats.

Luxe

■ HORVATH
Paul-Lincke-Ufer 44a ✆ +49 30 61 28 99 92
www.restaurant-horvath.de
U-Bahn Kottbusser Tor.
Ouvert du jeudi au dimanche de 18h à 1h. Dîner à la carte entre 30 et 40 € ; menus dégustation entre 39 et 73 €, vin non compris.
Si le décor reste sobre, la carte revisite les spécialités traditionnelles allemandes avec talent et inventivité. Options végétariennes et émulsions à l'honneur. Service impeccable.

Friedrichshain

Le quartier est surtout connu pour ses clubs et ses bars, et vous n'y trouverez pas les meilleures tables de la ville. Quelques lieux méritent toutefois qu'on s'y attarde.

Sur le pouce

■ FRITTIERSALON
Boxhagenerstrasse 104
www.frittiersalon.de
U-Bahn Frankfurter Tor.
Ouvert du lundi au jeudi de 17h à minuit et du vendredi au dimanche de 13h à minuit.
Saucisses, *Kartoffel* et une superbe sélection de burgers (y compris végétarien !).

■ PAPAYA
Krossener Strasse 15
✆ +49 30 29 77 12 31
www.papaya-service.de
S-Bahn Warschauer Strasse.
Ouvert tous les jours à partir de midi.
Pour un bol de soupes ou de nouilles asiatiques avant d'écumer les bars du quartier.

Charlottenburg - **SE RESTAURER** ◀ 129

Bien et pas cher

■ CUEVA BUENA VISTA
Andreasstraße 66
✆ +49 30 24 08 59 51
www.cueva-buena-vista.de
U-Bahn Strausberger Platz.
Ouvert tous les jours du lundi au samedi à partir de 17h. Plats entre 6 et 18 €
Le resto cubain de Berlin, tenu par le neveu d'Ibrahim Ferrer, un des membres du Buena Vista Social Club. On y déguste comme il se doit viandes en sauce et haricots rouges sur les rythmes de l'île. Soirées dansantes le week-end.

■ PASTAPRESTI
Wühlischstrasse 39a
✆ +49 30 29 047 938
www.pastapresti.de
S-Bahn Ostkreuz.
Ouvert du lundi au vendredi de 9h à 20h, le samedi et dimanche de 10h à 18h.
Ecrite sur l'ardoise, une savoureuse sélection de pâtes et de plats du jour à emporter ou à déguster sur les quelques tables de cette épicerie italienne. Malgré un service parfois un peu lent, la cuisine vaut le détour.

■ SAUERKRAUT UND BULGUR
Straße der Pariser Kommune 35
✆ +49 30 29 77 36 31
www.sauerkrautundbulgur.de
Au cœur de Friedrichshain, à 8 minutes à pied de la gare de l'Est (Ostbahnof) et 2 minutes à pied de la ligne U5 Weberwiese.
Plats à 5 €, menus à moins de 10 €, buffets à partir de 15 €.
Ce restaurant propose une cuisine assez rustique typiquement allemande dans une ambiance méditerranéenne, comme le témoignent ses plats classiques de chorizos grillés, légumes marinés, salade de chou avec bacon et cumin, le boulgour mariné, salade de pommes de terre et miniboulettes, etc... Idéal l'été dans le jardin accompagné d'une bière ou d'un verre de vin.

■ TRANSIT
Sonntagstrasse 28
✆ +49 30 26 94 84 15
www.transit-restaurants.com
S-Bahn Ostkreutz.
Ouvert tous les jours de midi à minuit.
Original et tendance, le Transit décline le modèle des bars à tapas à la sauce asiatique. Tous les bols sont proposés à 3 €. C'est rapide, c'est bon, et en plus la déco avec ses cages à oiseaux multicolores suspendues au plafond est sympa. Une bonne adresse un peu à l'écart de l'effervescence du quartier.

▶ **Autre adresse :** 68 Rosenthaler Strasse, Mitte.

Bonnes tables

■ SCHNEEWEISS
Simplonstrasse 16
✆ +49 30 29 04 97 04
www.schneeweiss-berlin.de
U-Bahn Frankfurter Tor.
Ouvert du lundi au vendredi de 18h à 23h et le week-end de 10h à 23h.
Le décor, sobre et minimaliste, mêlant tables et murs blancs avec un parquet de bois, ne semble pas a priori se marier avec une cuisine bavaroise typique. Et pourtant, le *Schnitzel* est le meilleur du quartier !

■ UMSPANNWERK OST
Palisadenstraße 48
✆ +49 30 42 80 94 97
www.umspannwerk-ost.de
U-Bahn Weberwiese.
Ouvert tous les jours dès 11h30. Plats entre 8 et 13 €. Plats entre 11 et 17 €.
A la fois bar, restaurant, club de jazz et théâtre, l'Umspannwerk Ost est l'une des bonnes tables du quartier, quoique légèrement excentrée. Entre les pâtes et le poisson, la carte décline surtout les spécialités de viande que l'on déguste dans un belle salle du XIXe siècle, mêlant les éléments historiques au style industriel et à l'art. Service soigné.

Charlottenburg

Charlottenburg est surtout un quartier historique que l'on découvre pour ses sites. Cependant, la plupart des restaurants que vous trouverez n'offriront pas un intérêt extraordinaire, la plus-value dépendant directement de l'aspect touristique des sites. Vous trouverez la plupart des restaurants le long du Ku'damm, dans la Bleibtreustr, sur la Savignyplatz et dans la Kantstr. Bien plus authentiques, les cafés du quartier vous offriront une première introduction à l'art de vivre berlinois.

BERLIN

Retrouvez l'index général en fin de guide

Sur le pouce

■ ROGACKI
Wilmersdorferstrasse 145
✆ +49 30 343 8250
www.rogacki.de
U-Bahn Bismarckstrasse.
Ouvert du lundi au mercredi de 9h à 18h, le jeudi de 9h à 19h, le vendredi de 8h à 19h et le samedi de 8h à 16h. A partir de 7 €.
La maison Rogacki est réputée depuis trois quarts de siècle pour vendre les meilleurs poissons de la ville, notamment les plats de poissons fumés dans son magasin de la Bismarckstr. Plus de 5 000 spécialités sont proposées dans le magasin, vous pourrez en déguster quelques-unes dans le petit *Imbiss*, au coin. Si vous préférez les *Wurst*, l'*Imbiss* propose aussi des *Weisswurst* en provenance directe de Munich avec la moutarde faite maison qui est devenue légendaire chez les Bavarois expatriés à Berlin.

■ SOUP KULTUR
Kurfürstendamm 224
A l'angle de la Meinekestraße
✆ +49 30 657 627 80
www.soupkultur.de
U-Bahn Uhlandstraße ou Kurfürstendamm.
Ouvert du lundi au samedi de midi à 19h30. Soupes à partir de 2,20 €.
Ce fast-food au concept original, vous l'aurez compris, ne sert que des soupes ! Seul inconvénient : ses horaires. Mais cela reste idéal pour se réchauffer avec un après-midi de visite dans Berlin en plein hiver.

▶ **Autres adresses :** Kurfürstendamm 66 • Markgrafenstraße 22 • Rosa-Luxemburg-Str. 7.

Bien et pas cher

■ FLORIAN
Grolmanstraße 52
✆ +49 30 313 9184
www.restaurant-florian.de
S-Bahn Savignyplatz.
Ouvert tous les jours de 18h à 3h. Plats entre 12 et 20 €.
Sachez que vous y découvrirez un public chic aussi bien des artistes, que des présentateurs télé, ou encore des intellectuels qui espèrent que leur heure (re)viendra. La première partie de soirée au Florian permet de dîner sur des petites tables nappées, mais sans caviar et autres délicatesses, ici on y propose de la bonne cuisine allemande. Et c'est généralement à partir de 23h que le local prend au sérieux sa fonction de bar, où l'on ne boit pratiquement que du vin blanc (plus chic que la bière). A partir de 23h on continue d'offrir aux clients un substitut de repas : des *rostbratwürste*. En plus, ce sont les meilleures de la ville !

■ WINTERGARTEN, CAFÉ IM LITERATURHAUS
Fasanenstraße 23
✆ +49 30 882 5414
www.literaturhaus-berlin.de
U-Bahn Uhlandstraße.
Ouvert tous les jours de 9h30 à 1h.
Malgré la présence toute proche du Ku'damm turbulent, le « jardin d'hiver de la maison de la littérature » est un havre de paix, dans lequel vous pourrez écrire confortablement vos cartes postales ou inviter votre vieille tante berlinoise à boire un café. Car la clientèle n'étant pas toute jeune et plutôt intello, on n'y vient pas pour y faire des rencontres ou boire un cocktail, mais plutôt pour profiter du cadre idyllique, assister à des lectures ou une expo, ou encore feuilleter des livres achetés au rez-de-chaussée dans la librairie Kohlhaas & Company. Bien sûr, en été, le jardin est investi par le café, et la pelouse, animée de bougies et de discussions, devient une véritable petite oasis dans la ville. On propose dans ce café-bistro plutôt chic, des petits plats italiens du genre : *antipasti*, *vitello tonnato*, *pasta* ou encore des escalopes viennoises et de nombreux desserts.

Bonnes tables

■ CAFÉ BREL
Savignyplatz 1 ✆ +49 30 318 000 20
www.cafe-brel.de
S-Bahn Savignyplatz.
Ouvert tous les jours de 9h à 1h. Plats autour de 20 €.
La Savignyplatz possède une multitude de petits bars et restaurants, du plus rudimentaire au plus chic, il est donc facile de se restaurer. Cet établissement au charme suranné offre un menu le midi bon marché (9 €) servi dans une atmosphère presque familiale. Le soir on choisit un plat de viande ou de poisson qu'on accompagne d'un vin français ou allemand, tout en écoutant *Amsterdam* ou *J'arrive*. Petit conseil : demandez s'il reste une place dans le « séparé », une chambre un peu à l'écart avec une vraie cheminée, particulièrement agréable en hiver.

■ ENGELBECKEN
Witzlebenstr. 31 ✆ +49 30 615 2810
www.engelbecken.de
U-Bahn Sophie-Charlotte Platz.
Ouvert du lundi au samedi de 16h à 1h et le dimanche de midi à 1h. Plats de 9 à 18 €.
Une enclave bavaroise au bord du lac de Lietzensee où vous pourrez déguster *weisswürste* et un *schweinbraten mit knödel*, mais aussi des plats du côté italien des Alpes. Les ingrédients sont sélectionnés avec soin, et une grande partie de la viande servie est certifiée biologique. Malgré son déménagement de Kreuzberg pour le quartier plus bourgeois de Charlottenburg, la maison a su garder ses principales qualités : l'ambiance y est simple avec ces tables en bois clair et le service toujours souriant et attentionné. Pensez à réserver !

■ LE PIAF
Schloßstraße 60 – Charlottenburg
✆ +49 30 342 2040
Fax : +49 30 342 2040 – www.le-piaf.de
U-Bahn 2 Sophie-Charlotte-Platz
ou U7 Bismarckstrasse.
Ouvert de 17h30 à minuit et demi (les cuisines ferment à 23h) sauf les dimanches. Entrées de 6 à 12 €, plats de 11 à 22 €.
Depuis son ouverture en 1996 au cœur de Berlin Ouest, à quelques pas du château, le Piaf ne cesse de collectionner les premières places : « restaurant préféré des Berlinois » et « plus belle terrasse de la capitale ». Dans un cadre brasserie art déco des années 20, Claude et Serge vous accueillent avec passion autour d'une cuisine, traditionnelle et sans de chichi. Seules les bonnes tables, de Andlau à Cahors, sont honorées. Ici, Malbec embrasse Riesling. Foie gras, confit de canard, tarte flambée vous feront la cour. Aux tableaux, chaque mois des spécialités et curiosités d'une région à découvrir témoignent blanc sur noir de la richesse du vieux terroir français. Un « hymne à l'amour »...

Schöneberg
Les bons restaurants du quartier sont souvent des établissements gays mais qui restent bien sûr ouverts à tous. Ils se concentrent entre Wittenberger et Nollendorfplatz.

■ LA COCOTTE
Vorbergstrasse 10
✆ +49 30 7895 7658 – www.lacocotte.de
U-Bahn Eisenacher Strasse et Kleistpark.
Ouvert tous les jours de 18h à 1h. Plats entre 15 et 20 €.

Vendeur de frites sur Wittenbergplatz.

Bien que le cadre fasse la part belle au design et aux œuvres d'art contemporain, ce restaurant français donne dans la cuisine terroir traditionnelle. Comme son nom l'indique, les spécialités sont servies en cocotte : bœuf bourguignon, navarin de beau, jarret d'agneau. Egalement du poisson, et des cocottes de légumes pour les végétariens, des salades...

■ MORE
Motzstrasse 28 ✆ +49 30 236 357 02
www.more-berlin.de
U-Bahn Nollendorfplatz
Ouvert tous les jours de 9h à minuit (dès 9h30 le lundi). Plats de 10 à 15 €.
A la fois branché et décontracté, élégant et convivial, ce spacieux bar-restaurant (mais on y vient surtout pour manger) draine naturellement une clientèle masculine de moins de 40 ans, mais les femmes ou les familles y sont les bienvenues. Côté déco, c'est tendance 1970 à la sauce des années 2000 avec fauteuils et murs rouge vif et murs de miroirs incrustés de luminaires. La carte est constituée de viandes, poissons, salades, omelettes à des prix abordables. Le More est surtout une des meilleures adresses du quartier pour un petit déjeuner (nombreuses formules dont une pour deux avec champagne !). Très populaire, l'endroit est en général bondé.

OUSIES
Grunewaldstrasse 16 ✆ +49 30 21 67 957
www.taverna-ousies.de
U-Bahn Eisenacher Strasse.
Ouvert tous les jours à partir de 17h. Entrées à partir de 5 €, plats à partir de 10 €.
Voici la meilleure table grecque de la ville. Dans une charmante taverne au décor pittoresque vous pourrez déguster sous forme de mezze une longue liste de spécialités traditionnelles fleurant bon l'huile d'olive. A accompagner bien sûr d'un petit verre d'ouzo.

Tiergarten
Pas grand-chose à se mettre sous la dent dans ce coin de la ville qui est surtout un lieu de promenade, mais nous avons tout de même déniché quelques adresses intéressantes.

Bien et pas cher

COA
Potsdamerplatz 5
✆ +49 30 2300 5462 – www.coa.as
U- et S-Bahn Potsdamerplatz.
Ouvert tous les jours dès 11h. Plats entre 6,50 € et 9 €.
Un vaste restaurant minimaliste aux couleurs vert anis et chocolat pour une cuisine fusion inventive qui surfe sur la tendance de manger des plats sains, légers et goûteux. Saveurs plutôt asiatiques avec une sélection de woks, nouilles sautées, dims-sums, salades mélangeant le salé et le sucré le tout accompagné de lassi ou de jus frais. C'est copieux et léger à la fois.

JOSEPH ROTH DIELE
Potsdamer Straße 75
✆ +49 30 26 36 98 84
www.jrd.cumed-arts.de
U-Bahn Kurfürstenstraße.
Ouvert tous les jours de 10h à minuit. Bière à partir de 2 €, bouteille de vin à partir de 15 €.
Difficile de décrire l'atmosphère qui règne au « comptoir » de l'écrivain Joseph Roth ; toujours plein, ce petit café-bistro est un havre de paix dans ce quartier animé au sud de Potsdamer Platz. Idéal pour profiter d'une cuisine et d'une ambiance très agréable dans un des cafés les plus charmants de la ville.

MAULTASCHEN MANUFAKTUR
Lützowstr. 22 ✆ +49 178 56 47 645
www.maultaschen-manufaktur-berlin.de
U-Bahn Kurfürstenstrasse,
à l'intersection avec Potsdamer Strasse.
Ouvert du lundi au dimanche à partir de 11h30. Plats à partir de 10 €.
Une petite merveille dans ce quartier sinon peu accueillant à la jonction de Mitte et du Tiergarten. Ici, Uli la cuisinière et Horst le serveur souriant tiennent « l'Usine à Maultaschen », avec ses spécialités de la Souabe (région de l'Allemagne du Sud-Ouest) : cela ressemble à des raviolis et la légende raconte qu'ils auraient été inventés par des moines qui souhaitaient manger de la viande pendant le carême, viande qu'ils auraient dissimulée dans ces raviolis. Ils sont servis avec de la salade mixte et du *kartoffelsalat* faite maison. Loin de ressembler à une usine, l'endroit avec ses murs vert d'eau et ses longues banquettes en bois est fort sympathique. La bière pour accompagner le tout sera bien évidemment la Rothaus, de Souabe, en bouteille ou en pression. Le soir il est conseillé d'arriver tôt pour être sûr d'avoir une place.

VAPIANO
Potsdamer Platz 5
✆ +49 30 23 00 50 05 – www.vapiano.de
U-Bahn Potsdamer Platz.
Ouvert tous les jours de 10h à 1h. Plats entre 5 et 10 €.
La chaîne Vapiano propose des plats italiens élaborés et à prix très compétitifs. Le principe est simple : à votre arrivée, vous recevez une carte à puce avec laquelle vous pouvez commander ce que vous voulez. Les pâtes sont fraîches et on les prépare devant vous. Lorsque vous commandez une pizza, vous recevez un buzzer, qui commence à sonner lorsqu'elle est prête. A votre sortie, vous rendez votre carte à puce à la caisse et vous réglez ce que vous avez consommé.

Bonnes tables

MOMMSENECK HAUS DER 100 BIERE
Alte Potsdamer Straße 1
✆ +49 30 25 29 66 35
www.mommseneck.de
U-Bahn Adenauerplatz.
Ouvert tous les jours de 11h jusqu'à tard (cuisine jusqu'à minuit). Buffet à partir de 20 €.
Depuis plus de 100 ans, le Mommseneck est ouvert à tous les amateurs de bières et de cuisine allemande. Il est situé dans une rue parallèle au Kurfürstendamm et sa clientèle se compose souvent de gens chic et de touristes, mais les plats copieux valent le détour : foie de veau, roulades de choucroute, *Schnitzel*. N'oubliez pas non plus de goûter à l'une des 100 bières venant de tous les coins de l'Europe centrale.

Sortir

Fêtards de tous les pays, unissez-vous ! Il y a peu de villes en Europe qui peuvent concurrencer Berlin quand il s'agit de faire la fête. Entre des milliers de petits bars-cafés-bistros, des cocktails-bars en soirée, des clubs, des music-halls, des opéras, des théâtres ou encore des complexes culturels (tout en un), vous aurez vraiment l'embarras du choix. En été, les strandbars s'installent au coin des rues : quelques chaises longues, un imbiss qui vend de la bière et des Wurst, et c'est parti ! La liste de bars qui suit est loin d'être exhaustive...

■ CAFÉS – BARS

Mitte

Centre revigoré de la capitale allemande, Mitte vous offre de nombreuses bonnes adresses pour sortir le soir à Berlin. Pour cela, quittez les alentours d'Unter den Linden pour vous aventurer derrière Hackescher Markt, le long de l'Oranienburgerstraße et dans les rues jusqu'à Rosa-Luxemburg Platz. Vous ne serez pas déçu.

■ BELLINI LOUNGE
Oranienburger Straße 42-43
✆ +49 30 97 00 56 18
www.bellinilounge.de
S-Bahn Oranienburger Tor.
Ouvert tous les jours de 18h à 3h. Happy hour jusqu'à 21h.
Ce vaste bar est un lieu très stylé, un brin chic avec ces élégants barmen qui circulent entre les tables. Composé d'un grand bar triangulaire avec ses imposantes colonnes en devanture et d'un lounge, à l'arrière-salle, les vastes tables permettent facilement de s'attabler en groupe. La carte est surtout très bien fournie en cocktails que l'on déguste en happy hour ou plus tard dans la soirée.

■ CAFÉ BRAVO
Auguststraße 69
Dans la Kunstwerke
✆ + 49 30 23 45 7777
www.bravomitte.de
U-Bahn Weinmeisterstraße
ou S-Bahn Oranienburgerstraße.
Ouvert de 9h à 20h ou 21h.
Conçu par l'artiste-architecte américain Dan Graham, le Café Bravo est le podium préféré des branchés de l'Auguststraße qui viennent ici aussi bien pour se montrer, que pour se renseigner sur les dernières expos du coin. Situé dans la cour qui mène aux Kunstwerke, une galerie superhypée, on y accède en passant à travers le jardin d'art. Le café en lui-même est certes beau mais froid. Voilà le résultat, lorsqu'on mise tout sur le verre et les effets de reflet. Mais en revanche, le café y est très bon...

■ DELICIOUS DOUGHNUTS
Rosenthalerstraße 9
✆ +49 30 28 09 92 74
www.delicious-doughnuts.de
U-Bahn Rosenthaler Platz.
Ouvert tous les jours de 22h à 4h environ en semaine et jusqu'à 6h ou 7h le week-end. Les DJs commencent à mixer vers 23h.
C'est à la fois un cocktail-bar et un lounge où le mot d'ordre est relax. On y trouve le son le plus innovateur de Berlin et toute la faune de nuit berlinoise y passe au moins une fois dans la soirée. C'est vrai que la clientèle se veut très branchée, mais l'ambiance est bon enfant et la musique excellente souvent une musique du futur qui a été élaborée dans les arrière-chambres des jeunes DJ de la ville !

■ DIE BERLINER REPUBLIK
Schiffbauerdamm 8
✆ +49 30 872 293
www.die-berliner-republik.de
S- et U-Bahn Friedrichstraße.
Ouvert tous les jours de 10h à 6h.
Courtier en herbe, vous allez adorer ce local délirant. Le principe est simple, cela marche comme à la Bourse : les prix baissent et montent et le tout dépend de l'offre et la demande ! La seule marchandise avec laquelle on deale ici c'est les différentes sortes de bières ! Le tout se passe dans une ambiance assez foldingue, mais bon enfant, et attire un monde fou. Les enchères débutent à 17h.

Le Top 5 de la nuit berlinoise

- **Assister à un concert** à la Philharmonie ou à la Deutsche Staatsoper sur Unter den Linden.
- **Faire revivre les années 1920** dans un des grands cabarets de Berlin.
- **Boire un verre dans les bars branchés** de Prenzlauer Berg et Friedrichshain.
- **Prendre une caipirinha** dans un strandbar au bord de la Spree.
- **Danser jusqu'à l'aube** au Watergate ou au Berghain, clubs ultra-branchés de la capitale.

■ GREENWICH BAR
Gipsstraße 5 ✆ +49 30 28 09 55 66
www.greenwichbar.com
S-Bahn Hackescher Markt, U-Bahn Rosa-Luxemburg-Platz ou Weinmeisterstraße.
Ouvert tous les jours sauf le lundi, de 20h à 4h ou 5h.
Un club avec un public extrêmement cool, constitué d'artistes, de designers, de publicitaires et d'apprentis, tous habillés dernier cri, venus siroter nonchalamment des cocktails après une longue journée de travail. Le décor se prête bien à cette ambiance créative et moderne, on se croirait dans un intérieur de fusée, il y a des coussinets étranges aux murs et le tout est plongé dans une lumière vert pâle et agrémenté d'un aquarium de 5 m de longueur.

■ KAFFEE BURGER
Torstraße 60
✆ +49 30 280 464 965
www.kaffeeburger.de
U-Bahn Rosa Luxemburg Platz.
Ouvert tous les jours à partir de 21h. Concerts à 22h, DJ set à partir de minuit.
Cette *tanzwirtschaft* date de Mathusalem, en tout cas de la RDA ! Ici, il n'y a pas de place pour les m'as-tu-vu, c'est plutôt le contraire et s'en est presque rafraîchissant. Le programme du Kaffee Burger est pour le coup hétéroclite au possible : lectures, musique en tout genre, combats de boxe et bien sûr à des *pilmeni*, la spécialité russe la plus appréciée à Berlin. Le grand rendez-vous du Kaffee Burger reste la Russendisko, soirée bimensuelle très courue où la faune berlinoise vient se déhancher sur des rythmes de l'Est.

■ ODESSA
Steinstraße 16
✆ +49 30 28 36 812
S-Bahn Hackescher Markt,
U-Bahn Weinmeisterstraße.
Au coin de la Alte Schönhauser Straße.
Ouvert tous les jours de 19h à 2h. En été, jardin ouvert jusqu'à 22h en semaine, 23h le week-end.
Dans le tourbillon de la nuit de Mitte, le bar Odessa est une oasis de tranquillité et de simplicité qui fait du bien. A peu près aussi grand qu'un carton de chaussures, meublé sobrement. Certains y viennent chercher l'atmosphère de Montmartre, pas évident à retrouver à Berlin. Le patron Nicolas vous accueille personnellement, le verre de vin est à 2 € et quelques chansons françaises sont jouées, les ressemblances sont trompeuses. Le jardin d'été est très simple, on y dispose çà et là des chaises pliantes entre les buissons et le tout est laissé sans lumière, ce qui favorise grandement les rapprochements !

▼ VIA NOVA
Universitätsstraße 2
✆ +49 30 202 148 61
www.cafe-vianova.de
S-Bahn Friedrichstraße. Ouvert tous les jours de 9h à minuit. Plats entre 5 et 20 €.
Composé d'une énorme salle cocktail-bar, ce café-restaurant entre la Friedrichstraße et la Spree accueille une clientèle très variée : à midi, les étudiants profitent des plats à petits prix (entre 4,90 et 10,90 €), le soir des yuppies transforment l'endroit en un cocktail-bar chic et branché. Grand choix en vins italiens.

Prenzlauer Berg
Si les bonnes adresses sont multiples à Prenzlauer Berg, quartier bobo oblige, elles se renouvellent aussi constamment, nous réservant à chaque fois de nouvelles surprises. Le choix n'est donc pas exhaustif et libre à vous de vous aventurer le long de la Kastanienallee et des rues avoisinantes, au-dessus de la Rosenthaler Platz vers Schönhauser Allee, le long de la Rykestraße

et autour de la Kollwitzplatz.

■ AN EINEM SONNTAG IM AUGUST
Kastanienallee 103
✆ +49 30 440 512 28
an-einem-sonntag-im-august.blogspot.com
U-Bahn Eberswalderstraße, tram 13, 50, 53.
Ouvert tous les jours de 9h jusqu'à la fermeture, buffet jusqu'à 17h (et même parfois jusqu'à 20h).

Au croisement de la Kastanienallee et de la Schönhauser Allee, ce beau bâtiment est recouvert de lierre. Plus que « Un Dimanche en août », ce café très populaire est le rendez-vous des étudiants venus disserter et se détendre, engoncés dans des canapés d'époque, dans une déco chaotique. Si le brunch du dimanche manque franchement d'originalité, il reste hyper abordable. Quant aux petits déjeuners à la carte, ils sont servis toute la semaine et n'importe quand, l'idéal pour tous ceux qui n'ont pas une vie réglée à la minute et se laissent vivre au rythme de leur humeur.

■ CAFÉ MORGENROT
Kastanienallee 85 ✆ +49 30 44 31 78 44
www.cafe-morgenrot.de
U-Bahn Eberswalder Straße.
Ouvert du mardi au jeudi de 10h à 1h, le vendredi et le samedi jusqu'à 3h et le dimanche à partir de 11h.

Idéal pour échapper à l'atmosphère bobo de la Kastanienallee, le Morgenrot est niché à côté d'un squat verdoyant. Cet endroit indescriptible est le fruit d'un collectif souhaitant créer un espace alternatif de dialogue à la fois politique, culturel et amical. Dès lors, le service se fait au bar avec des prix plus qu'honnêtes, le lieu offre une connexion Internet sans fil gratuite ainsi que de nombreux journaux et propose expos et concerts. Le *frühstücksbuffet* (brunch) végétarien peut se déguster jusqu'à 15h tous les jours. Enfin, si vous vous y rendez le mardi soir, descendez chercher un plat de la *volks-küche*, à la cave. Le plat est unique, à 1,50 €.

■ DR PONG
Eberswalderstrasse 21
www.drpong.net
U-Bahn Eberswalder Straße.
Ouvert tous les jours à partir de 20h, sauf le dimanche à partir de 18h.

Rien de tel qu'une petite partie de tennis de table pour vous mettre en jambe avant une folle nuit berlinoise. Cela tombe bien puisque Dr Pong est le rendez-vous du quartier. Un lieu plutôt défraîchi, un DJ en fond sonore, un sol glissant et une table de ping-pong : voici à peu près les conditions dans lesquelles vous allez passer la soirée. On vous prête une raquette au bar en échange d'une caution de 5 € et ensuite à vous de jouer. Gare aux dérapages incontrôlés et aux effets de la bière sur votre coup droit !

■ VILLA ORANGE
Eberswalderstrasse 35
✆ +49 163 74 24 944
www.villaorange.com
U-Bahn Eberswalder Straße.
Ouvert du lundi au samedi à partir de 18h30, le dimanche à partir de midi et par beau temps dès midi.

Ou comment appliquer une nouvelle fois le concept du bar-salon à Prenzlauer Berg : disposez quelques canapés dans une pièce à la tapisserie décrépie, munissez-vous de quelques caisses de bières à vendre et vous venez d'ouvrir un nouveau bar. C'est à peu près la méthode suivie par les fondateurs de la Villa Orange et qui à la longue, forts d'un certain succès, en ont fait un des endroits les plus agréables de la rue. Que ce soit pour le baby-foot ou la bière tchèque en pression, ou mieux encore les canapés dans la rue en face du tram dès les premiers rayons de soleil.

Dr. Pong.

SORTIR - Cafés – Bars

■ WEINEREI
Veteranenstraße 14
✆ +49 30 440 6983
www.weinerei.com
U-Bahn Rosenthalerplatz.
Ouvert du lundi au vendredi de 13h à 20h et le samedi de 11h à 20h.
Voici un haut lieu du Berlin contemporain. Bien plus qu'une simple *Weinerei* (donc un « pay what you want », où vous pourrez payer ce qui vous semble correct), cet établissement est plein d'un charme déjanté : les sofas ont sûrement été fabriqués avant la dernière guerre (tout comme les assiettes), et les serveuses viendront quand elles le jugeront opportun. Mais une fois que vous vous serez servi de la soupe ou de l'excellent café, vous verrez que tout est relatif et qu'il suffit de se souffler et de savourer l'instant.

■ WHITE TRASH FAST FOOD
Schönhauser Allee 6-7
✆ +49 30 50 34 86 68
www.whitetrashfastfood.com
U-Bahn Rosa-Luxemburg-Platz.
Ouvert tous les jours à partir de 18h.
Institution à Berlin, le White Trash Fast Food vous accueille dans des locaux au début de la Schönhauser Allee. On y a conservé la décoration du pub irlandais qui occupait les lieux auparavant, tout en rajoutant les souvenirs chinois des anciens locaux. Ce qui explique le design un peu particulier de l'endroit. Quel que soit le soir où vous viendrez, l'endroit sera plein et il y aura toujours de quoi faire la fête. Que ce soit un concert, la nourriture du resto, un DJ, ou les dimanches Coconut Grove dont on vous laisse la surprise…

■ WOHNZIMMER
Lettestraße 6
✆ +49 30 44 55 458
www.wohnzimmer-bar.de
U-Bahn Eberswalder Straße.
Ouvert tous les jours à partir de 9h.
Ce n'est plus un secret, le Wohnzimmer est un des cafés les plus cools du quartier. Mais ça n'empêche pas d'y aller faire un tour, car le local est resté plus ou moins hermétique à la vague déferlante sur Prenzl'Berg. Murs argentés, sofas confortables et, en été, une terrasse qui attire tous les branchés du quartier, le Wohnzimmer est aussi confortable que son propre salon, sauf qu'on y croise beaucoup, beaucoup plus de monde ! Surtout à partir de minuit, où il se transforme en antichambre de la nuit festive, avec corps à corps, flirts et délires, comme ça se fait dans un club.

■ ZU MIR ODER ZU DIR
Lychernerstr. 15
✆ +49 176 24 41 29 40
www.zumiroderzudir.com
U-Bahn Eberswalder Straße.
Ouvert tous les jours à partir de 20h.
« Chez toi ou Chez moi ? », si vous n'arrivez pas à vous décider ou si vous n'êtes pas encore arrivé à ce stade-là, allez donc dans ce bar. Ici on s'allonge sur les coussins, on se sert au bar directement (bière à 1,50 €) et l'on prend le temps de répondre à cette question tout en écoutant le DJ.

Kreuzberg

Kreuzberg est définitivement un des meilleurs quartiers de Berlin en ce qui concerne la vie nocturne, que vous vous orientiez plutôt vers la Bergmannstraße et ses bars un peu plus chic ou le long de la Oranienstraße, davantage alternative mais d'autant plus animée. Le quartier autour de Schlesisches Tor a vu les bonnes adresses se multiplier, de même qu'aux alentours du Görlitzer Park.

■ Ä
Weserstrasse 40
✆ +49 177 40 63 837
www.ae-neukoelln.de
U-Bahn Rathaus Neukölln.
Ouvert tous les jours à partir de 17h.
Précurseur dans le quartier, le Ä a ouvert à l'époque où Neukölln n'était qu'un quartier de travailleurs. Avec ses meubles de récup, c'est un lieu authentiquement berlinois où l'on peut venir à toute heure boire une bière artisanale. Une halte incontournable dans la Weserstrasse où de nouveaux bars ouvrent désormais pratiquement toutes les semaines.

■ BARBIE DEINHOFF
Schlesische Str. 16
www.barbiedeinhoff.de
U-Bahn Schlesisches Tor.
Ouvert tous les jours de 19h à la fermeture. Happy hour de 18h à 21h en semaine et dès 16h le week-end.
Dans ce quartier de plus en plus branché de la Schlesisches Tor, ce bar est un petit bijou. Ambiance Barbie *trash* et *gay friendly* pour des soirées déjantées. En plus, les prix sont plus que raisonnables, surtout en happy hour et la maison propose toutes sortes d'événements

dont le lundi soir les spéciales coiffures pour changer de look. Décor murs roses et boules à facettes, musique électro et DJ qui viennent donner le ton !

■ BATEAU IVRE
Oranienstrasse 18
✆ +49 30 614 036 59
U-Bahn Kottbusser Tor.
Ouvert tous les jours de 9h à 3h, cuisine jusqu'à 16h, tapas jusqu'à 3h.
L'institution de la Heinrich Heine Platz ne désemplit pas du matin au soir. Que ce soit pour les tapas dans la journée, pour un café avant d'aller en cours, pour les lectures qui ont lieu certains soirs, etc. Dans tous les cas, on s'y rend à chaque fois avec beaucoup de plaisir. Le patron Laurent a réussi à faire établir ce mélange entre bar et café, une décoration loin des intérieurs seventies (enfin !) mais qui rend le tout chaleureux. L'endroit n'est pas grand et aura tendance à déborder sur la rue l'été venu.

■ CAFÉ MELITTA SÜNDSTROM
Mehringdamm 61
✆ +49 30 692 4414
sundstroem@crosswinds.net
U-Bahn Mehringdamm (7).
Ouvert tous les jours à partir de 9h jusqu'au dernier client.
Voilà un endroit sans pareil dans la partie ouest de Berlin. Ouvert aux gays et aux lesbiennes, les deux communautés cohabitent bien ici. De jour, ce café-bistro-antiquités est le rendez-vous des intellos du quartier et, le soir, le repaire des excentriques de la ville. On y propose des petits déjeuners et de quoi grignoter toute la journée notamment avec des *bagels* et des gâteaux faits maison.

■ CAKE CLUB
Oranienstraße 32
✆ +49 30 616 59 399
www.myspace.com/cakeclubberlin
U-Bahn Kottbusser Tor (1 et 8).
Ouvert tous les jours à 22h jusqu'à 4h en semaine et 6h le week-end.
Le Cake Club, c'est une institution pour la musique black en provenance du monde entier. Mais attention, pas de hip-hop ou de reggae ici, plutôt tout ce qui tourne autour, mais ne s'en approche pas ! C'est-à-dire : mardi, drum'n'bass ; le jeudi, soirées boom, boom, boom ; le vendredi, house (de la deep à progressive) et, bien sûr, tous les autres soirs de la semaine, DJ aux platines. Le public est un des plus délurés et amicaux de la ville.

■ DAS HOTEL
Mariannenstrasse 26a
✆ +49 30 84 11 84 33
www.dashotel.org
U-Bahn Kotbusser Tor.
Ouvert tous les jours de 15h à 3h.
Au rez-de-chaussée de l'hôtel éponyme, voici un bar appartement comme Berlin en a le secret. On discute tranquillement au son du jazz et à la lueur des bougies, et si l'on a quelque talent, on peut même s'installer au piano. Soirées ciné et DJ live régulièrement.

■ HANNIBAL
Wiener Straße 69 ✆ +49 30 611 51 60
www.hannibal-berlin.de
U-Bahn Görlitzer Bahnhof.
Ouvert tous les jours de 8h à 2h. Buffet : 8 € à partir de 10h le dimanche.
Un lieu décontracté où l'on revient toujours volontiers manger un bout ou se détendre, dans un décor chaotique mais confortable. Conçu pour les bons vivants, le Hannibal fait à la fois office de café, mais aussi de bar et de restaurant. Quelle que soit l'heure, vous pourrez vous remplir la panse chez Hannibal, soit avec un petit déjeuner de 8h à 16h, comme le Kleines Frühstück Hannibal ou le Gros Frühstück Hannibal composé de jambon, de blanc de poulet, de müesli, d'œuf à la coque et de fromage blanc, ou encore plus sobrement d'un petit déjeuner tout simple, le Berlin, qui consiste en un demi-pain tartiné ou d'un Paris, croissant et petit pain. Pour les amoureux du sirop d'érable, Hannibal propose aussi différentes pancakes, des omelettes et des bagels, et, à toute heure de la journée, on peut également manger des steaks, des burgers et des baguettes.

■ JUNCTION BAR
Gneisenaustraße 18
✆ +49 30 69 46 602
www.junction-bar.de
U-Bahn Gneisenaustraße.
Ouvert tous les jours de 22h à 5h. Entrée payante les soirs de concert.
Marre de MTV et de la musique électronique ? Marre des minettes et minets se trémoussant sur des beats épileptiques ? Le Junction Bar est l'adresse qu'il vous faut. Chaque soir, on y assiste à des concerts, de soul, de blues, de funk ou de jazz, relayés ensuite par un DJ qui joue de la black music et du hip-hop. Après avoir sagement écouté les bandes, ou suivi de toute son âme le groupe, tout le monde se met à danser aux sons du DJ.

SORTIR - Cafés – Bars

■ KIKI BLÖFELD
Köpenickerstrasse 48-49
www.kikiblofeld.de
U-Bahn Heirich Heine Strasse. Pour y accéder, longez le chemin en terre en direction de la Spree, tournez à droite au bout sur le parking. L'entrée est au fond à gauche du parking.
Ouvert tous les jours en été à partir de 14h. Consulter le site Internet pour le reste de l'année.
Kiki Blöfeld n'a jamais connu l'emprise médiatique de son voisin, le Club 25, juste en face. On ne vient pas ici pour la *24-hour party* mais plutôt pour se détendre dans cet espace, mi-*squat* mi-*strandbar* qu'on ne retrouve qu'à Berlin. Des transats éparpillés sur la plage, un billard et un Baby-foot cachés dans les buissons, des balançoires, une programmation musicale éclectique, qui oscille entre une soirée jazz et une nuit électro déchaînée. Et la population reflète bien ce mélange des genres.

■ L.U.X.
Schlesische Strasse 41
www.lux-berlin.net
U-Bahn Schlesisches Tor.
Ouvert du mardi au samedi à partir de 21h.
Sur Schlesische Strasse, à côté du café Wendel, difficile de ne pas remarquer ce bar niché dans un vaste entrepôt. Très haut de plafond avec une petit mezzanine, le L.U.X. pour Leiseste Unterhaltung XBerg propose une programmation parmi les plus diversifiées du quartier. *Open mic*, soirées acoustique (le mercredi), rock ou électro disco, tout est permis. Le week-end, il est bondé jusqu'au petit matin pour les soirées décalées, comme Soap.

■ MADAME CLAUDE – BAR FOR COMMON PEOPLE
Lübbener Straße 19
✆ +49 30 47 03 22 36
U-Bahn Schlesisches Tor.
Ouvert tous les jours à partir de 19h jusqu'à tard dans la nuit et le dimanche à partir de 17h.
Née de la fructueuse collaboration de trois jeunes Français respectivement installés auparavant à Paris, Madrid et Londres, Madame Claude a investi une ancienne maison close dans le quartier de Schlesisches Tor. L'accès se fait par l'armoire d'un inquiétant salon, la visite se poursuit au plafond : le *drinking-dining room* se joue littéralement des lois de la gravité, les meubles sont « scotchés » au plafond et c'est au sol que l'on retrouve moulures et luminaires. En contrebas, une seconde salle est dédiée aux performances scéniques où DJ et formations électro-rock ou acoustiques livrent leur opus devant une centaine de personnes. Le mercredi soir, Madame Claude prend rendez-vous avec sa clientèle pour ses Music Blind Tests. Enfin, pour tous ceux qui souhaitent profiter de l'ambiance pour s'adonner à des pratiques sportives salutaires, le bar est équipé d'une table de ping-pong et d'un Baby-foot. Madame Claude propose également ses croque-monsieur et sandwichs maison ainsi qu'une sélection de premier choix de fromages et de charcuteries importés directement de France.

■ MATILDA
Graefstraße 12
✆ +49 30 8179 72 88
U-Bahn Schönleinstr.
Ouvert dès 14h.
Comme de bien nombreux bars et restaurants berlinois, le mobilier du Matilda provient de cette époque à laquelle ils semblent toutes et tous vouer un culte, les années 1960 et 1970. Cependant, ici, il se distingue en ceci, qu'il correspond à ce que furent les intérieurs de la bourgeoisie de l'époque. Pour être précis, on n'évolue pas dans les plastiques orange criard et les fourrures synthétiques rose bonbon mais dans ce qui fut un intérieur classe, désuet certes, mais cossu.

■ MÖBEL OLFE
Reichenberger Straße 177
✆ +49 30 23 27 46 90
www.moebel-olfe.de
U-Bahn Kottbusser Tor.
Ouvert du mardi au dimanche à partir de 18h.
L'institution de la Kottbuser Tor est toujours plein à craquer quel que soit le soir où vous irez. Mais frayez-vous un chemin dans la foule, commandez une délicieuse bière polonaise à la pression et admirez le décor. Des tableaux de famille, des squelettes au bonnet de père Noël, des lampes design années 1970 au milieu de chandeliers, les jambes de poupées sortent du plafond. Décor insolite pour bar sympathique.

■ MORGENLAND
Skalitzer Straße 35
✆ +49 30 61 11 32 91
www.morgenland-berlin.de
U-Bahn Görlitzer Bahnhof.
Ouvert du lundi au vendredi dès 9h, le samedi et le dimanche dès 10h. Cuisine chaude jusqu'à 23h30 et, le week-end, seulement à partir

Le plafond du bar Madame Claude.

de 15h30. Petit déjeuner en semaine jusqu'à 15h et brunch les week-ends et jours fériés de 10h à 16h à 9 €.

Quoi de plus agréable que d'émerger de son sommeil dans « le Pays du matin », tout en regardant le métro passer ? Avec ses grandes tables en bois et sa décoration simple et lumineuse, le Morgenland est un de nos cafés préférés pour le petit déjeuner, surtout les jours de grand soleil, où l'on a en plus droit à la lumière bienfaisante du petit matin. Mais le Morgenland garde ses portes ouvertes jusque tard dans la nuit et, à toute heure, on peut également y commander des baguettes, des salades, des plats de pâtes ou encore des *rostkartoffel*.

■ ROOM 77
Graefestraße 77 ⓒ +49 179 853 6849
U-Bahn Schönleinstr.
Ouvert tous les jours à partir de 17h.
Si le Matilda est déjà fermé, n'hésitez pas à aller en face. Ici, la décoration est peut-être moins recherchée, encore que… Canapés, tables basses, bougies et boules à facettes en font un lieu confortable sans être cosy. Idéal pour boire un verre et déguster les spécialités de Johnny, le patron texan. Au menu : hamburger, tapas et pancakes et les portions sont telles que vous serez obligé de demander à votre voisin pour vous aider à finir votre assiette, voilà de quoi nouer des contacts !

■ ROTE HARFE
Heinrichplatz, Oranienstraße 13
ⓒ +49 30 618 4446
www.roteharfe.de
U-Bahn Görlitzer Bahnhof.
Ouvert tous les jours à partir de 10h, lounge à partir de 17h.
Très agréable endroit, chaudement recommandé en période hivernale, en particulier à l'étage où la pièce est divisée en espaces délimités par des tentures. Cela s'appelle l'Orient Lounge : on s'assied sur des poufs disposés autour de petites tables rondes et l'on y fume le narguilé tout en dégustant quelques cocktails. On est alors tout à coup loin, très loin, du froid qui sévit au-dehors.

■ ÜBERSEE
Paul Linke Ufer 44
ⓒ +49 30 616 267 80
www.caféübersee.de
U-Bahn Kottbusser Tor.
Ouvert tous les jours de 8h à 2h.
L'ambiance feutrée et de bons plats font la réputation de ce café très cosy, situé au bord du Landwhrkanal en plein Kreuzberg. En été les larges tables en bois au bord du canal sont idéales pour prendre un *Frühstück*, sous la jolie verrière ou sous le soleil, jusqu'à 15h ou un verre dans l'après-midi, alors que la vaste salle ne désemplit pas une fois les mauvais jours revenus. Vaste choix de vins et de cocktails.

■ ZYANKALI BAR
Grossbeerenstraße 64
☏ +49 30 25 16 333
www.zyankali.de
U-Bahn Mehringdamm ou Möckernbrücke.
Ouvert tous les jours à partir de 20h.
Vous avez toujours rêvé d'être invité chez Frankenstein ? Toiles d'araignée, bras décharnés et autres détails macabres peuplent le bar. Pour compléter le tout, on sert les cocktails dans des éprouvettes de laboratoire, d'où se dégage une drôle de fumée (c'est pour rire) et plus de 35 bières sont proposées, dont la Beelzebuth, la bière la plus forte qui soit, avec ses 15 % d'alcool. Plus de peur que de mal, le bar s'avère un local très sympathique, où la plupart des clients sont des habitués.

Friedrichshain

Les valeurs sûres à Friedrichshain sont les trois rues suivantes : la Simon Dach Straße, la Grünbergerstraße et la Boxhagener Straße. Ici cohabitent intérieurs seventies et fameux bars à cocktails. Ne pas dédaigner non plus les alentours de la Warschauerstraße, le long de la Spree jusqu'à Ostkreuz.

■ A-LOUNGE
Karl Marx Allee 35
☏ +49 30 557 7550
www.a-lounge-berlin.de
U-Bahn Schillingstraße.
Ouvert tous les jours à partir de 18h30.
Vous ne savez pas trop ce qui vous a pris de partir ainsi, tête baissée et à grandes enjambées, à la découverte de l'interminable Karl Marx Allee ? Et vous vous trouvez soudain quelque peu désorienté par les dimensions délirantes de cette triste démonstration de grandeur ! Avec un peu de chance, voilà un bar qui devrait vous permettre de vous laisser quelque peu aller à une détente bien méritée, le temps de recouvrer vos esprits. Après 23h, le lieu se remplit, de la bière on passe au cocktail ; le volume sonore couvre imperceptiblement peu à peu les conversations et l'on se prépare alors tranquillement à affronter la nuit…

■ BLÜHENDE LANDSCHAFT
Samariterstraße 29
☏ +49 30 42 01 37 83
U-Bahn Samariterstraße.
Ouvert tous les jours de 18h à 3h.
Attention, voilà un *tip* local, un de ceux que les natifs de Friedrichshain se gardent jalousement ! La Blühende Landschaft, traduisez par « paysage fleurissant », est un petit local haut en couleur et à la décoration qui rendrait le plus mal luné de bonne humeur. Tout Friedrichshain s'y retrouve le soir, sans distinction d'âge et de style, à l'image du quartier, pour y papoter, faire le tour des dernières rumeurs en cours et refaire le monde. Un local qui sent bon l'insouciance.

■ CONMUX
Simon-Dach-Straße 35
☏ +49 30 29 18 363
U-Bahn Frankfurter Tor.
Ouvert tous les jours de 10h à 2h ou 3h.
Cela fait penser au Tacheles d'il y a dix ans, à une époque où les quartiers de l'Est étaient réservés aux marginaux et où la décoration n'était pas l'essentiel de ce qu'un bar avait à offrir. Il y a des restes de machines sur le bar, des débris, des briques apparentes, bref, un vrai décor de fabrique ! De jour, on *chill* au bar dans une ambiance tranquille et reposante, et, le soir, place au reggae et au rap qui réveille même les plus sourds. Bar de quartier typique, le Conmux propose également des brunchs légendaires le dimanche.

■ HABERMEYER
Gärtnerstr. 34 ☏ +49 30 297 718 87
www.habermeyer-bar.de
S-Bahn Warschauerstr ou U-Bahn Samariterstr.
Ouvert tous les jours à partir de 19h.
Un peu éloigné de la Simon Dach Str. devenue vraiment très touristique, le Habermeyer a réussi à éviter la vague trendy qui souffle sur Friedrichshain.

■ KÜNSTLICHE BEATMUNG
Simon-Dach-Straße 20
☏ +49 30 29 44 94 63
www.kuenstlichebeatmung.de
S- et U-Bahn Warschauer Straße.
Ouvert tous les jours à partir de 19h.
Respiration artificielle, grâce à quoi ? Au Beat ! Nom extravagant pour un bar qui vous transpose dans une ambiance éclectique sitôt à l'intérieur. Au rez-de-chaussée, des sofas disposés près du bar offrent un moment de détente musicale, mené par un DJ et, au sous-sol, une piste de danse invite les plus en forme à se déhancher sur des beats électro. Mais le must absolu est une sorte de tunnel qui rappelle incontestablement l'univers de Kubrick et dans lequel on s'enfonce dans un hors-temps et hors-dimension propice à tous les délires.

■ SCHMITT'S
Weichsel – Oderstraße 8
am Traveplatz ✆ +49 30 269 481 91
www.schmitts-friedrichshain.de
U-Bahn Frankfurter Allee.

Nous sommes en présence ici de ce qu'on peut considérer aujourd'hui comme le bar typique de Berlin-Est mobilier des années 1960 et 1970 venant tout droit d'un cinéma, d'un aéroport ou encore d'une quelconque administration, le tout disposé de manière qui pourrait sembler à première vue quelque peu anarchique, mais qui, en définitive, suit une logique et répond à une attente, celle de la convivialité. Le Schmitt's, comme la plupart des établissements de ce type, propose selon le moment de la journée des solides petits déjeuners, une restauration de bistrot, un bar bien sûr et, pour la soirée, des cocktails, le tout pour des prix plus que raisonnables.

■ ZEBRANO
Sonntagstraße 8 ✆ +49 30 29 36 58 74
www.zebranobar.de
S-Bahn Ostkreuz.
Ouvert tous les jours à partir de 10h. Happy café de 14h à 16h et happy hour de 19h à 21h.

Il a fallu en écumer des marchés aux puces pour meubler ce bar ! Les trois pièces qui le constituent donnent envie de les occuper toutes en même temps, mais chacune a son caractère propre. Dans la première pièce, les fauteuils Le Corbusier rappellent un salon des années 1920 ; dans la deuxième, le bar en bois de zèbre, qui donne son nom au bar, est plus inspirée des années 1970 ; dans la troisième pièce, destinée à servir de lounge, l'ambiance tamisée et les fauteuils cocktail rappellent les années 1950. Bref, une des pièces conviendra forcément à l'humeur des visiteurs, venus siroter un cocktail dans un bar hors du temps.

Charlottenburg

Les lieux de prédilection pour sortir boire un verre dans Charlottenburg se situent notamment autour du Ku'Damm jusqu'à Savignyplatz. On y trouve autant d'*Eckkneipe* (bistrot du coin), que de cafés ou de bars à cocktails à l'ambiance plus *lounge*.

■ BAR DU PARIS BAR
Kantstraße 152 ✆ +49 30 310 150 94
www.parisbar.net
S-Bahn Savignyplatz ou U- et S-Bahn Zoologischer Garten.
Ouvert tous les jours dès 18h.

Pendant des années, la question existentielle des VIPs de la ville était de savoir où aller après avoir dîné au Paris Bar, sans échouer parmi les simples mortels. Ce dilemme est désormais réglé, puisque les propriétaires de l'établissement ont ouvert un bar, le Bar du Paris Bar (original !). Pour ceux qui peuvent se permettre de mettre au minimum 8 € dans un cocktail, qui ont les sapes qui vont avec et qui n'ont pas peur de tomber nez à nez avec Boris Becker...

Le plafond du Paris Bar.

Le Gainsbourg, un bar au cadre élégant.

■ CAFÉ BLEIBTREU
Bleibtreustraße 45
✆ +49 30 881 4756
Fax : +49 30 882 7132
www.cafe-bleibtreu.de
S-Bahn Savignyplatz.
Ouvert du dimanche au jeudi de 9h30 à 1h, les vendredi et samedi de 9h30 à 2h.
Pour le quartier, les prix sont très doux, ce qui en fait le café au rapport qualité/prix le plus intéressant de la rue. Le brunch du week-end est très prisé, pensez à réserver. L'endroit est calme, chaleureux et très approprié pour lire son journal en petit-déjeunant.

■ DICKE WIRTIN
Carmerstraße 47
✆ +49 30 312 4952
www.dicke-wirtin.de
S-Bahn Savignyplatz.
Ouvert tous les jours dès midi, jusqu'à 3h en général.
Un bar qui a été le QG des étudiants, artistes et autres acteurs maudits berlinois des années 1960 et 1970. Depuis il est resté un lieu apprécié par la jeunesse berlinoise et l'on s'y retrouve volontiers pour venir déguster l'une des spécialités allemandes de la carte. Le décor tout en bois sombre donne au bar un semblant de pub anglais et sa terrasse est bien agréable dès les premiers rayons de soleil pour déguster une bonne bière à choisir parmi la vaste sélection proposée.

■ GAINSBOURG
Jeanne-Mammen-Bogen 576-577
✆ +49 30 31 37 464
www.gainsbourg.de
U-Bahn et S-Bahn Savignyplatz.
Ouvert tous les jours à partir de 17h en hiver, 16h en été. Cocktails entre 7 et 9 €.
Le nom seul parle de lui-même pour cet endroit lascif, relax et cultivé. Un bar de référence qui a fidélisé une clientèle venue ici pour déguster les meilleurs cocktails de la ville et pour draguer sans complexe. On y boit beaucoup, on y parle encore plus et parfois on y danse lorsque l'ambiance s'y prête, c'est-à-dire tard dans la nuit, heure à laquelle on vous conseille d'y aller. Mieux vaut en effet finir sa nuit au Gainsbourg, plutôt que de l'y commencer, sans quoi vous risquez de ne plus voir grand-chose ! En été, le Gainsbourg dispose d'un petit jardin très agréable où l'on peut siroter son cocktail tout en bavardant au soleil.

Cafés – Bars - **SORTIR** ◄ 143

■ HEFNER
Kantstraße 146
✆ +49 30 310 175 20
www.hefner-berlin.de
U-Bahn Uhlandstrasse et S-Bahn Savignyplatz.
Ouvert tous les jours de midi à 2h ou 3h en semaine et jusqu'au bout de la nuit le week-end.
Chic, chic, chic, le Hefner apporte un côté sélect sympa à Charlottenburg. Bar, café, lounge, tout à la fois, cette adresse semble tout droit sorti de Mitte, mais elle a cette touche intello en plus que les cafés de Mitte n'arrivent pas à créer. La première partie du Hefner est occupée par le bar, auquel on peut s'accouder nonchalamment, et par des tables de bistro disposées régulièrement devant les fenêtres qui donnent sur la Savignyplatz, tandis que la partie arrière est réservée à la détente et nettement plus branchée méditation : canapés bas en cuir, couleurs chocolatées et grandes tables carrées, le tout dans une ambiance romantique éclairée à la bougie. L'endroit ne dégage donc pas l'ambiance fête du samedi soir, mais cultive plus volontiers une ambiance plus intime pour tous ceux qui veulent éviter le brouhaha et les rires frénétiques.

■ KLICK CAFÉ
Windscheidtrasse 19
✆ +49 30 323 8437
S-Bahn Charlottenburg.
Ouvert tous les jours dès 17h. Séances de cinéma à 18h, à 20h et à 22h.
Survivant des années 1970, le Klick est non seulement le plus vieux cinéma de Berlin, mais aussi un local qui accueille des cinéastes et des apprentis cinéastes, et où l'on discute toujours avec beaucoup d'enthousiasme ! Avec un look bien d'époque, le café est très sympathique. Pour tous ceux qui apprécient les petits cinémas de quartier où l'on peut passer une soirée entière à discuter de films et d'états d'âme, avec des acteurs ou avec des étudiants en art dramatique.

■ MR HU
Golzstraße 39 ✆ +49 30 217 2111
www.misterhu-berlin.de
U-Bahn Eisenacherstraße.
Ouvert tous les soirs à partir de 17h.
M. Husen, écrivain trash et figure culte, est le propriétaire de ce bar branché décoré de bleu et de vert, confortable et sombre à souhait. On y vient pour y fumer le cigare, boire un cocktail, ou plus modestement une bière, et s'amuser, mais dignement ! Mr. Hu est le genre de bar que l'on conseille aux petits groupes tranquilles et aux couples qui cherchent un nid pour boire un cocktail coloré.

■ QUASIMODO
Kantstraße 12 ✆ +49 36 318 045 60
www.quasimodo.de
S- et U-Bahn Zoologischer Garten.
Ouvert tous les jours en semaine à partir de 16h et le week-end à partir de 13h.
Légèrement en retrait et surélevé par rapport à la route, Quasimodo est une véritable institution. Sa terrasse est une invitation à la discussion et au bon vivre. Très ensoleillée, elle attire tout le quartier jusque tard dans la nuit et, lorsque le temps ne s'y prête pas, la grande salle vitrée prend le relais. Bref, le Quasimodo n'est pas un simple café, c'est un lieu de rendez-vous et de transit vers le club de jazz ou le cinéma attenant. La grande salle brasse un public très varié dans une atmosphère cinéphile et imprégnée de blues, et, entre les affiches de Keith Haring et la vieille caméra qui trône dans la salle, les Berlinois s'adonnent à leur occupation favorite : boire de la bière ou des *weinschorle*, tout en refaisant le monde !

■ SCHWARZES CAFÉ
Kantstraße 148 ✆ +49 30 313 8038
www.schwarzescafe-berlin.de
A deux pas de Savignyplatz.
S-Bahn Savignyplatz,
ou U-Bahn Zoologischer Garten.
Ouvert 24h/24 sauf dans la nuit de mardi à mercredi où ferme de 6h à 10h du matin.
Café-culte à Berlin à la fin des années 1960, le Schwarzes Café s'est un peu assagi mais reste un bon reflet de la ville. A n'importe quelle heure du jour ou de la nuit, quelle que soit l'humeur dans laquelle on se trouve, le Schwarzes est la solution alternative : après-soirée avorté, pendant une nuit blanche ou simplement pour manger un morceau, c'est l'une des bonnes adresses du quartier. En plus de la terrasse et du rez-de-chaussée, le Schwarzes dispose d'un étage au design sobre et hauts murs blancs avec çà et là, des photos délurées et des tableaux étranges. A la carte, des petits déjeuners délicieux, des salades, des petits plats ou des pâtes à toute heure ! On peut donc petit-déjeuner à 20h ou commander un plat de pâtes à 8h du mat', et bien sûr boire des cocktails toute la nuit. Petit conseil enfin : allez absolument voir les toilettes à l'étage…

BERLIN

■ TERZO MONDO
Grolmanstraße 28 ✆ +49 30 881 5261
www.terzomondo.de
S-Bahn Savignyplatz ou U-Bahn
Uhlandstraße (15).
*Ouvert tous les jours de 18h à 3h ou 4h.
Cuisine jusqu'à 2h.*
Dans les années 1970, le « Tiers Monde » était le rendez-vous des étudiants révolutionnaires, qui puisaient dans leur imagination pour élaborer de nouveaux contre-pouvoirs et changer la société. Aujourd'hui, les étudiants d'extrême gauche se faisant rares, on y retrouve surtout des étudiants de philo ou d'histoire qui discutent des mêmes thèmes ou presque, et qui confrontent leurs idées avec les soixante-huitards désormais quinquagénaires. Quoi de plus agréable alors que de grignoter des spécialités grecques, accompagnées d'un ballon de rouge, tout en refaisant le monde. Petit plus le week-end, des concerts sont donnés (le programme de la semaine est affiché sur la porte) et en semaine, des sessions se constituent spontanément.

■ UNIVERSUM LOUNGE
Dans la Schaubühne
Kurfürstendamm 153
✆ +49 30 890 649 95
www.universumlounge.com
U-Bahn Adenauerplatz.
Ouvert tous les jours à partir de 18h. Happy hour entre 18h et 21h.
L'Universal Lounge est désormais la vitrine préférée des Berlinois de l'Ouest qui y viennent pour boire un verre dans cet endroit futuriste. Un gros effort a été fait sur la déco, sans toutefois en faire de trop, et avec ses sièges en faux cuir blanc cassé, son bois clair et son côté fonctionnel, l'Universal Lounge ressemble à un salon qu'on aurait transformé en vaisseau spatial. Et les nombreuses photos de Neil Armstrong et autres voyageurs de l'espace vous rappelleront forcément ce temps des grands pionniers du XXe siècle.

Schöneberg

Les deux rues les plus agréables le soir dans Schöneberg sont la Golzstraße et l'Akazienstraße derrière la Nollendorf Platz, vous trouverez alors restos et bars à volonté. La Motzstraße est plutôt renommée pour ses adresses *gay friendly*.

■ GREEN DOOR
Winterfeldstraße 50 ✆ +49 30 215 2515
www.greendoor.de
U-Bahn Nollendorfplatz.
Ouvert tous les jours de 18h à 2h ou 3h selon les soirs. Happy hour de 18h à 21h.
Le Green Door est en bonne place sur la liste des bars les plus en vue de Berlin, avec un décor proche de celui d'*Alice aux pays des merveilles*, peuplé non de créatures étranges mais de yuppies. Les cocktails font partie des meilleurs de la ville. Appréciez les mille plaisirs colorés offerts par la carte et appréciez la dextérité des barmen.

■ NACHBAR
Maaßenstraße 12
✆ +49 30 23 63 90 59
www.nachbar-berlin.com
U-Bahn Nollendorfplatz.
Ouvert tous les jours de 18h à 2h.
Le Nachbar possède une solide clientèle d'habitués, à laquelle s'ajoutent chaque soir les curieux, intrigués par ce bar tout en longueur et l'ambiance chaleureuse. Avec ses teintes pourpres, les bougies et la longue banquette en cuir qui longe tout un mur face au bar interminable, le Nachbar est une invitation à l'intimité. De 18h à 21h, les centaines de cocktails alcoolisés sont en happy hour. Selon les soirs la musique varie, soul, jazz, blues ou house... De plus, des DJs sont régulièrement aux platines et la petite piste de danse se transforme en Studio 54 !

■ NEUES UFER
Hauptstraße 157
✆ +49 30 78 70 38 00
U-Bahn Kleistpark.
Ouvert tous les jours de 11h à 2h.
Le plus vieux des cafés « de l'autre bord » (la traduction littérale de son nom avant la rénovation, Anderes Ufer), presque une institution ! On y expose de l'art et des photographies d'artistes gay, et la communauté lesbienne aime bien s'y retrouver. Le service est particulièrement lent, heureusement une sélection de journaux permet de faire patienter. C'était dans les années 1970 le QG de David Bowie qui avait un appartement dans l'immeuble à côté, et à ce titre il attire une clientèle de tous bords.

■ ZOULOU BAR
Hauptstraße 4 – Am Kleistpark
✆ +49 30 700 947 37
www.zouloubar.de
U-Bahn Kleistpark.
Ouvert tous les jours de 20h à 5h ou 6h.
De nombreux cocktails à prix raisonnables et une des meilleures réputations de la ville. Le Zoulou Bar, petit local funky et relax, tant

apprécié pour sa simplicité que pour son ouverture d'esprit, attire un public mixte, constitué d'étudiants, de pseudo-mannequins et de toutes sortes de gens excentriques qui cohabitent dans un gentil chaos. Entre 22h et 2h du matin, vous n'aurez pas trop de place pour vous exprimer, car le bar est généralement bondé, mais passé cette heure d'affluence, vous pouvez prendre vos aises et dès 4h du matin, flirt et delirium sont de mise. Ce n'est qu'au lever du jour que le Zoulou Bar commence à fatiguer et vous sûrement avec.

Tiergarten

Si le Tiergarten au premier abord ne semble pas être le lieu idéal pour sortir, ne le délaissez pas pour autant. En été, il est fort agréable de passer sa soirée dans le parc, au milieu des barbecues. En hiver, les abords de la Lützowplatz révèlent quelques bars sympathiques.

■ BAR AM LÜTZOWPLATZ
Lützowplatz 7 ✆ +49 30 262 6807
www.baramluetzowplatz.de
U-Bahn Nollendorfplatz.
Ouvert tous les jours à partir de 18h. Happy hour de 18h à 21h.
Classique, sobre et chic, le bar à cocktails de la Lützowplatz est un très beau bar moderne avec son interminable bar qui coupe le local en deux dans toute sa longueur. Les invités sont toujours très stylés et les embouteillages sont courants, mais le tout est un peu guindé. Et le portrait de Mao qui siège au fond du bar n'y change rien. Pour autant y boire un cocktail en début de soirée est agréable, mais n'attendez pas que le local se remplisse, à moins de vouloir entrer en contact avec les hommes d'affaires et yuppies qui logent dans les grands hôtels environnants.

■ CAFÉ EINSTEIN
Kurfürstenstraße 58
✆ +49 30 263 91 918
www.cafeeinstein.com
U-Bahn Nollendorferplatz.
Ouvert tous les jours de 9h à 1h.
Offrez-vous une petite excursion dans le Berlin des années 1920 dorées. Situé dans une zone résidentielle en plein milieu de la ville, ce café ressemble beaucoup aux grands établissements européens que l'on peut trouver à Vienne, Prague ou Budapest. Asseyez-vous donc, prenez le temps de feuilleter un des nombreux journaux et n'hésitez pas à commander un mélange viennois ou un café retourné (*verkehrter*). Vous verrez, votre journée démarrera très bien.

■ TROMPETE
Lützowplatz 9 ✆ +49 30 23 00 47 94
www.trompete-berlin.de
U-Bahn Nollendorfplatz.
Ouvert le jeudi uniquement de 19h à 3h. Fermé les autres jours.
Ce bar se veut avant tout un club de jazz, mais pas au sens classique du terme. Ici, le jazz est associé au luxe. Il faut dire que le cadre sobre et chic a tout pour plaire cuir pour les fauteuils, tentures bordeaux aux murs. Dans le club, doté d'un grand bar et de nombreux canapés en coin, on expérimente toutes les déviances du jazz dans la musique électronique. Jazzy house, funky-groove ou concert live, cela dépend des semaines.

Café Einstein.

CLUBS ET DISCOTHÈQUES

Il existe trois magazines indispensables pour découvrir la programmation de Berlin la nuit et surtout la centaine de lieux qui existent. L'un est en allemand, le *Zitty*, il est de loin le plus complet, et un autre en anglais, l'*Exberliner*, mais aussi le *Streb Faktor* qui rassemble une grosse partie de l'incroyable vie culturelle des squats de Berlin. Vous y trouverez notamment les infos sur les repas distribués chaque soir dans l'un des lieux, pour seulement 1,50 ou 3 € ainsi que toutes les activités des squats, aussi bien de jour que de nuit. Pour connaître les dates de concerts sur Berlin consultez le site : www.popfrontal.de

Mitte

■ **COOKIES**
Behrenstraße 55
Au coin d'Unter den Linden
et de la Friedrichstrasse
www.cookiescream.com
S-Bahn Friedrichstraße
ou Unter den Linden.
Ouvert le mardi et le samedi à partir de 22h.
Chez Cookies, pas de falbalas, mais une déco simple et confortable, l'idéal pour se concentrer sur la musique et les gens. On y joue toujours de la musique électronique mais subtile, on y mixe, avec générosité, d'excellents cocktails qui ne coûtent pas très cher autant que de la bonne musique.

■ **GRÜNER SALON**
Rosa Luxemburg Platz
dans la Volksbühne
www.gruener-salon.de
U- et S-Bahn Alexanderplatz,
U-Bahn Rosa Luxemburg Platz.
Jours d'ouverture selon le programme, entrée variable.
Dans un style années 1920, avec de gros lustres qui pendent du plafond, le Grüner Salon est, comme son nom l'indique, baigné dans une lumière verte qui crée vraiment une ambiance hors du temps. On y danse la salsa, après avoir pris des cours rapides et simples pour esquisser ses premiers pas. Les autres soirées sont consacrées au jazz, au tango et même la possibilité de revivre l'ambiance des swing-clubs des années 1920. Le samedi est souvent destiné aux étudiants, avec du son des années 1960 à 1980 qui passe en revue tous les hits de l'histoire de la pop.

■ **ROTER SALON**
Rosa Luxemburg Platz
Dans la Volksbühne
www.roter-salon-berlin.de
U-Bahn Rosa-Luxemburg – Platz.
Ouvert les vendredi et samedi et soirées occasionnelles. Entrée payante, flyers distribués.
Un club orienté vers un public jeune. Ici, on écoute de l'électro, de la salsa moderne avec des éléments de hip-hop, du rock et de la brit-pop. Ici, techno, mais tout ce qui se fait de meilleur en musique électronique. Le public est éclectique, quoique très étudiant et donc sympa et l'ambiance de ce salon réussit une bonne synthèse entre confort feutré et ambiance électrique.

■ **SAGE CLUB**
Köpenicker Straße 78 ✆ +49 30 27 89 830
Fax : +49 30 27 89 83 20
www.sage-club.de
U-Bahn Heinrich-Heine Straße.
Ouvert dès 19h le jeudi. Entrée gratuite jusqu'à 22h, 6 € ensuite. 2 cocktails pour le prix d'un jusqu'à 21h.
A l'intérieur, beaucoup de fumée, crachée méthodiquement par un dragon qui surplombe la piste de danse principale, plusieurs bars à bière, à cocktails, un sous-sol chill-out pour ceux qui préfèrent discuter, et, l'été, un jardin qui ressemble plus à un biergarten qu'à une succursale de la boîte. Le tout est fréquenté par toutes sortes de gens dont pas mal d'étudiants… Musique surtout indie, brit, hard, classique mais quoi qu'il en soit toujours rock !

■ **WEEKEND**
Alexanderplatz 7
www.week-end-berlin.de
U- et S-Bahn Alexanderplatz.
Ouvert du jeudi au samedi à partir de minuit. Voir la programmation pour d'autres ouvertures exceptionnelles.
Anciens locaux de la Haus des Reisens, c'est-à-dire l'endroit où l'on attribuait les visas aux citoyens est-allemands, on vient y danser le week-end et profiter du plus beau panorama de la ville. En effet, le club se situe au 12e étage d'un immeuble quelconque de la Alexanderplatz. A vous de détailler les monuments de Berlin, la vue plongeante sur la Museum Insel et l'avenue Unter den Linden, c'est le panorama de la Fernsehturm

en mieux. Dès lors, cela vaut le coup de supporter l'ambiance un peu snob des lieux et les vigiles à l'entrée parfois très pointilleux. N'oubliez quand même pas de danser !

Prenzlauer Berg

■ MAGNET CLUB
Falckensteinstraße 48
www.magnet-club.de
U-Bahn Schlesisches Tor.
Ouvert à partir de 20h, mais les soirées commencent vraiment entre 21h et 23h. Entrée payante.
Un autre club du Kreuzberg qui ne désemplit pas, lieu de prédilection de beaucoup d'étudiants berlinois. Ici on joue de la musique pour tous les goûts, entre funk, rock, rap et indie. Concerts ou soirées, le programme est affiché sur le site, il n'y a qu'à choisir ou se laisser surprendre...

■ SODA
Knaackstraße 97
A l'intérieur de la Kulturbrauerei
www.soda-berlin.de
U-Bahn Eberswalder Straße.
Ouvert le lundi, le jeudi et le dimanche à 20h et le vendredi et le samedi à 23h. Restaurant de 10h à minuit.
Le Soda est un mélange de bar, club, restaurant et salon, comme seul Berlin a le secret, le tout relié par un ascenseur en verre. Nous vous conseillons vivement de faire un tour par le salon doré du Soda, qui vous plongera dans une ambiance très années 1920, créée par une lumière douce, des sofas d'époque et un cocktail-bar qui se prête, on ne peut mieux, aux lectures, au slam-poetry ou aux sessions de jazz régulières. De nombreux concerts et soirées en plein air sont organisés en été. Le samedi et le dimanche jusqu'à 1h les filles rentrent gratuitement et se voient remettre un bon pour 10 € de boissons !

Kreuzberg

■ ARENA
Eichenstraße 4 – Treptow
✆ +49 30 533 2030 – www.arena-berlin.de
S-Bahn Treptower Park
ou U-Bahn Schlesisches Tor.
Prix d'entrée selon l'événement. Piscine en été.
C'est un ancien hangar de bus, situé en bordure de canal, dans un décor très post-industriel, qui offre de la place à plus de 7 500 personnes et accueille des groupes reconnus et célèbres comme Prodigy, Pet Shop Boys, mais aussi Gangstar ou Wu-Tang. Les événements organisés sont toujours de qualité (même si le son laisse parfois à désirer) et l'ambiance est bonne. L'Arena Glashaus qui longe le canal est quant à elle utilisée pour des événements et des clubbings qui varient selon les saisons et les modes.

■ CLUB DER VISIONAERE
Am Flugtraben
www.clubdervisionaere.de
U-Bahn Schlesisches Tor.
Ouvert du lundi au vendredi à partir de 14h et non-stop le week-end.
Presque aussi incontournable que le Berghain ou le Watergate, ce petit club situé le long du canal de Kreuzberg est à privilégier aux beaux jours, en before ou en after, puisque l'on peut profiter d'une terrasse flottante sur la rivière. Ambiance et musique plutôt chill out.

■ GRETCHEN
Obentrautstr. 19-21
✆ +49 30 259 227 02
www.gretchen-club.de
U-Bahn Mehringdamm, Hallesches Tor.
Jours d'ouverture variables, consulter le site Internet pour le programme.
Installé dans les anciennes écuries de la garde prussienne, le Gretchen est l'un des nouveaux repaires des clubbers berlinois, recherché autant pour sa musique que pour son cadre d'exception. Côté son, l'électro est à l'honneur, dans toute sa diversité, avec aussi bien des concerts de DJ du label Ninja Tune que du jazz ou encore de la musique africaine.

■ PRIVAT CLUB
Pücklerstraße 34
www.privatclub-berlin.de
U-Bahn Görlitzer Bahnhof.
Concerts en semaine et club le vendredi et samedi. Entrée payante.
Comme son nom ne l'indique pas, le Privat Club est ouvert à tous. Une fois la porte passée, on tombe sur un bar-café on ne peut plus normal et dans la droite lignée de Kreuzberg, c'est-à-dire animé par un public très diversifié et sans âge, et ce n'est qu'en se dirigeant vers les toilettes que l'on découvre le club, ou plutôt les escaliers y menant. Une fois dans la cave, on se retrouve dans une tout autre ambiance, feutrée et très agréable : des divans rouges vous y attendent, et libre à vous d'y croupir des heures en regardant de vieux films muets ou en sirotant votre vin ! Pour ceux qui tiennent absolument à danser, le programme aussi varié que le public est au goût du jour et évolue sur toute la palette rock.

Atmosphère devant le Watergate avec vue sur Universal.

■ SO 36
Oranienstraße 190
℗ +49 30 61 40 13 06 – www.so36.de
U-Bahn Kottbuser Tor ou Görlitzer Bahnhof.
Ouvert le lundi à partir de 23h, le mercredi, le vendredi, le samedi à partir de 22h et le dimanche à partir de 19h.
Le nom de l'entrée SO 36 rappelle l'ancien code postal de la partie Est de Kreuzberg au moment de la division de la ville, que vous retrouverez souvent tagué le long des murs de l'Oranienstraße. Le SO 36 est l'institution de cette rue et offre des soirées pour le moins diversifiées. Entre le Bingo (loto) le deuxième mardi du mois organisé par deux transsexuelles hilarantes, les cours de danses le jeudi soir avant de passer au concert de punk. Sinon, un marché aux puces nocturne est aussi au programme. Diversité des thèmes donc mais aussi diversité des sexualités qui en ont fait sa renommée.

■ WATERGATE
Falckensteinstrasse 49
℗ +49 30 612 803 95
www.water-gate.de
U-Bahn Schlesisches Tor.
Ouvert les mercredi, vendredi et samedi à partir de 23h.
Ici même plus besoin de sortir du club pour admirer le lever du soleil, puisque l'un des principaux arguments du Watergate est sa baie vitrée le long de la Spree. L'été, une terrasse vite surpeuplée ouvre sur le fleuve. En dansant, on croise du regard les bateaux et le logo d'Universal situé de l'autre côté de la rive. Une expérience pas commune qui se conclut en beauté avec le lever du soleil. A l'intérieur, vous pourrez choisir entre deux étages et deux styles de musique. En haut, plutôt électro rapide alors qu'en bas, le Chill Out Lounge est plus dans la minimal. Le tout est très stylisé mais sans trop en faire.

Friedrichshain

■ BERGHAIN – PANORAMA BAR
Am Wriezener Bahnhof
www.berghain.de
support@berghain.de
U- et S-Bahn Ostbahnhof.
Entrée : 12 €.
Les vigiles à l'entrée sont stricts et choisissent sur des critères obscurs ceux qui auront le droit d'entrer dans ce temple de l'électro. Les soirées Label sont de loin ce qui se fait de mieux dans la ville et c'est le lieu à conseiller à tous les fans d'électro, qui découvriront le vrai son berlinois, loin, très loin, des saccades insupportables de la techno commerciale. Ici, pas de retenue, tout le monde se lâche, sur la piste de danse bien sûr, mais aussi dans les backrooms, des pièces sombres où il vaut mieux ne pas voir de trop près ce qui s'y passe, à moins de vouloir y participer. Ceux qui préfèrent pourront se rabattre sur le Panorama Bar, qui offre une des plus belles vues sur la ville, dans un décor marin très relaxant. Dimanche, *after* toute la journée !

■ MATRIX
Warschauer Platz 18
www.matrix-berlin.de
S-Bahn Warschauer Straße.
Ouvert le mardi, le jeudi et le vendredi dès 23h et le samedi à partir de 22h. Entrée payante.
L'accoutrement de mise est baskets fluos, jean et tête rasée. La musique de base techno et house, le but suer au maximum.

Le Matrix attire un public très jeune qui semble convaincu que tous les moyens sont bons pour perdre le nord et la tête. Lorsque de bonnes grosses stars de la techno allemande viennent y mixer, c'est donc pétage de plombs assuré. 7 étages pour faire la fête avec heureusement tous les deux mètres un canapé qui invite à des débordements amoureux. Programmation hétéroclite sur leur Facebook !

■ **ROSIS**
Revalerstrasse 29 – www.rosis-berlin.de
S-Bahn Ostkreuz.
Ouvert le jeudi à partir de 21h, le vendredi et le samedi à partir de 23h. Entrée payante.
Attention à ne pas passer devant sans le voir ! Dans ces multiples anciens entrepôts le long des voies du S-Bahn, voici une petite perle de Berlin. Certes, les lieux sont plutôt bruts : des petites pièces surchauffées, peu de déco et tables bancales. Mais une fois encore la diversité est au rendez-vous, avec une nette préférence pour tout ce qui est musique indie notamment lors des soirées phares Karrera. En été, échappez-vous de ces salles juste le temps d'une petite bière désaltérante, les pieds dans le sable du *biergarten* aménagé.

■ **YAAM**
Stralauer Platz 35 – www.yaam.de
S-Bahn Ostbahnhof ou Warschauerstrasse.
Ouvert de mai à fin septembre tous les jours à partir de 14h. Entrée : 2 €.
Après de multiples déménagements, le Yaam s'est établi dernièrement à Friedrichshain, en face de la gare de l'Est et au bord de l'eau et dans un décor surprenant. Le concept du Yaam est simple : offrir un terrain de jeu et de détente pour tous les habitants de Berlin en manque de *roots* et de *sunshine*, sans distinction aucune. On y retrouve les habitués : rastas, petites familles, jeunes venus terminer leur nuit sur des airs de ragga et de hip-hop, enfants qui accompagnent leurs parents et qui sont pris en charge pour des activités sportives. La palette de distractions est grande et la soul-food délicieuse, l'ambiance est à la ganja et au sound-system jamaïcain.

Charlottenburg

■ **ABRAXAS**
Kantstrasse 134
✆ +49 30 312 9493
www.abraxas-berlin.de
U-Bahn Wilmerdorferstr.
Ouvert du mardi au samedi dès 22h. Entrée payante.
Un petit nid sympa pour ceux qui boycottent les grosses boîtes commerciales. On y joue du funk, de la soul, du R'n'B et bien sûr de la musique latine. Les gens qui s'y croisent sont très variés, car le club est ouvert aux 20-50 ans. Ambiance assurée : le local est si petit qu'on rentre forcément en contact, et la musique très communicative : raretés et hits absolus mettent les foules en transe !

Le Rosis by night.

Schöneberg

■ 90GRAD
Dennewitzstraße 37
www.90grad.com
U-Bahn Kurfürstenstraße.
Ouvert le mardi à partir de 22h et le vendredi et le samedi à partir de 23h. Entrée payante.
Club mythique de la scène berlinoise depuis la fin des années 1980, le 90Grad cultive avec assiduité le glamour-rock. De David Bowie à Kate Moss, de nombreuses stars de ces dernières décennies y sont passées et ont largement contribué à la réputation du club qui est niché dans un garage automobile. Les chanceux qui pourront pénétrer à l'intérieur découvriront ensuite luxure, lumière tamisée, murs pourpres et dorés, fauteuils en cuir, tout pour se croire parmi les stars ! Mais au moins, la tendance à l'exhibition de cette faune fait que le spectacle ne s'arrête jamais, que la nuit ne finit pas à 6h du matin et que le club est toujours un des plus en vue de Berlin.

■ HAVANNA CLUB
Hauptstraße 30
✆ +49 30 784 8565
www.havanna-berlin.de
Ouvert le vendredi et le samedi à partir de 22h. Entrée payante.
C'est la plus latina des grandes boîtes de Berlin. Sur trois étages, on danse sur toutes les musiques afro-américaines : salsa, merengue, mais aussi black music, de tout pour faire la fête dans une ambiance torride. Le public est varié, mais on croise peu de moins de 25 ans et les hommes sont généralement très intéressés par les jeunes femmes, qui elles, sont très libérées. Donc n'y allez pas si vous avez envie d'être tranquille surtout que l'on y est très collé-serré. Mais le club a beau être énorme, il sature très vite et il n'est pas rare que les portiers refoulent les nouveaux venus après 1h du matin ! Et tant qu'à faire, autant y aller très tôt, car on y propose des cours de danse gratuits à partir de 21h.

Tiergarten

■ PLAYA CLUB
Potsdamer Straße 84
U-Bahn Kurfürstenstraße.
Ouvert le mardi, le vendredi, le samedi et le dimanche.
La musique latine a trouvé son enclave à Berlin dans les locaux du Playa Club. La moitié de la clientèle y est, pour de vrai, sud-américaine, et l'autre moitié aimerait beaucoup l'être. On y danse le tango argentin, la salsa et le dimanche c'est le rendez-vous des professionnels car seuls les vrais bons danseurs de salsa se retrouvent entre eux. Sinon des cours gratuits entre 20h et 22h sont donnés le jeudi et le samedi. Vous n'avez plus d'excuse pour ne pas vous laisser aller à la fièvre latina qui a envahi Berlin.

SPECTACLES

Amateurs de cabarets, n'allez pas demander à quelqu'un de vous indiquer un bon *kabarett*, vous tomberez sur des rondes de chansons politiques et critiques qui vous échapperont complètement, à moins de parler parfaitement l'allemand. Ne vous attendez pas non plus à tomber sur des cabarets style années 1920, à la Marlène Dietrich dans *L'Ange bleu*, car à Berlin, aucun d'eux n'a survécu au temps. Mais le *feeling* y est et les cabarets modernes ont réussi un vrai tour de force en développant un style unique. On trouve aussi bien des revues traditionnelles que des spectacles de drag-queens, ou encore du cancan et des chansons. Au Chamäleon Varieté, à la Kalkscheune ou au Bar Jeder Vernunft, vous pourrez vous délecter de spectacles éclectiques talk-shows burlesques, soirées de poésie improvisée ou reprises de chansons. En revanche, dans des lieux comme le Friedrichstadtpalast, La Vie en Rose ou le Wintergarten Varieté – ce dernier offrant un très beau décor en prime –, vous tomberez avant tout sur des spectacles de variétés, du genre acrobates, clowns, danseuses ou encore des mégashows façon Las Vegas, qui évidemment, attirent beaucoup de touristes et ne présentent rien d'original... Le mieux est donc de se rabattre sur les revues alternatives du Roter et du Grüner Salon – tous les deux résidant dans la Volksbühne – ou le café Theater Schalotte et le Scheinbar.

Mitte

■ ADMIRALSPALAST
Friedrichstr. 101 ✆ +49 313 253 31 30
www.admiralspalast.de
S-Bahn Friedrichstr.
Ouverture des caisses à midi.

Ce lieu mythique berlinois abritait, dans les années 1920, revues, opérettes, bains thermaux, spectacles de variété, etc. Aujourd'hui, ce splendide bâtiment accueille un théâtre, une salle de concerts, le Grand Café, l'Admiralspalast Studio ainsi qu'un club. Il renoue avec la tradition du divertissement. Vous y trouverez également une piscine et un lounge-Spa.

■ BLUEMAX THEATER – BLUE MAN GROUP
Marlene-Dietrich-Platz 4
✆ +49 30 2592 4450 – +49 018 054 444
www.stage-entertainment.de/musicals/
blue-man-group-berlin/blue-man-group-berlin.html
U- et S-Bahn Potsdamer Platz Bahnhof.
Consulter le site Internet pour connaître les dates de représentations.
Le Bluemax Theater présentent un choix important de shows musicaux et spectacles ! Nous vous conseillerons absolument de venir voir la performance du Blue Man Group internationalement réputé après leurs tournées mémorables à New York, Boston, Chicago ou encore Orlando, pour s'arrêter tout près de Postdamer Platz. C'est un incontournable en matière de show musical, le groupe emmène le public dans un voyage drôle, intelligent et visuellement superbe. Soutenu par un orchestre, le Blue Man Group à travers des rythmes contemporains utilise des instruments inhabituels spécialement développés pour ce show pour créer un son unique et réellement envoutant. A ne pas rater.

■ CHAMALEON VARIETE
Rosenthaler Straße 40-41
✆ +49 30 4000 590
chamaeleonberlin.de
S-Bahn Hackescher Markt.
Spectacles du mercredi au samedi à 20h30 et le dimanche à 19h, la caisse est ouverte tous les après-midi jusqu'à 21h.
La troupe Parodie Paradies a élu domicile dans cette salle de bal confortable, en 1991. Et avec la restauration du quartier et l'essor extraordinaire des commerces aux alentours, le Chamäleon est devenu un des bijoux de la place. Dans une ambiance feutrée, on papote avec les clowns, et le spectacle un peu fou (trapézistes qui se mêlent à des breakdancers) détonne dans ce lieu.

■ FRIEDRICHSTADTPALAST
Friedrichstadt 107
✆ +49 30 232 623 26
www.friedrichstadtpalast.de
S- et U-Bahn Friedrichstraße.
Spectacles du mardi au vendredi à 20h, le samedi à 16h et 20h et le dimanche à 16h. Ouvert de 18h à 1h du matin. Caisse ouverte de 10h à 18h en semaine, de 10h à 19h le week-end.
Le plus grand des théâtres-revues. Ils y adaptent avec succès les thèmes traditionnels des années 1920, à la sauce moderne, limite Las Vegas et on y voit surtout beaucoup de plumes, de chair et d'effets qui attirent énormément de touristes allemands. Cependant, l'obstacle de la langue ne sera pas un problème pour vous, les spectacles sont avant tout visuels et changent à chaque saison.

■ KINO HACKESCHE HÖFE
Rosenthaler Str. 40-41 – Mitte
✆ +49 30 283 4603 – www.hoefekino.de
S-Bahn Hackescher Markt.
Programmation hétéroclite, dans un cinéma vraiment sympathique qui projette de nombreux films allemands.

L'opéra à Berlin
Aller à l'opéra à Berlin est une expérience à vivre. Non seulement, Berlin regroupe de nombreux opéras à l'illustre renommée, mais l'institution même de l'opéra est bien différente de ce que vous avez pu connaître en France. Il s'agit d'une tradition bien plus démocratique. Etudiants, pensez futé : si vous venez une heure avant le début du spectacle, vous pourrez avoir un tarif réduit et forfaitaire dans la limite des places disponibles. Enfin, cette mixité sociale se voit dans la tenue des spectateurs, les jeans se mêleront aux robes de soirée. Les mises en scène, de même qu'au théâtre sont parfois très osées et provocatrices. Attention : la plupart des opéras ferment leurs portes de mi-juillet à septembre.

Retrouvez l'index général en fin de guide

Aller à la Berlinale

Si vous êtes à Berlin en février, pendant le festival du film de Berlin, n'hésitez pas à assister à une des projections. La Berlinale est considérée comme le festival de cinéma le plus ouvert au public. Pour avoir des places, il faut se rendre dans le centre commercial Die Arkaden (Potsdamer Platz), où la plupart des projections ont lieu. Ici, vous pourrez obtenir le programme et acheter une place pour les trois jours suivants. Si le film de votre choix est particulièrement demandé, levez-vous très tôt et allez-y avant même l'ouverture de la caisse (10h). Sinon, il est possible de réserver sur Internet moyennant un supplément de quelques euros – www.berlinale.de

■ KONZERTHAUS BERLIN
Gendarmenmarkt 2
Mitte ✆ +49 30 203 090
www.konzerthaus.de
U-Bahn Stadtmitte.
Ouvert du lundi au vendredi de 12h à 19h, le dimanche et les jours fériés de 12h à 16h.
C'est le pendant classique de la Philharmonie et le deuxième temple de la musique classique à Berlin. Dans une construction de l'inévitable Schinkel datant de 1821, sur une des plus belles places de Berlin, le Konzerthaus est le domicile de l'orchestre symphonique de Berlin depuis 1952. C'est surtout sous la direction de Kurt Sanderling que l'orchestre prend son essor et la première place parmi les orchestres de l'ancienne RDA. Dans l'ambiance rétro et délicieusement mélancolique de la petite et de la grande salle, on assiste religieusement aux prestations des musiciens, et, pour les turbulents, le Musikclub programme des rencontres musico-littéraires et organise des représentations pour enfants.

■ KUNSTFABRIK SCHLOT
Chausseestr. 18
www.kunstfabrik-schlot.de
S-Bahn Nordbahnhof.
Ouvert tous les jours à partir de 20h sauf le mercredi.
Une institution berlinoise en matière de jazz, installations artistiques et cabaret. Il a quitté son ancien emplacement dans la Kastanienallee pour des locaux beaucoup plus spacieux et lumineux. Les concerts de jazz ont lieu du vendredi au lundi.

■ MAXIM GORKI THEATER
Gorki-Studio
Am Festungsgraben 2
✆ +49 30 202 211 15 – www.gorki.de
S- et U-Bahn Friedrichstraße.
Cette petite scène compte parmi les théâtres à succès de Berlin. Comme son nom l'indique, il est voué à la mise en scène de pièces russes, mais aussi de toute l'Europe de l'Est. C'est avec des pièces comme le *Mein Kampf* de George Tabori (rien à voir avec le *Mein Kampf* de Hitler, c'est tout le contraire) ou encore les adaptations actuelles de *Berlin-Alexanderplatz* de Döblin, ou celle du *Hauptmann von Köpenick* par Katharina Talbach, que le théâtre a fait sa réputation.

■ STAATSOPER UNTER DEN LINDEN
Unter den Linden 5-7
✆ +49 30 203 545 55
www.staatsoper-berlin.org
U-Bahn Französische Straße.
Ouvert du lundi au vendredi de 10h à 19h et le week-end de 14h à 19h. Tarif une heure avant la représentation : 12 €.
C'est l'Opéra le plus vieux de Berlin : Frédéric le Grand en confia la construction à Georg Wenzeslaus von Knobelsdorf avec l'intention d'en faire son Opéra de cour. Depuis 1743 les génies de la musique, ont foulé sans interruption les marches de l'Opéra : Felix Mendelssohn-Bartholdy, Meserbeer, Richard Strauss, Otto Klemperer et bien d'autres. Le répertoire y est classique accompagné de deux festivals : un à Pâques, qui présente une nouvelle mise en scène d'un opéra de Wagner et un en automne, en association avec le Berliner Philharmonische Orchester, et qui s'intitule le Mozart Fest (Fête de Mozart).

■ VOLKSBÜHNE
Rosa Luxemburg Platz
✆ +49 30 240 65 777
www.volksbuehne-berlin.de
U-Bahn Rosa Luxemburg Platz.
Fondé en 1890, ce haut lieu du théâtre populaire se construisit une maison où chaque ouvrier mit son denier. L'aménagement des lieux portait en lui cet esprit socialiste : aucune loge dans la salle, pour rompre avec l'esprit des privilèges. Depuis, la Volksbühne joue un rôle sans cesse grandissant dans le paysage culturel allemand et siège toujours au même endroit.

Prenzlauer Berg

■ FILMTHEATER AM FRIEDRICHSHAIN (FAF)
Bötzowstr. 1-5 ✆ +49 30 428 451 88
filmtheater-am-friedrichshain.kino-zeit.de/
Tram 4.
Pour son très mignon Biergarten à l'arrière du joli bâtiment des années 1950 (ouvert uniquement l'été).

Kreuzberg

■ BEBOP BAR
Willibald Alexis Straße 40
✆ +49 30 695 085 26 – www.bebop-bar.de
U-Bahn Gneisenaustraße (7).
Ouvert tous les jours de 18h à 4h du matin.
C'est un tout petit bar comme on les aime, avec une lumière douce et des boiseries chaleureuses. Dans le fond de la pièce, une petite scène accueille chaque soir des groupes de jazz ou de blues. Le dimanche, scène ouverte.

■ KOKA 36
Oranienstraße 29
✆ +49 61 10 13 13 – www.koka36.de
U-Bahn Kottbusser Tor.
Un lieu alternatif qui offre un programme varié en matière de théâtre et concerts.

Friedrichshain

■ RAW TEMPEL
Revalaer Strasse 99 – www.raw-tempel.de
S-Bahn Warschauer Strasse.
U- et S-Bahn Warschauer Straße. Ouvert tous les jours selon les activités proposées.
A la disposition des égarés dans cet immense labyrinthe se trouvent un mur d'escalade sur la façade d'une tour en béton, des tables de ping-pong ainsi qu'une immense salle de skateboard pour les plus sportifs. Les clubbers pourront y passer d'excellentes soirées, profiter du club Cassiopea ou du bar au fond de la cour dans les étages supérieurs. L'été, la terrasse du café et même le Freiluftkino (cinéma en plein air) permettent de profiter de la chaleur nocturne.

Charlottenburg

■ A-TRANE
Pestalozzistraße 105
Au coin de la Bleibtreustr
✆ +49 30 313 2550 – www.a-trane.de
S-Bahn Savignyplatz.
Ouvert tous les jours à partir de 20h, concerts à partir de 22h.
Un petit club de jazz copiant le modèle new-yorkais. Cela attire beaucoup de yuppies de Charlottenburg, mais les concerts sont de qualité et il est agréable d'aller y boire un verre avant de se coucher.

■ BAR JEDER VERNUNFT
Schaperstraße 24
✆ +49 30 883 1582 – +49 30 390 6659
www.bar-jeder-vernunft.de
U-Bahn Spichernstraße.
Spectacles tous les jours à 20h30, caisse ouverte dès midi jusqu'à 19h.
Un endroit féerique, un ancien cirque dont les murs intérieurs sont couverts de miroirs et qui accueille les meilleurs *entertainers* de la ville. De quoi vous faire oublier l'inconfort des tables.

▶ **Autre adresse :** il existe une annexe près de la chancellerie : Tipi Zelt am Kanzleramt, Grosse Queralee, Tiergarten.

■ CINEMA PARIS
Kurfürstendamm 211
✆ +49 30 881 3119
www.cinema-paris.de
U-Bahn Uhlandstraße.
Pour les fans de cinéma français, qui même à l'étranger ne peuvent sans passer. Propose en juin un festival sur une semaine avec invités prestigieux.

■ DEUTSCHE OPER
Bismarckstraße 35
✆ +49 30 343 8401
www.deutscheoperberlin.de
U-Bahn Deutsche Oper (2).
Ouvert du lundi au samedi de 11h à 19h, le dimanche de 11h à 14h.
Le décalage entre l'idée que l'on se fait d'un opéra et l'apparence extérieure du Deutsche Oper est frappante. Là où l'on pense trouver un lieu féerique et baroque, on fait face à un bâtiment moderne et transparent, très fonctionnel. Détruit pendant la guerre, c'est la forme que lui a donnée dans les années 1960 l'architecte Fritz Bornemann. Le foyer et ses fenêtres gigantesques ainsi que l'orientation générale de l'Opéra se veulent résolument modernes. On y reprend des thèmes classiques de Verdi, Mozart, Wagner, mais aussi des œuvres du XXe siècle et des œuvres oubliées, que l'Opéra prend à sa charge de revaloriser.

■ THEATER DES WESTENS
Kantstr. 12 ✆ +49 30 319 030
www.stage-entertainment.de
S-Bahn Zoologischer Garten.
Entrée selon la comédie musicale représentée.

Le Théâtre de l'Ouest (Theater des Westens) est un bel exemple d'architecture wilhelmienne érigé en 1896 par Sehring pour accueillir les spectacles d'opérettes. Il a ainsi accueilli Josephine Becker, Maria Callas et Enrico Caruso. Restauré avec soin la veille du 750e anniversaire de Berlin, le Theater des Westens est à présent réputé pour ses scènes de music-hall.

Schöneberg

■ SCHEINBAR
Monumentenstraße 9
✆ +49 30 784 5539 – www.scheinbar.de
U7 Kleistpark.
Ouvert du mercredi au samedi dès 20h30.
Un cabaret branché et contemporain, dans une ancienne boutique de Schöneberg : ambiance maison garantie et scène riquiqui. Y sont représentées les nouvelles têtes de la scène, mais la troupe permanente est aussi excellente et le contact avec les artistes est si proche parfois, qu'on se croirait entre amis. Les soirées open-stage sont les plus attirantes, c'est aux gens du public (dans lequel se glissent des artistes confirmés) de se lancer sur la scène. Non seulement c'est le plus drôle et le plus expérimental des cabarets, mais en plus, c'est le moins cher !

Tiergarten

■ ARSENAL
Potsdamerstr. 2 ✆ +49 30 269 551 00
www.arsenal-berlin.de
U-Bahn Potsdamer Platz.
Le cinéma du musée du Film de Berlin. Pas de films actuels mais des cycles, rétrospectives assez pointus et de tous les pays.

■ CINESTAR DU SONY CENTER
Potsdamerstr. 4 ✆ +49 30 260 662 60
www.cinestar.de
U-Bahn Potsdamer Platz.
C'est, certes, un multiplexe mais qui passe un grand choix de films en VO.

■ HAUS DER KULTUREN DER WELT (MAISON DES CULTURES DU MONDE)
John-Foster-Dulles-Allee 10
✆ +49 30 397 871 75 – www.hkw.de
S-Bahn Bellevue ou bus 100.
Information et réservation du lundi au samedi de 14h à 18h.
Véritable carrefour des musiques du monde qui a pour objectif de promouvoir l'art du tiers-monde, à travers de nombreux concerts. Le festival de jazz de Berlin a lieu ici tous les ans en novembre. Le Café Global, qui se situe dans la Maison des cultures du monde, propose également des concerts.

■ PHILHARMONIE
Herbert Von Karajanstraße 1
✆ +49 30 25 48 89 99
www.berliner-philharmoniker.de/en
S-Bahn Potsdamer Platz.
Bus M41, 128, 148, 348.
Les Berliner Philharmoniker sont depuis cent ans à la tête d'affiche parmi les orchestres de Berlin. Fondée en 1882, la Philharmonie a vu se succéder les dirigeants les plus illustres, mais c'est en 1955 qu'elle acquiert un statut mondial, à la nomination d'Herbert von Karajan à sa direction.

■ WINTERGARTEN VARIETE
Potsdamer Straße 96
✆ +49 30 588 433
www.wintergarten-variete.de
U-Bahn Kurfürstenstraße.
Spectacles à 20h du lundi au vendredi, à 16h et 20h le mercredi, à 18h et 22h le samedi et à 18h le dimanche. La caisse est ouverte tous les jours de 10h jusqu'au début du dernier spectacle.
C'est le classique à Berlin. Installé dans la Potsdamer Straße, le Wintergarten est une réminiscence du Wintergarten de la Friedrichstraße, détruit par la guerre. Professionnels de haut niveau, les acrobates, magiciens, clowns et danseuses du Wintergarten qui l'animent bénéficient d'un décor superbe constitué de pièces empruntées à la collection Roncalli. Beaucoup de préciosité et de velours dans un cadre chaleureux et élégant.

COQUIN

■ CLUB CULTURE HOUZE
Görlitzer Strasse 71 ✆ +49 30 617 096 69
www.club-culture-houze.de
U-Bahn Görlitzer Bahnhof
Ouvert tous les jours à partir de 20h.
Un club entièrement dédié aux plaisirs sexuels, plus proche du club échangiste que du cruising bar classique, qui est autant conçu pour les hommes que pour les femmes. Les lundis, vendredis et samedis, le club est exclusivement gay.

À voir – À faire

Entre les grands monuments de la ville (porte de Brandenburg, Reichstag, Berliner Dom, vestiges du Mur...), les incontournables musées d'Art classique et d'Antiquités (Pergamon Museum, Gemäldegalerie...), les musées historiques, les galeries d'avant-garde et les lieux dédiés à l'art contemporain, on peut facilement occuper une semaine berlinoise sans s'éloigner du centre historique et du quartier de Mitte, qui concentre les attractions les plus connues de la ville. Mais pour découvrir d'autres facettes de Berlin, il faut aussi prendre le temps de flâner sur les marchés aux puces à Prenzlauer Berg ou Friedrichshain, arpenter le Kurfürstendamm, l'avenue commerçante de l'Ouest, admirer l'architecture moderne de la Potsdamer Platz, découvrir les lieux alternatifs le long du canal de Kreuzberg et se promener dans les nombreux parcs. Bien sûr, le programme est à adapter en fonction de la météo mais, que l'on soit fan de musée ou plutôt adepte des découvertes de plein air, Berlin regorge de possibilités et mieux vaut un minimum d'organisation pour en profiter au mieux !

VISITES GUIDÉES

■ BALADES À BERLIN
Köpenickerstr. 4
✆ +49 1781369312
balades-a-berlin.de
S-Bahn Rummelsburg.
Adulte : 12 €, étudiant : 10 €, enfant de 10 à 16 ans : 5 €, famille : 28 €. Tarif de groupe pour 2 heures de balade privée : jusqu'à 5 personnes 60 €, jusqu'à 10 personnes 120 €, jusqu'à 15 personnes 160 €.
Les Balades à Berlin : nouvelles visites guidées régulières de la ville de Berlin, mais aussi tours privés. Les visites régulières ont lieu plusieurs fois par semaine, il y a pour l'instant 5 thèmes : les Highlights, Berlin historique, le Quartier juif, Berlin-Est, Kreuzberg – Quartier turc.

Les 10 immanquables de Berlin

- **Le château de Charlottenburg.** Ancienne demeure de la reine et joyau baroque dans un quartier très agréable.
- **Kaiser Wilhelm Gedächniskirche.** Métaphore pétrifiée des atrocités de la guerre, cette église émeut dès le premier abord.
- **Gemäldegalerie.** Panthéon de la peinture européenne, cette pinacothèque recèle des chefs d'œuvres du XIIIe au XVIIIe siècle.
- **Neue Nationalgalerie.** Découvrez l'expressionnisme allemand et les plus grands artistes internationaux au sein de ce bâtiment fonctionnaliste.
- **Reichstag.** Montez dans la nouvelle coupole du Parlement, symbole de l'histoire moderne allemande.
- **Gendarmenmarkt.** La plus belle place de Berlin, avec ses églises jumelles et ses terrasses ensoleillées en été.
- **Pergamonmuseum.** Musée spectaculaire consacré aux antiquités grecques, romaines, babyloniennes et islamiques.
- **Alexanderplatz.** Vitrine du régime communiste de la RDA, l'Alex est redevenue le centre névralgique de tout Berlin.
- **Gedänkstätte Bernauerstrasse.** Ce mémorial est consacré à l'histoire du mur de Berlin et rend hommage à ceux qui y ont laissé leur vie.
- **Château et parc de Sanssouci.** Une excursion incontournable pour découvrir le château de Frédéric le Grand et ses jardins magnifiques qui évoquent Versailles.

BERLIN CITY TOUR
Bessemerstrasse 84
☎ +49 30 683 026 41
Fax : +49 30 683 026 42
www.berlin-city-tour.de
Départs toutes les 20 minutes de 9h à 16h. Le trajet dure environ 1 heure 45 avec commentaires en anglais et en allemand. Adulte : 15 €.
L'incontournable bus touristique à étages pour découvrir, si possible le nez au vent, les principaux centres d'intérêt de la ville. Pratique vue l'immensité de Berlin !

BERLINER UNTERWELTEN E.V.
Brunnenstrasse 108a
☎ +49 30 499 105 17
www.berliner-unterwelten.de
U- et S-Bahn Gesundbrunnen.
Tours réguliers en anglais et en allemand, en français en groupe ou sur demande spécifique. 10 € le tour.
Une association qui propose une vision résolument *undergound* de la ville ! Visites insolites et thématiques de Berlin, souvent en souterrain, telles que les visites « Métro, bunker et guerre froide »... Un autre visage de Berlin passionnant et excitant.

LATLON BERLIN
Behmstr. 65
☎ +49 30 440 357 09
www.latlon-europe.com
S-Bahn Bornhomer Strasse.
Prix, selon la durée des visites et le nombre de participants, entre 90 € et 290 € par groupe.
La capitale allemande est passionnante, et ses multiples visages vous sont plus facilement dévoilés en compagnie d'un guide expérimenté et surtout de langue maternelle française. LatLon Berlin propose des visites guidées et des programmes de séjour aux thèmes variés tant pour ceux qui voyagent individuellement que pour les groupes désirant un encadrement personnalisé sur plusieurs jours. Les thèmes vont du Mur de Berlin au quartier bobo de Prenzlauer Berg, en passant par l'histoire des huguenots et de la présence française...

MONICA GRUBER
Pariser Straße 17
☎ +49 171 144 2660
Fax : +49 30 881 7493
www.monica-gruber.de
U-Bahn Hohenzollernplatz.
Tour de 3 heures à 150 € en anglais, allemand ou italien.
L'actrice Monica Gruber propose de vous guider avec humour et sincérité à travers les différents visages de Berlin, de Potsdam au château de Sanssouci. Elle vous parlera de l'histoire de la ville et s'arrêtera sur la célèbre Potsdamer Platz où elle récitera un texte de l'écrivain allemand Erich Kastner. Berlin devient alors sa scène, et son public ressent vraiment sa passion pour la ville.

REEDEREI RIEDEL
Planufer 78
☎ +49 30 693 4646
www.reederei-riedel.de
U-Bahn Kottbusser Tor.
De mars à décembre. Plusieurs croisières possibles, à partir de 8,50 € par adulte.
A Berlin, les distances sont grandes, et à part au niveau de l'île aux Musées, les sites principaux ne se trouvent pas le long de la Spree ; mais au soleil, c'est bien agréable ! Réduction avec la WelcomeCard.

Visites futées de la ville
Voici quelques astuces pour visiter futé les musées de Berlin.

▶ **Le jeudi soir**, les musées nationaux ferment à 22h et, comble de bonheur, sont gratuits de 18h à 22h. Les musées participants à cette action sont : le Berggruen, le musée de la Préhistoire et du Moyen Age ainsi que le musée de la Photographie (Charlottenburg). Le musée d'Art contemporain de la Hamburger Bahnhof, les musées de la Museumsinsel (Mitte), les musées de Dahlem ainsi que ceux du Kulturforum.

▶ **La Welcome Card Berlin** offre des réductions pour l'entrée des principaux musées.

▶ **Le Museumspass** donne accès à plus de 70 musées ou collections de Berlin pendant trois jours consécutifs.

▶ **La Lange Nacht der Museum** a lieu fin août, une session de rattrapage est organisée fin janvier. La majorité des musées de Berlin sont alors ouverts de 18h à 2h du matin aux personnes munies d'un ticket spécifique (aux environs de 12 €).

Mitte - **À VOIR – À FAIRE** ◀ 157

■ **STATTREISEN BERLIN**
Malplaquetstr. 5 ✆ +49 30 455 3028
www.stattreisenberlin.de/berlin
U-Bahn Nauener Platz.
Une agence qui propose de faire visiter Berlin aux touristes, à pied, pendant 2 heures en compagnie d'historiens ou de professeurs pour aborder un aspect particulier de la ville : le Mur, Berlin contemporain, Berlin durant le IIIe Reich... Une façon intense et intéressante de découvrir la ville grâce à des passionnés.

■ **STERN UND KREISSCHIFFAHRT**
Puschkinallee 15 ✆ +49 30 536 3600
www.sternundkreis.de
S-Bahn Treptower Park.
Croisière aux durées variables selon les circuits : entre 2 heures et 3 heures 30, tarifs : entre 6 et 24 €. Réduction avec la WelcomeCard.
Plusieurs circuits sont organisés : historiques au cœur de la ville ou plus champêtres sur la Spree et jusqu'au lac Müggelsee.

■ **TRABI-SAFARI-TOURS**
Neue Rossstr. 21 ✆ +49 30 275 922 73
Fax : +49 30 275 922 74
www.trabi-safari.de

Visites nocturnes

Le jeudi soir, les musées nationaux de Berlin ouvrent en nocturne (jusqu'à 22h) et sont gratuits de 18h à 22h. Les musées participant à cette action sont les musées de la Museuminsel, le musée de la Photographie, le musée d'Art contemporain de la Hamburger Bahnhof, les musées de Dahlem ainsi que ceux du Kulturforum. La Lange Nacht der Museum (Nuit des Musées – www.lange-nacht-der-museen.de) a lieu durant la dernière semaine d'août. La majorité des musées de Berlin sont alors ouverts de 18h à 2h du matin aux personnes munies d'un ticket spécifique (aux environs de 18 €).

Tour classique en 1 heure, 30 €/personne si 4 dans la voiture ou 40 €/personne à 2, tour spécial Mur de 2 heures 79 €/personne si 3 ou 4 et 89 €/personne à 2.
Berlin propose de monter dans la très ostalgique Trabant made in DDR ! Le TrabiSafari vous permet de traverser la ville en Trabant. Conseillé aux nostalgiques...

■ MITTE

Vous pourriez passer tout votre séjour sans sortir de Mitte, tellement ce quartier regorge de monuments historiques, de lieux d'activités culturelles et de merveilles architecturales. Pour vous faciliter l'orientation dans le quartier, on peut distinguer plusieurs pôles. Tout d'abord, le Regierungsviertel, le quartier du gouvernement, qui gravite autour de l'immense esplanade du Reichstag. Derrière la porte de Brandebourg, l'axe formé par la célèbre avenue Unter den Linden et sa succession de bâtiments historiques constitue l'artère principale du quartier. Elle débouche sur l'île des Musées, impressionnant ensemble de salles d'exposition, inscrit sur la Liste du patrimoine de l'Unesco. Le tout pour arriver sur l'Alexanderplatz, immense, froide, ancien centre de Berlin Est, parsemé de petites curiosités comme les statues de Marx et Engel, le Nikolaïviertel niché derrière la mairie et bien sûr la tour de la Télévision. Au sud d'Unter den Linden, le quartier de Friedrichstadt est la partie la plus chic et la plus commerçante de la ville, avec les façades de verre de Friedrichstraße et les boutiques exquises de Gendarmenmarkt. Au nord d'Unter den Linden, enfin, vous trouverez le quartier qui s'étend derrière le Hackescher Markt et autour de l'Orienburger Straße, dans l'ancien quartier des Granges (Scheunenviertel). Ici pullulent galeries et boutiques tendance, cachées dans des arrière-cours que nous vous proposons de découvrir.

■ **ALEXANDERPLATZ**
Alexanderplatz
S- et U-Bahn Alexanderplats.
Située dans le quartier de Mitte, l'Alex, comme la nomment les Berlinois, tient son nom du tsar Alexandre Ier. Simple place de marché au XVIIe siècle, vitrine du régime communiste de la RDA après la Seconde Guerre mondiale, elle était autrefois le centre du Berlin moderne. A cette époque, elle a notamment été immortalisée par le fameux roman d'Alfred Döblin *Berlin Alexanderplatz*. Aujourd'hui, elle est le centre névralgique de Berlin. Composée de bâtiments à l'imposante façade, elle est actuellement l'objet d'un vaste plan de restructuration très ambitieux et onéreux, ralenti pour l'instant par la baisse d'activité économique de la ville. L'Alexanderplatz abrite le plus grand centre commercial de Berlin, l'Alexa.

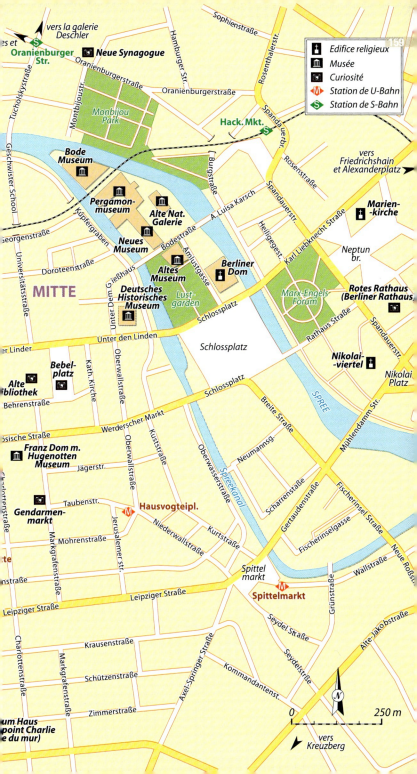

◼ ALTE NATIONALGALERIE

Bodestraße 1-3 ✆ +49 30 209 055 77
ang@smb.spk-berlin.de
S-Bahn Hackescher Markt.

Entrée sur le Lustgarten, derrière l'Altes Museum. Ouvert du mardi au dimanche de 10h à 18h, le jeudi jusqu'à 22h. Entrée : 8 € (adulte), 4 € (avec réduction). Museumpass.

Cette intéressante pinacothèque se consacre surtout à l'art du XIXe siècle, entre réalisme, classicisme, romantisme et impressionnisme. Au 1er étage, le réalisme est à l'honneur, avec les grands maîtres allemands de cette époque (surtout Menzel et Waldmüller), mais aussi avec les plus importants artistes internationaux comme Courbet et Constable. Les tableaux du 2e étage sont bien différents, avec leurs touches impressionnistes et idéalistes. Une salle tout entière est consacrée aux Français, de Manet en passant par Monet jusqu'à Cézanne. A ne pas manquer non plus : *L'Ile des morts* de Böcklin, tableau qui a inspiré de nombreux artistes du XXe siècle. Le troisième étage est entièrement consacré au romantisme et au symbolisme, avec une part belle donnée à Caspar David Friedrich et Anselm Feuerbach.

◼ ALTES MUSEUM (ANCIEN MUSÉE ROYAL)

Bodestraße 1-3 ✆ +49 30 209 055 57
S-Bahn Hackescher Markt.

Entrée sur le Lustgarten. Ouvert tous les jours de 10h à 18h, le jeudi jusqu'à 22h. Entrée : 8 €, museumpass.

Karl Friedrich Schinkel a construit l'imposant bâtiment directement inspiré de la Grèce antique. Ouvert en 1830, l'Ancien Musée royal présentait à peu près tout ce qui se trouve actuellement sur l'île des Musées. Il accueille aujourd'hui uniquement les collections d'arts grec et romain. Une aile toute neuve est également réservée à l'art étrusque. Au rez-de-chaussée, on peut voir à travers les différentes salles une belle collection de sculptures en pierre et en bronze et de vases, mais aussi quelques bijoux et objets de la vie quotidienne. Parmi les pièces d'exception notons la présence du célèbre buste de Périclès ou le buste de Brutus du Capitole.

◼ BEATE UHSE EROTIKMUSEUM (MUSÉE ÉROTIQUE BEATE UHSE)

Joachimstrasse 4
✆ +49 30 886 0666
www.erotikmuseum.de
U-Bahn Zoologischer Garten.

Ouvert tous les jours de 9h à minuit (à partir de 11h le dimanche). Entrée : 9 €. Interdit aux moins de 18 ans.

Le plus grand des musées érotiques au monde, et sans doute un des plus célèbres, présente plus de 5 000 objets érotiques, photos et gravures en provenance du monde entier. L'homosexualité n'est bien sûr pas oubliée.

◼ BEBELPLATZ

Bebelplatz – Unter den Linden
S-Bahn Unter den Linden
ou S- et U-Bahn Alexanderplatz.

La Bebelplatz est le symbole de la brutalité de l'idéologie nazie. En effet, le 10 mai 1933, le ministre de Propagande Joseph Goebbels ordonna que l'on brûle 20 000 œuvres à l'esprit « non allemand ». Les œuvres de Karl Marx, Sigmund Freud, Heinrich Mann, et de Kurt Tucholsky furent parmi les victimes de cette terreur qui prit place sur un lieu hautement culturel (l'Opéra-Staatsoper, réside sur cette place et l'université Humboldt est juste en face). Un mémorial a été érigé en mémoire

Le Lustgarten devant l'Altes Museum.

Le Berliner Rathaus est surnommé Rotes Rathaus à cause de sa couleur.

de cette destruction de la culture. Seulement, on ne le remarque que si on en connaît l'existence, car il se trouve en sous-sol. C'est une pièce remplie d'étagères vides que l'on peut observer à travers une vitre fixée sur la place.

■ **BERLINER DOM
(CATHÉDRALE DE BERLIN)**
Am Lustgarten ✆ +49 30 878 5685
www.berliner-dom.de
S- et U-Bahn Friedrichstraße
ou S- et U-Bahn Alexanderplatz.
Ouvert du lundi au samedi de 10h à 19h et le dimanche de midi à 19h en hiver, une heure plus tard en été. Entrée : 7 €, réduit : 4 €.
Les premières traces d'une église remonte à 1465 lorsque la chapelle St Erasme du palais royal de Cölln est élevée au rang de collégiale. Dès cette époque l'église est appelée Dom. Eglise luthérienne sous Martin Luther en 1539, elle devient église calviniste en 1613, elle est remaniée en 1745 sur demande de Frédéric le Grand. Schinkel y apporte ensuite quelques transformations en 1822. En 1893 le bâtiment est détruit et une nouvelle cathédrale luthérienne est reconstruite dans le style baroque, renaissance tardive par Julius Raschdorff. Terminée en 1905, le résultat est plutôt kitsch et sans grand intérêt, mais l'endroit vaut néanmoins le détour pour son petit musée et le dôme, que l'on peut visiter. De là-haut, magnifique panorama sur Unter den Linden et le quartier du gouvernement.

■ **BERLINER MEDIZINHISTORICHES MUSEUM DER CHARITE
(MUSÉE DE LA MÉDECINE)**
Charitéplatz 1 ✆ +49 30 450 536 156
www.bmm.charite.de
U-Bahn Hauptbahnhof.
Ouvert du mardi au dimanche de 10h à 17h, 19h le mercredi et samedi. Entrée 7 €, réduit 3,50 €, museumpass.
Ce musée de la Médecine à Berlin possède l'une des plus importantes collections de ce genre avec Londres ou Paris. Sur 3 étages, c'est l'histoire des hôpitaux et médecins berlinois qui est retracée mais également des différents évolutions et progrès de la médecine moderne. Les dernières salles sont consacrées à un cabinet de curiosités présentant moulages en cire et cas d'école au formol. Ames sensibles s'abstenir, notamment sur la section consacrée aux fœtus au fond de la salle.

■ **BERLINER RATHAUS
(HOTEL DE VILLE DE BERLIN)**
Rathausstraße 10
✆ +49 30 902 624 11
S- et U-Bahn Alexanderplatz.
Ouvert du lundi au vendredi de 9h à 18h. Entrée libre.
L'hôtel de Ville de Berlin, qui siège sur l'Alexanderplatz, est un monument marquant : elle date de 1860 et a été construite en brique. Elle fut pendant le régime communiste la mairie de la capitale berlinoise et récolta le surnom de « Rotes Rathaus » (Mairie rouge), non seulement à cause de sa couleur mais aussi de ses orientations politiques ! Depuis la chute du Mur et la réunification, la mairie est celle de la ville dans son entier, et les administrés de l'Ouest, qui siégeaient auparavant dans la mairie de Schöneberg, ont aménagé dans les locaux historiques en 1991. Outre la splendeur de la bâtisse, une fresque représentant l'histoire de la ville jusqu'à nos jours est à découvrir sur sa façade.

■ BODE MUSEUM

Bode Straße 1-3 – Am Kupfergraben
✆ +49 30 209 055 77
S-Bahn Hackescher Markt ou Friedrichstraße.
Bus 100.
Ouvert du mardi au dimanche de 10h à 18h, le jeudi jusqu'à 22h. Entrée : 8 €, réduit : 4 €, museumpass.
Construit au début du XXe siècle et, après une fermeture pour restructuration pendant de longues années, le musée a rouvert ses portes en 2006. Le Bode Museum possède 3 collections bien distinctes.

▶ **La collection de sculptures** s'étale du Moyen Age au XVIIIe siècle et comporte notamment de nombreuses œuvres de sculpteurs italiens tels que Della Robbia, Donatello ou encore Mino da Fiesole. Le musée présente également de très belles œuvres allemandes, françaises et flamandes, des sculptures en ivoire et en bois, des sculptures religieuses, des portraits...

▶ **La collection d'art byzantin** présente un bel échantillon de l'art paléochrétien jusqu'à post-byzantin, avec notamment une magnifique collection d'œuvres d'art provenant de l'ensemble du monde méditerranéen. Icônes, statuettes, gravures, sculptures forment cet ensemble unique en Allemagne.

▶ **Enfin la collection des médailles** constitué au départ par celles des princes électeurs présente plus de 500 000 pièces et fait partie des plus importantes au monde. On peut admirer notamment une belle série de pièces antiques depuis les débuts de la frappe des monnaies ainsi que près de 25 000 médailles.

■ BRANDENBURGER TOR (PORTE DE BRANDEBOURG)

Pariser Platz
S-Bahn Unter den Linden. Bus 100.
C'est la seule survivante des 14 portes de Berlin et sans doute le monument le plus connu de la ville. Construite entre 1788 et 1791 sur le modèle du propylon d'Athènes, la porte de Brandebourg était exclusivement réservée au passage des empereurs germaniques, ce qui n'empêcha pas Napoléon d'y passer, lorsqu'il marcha sur la Prusse. Pendant la Seconde Guerre mondiale, elle souffrit de dommages importants, mais elle fut restaurée en 1957. Symbole de la division des deux Allemagne jusqu'en 1989, elle représente aujourd'hui le symbole de la réunification. Devant la porte, au-delà du Pariser Platz, commence l'Unter den Linden, le plus fameux des boulevards de Berlin.

■ CIMETIÈRE DOROTHEENSTÄDTISCHER

Chausseestrasse 126
U-Bahn Oranienburger Tor.
S-Bahn Nordbahnhof.
Ce petit cimetière situé au nord de Oranienburger Straße est connu pour servir de repos éternel aux personnages les plus illustres de l'histoire berlinoise. Vous y trouverez notamment les tombes des architectes et sculpteurs Schinkel, Schadow et Rauch, celles des philosophes Hegel et Fichte, celle du musicien Hans Eisler, ainsi que celles des écrivains Bertold Brecht et Helene Weigel, Anna Seghers, Heinich Mann et Heiner Müller, etc. Juste à côté, une petite parcelle de cimetière abrite les tombes de la communauté huguenote de Berlin au XVIIIe siècle. En sortant, les amateurs de littérature expressioniste allemande pourront faire un tour à la maison de Bertolt Brecht (situé au 125 de la Chausseestraße) : au premier étage a été installé un petit musée qui rend hommage au célèbre écrivain et à sa femme Helene Weigel.

■ C/O BERLIN

Oranienburgerstrasse
A l'angle de Tucholskystrasse
✆ +49 30 284 441 60
www.co-berlin.com
U-Bahn Oranienburgerstrasse.
Ouvert tous les jours de 11h à 20h. Entrée 10 €, tarif réduit 5 €.
Situés dans l'ancien bâtiment de la Poste royale, abandonné en 1995 et rénové depuis, les lieux accueillent désormais le Forum international pour les dialogues visuels, qui présente chaque année de belles expositions de photographie. Artistes de renommée internationale ou jeunes talents, la visite est un passage obligé pour les amateurs de photographie.

■ DENKMAL FÜR DIE ERMORDETEN JUDEN EUROPAS (MÉMORIAL AUX JUIFS ASSASSINÉS D'EUROPE)

Wilhelmstraße
Entre la Potsdamer Platz et la porte de Brandebourg
✆ +49 30 263 943 11
www.stiftung-denkmal.de
U-Bahn et S-Bahn Potsdamer Platz.
S-Bahn Unter den Linden.
Bus M 42, 100, 123, 148, TXL.
Centre d'information ouvert du mardi au dimanche de 10h à 20h, 19h d'octobre à mars. Entrée libre.

Difficile de décrire l'étrange impression que l'on ressent en se promenant à travers cette forêt de pierres, toutes irrégulières, ce qui donne cette étrange sensation de vertige, de désorientation, d'angoisse profonde. Au total, 2 731 stèles composent le Stiftung Denkmal für die Ermordeten Juden Europas. Situé au centre de Berlin et pensé par l'architecte new-yorkais Peter Eisenman, ce mémorial se veut le témoin de la reconnaissance officielle des crimes commis par les nazis contre les juifs. Il ne s'agit pas d'un lieu qui énumère les horreurs, c'est bien plus une réflexion sur le côté indicible, impensable, inimaginable de ce qui s'est passé dans les camps de la morts entre 1941 et 1945. Une exposition un peu plus explicative sur le thème de la Shoa est accessible dans le sous-sol du mémorial. En face du mémorial pour les juifs assassinés d'Europe s'élève depuis mai 2008 le mémorial pour les victimes homosexuelles, qui montre entre autres une vidéo de deux hommes qui s'embrassent. Un peu plus loin vers le Reichstag, le mémorial des Sinti et Roms représentant une fontaine ronde surmontée d'un obélisque sur lequel seront inscrits les noms de camps de concentration, dessiné par Dani Karavan.

Mémorial aux Juifs assassinés d'Europe.

■ **DER HI-FLYER**
Wilhelmstrasse
Ballonstation am Checkpoint Charlie
✆ +49 30 5321 5321
www.air-service-berlin.de
U-Bahn Stadtmitte.
Ouvert en été tous les jours de 10h à 22h et le vendredi et samedi jusqu'à 00h30, en hiver de 11h à 18h, vendredi et samedi jusqu'à 19h. 19 €/pers, réduit 13 €.
On la voit de n'importe quel point de la ville quand elle est fièrement dressée dans le ciel, cette grosse montgolfière permet durant une vingtaine de minutes de s'élever dans les airs à la découverte des sommets berlinois. De quoi prendre quelques beaux clichés et se laisser griser par le vide autour avant de redescendre laisser sa place à d'autres. S'il y a trop de vent, le service est annulé.

■ **DEUTSCHE GUGGENHEIM BERLIN**
Unter den Linden 13-15
✆ +49 30 202 09 30
www.deutsche-guggenheim.de
U-Bahn Französische Straße
ou S-Bahn Unter den Linden
Ouvert tous les jours de 10h à 20h. Entrée : 4 €, gratuit le lundi, museumpass. Fermé le 24 et 25 décembre.
Une grande salle en plein cœur d'Unter den Linden, installée grâce au joint-venture entre la Deutsche Bank et la fondation Salomon R. Guggenheim. Mais ne vous attendez pas à un énorme musée comme le Guggenheim de New York ou de Bilbao. Il s'agit bien plus d'une salle de galerie où sont organisées des expositions temporaires autour d'artistes nouveaux ou déjà confirmés. Conseil : allez-y le lundi, lorsque l'entrée est gratuite.

■ **DEUTSCHES CURRYWURST MUSEUM**
Schützenstraße 70
✆ +49 30 8871 8647
www.currywurstmuseum.de
U-Bahn Stadtmitte.
Ouvert tous les jours de 10h à 22h, dernière entrée 20h. Entrée 11 €, réduit 8,50 € (une Currywurst incluse).
Berlin l'a fait, l'ouverture d'un musée entièrement consacré à la *Currywurst* ! A l'intérieur, tout ce que vous avez toujours voulu savoir sur ce mets gastronomique ! A conseiller surtout aux enfants ou aux amateurs de kitsch, entre goutte de ketchup géante au mur et *Imbiss* reconstitué. Peut être considéré comme instructif...

La fontaine de Neptune et la tour de la Télévision.

■ DEUTSCHES HISTORISCHES MUSEUM
Unter den Linden 2
✆ +49 30 20 30 444 – www.dhm.de
S-Bahn Hackescher Markt.
Ouvert tous les jours de 10h à 18h. Fermé les 24 et 25 décembre. Entrée : 8 €.
Les textes sont uniquement en anglais ou en allemand et aucun audioguide en français. Embarquez-vous pour un périple à travers le passé mouvementé des terres allemandes. Et cela dans un lieu hautement historique, car le Zeughaus qui accueille le musée d'Histoire allemande a un long passé : initié par Friedrich II en 1695, il est le plus vieux bâtiment d'Unter den Linden et un des plus beaux édifices baroques de toute l'Allemagne. Sur 10 000 m² et sur deux étages, l'histoire allemande est retracée depuis le IXe siècle à travers des thèmes politiques, sociaux et économiques. Le principe de l'exposition est de situer l'histoire allemande dans la perspective européenne et mondiale – les visiteurs prendront aussi du plaisir à découvrir la richissime collection de ce musée.

▶ **Au premier étage,** vous commencerez par la préhistoire et des fouilles archéologiques du sud de l'Allemagne pour passer ensuite rapidement sur l'époque romaine et les premiers siècles du Moyen Age. La plus belle pièce de cette partie de l'expo est le célèbre tableau de Charlemagne peint par Dürer. Puis vous découvrirez le temps de la Réforme, avec les premières imprimeries, les pamphlets et les caricatures. Plongez après cela dans l'époque traumatisante de la guerre de Trente Ans et le siècle des Lumières. Comprenez comment les guerres napoléoniennes ont fait naître le sentiment national allemand, tout en admirant de splendides robes très bien conservées de l'époque. Grâce aux nombreux tableaux et aux premières photos, vous pourrez revivre les plus grands moments de l'unification de l'Allemagne par Bismark et vous étonnez des rêves mégalomanes de l'empereur Guillaume II.

▶ **La suite de l'exposition au rez-de-chaussée** est consacrée au XXe siècle, avec tout d'abord la république de Weimar et la lutte acharnée entre les parties, qui est représentée grâce aux affiches politiques de l'époque. Vient alors janvier 1933 et l'avènement de la terreur nazie. La partie de l'expo consacrée à la dictature et la Seconde Guerre mondiale est des plus effroyables et se termine dans les ruines de l'après-guerre et la partition de l'Allemagne. Grâce aux premiers téléviseurs et aux voitures Volkswagen, vous allez assister au miracle économique des années 1950 et aux mouvements sociaux de 1968. Et, enfin au bout du chemin, la réunification, comme fin (provisoire) d'une histoire lourde, riche, magnifique. Et si toutes ces informations ne vous suffisent toujours pas, vous pourrez approfondir certains sujets dans des salles thématiques au sous-sol.

▶ **À voir également :** l'aile conçue par I.M. Pei, l'architecte de la Pyramide du Louvre, et qui abrite les expositions temporaires.

■ FERNSEHTURM (TOUR DE LA TÉLÉVISION)
Alexanderplatz ✆ +49 30 242 3333
www.tv-turm.de
U- et S-Bahn Alexanderplatz.
Ouvert de mars à octobre de 9h à minuit, et de novembre à février de 10h à minuit. Entrée : 12 €. Billet VIP (pour ne pas faire la queue) : 19,50 € (disponible sur Internet).
Construite à la fin des années 1960, alors que la Guerre froide était à son point le plus critique, la tour de la Télévision, forte de ses 365 m de hauteur, devait être un symbole du dynamisme et de la modernité du régime communiste. Pour autant, ce sont des Allemands de l'Ouest qui en avaient inventé le principe et des Suédois qui l'avaient construite, ce qui fut assez difficile à avaler. Mais finalement, tout le monde s'est habitué à la présence de ce monstre en plein centre-ville, et ceux qui visitent Berlin ne peuvent l'éviter, devenant

même un repère très pratique pour s'orienter. Le must, c'est d'aller faire un tour en son sommet (enfin presque puisque la plateforme d'observation se trouve en fait à 203 m que l'on atteint en 40 secondes !). On peut prendre un café dans le Telecafé tout en admirant une vue à 360 degrés de la ville.

■ FRIEDRICHSWERDERSCHE KIRCHE
Werderscher Markt ✆ +49 30 208 1323
U-Bahn Hausvogteiplatz.
Ouvert du mardi au dimanche de 10h à 18h. Entrée libre.
Cet édifice souvent oublié des touristes est un des chefs-d'œuvre néogothiques allemands dû à l'architecte Schinkel. Située au milieu d'un terrain en travaux depuis des années, cette église fait un peu figure d'une oasis en plein désert. Son intérieur est fort intéressant et uniquement composé d'une nef centrale. Les sculptures exposées proviennent de la Nationalgalerie, à laquelle l'église sert de dépendance depuis 1987. Des sculptures allemandes du XIXe siècle, de Schinkel et de ses contemporains donnent un aperçu assez juste du classicisme et du romantique allemand. Des maîtres tels Joachim Gottfried Schadow, Christian Daniel Rauch et August Kiss sont présents et illustrent l'époque classique, avec leurs moulages pour marbre princier.

■ GALERIE DESCHLER
Auguststraße 61 ✆ +49 30 283 3288
www.deschler-berlin.de
S-Bahn Oranienburger Straße.
Ouvert du mardi au samedi de midi à 18h et sur rendez-vous.
Installé sur la Auguststraße, M. Deschler est un mécène de l'art berlinois extravagant et plein d'humour. Sa galerie, pleine de charme et mêlant avec bons mauvais goûts le moderne et l'ancien, est loin de l'esprit guindé que l'on retrouve parfois dans les galeries du coin, mais ne manque pas de glamour, donc ne ratez pas les vernissages, qui sont toujours des événements et qui généralement se finissent dans la rue, tant la réputation de la maison est bonne et attire du monde.

■ GENDARMENMARKT
Gendarmenmarkt
U-Bahn Stadtmitte.
La place du Marché des gendarmes est considérée comme la plus belle place de Berlin. Se dressent ici symétriquement les deux cathédrales, l'allemande abritant une exposition « Cours, Contours, Détours » (du mercredi au dimanche de 10h à 18h, 19h en été) sur l'évolution de la démocratie parlementaire en Allemagne et la cathédrale française abritant le musée des Huguenots. Les deux églises se visitent. Au centre de la place, la magistrale salle de concerts, le Konzerthaus. En été, prenez le temps de faire une pause et de boire un café sur une des terrasses.

■ HAMBURGER BAHNHOF – MUSEUM FÜR GEGENWART (MUSÉE D'ART CONTEMPORAIN)
Invalidenstraße 50-51
✆ +49 30 397 834 11
www.hamburgerbahnhof.de
S-Bahn Hauptbahnhof.
Ouvert de mardi à vendredi de 10h à 18h, le samedi de 11h à 20h et le dimanche de 11h à 18h. Entrée : 12 €, gratuit le jeudi à partir de 14h, museumspass.
Dans les années 1920, les environs de la Hamburger Bahnhof (la gare de Hamburg) étaient ceux qui comprenaient le plus d'hôtels et le plus grand nombre de touristes. Dans un Berlin en plein essor économique, cette gare était le symbole du brassage qui s'effectuait à Berlin, puis survinrent la Seconde Guerre mondiale et les bombardements. En 1945, la gare fut fermée, pour partir en fumée en 1959. Il n'en restait plus que le pan de l'entrée, mais le miracle de la réunification et surtout des millions investis en quelques années ont permis de reconstruire la gare, qui a été rouverte en fanfare, en 1997. Depuis, elle se voit de loin, car elle est en permanence éclairée par une installation fluorescente sur sa façade. De nombreuses expositions temporaires y sont organisées, mais on peut également visiter une exposition permanente de la collection Marx pour l'art contemporain. Celle-ci est divisée en trois parties : dans le hall central du musée-gare sont exposées des œuvres de Bruce Naumann et d'Amsel Kiefer. A gauche, vous pourrez admirer la section pop art de la collection Marx, avec de nombreux tableaux d'Andy Warhol (entre autres le fameux portrait gigantesque de Mao Zedong). L'aile ouest du musée, située derrière la librairie König, est divisée entre une section de sculptures dominée par les travaux monumentaux de Joseph Beuys et les œuvres volontairement kitsch de Jeff Koons, et une deuxième section consacrée à l'excentrique artiste new-yorkais Matthew Barney et son célèbre cycle de vidéo art intitulé *Cremaster*. Le musée est complété par les Rieckhallen, qui se trouvent derrière la gare à proprement parler et où l'on peut découvrir des objets utilisés lors de différentes expositions et des artistes complètement déjantés comme Paul McCartny.

■ HUGENOTTEN MUSEUM
Gendarmenmarkt ✆ +49 30 229 17 60
www.franzoesischer-dom.de
U-Bahn Stadtmitte ou Französische Straße.
Ouvert tous les jours de midi à 17h, entrée 2 €.
Le Französischer Dom, église protestante depuis des siècles, accueille également le musée des Huguenots, qui retrace l'histoire de ces Français protestants, installés à Berlin depuis le XVIe siècle, après avoir fui les persécutions dans leur pays. Le musée retrace la répression sans merci exercée par la monarchie catholique, mais aussi l'exode et l'intégration des Français calvinistes à Berlin et Brandenburg, on y détaille donc leur vie, grâce à des documents et des peintures. En parallèle, l'histoire du Französischer Dom y est retracée. Mais le Französischer Dom n'est pas la seule marque de la présence huguenote française en Allemagne ; le lycée français de Berlin trouve également des origines dans leur communauté, et non pas des alliés, comme beaucoup le croient, et vous remarquerez que de nombreux Berlinois portent des noms de famille, voire des prénoms, français en souvenir de leurs ancêtres chassés de leur pays. Et si cela ne vous convainc pas de l'indéniable influence française sur la culture berlinoise, rendez-vous dans le restaurant français du dôme.

■ HUMBOLDT BOX
Schlossplatz 5 ✆ +49 1805 030 707
www.humboldt-box.com
Ouvert tous les jours de 10h à 20h. Entrée 4 €.
Devant le Dôme de Berlin, la Humboldt Box a été baptisée en hommage au célèbre explorateur Alexander Von Humboldt. Structure de verre, de plastique et d'acier réalisée par un trio d'architectes berlinois, le bâtiment a été inauguré en juin 2011. Il sert d'écrin futuriste à la construction du Forum Humboldt qui devrait être achevée en 2019 et accueillera le musée des Cultures extra-européennes, la bibliothèque centrale et régionale de Berlin et la collection historique scientifique de l'Université Humboldt. La Humboldt Box sera démontée lorsque le Forum Humboldt sera totalement achevé. En attendant, elle abrite sur 5 niveaux et 3 000 m² des salles d'exposition, de réunions, un centre de documentation sur la reconstruction du château de Berlin, ainsi qu'un café et un restaurant offrant une vue panoramique sur la ville.

■ THE KENNEDYS
Pariser Platz 4a ✆ +49 30 206 535 70
www.thekennedys.de
U-Bahn Under der Linden, TXL, 100.
Ouvert tous les jours de 10h à 18h. Entrée 7 €, réduit 3,5 €.
Un petit musée récent qui profite de la phrase célèbre « Ich bin ein Berliner », prononcée par John Kennedy lors de son séjour à Berlin, pour lui dédier ce musée. Beaucoup de photos officielles et plus intimes qui retracent la vie et la carrière du président américain.

■ KUNSTHAUS TACHELES (MAISON D'ARTISTES TACHELES)
Oranienburger Straße 53-56
✆ +49 30 282 6185
super.tacheles.de/cms
U-Bahn Oranienburger Tor
ou S-Bahn Oranienburger Tor.
Ouvert tous les jours.

Maison d'artistes Tacheles (Kunsthaus Tacheles).

La rumeur gronde depuis des années, mais cette fois la fermeture du Tacheles, le plus célèbre squat de Berlin semble imminente, le bâtiment ayant été cédé à des investisseurs qui prévoient la création d'une banque ! Un symbole fort de la victoire capitaliste sur l'esprit contestataire berlinois. Victime de son succès et devenu usine à touristes, le Tacheles, s'il est encore ouvert lors de votre passage reste un incontournable pour une première visite à Berlin. Car l'ancienne galerie marchande, sortie en ruine de la guerre froide et investie par les artistes sans toit, est de notoriété internationale. Le mieux est de commencer par une petite visite des ateliers le long des escaliers couverts de graffitis, puis de se diriger vers la cour derrière le bâtiment pour y admirer les fresques et les œuvres délirantes d'artistes déjantés. Le bar du rez-de-chaussée, Zapata, a une bonne programmation rock.

■ **KUNST WERKE**
Auguststraße 69
✆ +49 30 281 7325
www.kw-berlin.de
U-Bahn Oranienburger Tor.
Ouvert du mardi au dimanche de midi à 19h, le jeudi jusqu'à 21h. Entrée : 6 €, réduit : 4 €.
Klaus Biesenbach, l'homme qui a donné le point de départ à l'invasion de Mitte par la scène artistique, est le directeur artistique de cette galerie, un incontournable dans le petit monde des galeries.

■ **LOOCK GALERIE**
Invalidenstrasse 50-51
✆ +49 30 39 40 968 50 – loock.info
S-Bahn Oranienburger Straße.
Ouvert du mardi au samedi, de 11h à 18h.
Fondée un an avant la chute du Mur par un Berlinois de Mitte pure souche, la galerie a changé d'adresse en 2009. La galerie a pour ambition de soutenir les jeunes artistes berlinois, même si entre-temps on y expose des artistes venant de toute l'Allemagne et de l'étranger.

■ **MARIENKIRCHE**
Alexanderplatz ✆ +49 30 242 3600
www.marienkirche-berlin.de
S-Bahn Hackescher Markt.
Ouvert du lundi au jeudi de 10h à 16h, le samedi et le dimanche de midi à 16h. Entrée libre.
La Marienkirche, construite en 1270 est un des rares souvenirs du Moyen Age que compte la ville. On y découvre une superbe fresque représentant la *Danse de la Mort*, peinte aux environs de 1485 et représentant toute les classes de la population berlinoise dansant avec la mort, rappel des vanités de ce monde et de la fin identique pour tous. Les amateurs de musique organique ne rateront sous aucun prétexte les concerts de musique qui s'y donnent au son d'orgues du XVIIIe siècle. Cette église a également contribué à la chute du régime communiste, car elle fut l'un des premiers centres de discussions de citoyens (les églises étaient les seuls endroits en RDA où l'on pouvait s'exprimer librement).

■ **MÄRKISCHES MUSEUM (MUSÉE DE BRANDEBOURG)**
Am Köllnischen Park 5
✆ +49 30 308 662 15
U-Bahn Märkisches Museum.
Ouvert du mardi, jeudi et dimanche de 10h à 18h, mercredi de midi à 20h, vendredi et samedi 14h à 22h. Entrée 6 €, tarif réduit 3 €, museumspass.
Dans un étrange bâtiment qui mêle architecture gothique et Renaissance, le Märkisches Museum retrace l'histoire de la ville à travers objets, meubles, dessins et instruments de musique. Approche plus personnelle de l'histoire et des mœurs des habitants de la ville, la visite est assez instructive. On vous conseille d'y aller le dimanche à 15h, car ce jour là fonctionne les automatophones, des instruments de musique qui ne sont plus utilisés de nos jours.

■ **MUSEUM FÜR KOMMUNIKATION**
Leipziger Straße 16
✆ +49 30 202 940
www.mfk-berlin.de
U-Bahn Mohrenstraße.
Ouvert du mardi au vendredi de 10h à 17h, les week-ends de 11h à 19h. Entrée 3 €.
Un lieu idéal pour y venir avec toute la famille. Installé dans un magnifique édifice des années 1920, ce musée relate l'histoire de la communication à travers trois expositions permanentes : « Si près et déjà si loin, les gens et les médias », « Au temps de l'octet, calcul et culture numérique », « les images qui marquent : le monde des timbres ». Grâce aux objets exposés, vous y trouverez tout ce qui aide à faire circuler l'information, des timbres en passant par les premiers téléphones jusqu'aux ordinateurs des années 1950. Le musée est connu pour ses jeux et activités interactives destinés aux plus petits comme aux plus grands.

MUSEUM FÜR NATURKUNDE (MUSÉE DE LA NATURE)
Invalidenstraße 43
✆ +49 30 20 93 85 91
www.naturkundemuseum-berlin.de
U-Bahn Zinnowitzer Platz.
Ouvert du mardi au vendredi de 9h30 à 18h, le week-end et les vacances de 10h à 18h. Entrée : 6 €, enfant : 3,50 €.
Ce musée divertissant et didactique fera le bonheur des petits et des plus grands. Fermé longtemps pour rénovation, le musée de la Nature s'enorgueillit d'une pièce unique au monde : placé dans le hall central et haut de plus de 15 m, le squelette d'un branchiosaure y est exposé au côté de ses collègues (dont un allosaure et un stégosaure). Au-delà de cette attraction spectaculaire, vous pourrez également faire un voyage dans le temps et dans l'espace dans la partie qui explique la genèse du système solaire et l'évolution des espèces dans l'aile ouest du musée. Dans l'aile est, les salles sont réservées aux squelettes et aux animaux empaillés, toutes espèces confondues.

MUSEUM HAUS AM CHECKPOINT CHARLIE (MUSÉE DU MUR)
Friedrichstraße 44
✆ +49 30 253 7250
www.mauermuseum.de
U-Bahn Kochstraße ou Stadtmitte.
Ouvert tous les jours de 9h à 22h. Entrée : 12,50 €, réduit : 9,50 €.
Halte quasi obligatoire pour tous ceux qui s'intéressent à l'histoire du Mur et à la Guerre froide. Ce musée, ouvert peu de temps après la construction du Mur par la RDA en 1962, jouxtait à l'époque le passage appelé Checkpoint Charlie, seul point de liaison entre l'Est et l'Ouest au cœur de la ville. L'exposition retrace l'histoire de la construction du Mur, présente les documents qui la sous-tendent, et surtout les ingénieuses tentatives d'évasion qui ont jalonné son existence. Les explications sont en français, cependant on peut regretter le parti pris des fondateurs du musée, très anti-RDA, et les informations parfois datées. Pour ceux qui veulent économiser sur le prix du ticket d'entrée, la ville de Berlin vient de mettre en place une série de panneaux d'explications historiques juste au pied du musée, en allemand et en anglais. Cela ne remplace pas le musée, mais l'essentiel y est condensé.

NEUES MUSEUM
Bodestrasse – www.neues-museum.de
S-Bahn Hackescher Markt.
Ouvert du dimanche au mercredi de 10h à 18h et du jeudi au samedi jusqu'à 20h. Entrée : 10 €, réduit : 5 €, museumpass.
Les collections de la Préhistoire et égyptiennes ont été enfin réunies et installées dans ce nouveau musée qui est du fait de sa nouveauté le plus fréquenté par les touristes en ce moment. Le bâtiment n'avait pas servi depuis plus de 70 ans. Construit au XIXe siècle par Friedrich August Stüler il avait été gravement endommagé durant la Seconde Guerre mondiale avant de faire l'objet d'une totale rénovation et de réouvrir ses portes au public en octobre 2009. Il a été réaménagé par l'architecte David Chipperfield afin de lui redonner sa splendeur passée tout en modernisant les lieux pour une meilleure mise en valeur des collections. Celles-ci sont dispersées sur 4 étages.

▶ **Le rez-de-chaussée et les deux premiers étages** présentent la collection égyptienne et de papyrus regroupée pour la première fois dans un même lieu. Commencée en 1828, elle s'est considérablement enrichie au XIXe siècle, grâce à des donations diverses, et surtout entre 1911 et 1914, où de nombreuses pièces ont été trouvées sur le site de l'ancienne capitale des pharaons à Amarna. La collection est magnifique, composée de pièces superbes et en très bon état, on y trouve plus de 2 500 pièces (statues, objets d'artisanat) datant pour la plus ancienne de 3 000 ans av. J.-C. ainsi que des pièces d'architecture monumentales. Le cœur de la collection réside dans les œuvres d'art du XIVe siècle av. J.-C., provenant de l'ère du pharaon Aménophis IV, plus connu sous le nom d'Akhénaton. Ce personnage central de l'histoire égyptienne avait introduit le monothéisme dans son royaume et, pour la première fois dans l'histoire de l'humanité, opté pour une représentation réaliste des hommes. Le buste de sa femme, Nefertiti, en est la meilleure illustration : c'est une pièce magnifique, découverte en 1900 par des archéologues allemands, et qui depuis n'a pas été une seule fois restaurée. Resplendissante, la reine est représentée avec une coiffe qui indique sa noble provenance. Vous pourrez également contempler une momie et plusieurs sarcophages, ainsi qu'une belle collection de bijoux et papyrus, la porte de Kalabscha et la salle aux colonnes de la pyramide du roi Sahourê.

▶ **Le dernier étage**, quant à lui, est dédié à la Préhistoire et la protohistoire. Des objets provenant des différents périodes de l'âge de pierre à l'âge de bronze en Europe (700 av. J.-C.) qui comprennent de fabuleuses verreries. Puis des pièces datant du pré-Moyen Age et ses influences mérovingiennes et carolingiennes, à quoi s'ajoutent les trouvailles slaves de la vieille Prusse. Une salle est également consacrée aux pièces archéologiques retrouvées ici même à Berlin.

■ NEUE SYNAGOGUE
Oranienburger Straße 28-30
✆ +49 30 880 284 51
www.cjudaicum.de
S-Bahn Oranienburger Tor
ou Hackescher Markt. Tram M1 et M6.
Ouvert de 10h à 18h (14h le vendredi). Fermé lors des fêtes juives. Entrée : 3,50 €, réduit : 3 €.
La splendide nouvelle synagogue de Berlin, construite au XIXe siècle, s'est refait récemment une beauté, après avoir connu le délabrement pendant le IIIe Reich. Elle rayonne désormais de son dôme d'or sur toute l'Oranienburger Straße, dans un quartier où la communauté juive redevient de plus en plus présente. Ne vous laissez pas impressionner par les policiers qui la surveillent, et n'hésitez pas à découvrir l'exposition permanente à l'intérieur de cet édifice religieux qui présente des reliques de l'ancienne synagogue, mais aussi de la documentation sur la communauté avant et pendant le IIIe Reich, ainsi qu'un mémorial dans le jardin.

■ NEUE WACHE
Unter den Linden 4
S-Bahn Unter den Linden ou S- et U-Bahn Alexanderplatz.
Tout près du Bebelplatz et toujours sur Unter den Linden, la « Nouvelle Garde » est un bâtiment qui saute aux yeux par son aspect massif et robuste : construite en 1816-1818 selon les plans de l'éternel Schinkel dont c'est la première réalisation berlinoise, dans un syle néoclassique, elle a été conçue pour abriter un bureau de police. Après avoir constitué un centre de la Gestapo pendant la dictature nazie, le régime communiste de la RDA l'utilisa comme mémorial en honneur des victimes du fascisme. Depuis 1993, l'Allemagne réunifiée a repris cette idée et a fait de la Neue Wache le lieu central de la mémoire allemande. A l'intérieur de cet édifice, sobre à l'extrême, les visiteurs peuvent se recueillir devant la statue *Mère avec fils mort* de Käthe Kollwitz, une pietà moderne dénonçant les horreurs de la guerre.

■ NIKOLAIVIERTEL (QUARTIER SAINT-NICOLAS)
Propststrasse 9
www.nikolaiviertel-berlin.de
S- et U-Bahn Alexanderplatz.
C'est le plus vieux quartier de Berlin, centré autour de la Nikolaikirche, une église datant de 1220. (L'église se visite du lundi au jeudi de 8h à 16h, et le week-end de midi à 16h.) C'est à partir de là que le Berlin médiéval s'est développé. C'est là aussi que les exécutions publiques avaient lieu jusqu'au XIXe siècle avec supplices en prime. Sérieusement endommagé par la Seconde Guerre mondiale, le gouvernement est-allemand décida de reconstruire le quartier à l'occasion du 750e anniversaire de la ville, d'où l'air un peu artificiel de ces rues, au demeurant charmantes, à proximité de la démesurée et froide Alexanderplatz. Quelques maisons d'époque jalonnent cependant les rues et donne une atmosphère agréable à ce micro-quartier composé d'à peine plus de 50 maisons. Faites entre autres un petit détour par le Ephraim Palais (ouvert du mardi au dimanche de 10h à 18h), riche demeure rococo qui appartenait au banquier royal Veitel Heine Ephraim. Tout près, le Knoblauchhaus (Maison de l'ail) constitue un bel exemple d'architecture bourgeoise du XIXe siècle. Sous le titre « Un Logement bourgeois au Biedermeier », un appartement d'époque y a été aménagé au 1er étage. Le 2e étage est réservé aux expositions temporaires. Le quartier est aussi connu pour ses nombreux cafés et de nombreuses boutiques d'artisanat, quelque peu touristiques.

■ PERGAMONMUSEUM
Bodestraße 1-3 – Am Kupfergraben
✆ +49 30 209 055 77
S-Bahn Hackescher Markt.
Ouvert tous les jours de 10h à 18h, le jeudi jusqu'à 22h. Entrée : 13 €, réduit 6,50 €, museumpass.
Ce grand bâtiment à colonnades est l'énorme réplique du célèbre Autel de Pergame et enferme en son sein, le Pergamonmuseum, sans doute le plus connu des musées berlinois. Fondé en 1930, suite à des fouilles orchestrées à Olympe, à Pergame, à Samos et dans d'autres sites antiques, il est considéré aujourd'hui comme un des plus importants musées archéologiques du monde.

Coupole de verre du Reichstag, créée en 1999 par l'architecte anglais Sir Norman Foster.

▶ **L'autel de Pergame,** œuvre mythique de l'art hellénistique, est au centre du complexe. Tout autour, des fresques représentent le combat final entre les dieux et les géants et donnent un aspect gigantesque de la nature de cette merveille de l'architecture grecque. Sur la gauche, on peut découvrir pièces spectaculaires de l'art grec avec d'immenses colonnes ioniques, doriques et corinthiennes exposées dans des salles contiguës, ainsi que de très belles statues datant du Ve siècle av. J.-C. jusqu'au IVe siècle apr. J.-C, des copies de statues grecques ainsi que des sculptures romaines.

▶ **La collection d'art du Moyen-Orient** (Vorderasiatisches Museum) présente de nombreuses pièces rapportées par les archéologues allemands notamment de Syrie, de Turquie et d'Irak. Elle s'étale dans 14 salles, qui recouvrent les zones d'influence de Babylone, d'Assyrie et de beaucoup d'autres. Entre 1888 et 1939, les fouilles allemandes dans la région étaient en effet très nombreuses, de telle manière que le Pergamonmuseum possède aujourd'hui, avec le Louvre et le British Museum, la plus importante collection d'art provenant du Moyen-Orient. L'une des œuvres majeures est la voie processionnelle royale, la porte d'Ishtar et la façade du trône du roi Nabuchodonosor Ier datant de l'époque Babylonienne. L'ensemble a été reconstruit approximativement à l'originale grâce aux centaines de morceaux trouvés. Une autre salle est entièrement consacrée à Babylone. Vous y trouverez plus d'informations sur cette ville mythique, ainsi que de nombreux documents, des bijoux et des objets artisanaux. Au centre de la salle, une maquette détaillée donne une idée de la topographie de la ville légendaire. Autre pièce impressionnante, la porte du marché de Millet donne une notion du raffinement de l'art en Asie mineure au cours de l'Antiquité. La collection d'objets en provenance du Moyen-Orient ne s'arrête cependant pas là. C'est un vrai voyage à travers le temps qui vous est alors proposé : visitez les reconstitutions des temples et palais d'Assyrie, les tombes de la plus ancienne ville du monde, Uruk, ainsi que les joyaux architecturaux de l'Iran antique.

▶ **La collection d'art islamique** possède des objets du VIIIe au XIXe siècle et comprend des pièces d'arts omeyade, abasside, almoravide, safavide, moghul et ottomane. La pierre de lance de cette partie du musée fut un présent d'un sultan turc à l'empereur allemand, et pas des moindres : la façade de la citadelle de Mshatta. La famille impériale allemande semble s'être pris d'intérêt pour cet art, car au fil des années s'ajoutèrent de nombreuses pièces et tapis. Durant la Seconde Guerre mondiale, de nombreux trésors disparurent malheureusement dans les flammes, entre autres, une partie de la porte de Mshatta. Aujourd'hui, la collection compte plusieurs milliers de pièces, venant d'une zone très vaste qui va de l'Espagne à l'Inde, mais dont les points forts sont les arts du Proche-Orient, y compris l'Egypte et l'Iran.

▶ **Les arts plastiques** sont présents grâce à la collection Louis Henri de Polier, avec des enluminures et des miniatures de livres, pièces remarquables de l'art indo-persien.

■ **RAMONES MUSEUM**
Krausnickstr. 23
✆ +49 30 7552 8890
www.ramonesmuseum.com
S-Bahn Oranienburgerstrasse.
Ouvert tous les jours de midi à 22h. Entrée 3,50 €.
Musée privé provenant de la collection particulière d'un Allemand, Flo Hayler, qui a consacré beaucoup de son temps et de son argent à collecter à travers le monde ces objets sur le groupe de rock The Ramones. Le musée est surtout destiné aux passionnés de musique et de collections qui découvriront plus de 300 objets, du tee-shirt à la guitare en passant *of course* par les vinyles !

■ **REICHSTAG**
Platz der Republik
www.bundestag.de
S-Bahn Unter den Linden.
Tous les jours de 8h à 23h. Entrée gratuite. Pour éviter les files d'attente, et aussi par mesure de sécurité, un système de réservation par Internet a été mis en place. Différents jours et horaires vous seront proposés mais il faut anticiper sa visite et s'y prendre quelques jours à l'avance.
« Dem deutschen Volke » (« Au peuple allemand ») peut-on lire sur le fronton de ce symbole de l'histoire allemande du XXe siècle. Construit entre 1884 et 1894 dans le plus pur style de la grande Renaissance italienne, le Reichstag était le siège du Parlement durant le Second Empire germanique (1871-1918), puis pendant la république de Weimar (1918-1933). Il devint ensuite le lieu d'une intrigue, dont on ne connaît toujours pas les composantes exactes, mais toujours est-il que le bâtiment prit feu en 1933 (prétendument après un attentat anarchiste, mais tout laisse à penser que Hitler lui-même organisa l'incendie). Durant la Seconde Guerre mondiale, le Reichstag fut copieusement bombardé et ne fut complètement restauré qu'en 1970. Lorsque l'administration allemande se décida à réinvestir la capitale historique de l'Allemagne et ses bâtiments, Christo (qui refit également une beauté au Pont Neuf à Paris) emballa le Reichstag en 1995 d'un tissu argenté. Déballé depuis, l'édifice est à nouveau devenu le siège du gouvernement allemand et sa coupole tout en verre, signé Sir Norman Foster, est la métaphore même de la transparence qui doit régner dans une assemblée élue au suffrage universel. Démocratie oblige, le Reichstag est désormais ouvert au public qui peut allègrement escalader la coupole pour contempler la vue exceptionnelle qu'elle offre sur Berlin. Pour enrichir la visite, un audioguide est mis gratuitement à disposition.

■ **TOPOGRAPHIE DES TERRORS**
Niederkirchnerstraße 8
✆ +49 30 254 509 50
www.topographie.de
U- et S-Bahn Potsdamer Platz.
U-Bahn Kochstraße.
Ouvert tous les jours de 10h à 20h, 18h en hiver. Entrée libre.
La « Topographie de la terreur » est un mémorial situé sur un terrain vague, où trônait il y a longtemps un palais princier. Ce lieu est capital dans l'histoire du IIIe Reich : c'est ici, au centre de ce que fut jadis le quartier gouvernemental nazi, que siégeaient les institutions les plus redoutées de la machine nazie, c'est-à-dire la Geheime Staatspolizei ou Gestapo (services secrets), le Reichsführer-SS et son état-major, le Sicherheitsdienst (services de sécurité des SS) et le Reichssicherheitshauptamt (direction de la sécurité du Reich). Dans un petit espace, une concentration de pouvoir et de terreur exceptionnelle… d'où partirent toutes les grandes décisions d'Hitler : holocauste, camps de concentration et de travail forcé, germanisation de l'Est, etc. C'est d'ici donc que s'est propagée et imposée la peste brune. Le dernier bâtiment en date présente une intéressante documentation surtout les mécanismes des institutions qui y séjournaient et leurs conséquences directes sur les populations.

PRENZLAUER BERG

■ **BERLIN UNTERWELTEN (MONDES SOUTERRAINS DE BERLIN)**
Brunnenstraße 108a
℡ +49 30 499 105 17
Fax : +49 30 49 91 05 19
www.berliner-unterwelten.de
Dans la station de métro Gesundbrunnen.
Visite à la demande, en allemand et anglais. Français possible, mais uniquement le samedi à 15h. Entrée : 10 €.
Sorte de musée des souterrains de Berlin – et en même temps un monument qui célèbre la folie humaine : à la fin des années 1930, Hitler avait commencé à rêver d'une nouvelle ville, rebaptisée Germania. Il a donc ordonné de raser des quartiers entiers pour construire de nouveaux axes routiers et des monuments à la gloire du régime. Mais les bombes à la fin de la Seconde Guerre mondiale ont coulé ces projets, et la terre berlinoise a englouti les traces de la mégalomanie nazie. Aujourd'hui, les Berliner Unterwelten (*unterwelt* signifie « souterrain », mais désigne aussi l'enfer dans la mythologie antique) montrent les restes d'autoroutes et de bunkers. Ils furent utilisés comme abris pendant les bombardements de 1944-1945, puis reconvertis en abris anti-atomiques pendant la guerre froide. Plusieurs visites thématiques sont effectuées par des passionnés de l'histoire de Berlin. Une façon originale et fascinante de découvrir des aspects insolites de la ville et d'apprendre beaucoup de choses sur un chapitre noir de son histoire.

■ **GEDENKSTÄTTE BERLINER MAUER (MÉMORIAL AU MUR DE BERLIN)**
Bernauer Straße 111 – Ackerstraße
℡ +49 30 467 98 66 66
www.berliner-mauer-gedenkstaette.de
U-Bahn Bernauer Straße.
Centre de documentation ouvert du mardi au dimanche de 10h à 17h, d'avril à octobre jusqu'à 18h. Entrée libre.
Après la réunification, la ville de Berlin choisit le morceau de Mur qui traversait la Bernauer Straße, symbole déchirant de la séparation des deux Allemagne, pour y ajouter un mémorial au Mur. Ce fut chose faite en 1998, et c'est un morceau de Mur rénové, affublé d'un monument qui rappelle le règne de la terreur communiste et qui est souvent arraché ! Le plus intéressant dans tout ça est le centre de documentation où l'on trouve des renseignements sur le Mur et les tentatives d'évasion, et d'où l'on peut observer celui-ci et la chapelle de la Consolation. Pensez à passer derrière le bout de Mur reconstitué pour plus d'informations.

Kulturbrauerei.

La Kulturbrauerei.

■ **GETHSEMANEKIRCHE**
Stargarder Straße 77
www.ekpn.de
S-Bahn Schönhaüser Allee.
Cette église fut un des premiers lieux de rassemblement lors les révolutions pacifiques qui ont conduit à la chute du Mur en 1989. A l'époque les réunions politiques étant interdites, les contestataires décidèrent de se réunir dans des églises. C'est là notamment qu'avaient lieu des *Mahnwachen*, veilles pacifiques organisées pour la demande de libération de prisonniers politiques.

■ **KULTURBRAUEREI**
Knaackstraße 97
✆ +49 30 44 31 51 51
www.kulturbrauerei.de
U-Bahn Eberswalder Straße.
Entrée par Schönhauser Allee, Knaackstrasse ou Sredzkistrasse.
Ouvert tous les jours et tous les soirs en fonction du programme.
Ce vaste bâtiment en brique de la Kulturbrauerei est un véritable dédale pour noctambules. Cette ancienne brasserie Schultheiss, qui servait d'entrepôt pour meubles en RDA et menaçait de s'effondrer après la chute du Mur, s'est depuis convertie. Il faut dire qu'il y en a pour tout le monde : salle de cinéma pour les fans de la bobine, club, salle de concerts, théâtre, salle de sport, il y en a pour tous les goûts. Si vous n'avez pas le temps de tester la prog, un simple arrêt devant l'imposante façade est possible.

■ **MAUERPARK**
Bernauer Straße
✆ +49 30 60 98 00 18
www.mauerpark.info
U-Bahn Eberswalder Straße.
Un parc pas comme les autres avec, certes, de la verdure, mais ce n'est pas tant pour ça qu'on y va, mais pour le Mur. Non pas le mur de Berlin, bien qu'il passât là à l'époque, d'où le nom, mais le mur mis à disposition des graffeurs et des artistes en herbe, une des rares surfaces d'expression légale de Berlin. Point de rencontre de prédilection de la jeunesse berlinoise, on y vient pour flirter, boire une bière avec ses potes et admirer les graffeurs en pleine action. Ici pas de discrimination, punks, technoïdes et hip-hoppeurs partagent leurs joints et parfois même leur repas lorsque des cantines sont improvisées. Mais attention, le parc n'est pas exclusivement réservé à la jeunesse, tout le monde y a droit de séjour, et on y organise également parfois des concerts. Pour les amis de la brocante, venez le dimanche matin lorsque le plus grand marché aux puces de Berlin y est installé.

KREUZBERG

Si Kreuzberg n'est pas le quartier le mieux loti en termes de bâtiments historiques et musées, c'est un quartier extrêmement vivant et familial et très agréable à découvrir lors d'une balade. Les bords du canal sont particulièrement plaisants de même que les deux parcs du quartier.

■ BERLINISCHE GALERIE
Alte Jakobstraße 124-128
✆ +49 30 78 90 26 00
www.berlinischegalerie.de
U-Bahn Moritzplatz.
Ouvert tous les jours, sauf le mardi, de 10h à 18h. Entrée : 8 €, museumpass.
Musée d'art moderne et contemporain de référence, la Berlinische Galerie propose avant tout des expositions temporaires de grande qualité. Vous pourrez découvrir les grandes figures de la scène artistique contemporaine à travers leurs peinture, sculpture, photo ou vidéo. Au premier étage, l'exposition permanente constitue une initiation fort intéressante à l'art allemand du XXe siècle, grâce aux œuvres d'expressionnistes comme Otto Dix et d'artistes Art nouveau comme Max Liebermann.

■ DEUTSCHES TECHNIKMUSEUM
Trebbiner Straße 9
✆ +49 30 90 25 40 – www.sdtb.de
U-Bahn Möckernbrücke ou Gleisdreieck.
Ouvert du mardi au vendredi de 9h à 17h30, et les samedi, dimanche et jours fériés de 10h à 18h. Entrée : 6 €, museumpass.
Facile à reconnaître de loin avec son avion sur le toit et sa rose sur les murs du parking, le musée de la Technique offre à ses visiteurs une surface de plus de 50 000 m² consacrée aux belles inventions humaines. Vous y voyagerez dans le temps des vieilles locomotives et des premiers avions, en revenant progressivement aux ustensiles de cuisine modernisés, aux ordinateurs, radios-réveils, moteurs diesel, etc. De plus, chaque partie de l'exposition propose des activités ludiques, en rapport avec les objets exposés, et de nombreux modèles historiques sont remis en activité, pour le plus grand plaisir des visiteurs qui peuvent tripoter le tout, faire leur propre expérience d'imprimerie ou encore leur premier pas sur un plateau de télé. A ne pas rater non plus, à quelques pas du bâtiment principal, dans la Möckernstraße au n° 26 : le Science Center Spectrum (fermé pour travaux jusque fin 2012) qui, grâce à plus de 250 expériences sur les phénomènes de l'acoustique, de l'optique et de la radioactivité, se propose de répondre à vos questions les plus existentielles, du genre : pourquoi le ciel est-il bleu ? Le tout est entouré d'un grand parc agrémenté çà et là d'un moulin à vent et d'une brasserie.

■ EAST SIDE GALLERY
Weserstrasse 11
www.eastsidegallery-berlin.com
S-Bahn Ostbahnhof ou Warschauer Straße.
Entrée libre.
C'est la plus célèbre des galeries berlinoises car elle est en plein air et a pour support le mur de Berlin. 1,3 km de Mur couvert de graffitis, ce segment qui longe la Müllenstraße est dans le même état qu'à la chute du Mur, et c'est un souvenir unique que vous ne retrouverez nulle part ailleurs dans la ville. En 1989 juste après la chute du Mur des dizaines d'artistes viennent peindre sur la partie est du Mur qui était restée inaccessible jusqu'à lors. Projet totalement spontané, c'est toute la joie et l'euphorie du moment qui s'expriment sur ce mur. Malheureusement, le temps fait son travail et les peintures s'effritent, c'est le désavantage du plein air. En plus, de nombreux touristes ont jugé nécessaire de s'immortaliser aux côtés de Brejnev et de Honecker, ce qui n'arrange pas les choses… Heureusement des projets de restauration ont commencé mais le rétablissement complet n'est pas encore fait.

■ GÖRLITZER PARK
Görlitzer Park
U-Bahn Görlitzer Bahnhof.
Ce parc relativement petit est très vite plein en été entre frisbee et barbecues. Particulièrement appréciable au moment du crépuscule, quand le soleil passe derrière l'église de la Lausitzer Platz et qu'on a l'impression que le clocher s'enflamme.

■ JÜDISCHES MUSEUM
Lindenstraße 14 ✆ +49 30 25 99 33 00
www.jmberlin.de
U-Bahn Hallesches Tor.
Ouvert le lundi de 10h à 22h et du mardi au dimanche de 10h à 20h. Entrée : 5 €, museumpass. Fermé durant les fêtes juives.
Le nom du projet conçu par l'architecte Daniel Libeskind, un chantre de l'architecture déstructurée, est entre les lignes, et il est vrai que bien peu de bâtiments en disent autant avec

Kreuzberg - **À VOIR – À FAIRE** ◀ 177

Kulturforum et Potsdamer Platz

Les lieux autour de la Potsdamer Platz ont évolué avec l'histoire de Berlin : pendant les années 1920, lorsque Berlin fut l'une des principales capitales européennes, la Potsdamer Platz était le centre d'une Allemagne en pleine effervescence culturelle. Avec la construction du Mur, qui traversait la place en son milieu, elle a été le symbole de la séparation de Berlin. Depuis la réunification, le quartier est devenu le plus grand chantier d'Europe. En quinze ans, le « nouveau centre » de la capitale allemande a ainsi vu le jour, avec des bâtiments à l'architecture toute particulière, signés Helmuth Jahn ou Renzo Piano. Des édifices comme les quartiers généraux de Daimler Benz et le Sony Center avec sa gigantesque coupole futuriste sont désormais les nouveaux emblèmes de Berlin et témoignent de l'ambiance de renouveau qui règne depuis 1990 autour de Potsdamer Platz. Le Kulturforum lui est établi derrière la Potsdamer Platz à la limite du parc du Tiergarten.

BERLIN

si peu de mots. A vrai dire, une grande partie du musée n'est pas à proprement parler un musée, puisqu'on y contemple des installations ou des axes architecturaux qui font froid dans le dos. Depuis 2001, une exposition installée au dernier étage est certes consacrée à l'histoire et à la culture juive allemande du IXe siècle à nos jours, mais le plus impressionnant reste ces espaces vides et expressifs qui prennent en charge le devoir de mémoire. Le site lui-même représente une étoile de David explosée, dont les différentes branches partent du terrain en direction des habitations de figures juives importantes de l'histoire allemande, comme Heinrich Heine, Arnold Schöneberg et Walter Benjamin. Cela forme autour du lieu une toile qui s'étend à tous les lieux de la ville et de son histoire. Dans le sous-sol du musée, on a construit un labyrinthe qui mène d'un côté à la salle d'expositions temporaires, d'un autre au mémorial aux victimes de l'holocauste et enfin au site dédié à E.T.A. Hoffmann, un romantique qui fut aussi juge, et dont le jardin de l'exil et de l'émigration surplombé de 49 colonnes, représente la désorientation. On trouve également sur le terrain du musée une aire de jeux portant le nom de Walter Benjamin. L'ensemble du bâtiment surprend par ses diagonales et parallèles et par ses fenêtres qui semblent symboliser les cicatrices de l'Histoire.

■ **KREUZBERG MUSEUM**
Adalbertstraße 95a
✆ +49 30 50 58 52 33
www.kreuzbergmuseum.de
U-Bahn Kottbusser Tor. Bus M29, 140.
Ouvert du mercredi au dimanche de midi à 18h. Entrée gratuite.
Kreuzberg, le quartier des contestataires et des « multi-kulti », est un melting-pot qui ne se comprend qu'au regard de son histoire et de son évolution. C'est ce que se propose de faire le musée de Kreuzberg du développement de la ville et de l'histoire sociale en offrant au public des archives et les conseils qui vont avec pour s'y retrouver, mais aussi des expositions ponctuelles sur l'histoire du développement des quartiers avec pour points forts : l'immigration, l'industrialisation, une exposition permanente sur l'imprimerie et les maisons d'édition et un musée pédagogique pour enfants et jeunes. Vous y trouverez également une exposition permanente sur la ville et l'immigration au 2e étage. De plus, le bâtiment en lui-même porte son histoire (c'était une ancienne fabrique de tissus) et son environnement est très vivant (café, pelouse et terrains de jeux l'entourent). Bref, c'est un bon point de départ pour découvrir Kreuzberg.

■ **KÜNSTLERHAUS BETHANIEN**
Mariannenplatz 2
✆ +49 30 616 9030
www.bethanien.de
U-Bahn Kottbusser Tor ou Görlitzer Bahnhof.
Ouvert du mardi au dimanche de 14h à 19h. Entrée libre.
Sauvagement squatté dans les années 1970, l'hôpital qui accueille la maison des artistes est un vieux complexe du XIXe siècle, qui en a vu ces dernières années ! Après le squat, l'organisation de pièces de théâtre et l'exposition d'art alternatif, il se consacre désormais aux artistes étrangers en leur offrant une résidence. En provenance du Japon, de Russie, des Etats-Unis ou encore d'Australie et de Suède, les nombreux artistes soutenus par la maison sont exposés dans les trois halls qui sont à la disposition de l'institution et participent volontiers à des exhibitions, des discussions et des projections de films.

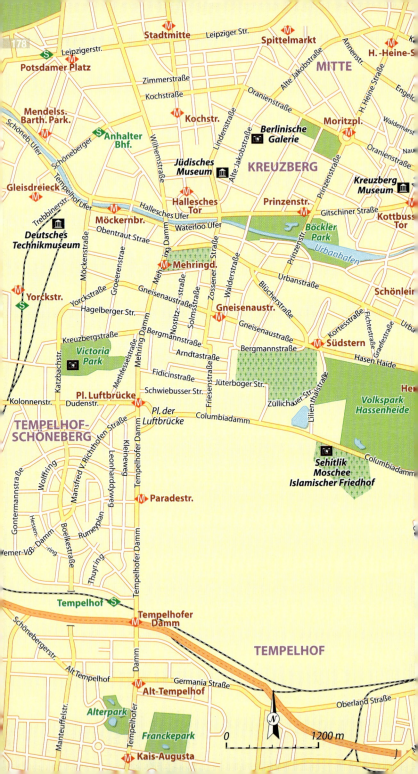

■ MARTIN GROPIUS BAU
Niederkirchnerstraße 7
A l'angle de Stresemannstraße 110
✆ +49 30 25 48 60
www.gropiusbau.de
S-Bahn Anhalter Bahnhof.
Ouvert du mercredi au lundi de 10h à 19h ; tous les jours entre avril et octobre. Entrée payante en fonction des expositions.
Construit entre 1877 et 1881 par l'architecte du même nom dans un style très néo-Renaissance, le Martin Gropius Bau fut en grande partie détruit durant la Seconde Guerre mondiale. Aujourd'hui, il a été restauré selon l'original, à un détail près : l'entrée originelle qui se trouvait sur la Niederkirchnerstraße était barrée par le Mur, on la déplaça donc sur le côté sud. Le bâtiment sert désormais de lieu d'expositions temporaires de très haute qualité… Programmation sur leur site Internet.

■ SCHWULES MUSEUM (MUSÉE GAY)
Mehringdamm 61
✆ +49 30 695 9905
www.schwulesmuseum.de
U-Bahn Mehringdamm.
Ouvert tous les jours de 14h à 18h, jusqu'à 19h le samedi. Entrée : 5 €, réduit : 3 €.
Seul et unique dans son genre à travers le monde, ce musée offre un vaste aperçu de l'histoire gay. Ce sont des bénévoles qui s'en occupent grâce à des donations privées, et l'accent est avant tout mis sur la documentation : la bibliothèque et les archives du troisième étage comportent plus de 800 livres, 3 000 périodiques, d'innombrables collections de photographies, de posters, de films vidéo et de cassettes audio que l'on peut emprunter. Au rez-de-chaussée se trouve le musée à proprement parler qui abrite des expositions temporaires de tableaux, photos, vidéos, sculptures, etc.

■ SEHITLIK MOSCHEE
Islamischer Friedhof
Columbiadamm 128
✆ +49 30 692 1118
info@sehitlik-camii.de
U-Bahn Platz der Luftbrücke.
Prendre le Columbiadamm sur votre gauche en sortant du métro, 10 minutes de marche.
Sans doute la mosquée la plus intéressante du quartier de Kreuzberg, la Sehitlik Moschee se visite sur rendez-vous. Derrière l'édifice principal, vous pourrez découvrir le petit cimetière musulman, aménagé au XVIIIe siècle par un ambassadeur ottoman à la cour de Prusse, et qui évoque fortement certains quartiers résidentiels d'Istanbul.

■ TEMPELHOFER FREIHEIT
Flughafen Tempelhof
www.tempelhoferfreiheit.de
U-Bahn Tempelhof.
Entrée libre.
Connu pour avoir été la base aérienne des avions alliés en 1948, Tempelhof, qui fut l'un des premiers aéroports d'Europe, a cessé tout trafic aérien en 2008. C'est maintenant un immense parc urbain où se presse le Tout-Berlin dès les premiers rayons de soleil. Ici, pas d'herbe mais du béton ! Depuis 2009, Tempelhof accueille également de nombreuses foires, dont le salon de prêt-à-porter « Bread and Butter ».

■ TÜRKENMARKT (MARCHÉ TURC)
Maybachufer
www.tuerkenmarkt.de
U-Bahn Koetbusser Tor ou Schönleinstrasse.
Mardi et vendredi de 11h à 18h30.
Ce marché le long du canal de Kreuzberg est certainement le plus pittoresque, le plus bruyant et le plus visité de Berlin. Les produits sont surtout destinés à la communauté turque du quartier, mais cela fait le bonheur des Berlinois qui adorent les produits frais et les épices. Ici les prix défient toute concurrence. N'hésitez pas à goûter les diverses crèmes et mousses vendues, mélangeant aïl, épinards, fromage de chèvre, elles sont délicieuses. Au fond du marché, on assiste à un phénomène de boboïsation avec des vendeurs d'artisanat, produits isssus de l'apiculture, bonbons… mais l'ambiance reste hautement sympathique.

▼ VIKTORIA PARK
Viktoria Park
Entre la Katzbachstraße,
la Kreuzbergstraße
et la Methfesselstraße
U- et S-Bahn Yorkstraße.
C'est le parc le plus populaire de Kreuzberg et il attire toute la jeunesse et les familles du quartier. Placé sur une petite colline, le Viktoria Park est ordonné autour d'une cascade rafraîchissante et dispose de nombreuses pelouses qui attirent les amateurs de foot ou de frisbee. Au sommet se trouve la croix qui donne son nom au quartier (Kreuzberg, le « mont de la croix »). En été, un Biergarten complète cette oasis de loisirs.

FRIEDRICHSHAIN

■ KARL MARX ALLEE
Karl Marx Allee
U-Bahn Alexanderplatz, Strausberger Platz, Weberwiese, Frankfurter Tor.
La plus grande et la plus célèbre avenue d'Allemagne ! Sur plus de 7 km, la KMA est un parfait exemple d'architecture stalinienne et le témoin d'un passé soviétique à Berlin. Le régime communiste à la tête de la RDA de 1949 à 1990, y faisait défiler son armée chaque année. Très commerçant à cette époque, le boulevard abrite aujourd'hui essentiellement des appartements gigantesques, ainsi que quelques cafés et restaurants branchés à proximité de l'Alexanderplatz.

■ OBERBAUMBRÜCKE
Kreuzberget
U-Bahn Schlesisches Tor.
Un des plus beaux ponts de la ville, d'architecture néogothique à deux étages. Reliant le quartier de Friedrichshain à celui de Kreuzberg, le pont est devenu un symbole de l'unité allemande car auparavant ces deux quartiers étaient séparés par le Mur. C'était également sur ce pont que pendant la guerre froide, s'échangeaient les espions découverts de part et d'autre du Mur. Aujourd'hui, c'est le cadre idéal pour un coucher de soleil avec vue sur la Fernsehturm.

■ TIERPARK ZOO
Am Tierpark 125
✆ +49 30 51 53 10
www.tierpark-berlin.de
U-Bahn Tierpark.
Ouvert tous les jours de 9h à 18h, 16h d'octobre à mars. Entrée : 13 €, réduit : 9 €.
Ce parc zoologique est moins riche et diversifié que celui de Zoo, mais son concept est très original : 8 500 animaux, des lions, des éléphants et beaucoup d'autres se partagent le jardin (élaboré par le même architecte que celui du zoo : P.-J. Lenné) avec cette spécificité que l'on ne distingue pas de barrières, ni de protections entre les animaux et nous. En fait, les parcelles sont délimitées par des fosses remplies d'eau que l'on remarque une fois à côté, et qui donnent l'impression que les animaux se promènent en toute liberté, ce qui change un peu des vitres de protection et des prisons pour animaux.

■ VOLKSPARK FRIEDRICHSHAIN
Am Friedrichshain
U-Bahn Schillingstrasse. Tram 10.
Ce parc, le plus ancien de Berlin, est apprécié des résidents du quartier qui viennent y faire de la luge en hiver ou organiser apéros et barbecues en été.

Lycaons dans le parc zoologique (Tierpark Berlin).

CHARLOTTENBURG

Si le Ku'damm et ses alentours sont très animés, le reste du quartier de Charlottenburg est plutôt calme, le long de ses grandes avenues remplies de demeures cossues. Le quartier est alors propice à de belles balades, sans oublier bien sûr d'aller jeter un œil au château de Charlottenburg et à son parc.

Les principaux musées de Charlottenburg se situent aux environs du château ainsi que les divers monuments éparpillés dans le parc du château. Si l'on veut prendre le temps de tout voir il faut bien compter une journée, une demi-journée si l'on accélère la cadence.

■ DAS VERBORGENE MUSEUM
Schlüterstraße 70 ✆ +49 30 313 3656
www.dasverborgenemuseum.de
U-Bahn Ernst-Reuter-Platz.
Jeudi et vendredi de 15h à 19h, samedi et dimanche de midi à 16h. Entrée gratuite.
Centre de documentation sur les femmes. C'est également un lieu d'exposition qui présente les travaux de femmes artistes peu ou pas connues.

■ GEORG KOLBE MUSEUM
Sensburger Allee 25 ✆ +49 30 304 2144
www.georg-kolbe-museum.de
S-Bahn Heerstraße. Bus 149, X34, X49.
Ouvert du mardi au dimanche de 10h à 18h. Entrée : 5 €, réduit : 3 €, Museumpass.
Toute sa vie durant, Georg Kolbe, sculpteur naturaliste berlinois, considéré dans les années 1920 comme le meilleur sculpteur d'Allemagne, a travaillé dans l'atelier qui sert aujourd'hui de musée et de lieu d'expositions pour ses œuvres. Y sont présentes des pièces de ses jeunes années, pleines de grâce, mais aussi sa production datant de l'époque nazie, plus rare, et qui devient du coup nettement plus rigide et sombre.

■ KATHE KOLLWITZ MUSEUM
Fasanenstraße 27 ✆ +49 30 88 25 210
www.kaethe-kollwitz.de
U-Bahn Uhlandstraße.
Ouvert tous les jours de 11h à 18h. Entrée : 6 €, réduit : 3 €.
Le musée se niche dans une des rues les plus élégantes de la ville. Célèbre pour ses sculptures et ses gravures qui dénonçaient les conditions sociales misérables du prolétariat et les conséquences de la Première Guerre mondiale, l'artiste a été très active entre 1888 et 1945, année de sa mort. Le musée qui lui est consacré ne comprend pas moins de 200 estampes, 70 dessins et affiches, et 15 bronzes, retraçant la production artistique de cette femme qui a marqué son époque. Käthe Kollwitz s'est efforcée pendant toute sa vie d'attirer l'attention sur la classe ouvrière du début du XXe siècle et a laissé un témoignage plus que vivant des deux guerres mondiales.

■ LITZENSEE – LIETZENPARK
Litzensee
Autour de la Neue Kantstraße
U-Bahn Sophie Charlotte Platz ou S-Bahn Messe Nord/ICC.
C'est en fait un petit lac charmant, entouré d'espaces de jeux et qui invite à se balader tout au long de l'année. En été, les pelouses sont idéales pour faire bronzette et, en hiver, l'étang gelé offre un cadre pittoresque.

■ MUSÉE DES ARTS DÉCORATIFS ET DU FONCTIONNALISME (BRÖHAN MUSEUM)
Schlossstraße 1a ✆ +49 30 32 69 06 00
www.broehan-museum.de
U-Bahn Sophie-Charlotte Platz
ou Richard-Wagner Platz.
Ouvert du mardi au dimanche de 10h à 18h. Entrée : 6 €, réduit : 4 €, museumpass.
Situé à côté de la collection Berggruen, ce petit musée privé complète la visite culturelle de Charlottenburg avec brio. Depuis 1960, l'homme d'affaires Bröhan collectionne et assemble ici des pièces d'Art nouveau et d'Art déco sur trois étages, ce qui donne un spectre assez large de ces deux styles du début du siècle dernier. On y découvre des porcelaines, des sculptures, des bronzes et des toiles qui datent d'entre 1890 et 1939, dont les peintures de la vie sociale de Hans Baluschek et des portraits de femmes de Willy Jaeckel. Depuis peu, le musée a élargi ses prestations et organise des expositions temporaires.

■ MUSEUM BERGGRUEN
Schlossstraße 1 ✆ +49 30 32 69 58 15
U-Bahn Sophie Charlotte Platz
ou Richard Wagner Platz.
Bus 109, 145 ou 309 arrêt Luisenplatz.
En rénovation pour le moment, le musée devrait rouvrir ses portes à l'automne 2012. Sinon, ouvert du mardi au dimanche de 10h à 18h. Entrée : 6 €.

Château de Charlottenburg et statue du Grand Electeur (Frédéric Iᵉʳ).

Né en 1914 à Berlin et émigré en 1936 aux Etats-Unis, Heinz Berggruen est un des marchands et collectionneurs d'art les plus talentueux de notre temps. Après avoir ouvert une galerie à Paris après la guerre, il se consacre entièrement à ses collections qu'il n'a de cesse d'enrichir et, en 1996, décide de revenir à Berlin en offrant à la ville l'œuvre de sa vie : sa collection, une des plus conséquentes du monde, avec son impressionnante sélection d'artistes modernes de Picasso à Laurens, en passant par Braque, Klee et Giacometti. Sous le titre « Picasso et son temps » *(Picasso und seine Zeit)* la collection de peintures et de sculptures comprend 70 œuvres du peintre andalou. Mais vous trouverez aussi de nombreuses pièces de Paul Klee, dont l'évolution de 1917 à 1940 est illustrée surtout par des œuvres de petit format. Autour de Picasso et de Klee, les toiles de Matisse, de Van Gogh, mais aussi de l'art africain, comme pour montrer l'influence des arts premiers sur les surréalistes, complètent cette exposition qui donne un aperçu à la fois extrêmement varié mais aussi profondément significatif de l'évolution de ses artistes très ancrés dans leur temps.

■ **MUSEUM FÜR FOTOGRAFIE HELMUT NEWTON STIFTUNG (MUSÉE DE LA PHOTOGRAPHIE FONDATION HELMUT NEWTON)**
Jebensstraße 2 ✆ +49 30 31 86 48 25
U-Bahn et S-Bahn Zoologischer Garten.
Ouvert du mardi au dimanche de 10h à 18h et le jeudi jusqu'à 22h. Entrée : 8 €, réduit : 4 €, museumpass.

Le musée de photographie regroupe toutes les œuvres photographiques des musées nationaux de Berlin. C'est aussi le siège de la fondation Helmut Newton qui présente la vie et l'œuvre du célèbre photographe à travers une exposition permanente au rez-de-chaussée et une exposition temporaire au 1ᵉʳ étage. Le génie allemand, décédé en 2004, bien que résidant à Monaco ou à Los Angeles, avait legué un an avant de s'éteindre toute son œuvre à sa ville natale, Berlin ! La collection à voir est donc vertigineuse. Dans le reste du bâtiment réouvert en mai 2010 après deux ans de rénovation, se succèdent des expositions temporaires issues des collections des musées. Elles illustrent toute la richesse du fond.

■ **SCHLOSS CHARLOTTENBURG**
Luisenplatz et Spandauer Damm 20-24
Schlosspark Charlottenburg
✆ +49 30 969 4202 – www.spsg.de
U-Bahn Sophie Charlotte Platz
ou Richard Wagner Platz.
Bus 109, 145 ou 309 arrêt Luisenplatz.
Ouvert tous les jours sauf le lundi de 9h à 18h d'avril à octobre, jusqu'à 17h le reste de l'année et pour la nouvelle aile tous les jours sauf mardi. Entrée pour tout le site : 12 €.
Frédéric III bâtit cette humble résidence de vacances pour la reine Sophie-Charlotte en 1695, et depuis elle n'a fait que s'agrandir pour devenir en fin de compte un château.

▶ **Ancienne aile.** C'est la section centrale du lieu, qui est aussi la plus vieille et la plus authentique (une grande partie du château a été endommagée lors des bombardements en 1945), tourne autour des chambres des premiers résidents, Sophie-Charlotte et son mari.

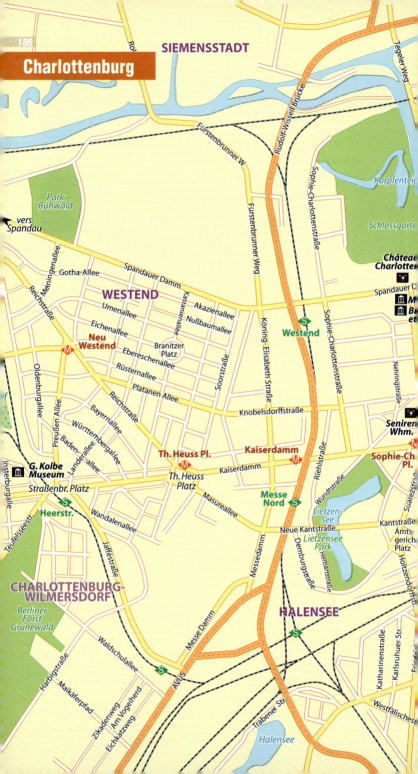

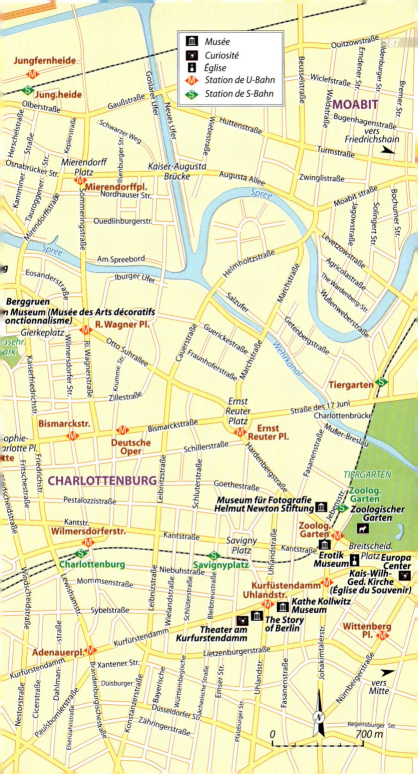

À VOIR – À FAIRE - Charlottenburg

▶ **Nouvelle aile.** L'autre attraction du château est l'aile ouest, l'ancien quartier général de Frédéric le Grand, où l'on peut découvrir sa collection de peintures datant du XVIIIe siècle. Au rez-de-chaussée de cette partie se trouve une autre collection consacrée aux romantiques allemands, comme Caspar David Friedrich et l'inévitable Schinkel, qui a également donné son nom à un pavillon dont il fut l'initiateur, le Schinkel Pavillon, une résidence d'été bâtie en 1825. On y découvre tout un éventail de son œuvre sculpture, peinture, esquisses, porcelaine et esquisse. Un autre pavillon, le Belvédère, une maison de thé construite en 1788 par Langhans, architecte de la porte de Brandenburg, propose une belle collection de porcelaines du XVIIIe et du XIXe siècle (entre autres les fameuses porcelaines KLM), et ce sur trois étages.

▶ **Le Hohe Brücke**, à proximité du Belvédère, vous offre un magnifique panorama sur le château, propice aux plus belles photos. Le Belvédère construit par Langhans en 1788 présente une belle collection de porcelaines provenant de la Manufacture royale de Berlin.

▶ **Le mausolée du château** abrite les tombes de la reine Louise, de Frédéric-Guillaume III, de Guillaume Ier et de l'impératrice Augusta.

■ **THE STORY OF BERLIN**
Kurfürstendamm 207-208
✆ +49 30 88 72 01 00
www.story-of-berlin.de
U-Bahn Uhlandstrasse.
Ouvert tous les jours de 10h à 20h (entrée jusqu'à 18h). Entrée : 10 €, réduit : 8 €.
L'histoire de Berlin comme si on y était. 7 000 m² sont consacrés, le tout divisé en 20 salles à thème, toutes plus impressionnantes les unes que les autres. C'est un voyage virtuel dans l'espace et le temps de la ville que nous propose ce musée insolite, et le résultat est époustouflant depuis la création de Berlin jusqu'au IIIe Reich, les passages clés, comme l'autodafé, sont reconstitués à l'aide de différents médias et un peu comme si on le vivait soi-même, on assiste ainsi à l'histoire en marche. Mais sans se cantonner au passé, The Story of Berlin s'achève sur une vision du futur qu'on vous laisse découvrir...

SCHÖNEBERG

■ **ALTER ST MATTHÄUS-KIRCHHOF**
Grossgörschenstrasse 12
✆ +49 30 781 1297
U-Bahn et S-Bahn Yorkstrasse,
U-Bahn Kleistpark.
Ouvert tous les jours de 8h à 19h.
Ce petit cimetière du XIXe siècle est surtout connu pour abriter la sépulture des frères Grimm, de simples stèles posées en haut d'une colline. On y trouve également la tombe de Rudolf Virchow, médecin et politicien, ainsi que le mémorial de Claus von Stauffenberg, un officier allemand qui fut l'une des figures centrales de la résistance contre Hitler.

■ **KAISER WILHELM GEDÄCHTNISKIRCHE (ÉGLISE DU SOUVENIR)**
Breitscheidplatz ✆ +49 30 218 5023
www.gedaechtniskirche.com
U-Bahn Zoologischer Garten
ou Kurfürstendamm.
L'église est ouverte tous les jours de 9h à 19h, et la tour du lundi au samedi de 10h à 16h. Possibilité de tour guidé tous les jours entre 13h et 15h.
Construite en 1895, cette église néoromantique a été érigée en mémoire de l'empereur Guillaume Ier. Lors de la Seconde Guerre mondiale, en 1943, elle fut partiellement détruite par les bombardiers et perdit sa tour. Depuis, elle a connu un destin différent de ces nombreux édifices religieux rasés ou reconstruits après la guerre. Aujourd'hui encore, elle se trouve dans l'état où les Anglais l'ont laissée, ce qui lui vaut le surnom d'« église cassée ». La Kaiser Wilhelm Gedächtniskirche est ainsi devenu un symbole des horreurs de la destruction et un monument qui exhorte au pacifisme.

■ **KAMMERGERICHT**
Elssholzstrasse 30-33 ✆ +49 30 901 50
www.kammergericht.de
U-Bahn Kleistpark.
A l'ouest du Kleistpark, le siège de la Cour constitutionnelle de Berlin est un imposant bâtiment néobaroque qui fut jusqu'en 1990 le siège du Conseil des alliés. Il est connu pour avoir abrité le procès des participants à l'attentat manqué contre Hitler en 1944.

■ **RATHAUS SCHÖNEBERG**
John F. Kennedy Platz
U-Bahn Rathaus Schöneberg.
C'est devant la mairie de Schöneberg, alors siège du gouvernement de l'Ouest, que le président américain John F. Kennedy prononça

La forêt de Grünewald

S-Bahn Grünewald. Dans le Grünewald, cette immense forêt au sud de Berlin, vous trouverez un lac qui s'étend jusqu'au sud de la ville et aboutit à la plage artificielle de Wannsee (*voir plus bas*), mais aussi l'endroit de prédilection de la jeunesse : le Teufelsberg (le mont du Diable). Eté comme hiver, il y a foule sur ce mont haut de 115 m, qui est tout sauf naturel : il résulte de l'amassement des ruines de la Seconde Guerre mondiale, d'où le nom, certainement… Au sommet, vous remarquerez d'étranges et énormes boules blanches, qui sont des sites protégés : ce sont les anciennes stations d'espionnage américaines, des radars qui servaient à surveiller la DDR. Un peu plus bas se trouve la tour de Grünewald (ouvert tous les jours de 10h à 18h), qui offre une vue imprenable sur tout Berlin depuis sa plate-forme, ainsi qu'un restaurant. De là, longez la Chaussee vers le sud jusqu'au Lieper Bucht, qui invite à la baignade avec sa petite plage de sable idyllique. En vous éloignant des bords du lac, vous pourrez découvrir également le Jagdschloss Grunewald (ouvert de mi-mai à mi-octobre du mardi au dimanche de 10h à 17h et de mi-octobre à mi-mai le samedi et le dimanche de 10h à 16h), que Joachim II fit construire en 1542. Ce château de la Renaissance abrite une collection de peintures et, juste à côté, se trouve le Forsthaus Paulsborn – ✆ +49 30 81 81 910 – un restaurant (plats entre 13 et 18 €), qui sert du gibier à l'allemande, avec des *spätzle* et des *preiselbeeren* (des pâtes toutes tordues et de la confiture d'airelles), mais, bon, il faut avoir les moyens ! Toujours en retrait du grand lac se trouvent deux endroits où la baignade est bien agréable, ce sont la Krumme Lanke et le Schlachtensee, deux mini-lacs moins fréquentés que le Wannsee et surtout par des jeunes gens. En revanche, en rentrant dans le Grünewald, évitez de vous aventurer dans le fin fond de la forêt, car aussi étonnant que cela puisse paraître, il y a toujours autant de gibier qu'il y a 400 ans, lorsque Joachim II en fit son terrain de chasse privilégié. Vous nous direz : Comme c'est charmant ! Les biches ! Oui, mais il y a aussi beaucoup de sangliers et de renards, et eux sont tout sauf charmants, ils défraient chaque année la chronique en s'extirpant de la forêt pour ruiner les jardins de Zehlendorf ! Méfiez-vous… Et ne laissez pas traîner votre pique-nique.

en 1963 son fameux « Ich bin ein Berliner » ! Profitez donc du marché aux puces (Flohmarkt Rathaus Schöneberg, de 8h à 16h samedi et dimanche) pour jeter un œil à ce beau bâtiment hautement symbolique.

■ REGENBOGENSTELE (STÈLE ARC-EN-CIEL)
Nollendorfplatz
U-Bahn Nollendorfplatz. Au début de Motzstrasse.
Inauguré au printemps 2000 dans le cadre du Gay and Lesbian Festival, ce monument de 4,5 m de haut qui ressemble à un crayon avec la pointe dressée vers le ciel, illustre deux images marquantes de l'homosexualité au XXe siècle. La partie inférieure symbolise le triangle rose imposé aux homosexuels par les nazis, la partie supérieure illustre l'arrivée dans les années 1970 du drapeau arc-en-ciel adopté par les homosexuels du monde entier. A noter qu'une plaque commémorative a été installée au métro Nollendorfplatz, à quelques dizaines de mètres, pour honorer la mémoire des homosexuels persécutés sous le régime nazi.

■ SCHÖNEBERG MUSEUM
Hauptstrasse 40-42
✆ + 49 30 902 776163
www.museentempelhof-schoeneberg.de
U-Bahn Eisenacher Straße.
Ouvert mercredi et jeudi de 15h à 18h, samedi et dimanche de 14h à 18h. Entrée libre.
Installé dans une superbe villa de 1870, ce musée retrace de façon ludique la vie historique et politique du quartier du XIXe siècle à nos jours. Une section du musée propose des expositions et des ateliers à destination des plus jeunes.

■ WINTERFELDTPLATZ MARKT
Winterfeldplatz
U-Bahn Nollendorfplatz.
Ouvert les mercredi et samedi matin.
Tous les mercredi et samedi, pour peu que le soleil soit au rendez-vous, les étals de poissons, de fromages, de fruits, de légumes et de fleurs donnent à la grande place de Schöneberg un petit air provençal. C'est pour beaucoup le plus charmant marché de la ville.

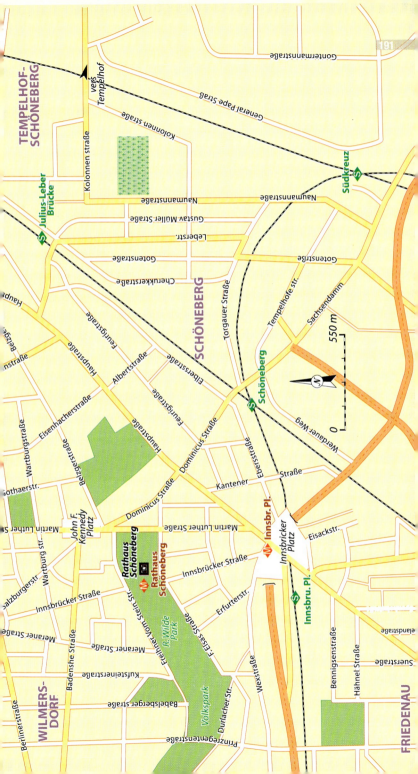

TIERGARTEN

Le quartier du Tiergarten porte le nom de l'énorme parc qui constitue en un sens le centre de Berlin. Au nord, se trouve le château de Bellevue, résidence du président de la république fédérale d'Allemagne. En bordure du Tiergarten à l'est, le quartier gouvernemental ouvre la voie vers la porte de Brandenbourg et l'avenue Unter den Linden. Au sud, vous pourrez admirer les gratte-ciel de la Potsdamer Platz avant de découvrir les nombreux musées du Kulturforum. Suivez alors notre balade en fin de chapitre pour découvrir l'architecture contemporaine berlinoise.

■ BAUHAUS ARCHIV (MUSÉE DU BAUHAUS)
Klingelhöferstraße 13-14
✆ +49 30 254 0020 – www.bauhaus.de
Bus 100 ou U-Bahn Nollendorf Platz.
Ouvert du mercredi au lundi de 10h à 17h. Entrée mercredi, jeudi et vendredi : 6 €, 7 € les samedis, dimanches et lundis, museumpass.
C'est le chef de file et fondateur du Bauhaus, Walter Gropius, qui a élaboré les plans du bâtiment dans lequel se trouvent le musée et les archives. Au-delà des documents, on peut aussi y admirer des sculptures, des objets, des céramiques, des gravures, bref tout ce qui est sorti de l'atelier Bauhaus entre 1919 et 1933, avant d'être banni par les nazis. Considéré comme la plus grosse collection d'œuvres sur le Bauhaus, le musée n'en reste pas moins assez petit et même si qualité prime sur quantité, on aurait aimé voir quelques pièces supplémentaires surtout au vu du prix. L'audioguide fourni par contre offre de très intéressantes explications et permet de compléter ses connaissances. Enfin pour les plus passionnés, une salle de documentation informatique complète la visite.

■ DENKMAL FÜR DIE IM NATIONALSOZIALISMUS VERFOLGTEN HOMOSEXUELLEN (MONUMENT À LA MÉMOIRE DES HOMOSEXUELS DÉPORTÉS)
Tiergarten Park
Inauguré en 2008 dans le sud-est du parc du Tiergarten par le ministère de la Culture et le maire de Berlin, ce monument rend hommage aux 50 000 homosexuels déportés dans les camps de concentration pendant la période nazie. Le monument consiste en un cube en béton haut de 5 mètres, opaque à l'exception d'une lucarne qui permet d'apercevoir à l'intérieur une vidéo d'un baiser entre deux hommes.

■ DEUTSCHE KINEMATHEK (CINÉMATHÈQUE ALLEMANDE)
Potsdamer Straße 2 ✆ +49 30 300 9030
www.deutsche-kinemathek.de
U- et S-Bahn Potsdamer Platz.
Ouvert tous les jours sauf le lundi de 10h à 18h, le jeudi jusqu'à 20h. Entrée : 6 €, réduit : 4,50 €. Possibilité de visites guidées : 7,50 €.
Depuis 1962, année de sa fondation, la cinémathèque allemande a assemblé une tonne de matériel (films, objets, photos, documents, instruments, scripts, etc.) dont une partie est désormais exposée ici. On peut pénétrer les coulisses de l'industrie du rêve, grâce à différents supports (vidéo, audio, photos) et bien sûr découvrir l'histoire du cinéma allemand. Promenez-vous dans les salles dédiées aux grandes stars des années 1920, comme Oskar Messter, Guido Seeber, Asta Nielsen, et bien sûr Marlène Dietrich à qui est dédiée une grande chambre où sont exposés certains de ses costumes. Découvrez ensuite l'heure de gloire des studios de la UFA, avec leurs productions expressionnistes. Vous pourrez ainsi voir des extraits du visionnaire *Cabinet du Docteur Caligari* et revivre les scènes clés de *Metropolis*, film avec lequel Fritz Lang a signé un des moments les plus importants de l'histoire du cinéma. Mais l'apogée de la production cinématographique allemande a connu une brusque rupture avec la prise de pouvoir des nazis en 1933. Le musée retrace cette période noire du cinéma allemand, au cours de laquelle beaucoup des grands metteurs en scène se sont exilés pour échapper à la censure. De nombreux documents et photos sont exposés, et le musée montre les films de Leni Riefenstahl, la réalisatrice préférée d'Hitler, connue pour son impressionnante maîtrise de la caméra et des techniques de montage. La dernière partie de l'exposition est consacrée à l'après-guerre et aux nouvelles techniques d'image. Pour compléter votre visite, vous pourrez également passer au musée de la Télévision allemande et au petit musée des Effets spéciaux. Des expositions temporaires sont également proposées et le cinéma l'Arsenal au sous-sol propose des rétrospectives très intéressantes pour les plus cinéphiles.

■ GEDENKSTÄTTE DEUTSCHER WIDERSTAND (MÉMORIAL POUR LA RÉSISTANCE ALLEMANDE)
Stauffenbergstraße 13-14
✆ +49 30 269 950 00
www.gdw-berlin.de

Bus M29.
S-Bahn and U-Bahn Potsdamer Platz.
Ouvert du lundi au vendredi de 9h à 18h, jeudi jusqu'à 20h et le week-end de 10h à 18h. Entrée libre.
Dans l'ancien complexe militaire de Bendlerblock, qui servit l'armée allemande de 1911 à 1945, vous trouverez une documentation très complète sur la résistance allemande au régime nazi entre 1933 et 1945 évoquant notamment l'attentat raté du 20 juillet 1944 qui visait à assassiner Hitler. Un audioguide en français est proposé gratuitement, des visites sont également disponibles inscription sur requête au moins 6 semaines à l'avance.

GEMÄLDEGALERIE
Matthäikirchplatz 8
✆ +49 30 266 2951
U- et S-Bahn Potsdamer Platz.
Ouvert du mardi au dimanche de 10h à 18h, le jeudi jusqu'à 22h. Entrée : 8 €, réduit : 4 €, museumpass.
Elaborée en 1830, la collection de la Gemäldegalerie a été fondée essentiellement sur les acquis des princes électeurs, puis de Frédéric le Grand, et elle ne cessa de s'agrandir. En 1904, elle était si importante qu'on l'installa dans les locaux plus grands du Bodemuseum. La séparation de la ville en 1945-1948 scella également la division de la gigantesque collection d'art de l'Etat allemand : une partie resta sur l'île des Musées, l'autre trouva refuge dans les nouveau locaux de la Gemäldegalerie. Et quelles œuvres ! Dans les 60 salles et plus de cet unique musée, vous pourrez découvrir une collection digne des meilleures pinacothèques d'Italie. Commencez par exemple par les salles 1 à 4, qui contiennent l'art médiéval allemand à son apogée. Continuez alors pour admirer les chefs-d'œuvre de l'art germanique de la Renaissance, avec des tableaux de Dürer, Lucas Cranach et Hans Holbein. Dans les salles 5 à 8, vous aurez l'occasion de voir quelques-unes des plus belles œuvres de l'art flamand. Entre Hals, Van der Weyden, Van Dyck, Vermeer, Van Eyck et Breughel, vous ne saurez plus où donner de la tête et des yeux. Dans votre parcours à travers l'histoire de l'art du Nord de l'Europe, vous pourrez ensuite voir les tableaux de Rubens. A l'arrière, regroupé autour de la salle 10, un des fleurons de la collection : 17 œuvres de Rembrandt, exposées sous une lumière particulière pour mettre en valeur les contrastes et les couleurs. Après une brève excursion dans les heures de gloire de la peinture galante anglaise (Gainsbourough et Reynolds) et française (Watteau, De La Tour, Chardin), la deuxième partie de la visite est consacrée au sud de l'Europe : à partir de la salle 23, vous aurez notamment l'occasion de voir quelques-uns des plus importants tableaux de l'espagnol Diego Vélasquez. Mais la part belle est néanmoins donnée aux maîtres italiens du XIIIe au XVIIIe siècle. Loin du froid et de la pluie berlinois, vous vous sentirez transposé au-delà des Alpes, en découvrant par exemple le savoir-faire inégalé de l'Ecole vénitienne et de ses plus grands représentants : Titien, Le Tintoret, Véronèse, Canaletto… Enfin, pour terminer cette visite grandiose, vous aurez l'occasion d'admirer l'œuvre de ceux qui, il y a cinq siècles, ont révolutionné l'art : les peintres toscans de la Renaissance. Dans les salles 32 à 41, le panthéon des peintres italiens semble être réuni : Masaccio, Fra Angelico, Pietro della Francesca, Mantegna, Boticelli et Raphael. La visite de la Gemäldegalerie est un passage obligé.

■ HAUS DER KULTUREN DER WELT (MAISON DES CULTURES DU MONDE)
John-Foster-Dulles-Allee 10
✆ +49 30 397 871 75
www.hkw.de
S-Bahn Bellevue ou bus 100.
Ouvert tous les jours de 10h à 19h. Expositions le lundi et mercredi de 11h à 19h. 5 € l'entrée.
La Maison des cultures du monde est une des institutions les plus visitées de Berlin. Fondée par le gouvernement fédéral et le Sénat de Berlin, elle joue depuis 1989 un rôle essentiel dans la vie culturelle berlinoise, et surtout dans le développement et l'expansion de l'art venant de pays en voie de développement. La maison organise de très grandes expositions consacrées aux arts contemporains africain, indien, asiatiques et le tout est à chaque fois accompagné de films, de conférences, de lectures, de concerts et de rencontres avec les artistes. On y fête également le nouvel an respectif des différentes confessions, on y organise des barbecues musicaux… Renseignez-vous sur ce qui s'y passe, vous regretterez sinon de n'avoir pas vu un des lieux les plus multiculturels et ouverts de Berlin, ainsi que ce que l'on a coutume d'appeler l'« Huître enceinte » (Die Schwangere Auster), un palais des congrès d'une drôle de forme offert par les Américains pour contribuer au renouveau international de Berlin.

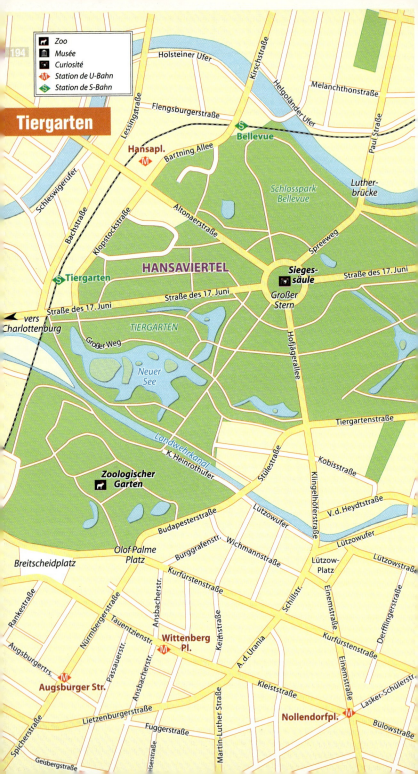

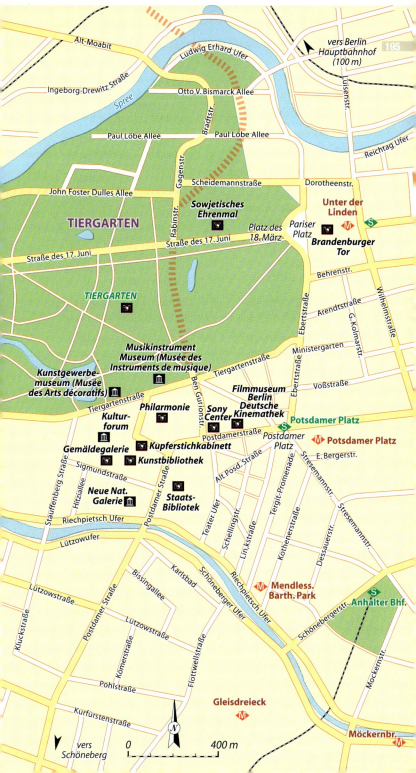

KULTURFORUM
Matthäikirchplatz 6
✆ +49 30 266 3660
www.kulturforum-berlin.com
Derrière la Potsdamer Platz,
à la limite du parc du Tiergarten.
U- et S-Bahn Potsdamer Platz.
Entrée : 8 €, réduit : 4 €. Audioguides inclus.
Il regroupe depuis les années 1960 de nombreux édifices culturels. Non seulement la célèbre salle de la Philharmonie mais aussi une série de musées spectaculaires. Le billet donne l'accès à tous les musées du Forum (sauf expositions temporaires de la Neue Nationalgalerie) le même jour.

■ KUNSTBIBLIOTHEK (BIBLIOTHÈQUE DE L'ART)
Matthäikirchplatz
✆ +49 30 266 2951
U- et S-Bahn Potsdamer Platz.
Bus M 29, 148.
Ouvert du mardi au vendredi de 10h à 18h et le samedi et le dimanche de 11h à 18h. Entrée libre.
La bibliothèque de l'art existe depuis 1867 et dispose de 350 000 volumes d'études sur les arts plastiques, dont les plus vieux concernent l'Antiquité et les plus récents l'art contemporain. De plus, pas moins de 1 300 magazines d'art internationaux complètent les écrits, mais aussi des esquisses et une collection de photos qui complètent le côté théorique. Des expositions temporaires plutôt orientées vers l'art contemporain sont organisées régulièrement dans les locaux. Quant au cabinet des arts, il contient quelque 80 000 dessins et 520 000 estampes allant du XVe au XXe siècle, de Dürer et Rembrandt jusqu'à Pisanello, Picasso et Giacometti. Une collection unique au monde ! Malheureusement, ces dessins et estampes étant très fragiles et sensibles à la lumière, ils ne sont visibles que le temps d'expositions temporaires ou en se rendant en semaine dans la salle d'études (ouverte du mardi au vendredi de 9h à 16h).

■ KUNSTGEWERBEMUSEUM (MUSÉE DES ARTS DÉCORATIFS)
Tiergartenstraße 6
✆ +49 30 266 2951
U-Bahn ou S-Bahn Potsdamer Platz.
Bus 200, M 29 ou 148.
Entrée 8 €, tarif réduit 4 €. Attention, musée fermé en 2012 pour rénovation.
Le musée des Arts décoratifs est le plus ancien musée du Kulturforum et il possède une magnifique collection composée d'objets qui s'étend du Moyen Age à l'Art déco. Sur 4 étages, vous y trouverez une grande diversité d'arts et de techniques : sculptures en ivoire, bijoux, tapisseries, meubles, vaisselles, céramiques ou pièces d'argenterie, rien n'est

Neue Nationalgalerie.

oublié. Le sous-sol notamment présente une intéressante rétrospective de meubles design du XXᵉ siècle. Seul petit défaut, les cartels et autres panneaux explicatifs ne sont qu'en allemand ! A noter pour les passionnés qu'il existe une très belle annexe au musée présentant des pièces du XVIᵉ au XVIIIᵉ siècle dans le château de Köpenick au sud-est de la ville. Pour s'y rendre, S-Bahn S47, arrêt Spindlersfeld.

■ **MUSIKINSTRUMENTEN MUSEUM (MUSÉE DES INSTRUMENTS DE MUSIQUE)**
Tiergartenstraße 1
✆ + 49 30 254 811 78
www.mim-berlin.de
Accolé au Philarmonie. U-Bahn ou S-Bahn Potsdamer Platz. Bus M29 ou 148.
Ouvert du mardi au vendredi de 9h à 17h, le jeudi jusqu'à 22h et le week-end de 10h à 17h. Entrée 4 €, tarif réduit 2 €, museumpass.
Le musée des Instruments de musique recèle plus de 800 instruments retraçant l'histoire de la musique du XVIᵉ au XXᵉ siècle. Vous pourrez y voir notamment les cimbales de J.S. Bach, les flûtes préférées de Frédéric le Grand et un harmonica inventé par Benjamin Franklin. Le samedi après la visite guidée débutant à 11h, on peut entendre jouer le plus grand orgue d'Europe, The Mighty Wurlitzer. Des expositions temporaires ont aussi régulièrement lieu sur la musique un peu plus contemporaine.

 NEUE NATIONALGALERIE
Potsdamer Straße 50
✆ +49 30 266 2651
www.neue-nationalgalerie.de
U-Bahn Potsdamer Platz. Bus M 29, 148.
Ouvert du mardi au vendredi de 10h à 18h, le jeudi jusqu'à 22h et le week-end de 11h à 18h. Entrée : 8 €, réduit : 4 €, museumpass.
Ce que la Gemäldegalerie est aux amateurs d'art classique, la Neue Nationalgalerie l'est à ceux qui aiment l'art du XXᵉ siècle. Elle est connue pour ses expositions temporaires parmi les plus prestigieuses au monde. Depuis début 2008, le bâtiment est divisé en deux parties : la partie supérieure est toujours consacrée aux expositions temporaires. Le sous-sol accueille l'impressionnante collection permanente de la Nationalgalerie. Collection tellement importante qu'elle est divisée en deux avec chaque année un roulement. Si 2010 retrace l'art jusqu'en 1945, 2011 sera consacré à l'art après 1945. On peut y découvrir les plus grands artistes internationaux (Dalí, Magritte, Modigliani) côtoyant les grands noms allemands : œuvres du mouvement expressionniste Die Brücke, les gravures ironiques de George Grosz, les tableaux visionnaires d'Oskar Kokoschka, des études géométriques de Paul Klee, ainsi que les célèbres portraits d'Otto Dix.

■ **PANORAMAPUNKT**
Potsdamer Platz 1 ✆ +49 30 25 93 70 80
www.panoramapunkt.de
S- et U-Bahn Potsdamer Platz.
Ouvert de 10 à 20h. Dernière entrée à 19h30. 5,50 € par adulte, 4 € en tarif réduit et 14,50 € pour une famille (2 adultes + 4 enfants de moins de 15 ans). Audioguide : 2,50 €.
Situé aux 24ᵉ et 25ᵉ étages de la tour Kollhof, Panoramapunkt offre une perspective sur toute la ville et ses sites majeurs. Situé à 103 m d'altitude, accessible par l'ascenceur le plus rapide d'Europe (20 secondes pour atteindre le sommet), Panoramapunkt devient un point d'intérêt de taille à Berlin. En plus d'une vue sur nombre de monuments comme la porte de Brandenburg, la tour de la Télévision, le mémorial de l'Holocauste ou encore la cathédrale de Berlin, le site invite à venir découvrir son exposition permanente en plein air, « Berliner Blicke auf dem Potsdamer Platz », avec à l'honneur un pan du mur de Berlin, qui retrace l'histoire de la Potsdamer Platz.

■ **SIEGESSÄULE (COLONNE DE LA VICTOIRE)**
Grosser Stern – Straße des 17. Juni
S-Bahn Bellevue ou Tiergarten.
Plateforme ouverte d'avril à octobre de 9h30 à 18h30 en hiver (une heure plus tard en été).
Avec ses 69 m de hauteur et son ange doré qui lève vers le ciel une couronne de laurier, la colonne de la Victoire se voit de loin, bien qu'elle siège en plein cœur du Tiergarten. Construite entre 1865 et 1873 pour commémorer la victoire des campagnes prussiennes contre la France, elle fut initialement érigée en face du Reichstag. Elle fut déplacée en 1938 par les architectes d'Hitler, en plein délire de la nouvelle capitale Germania, au Tiergarten et elle devait former le centre géométrique des intersections entre les nouveaux axes nord-sud et est-ouest. Elle est devenue un des symboles les plus représentatifs de Berlin, non pas grâce à son passé et sa signification originelle, mais plutôt grâce à des apparitions médiatiques, comme dans le film de Wim Wenders, *Les Ailes du désir* ou encore dans de nombreux clips vidéo, comme celui de U2 (*Stay*, en 1993).

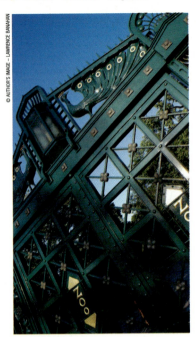

Porte du Zoo de Berlin.

■ SOWJETISCHES EHRENMAL IM TIERGARTEN (MÉMORIAL AUX VICTIMES SOVIÉTIQUES)
Straße des 17. Juni
S-Bahn Unter den Linden.

Seul monument dédié aux Russes dans l'ouest de la ville, ce mémorial situé dans la partie nord de la Straße des 17. Juni, au coin de la Entlastungstraße, est une pièce impressionnante, construite en 1945-1946 avec les restes de marbre de la chancellerie d'Hitler. Il posa quelques problèmes aux gouvernements militaires alliés : situé dans le secteur britannique, il était surveillé en permanence par les Anglais et la police ouest-allemande, censés protéger le monument et les deux soldats russes placés ici en permanence. Aujourd'hui, l'accès est libre, plus de vopos, de MP ou de Polizei qui entravent la vue et l'on peut venir y lire les inscriptions russes ou admirer les deux chars soviétiques plantés là. La légende dit que ce sont les deux premiers chars russes à être rentrés dans Berlin en mai 1945.

■ TIERGARTEN PARK
Straße des 17. Juni
S-Bahn Bellevue ou Tiergarten.

Dans le parc préféré des Berlinois, vous trouverez de multiples aires de jeux, des endroits charmants au bord de l'eau pour parler d'amour et d'autres douceurs, des lieux de rencontre gays ainsi que deux cafés en plein air : le Café Am Neuen See (le CAN'S pour les branchés) qui accueille un public jeune, conscient de la mode et de l'importance d'être vu et le Englischer Garten, un rendez-vous obligé pour tous les amateurs de jazz en été. En outre, sur les avenues qui coupent le parc s'organisent de nombreuses manifestations, comme le marché aux puces de l'avenue du 17-Juin, artère principale du parc, qui a lieu tous les week-ends.

■ ZOO ET AQUARIUM (ZOOLOGISCHER GARTEN UND AQUARIUM)
Hardenbergplatz
✆ +49 30 25 40 10 – www.zoo-berlin.de
U-Bahn et S-Bahn Zoologischer Garten.

Le zoo est ouvert de novembre à février de 9h à 17h, 19h de mars à septembre. L'aquarium tous les jours de 9h à 18h. Tarif pour le zoo : 13 €, 9 € tarif réduit. Le tarif est le même pour l'aquarium, et un ticket donnant accès aux deux coûte 20 €, 15 € tarif réduit.

Situé à l'ouest du vaste parc Tiergarten, le Parc zoologique est le plus vieux des zoos allemands et compte parmi les plus riches au monde : 1 400 espèces animales y vivent – chacune disposant d'une cage et d'un jardin particulier. C'est un des endroits les plus visités de la ville, il faut dire que les nombreuses publicités starifiant celui qui est devenu l'animal préféré des Berlinois, l'ours Knut, y sont sans doute pour beaucoup ! Né fin 2006, cet ourson polaire a été médiatisé pour être le premier à naître en captivité depuis 30 ans. Malheureusement, Knut est décédé prématurément le 19 mars 2011. Bien sûr, on y voit aussi d'autres animaux comme des okapis, des hippopotames nains, des zèbres, des phacochères, des antilopes, des gorilles, des girafes et toutes sortes d'autres animaux, oiseaux, reptiles, etc. Tant que vous y êtes, rendez-vous à l'aquarium mitoyen qui offre un large aperçu de la grande bleue, à travers une sélection de poissons exotiques, de requins-citron et crocodiles à longues dents. L'insectarium du troisième étage renferme mantes religieuses, serpents venimeux... Le zoo de Berlin est une étape à ne pas bouder, pour peu que vous aimiez les animaux ou que vous souhaitiez flâner une après-midi.

Balades

BERLIN, CAPITALE POLITIQUE

Cette balade part du bâtiment du Reichstag, siège du Parlement allemand qui fut détruit par l'incendie de 1933. En juin 1993, l'architecte anglais Sir Norman Foster remporta le concours pour la reconstruction du monument. En plus de réaménager totalement l'intérieur, il remplaça l'ancien dôme dans ses proportions d'origine, par une gracieuse coupole de verre. En son centre, il installa un cône inversé, couvert de miroirs réfléchissant la lumière du jour vers l'assemblée, et sur laquelle le public a une vue plongeante. Continuez ensuite le long du Band des Bundes, le ruban gouvernemental en référence à son emplacement le long de la Spree. Ce concept est signé par les architectes Axel Schultes et Charlotte Frank. Il longe le parc du Chancelier, le bureau de la chancellerie fédérale, la Kanzlerei (surnommée « la machine à laver »). D'un côté et de l'autre de la Spree se répondent le Paul Löbe Haus et le Marie Elisabeth Lüdder Haus dans un réel souci d'harmonie et de coopération comme le symbolise le pont les rejoignant. Le premier abrite les bureaux des députés ainsi que les salles de comités pour les sessions parlementaires et le deuxième la bibliothèque parlementaire, la plus importante du monde après celle de Washington et Tokyo. Vous apercevez, un peu seul dans le parc de la chancellerie, un bâtiment simple et massif ; il s'agit de l'ambassade de Suisse. Le bâtiment d'origine, datant de 1870, est l'œuvre de Friedrich Hitzig qui envisageait alors la création d'un hôtel de ville. En 1910, il fut ensuite rénové puis agrandi par l'architecte du Reichstag, Paul Baumgarten, avant d'être utilisé comme ambassade en 1920. La nouvelle extension en forme de simple cube, terminée en 2000, est l'œuvre des architectes Diener & Diener. L'activité médiatique est intense à Berlin, vous pouvez en voir un des principaux pôles tout d'abord de l'autre côté du point de Adenauer avec le bâtiment de la Bundespressekonferenz. Comme son nom l'indique, c'est là où doivent avoir lieu les conférences de presse des membres du gouvernement. Il fut construit entre 1998 et 2000 d'après les plans des architectes Johanne et Gernot Nalbach. Chaque jour, près de 600 journalistes du monde entier arpentent ce bâtiment couvert en basalte. En continuant le long du quai, puis en retraversant au moment de la Wilhelmstraße, vous trouverez au coin les studios de l'ARD (la 1re chaîne de télévision publique), qui ont installé ici tout leur service politique. Sur votre droite, le Jakob Kaiser Haus est encore un bâtiment du Bundestag, regroupant toute la partie administrative et les bureaux des membres du parlement. Le bâtiment inauguré en 2001 intègre trois anciens bâtiments classés historiquement : l'ancien Reichstags Präsidentenpalais (le palais du président du Reichstag), construit à l'époque (1897-1904) par Paul Wallot, est aujourd'hui le siège de la société parlementaire de l'Allemagne ; la Haus Sommer ; et l'ancienne Kammer der Technik réalisée quant à elle entre 1912 et 1914 par Reimer et Köster. Un peu plus loin sur votre droite se trouve l'entrée de l'ambassade de France, mais cela vaut plus le coup de la voir depuis la Pariser Platz. C'est l'œuvre de Christian Portzamparc, à laquelle va bientôt faire face l'ambassade des Etats-Unis de l'autre côté de la place. Dans la continuité de la Wihelmstraße, au n° 70, vous pouvez admirer l'ambassade britannique. Ou alors descendre Unter den Linden à gauche, voir un vestige de l'époque est-allemande : l'ambassade de Russie, construite entre 1949 et 1951, par les architectes A.-J. Stryshevsky, Lebedinskij, Sichert et F. Skujin. L'accès au bâtiment principal se fait de la rue, dégageant ainsi un espace vert dans une cour intérieure. Une structure en forme de tour rompt l'uniformité due notamment à la taille de l'avancée du toit. Avec cette réalisation, l'Union soviétique souhaitait laisser une empreinte dans la capitale de la RDA et faire la démonstration des compétences de ses ingénieurs. Vous y apercevez toujours, sculptés dans la pierre, la faucille et le marteau… Si vous souhaitez continuer dans le registre des ambassades, les bâtiments les plus intéressants au niveau architectural se trouvent derrière la Potsdamer Platz dans le Tiergarten.

L'OSTALGIE

A la recherche des traces de la RDA, voici une balade qui devrait vous plaire.

▶ **Elle débute au bout de l'île des Musées,** à l'opposé de l'endroit où se trouvait le Palast der Republik. Ici se tient le bâtiment de l'ancien Staatsrat (Conseil d'Etat). Ironie du lieu, non seulement le bâtiment reprend un morceau de la façade du château prusse des Hohenzollern mais, en plus, il abrite aujourd'hui une école de commerce privée !

▶ **Un peu plus loin, le long de la Spree** après le Karl Liebknichecht Brücke, une exposition sur la RDA, regroupant des objets du quotidien essentiellement. De quoi nous rappeler *Good-bye, Lenin !*, le film qui a remis les cornichons de Spreewald au goût du jour ! Continuez dans le Nikolaiviertel. Certes, ce n'est pas de l'architecture soviétique, mais cela montre que le gouvernement est-allemand s'est donné du mal, pour le 750e anniversaire de la ville de Berlin, pour reconstruire ce petit carré d'architecture médiéval. En passant de l'autre côté de la Rathausstraße, le décalage est flagrant ! Le Marx Engels Forum, la tour de la Télévision, voici qui nous remet plus dans l'ambiance RDA... A noter sur cette place, la Haus des Lehrers, la « maison des professeurs ». L'œuvre de Hermann Henselmann a été réalisée également entre 1961 et 1963. L'idée de départ était de créer un centre d'éducation et d'apprentissage. Les renforts du bâtiment sont en béton, mais l'ensemble est une association de murs préfabriqués recouverts d'un écran de verre. La frise de près de 125 m de longueur fut réalisée par Walter Womacka. Celle-ci représente les différentes sciences et techniques qui seront enseignées ou étudiées. Arrêtez-vous aussi un instant devant l'horloge universelle, qui faisait rêver les Berlinois de l'Est privés de passeport avec des noms aussi exotiques que Mexico, Santiago, etc.

▶ **Prenez ensuite la Karl Marx Allee,** un des plus beaux vestiges de l'Allemagne de l'Est, si l'on apprécie l'architecture monumentale et massive. C'était bien l'intention de ses géniteurs, la première avenue socialiste devait accueillir les membres de toutes les classes à vivre ensemble, en harmonie. Pour cela, des milliers d'ouvriers furent réquisitionnés pour déblayer les décombres de la Seconde Guerre mondiale et construire les habitations. Seuls les plus méritants à l'égard du parti pouvaient habiter là. Le confort des appartements était une vraie révolution à l'époque : salle de bains, ascenseur, chauffage... mais aussi drapeau obligatoire à la fenêtre pour tous les défilés sous peine d'être suspect aux yeux de la Stasi (la police secrète du régime). Vous n'êtes pas obligé de parcourir les 2 km de l'avenue de bout en bout. Toutefois, le cinéma international et le café Moscou (U-Bahn Schillingstraße) en face valent le coup d'œil, de même que la petite exposition du Café Sybille au n° 24 sur la construction de l'Allee et la révolte de juin 1953. A côté de ce café, entrez donc dans la librairie Karl Marx. Très discrètement situé au fond du magasin, un petit rayon, intitulé « Gesellschaftswissenschaft » à destination d'un certain public et caché du regard des visiteurs non avertis, vend l'ancien matériel de propagande de la RDA, du gentil *Kapital* de Karl Marx aux derniers documents officiels de la SED (parti politique au pouvoir).

Hackescher Markt.

L'avenue, auparavant appelée Stallinallee, est clôturée au niveau de la Frankfurter Tor par deux tours monumentales, érigées entre 1957 et 1960, d'après les plans de Hermann Henselmann. Prenez ensuite la rue sur votre droite (Warschauer Straße) et longez la Spree au rythme de la Stralauer Allee. Traversez la rivière au niveau de la statue Molecul Man de l'artiste américain Jonathan Barovsky, qui symbolise la rencontre pacifique entre les quartiers, les idéologies, les cultures. Vous arriverez alors au Treptower Park, très populaire, qui abrite une des reliques les plus spectaculaires de la RDA : le grand mémorial soviétique en honneur des soldats de l'Armée rouge. Sur une esplanade de béton et de marbre, vous pourrez vous approcher de l'immense soldat qui trône au sommet d'une estrade, le glaive dans une main et une petite fille dans l'autre, et qui écrase avec ses pieds un aigle portant la croix gammée.

SUR LES TRACES DU MUR (À VÉLO)

Toute personne qui arrive à Berlin s'attend à voir le Mur surgir au détour d'une rue. Or, il faut avouer qu'il ne reste pas beaucoup de morceaux du Mur et que son tracé n'est pas aussi simple qu'on se l'imagine. Dès lors, partez sur les traces du mur de Berlin, de préférence à vélo, si vous en avez la possibilité ! Notre point de départ sera le Mauerpark, qui comme son nom l'indique était bordé par le Mur. Continuez ensuite sur votre droite le long de la Eberswalderstraße jusqu'à la Bernauerstraße. Au croisement avec la Ackerstraße se trouve le centre de documentation de Bernauer Straße. Observez la chapelle de la Réconciliation et imaginez la vie avec le Mur depuis la terrasse d'observation du centre, consultez sa riche documentation. Allez jeter un rapide coup d'œil derrière le morceau de Mur préservé, ici aussi se cachent des informations. Remontez en selle et prenez la première à droite, Gartenstraße, passez sous les rails du S-Bahn et prenez à gauche la Liesenstraße. Au coin de la Liesenstraße et de la Chausseestraße se trouvait un point de passage, qu'un panneau d'explication remémore. Vous prenez la Chausseestraße

Le mur de Berlin

Sur les traces du Mur (à vélo) - **BALADES** ◀ 203

Zoom sur le mur de Berlin

à droite puis la 1re à gauche, Boyenstraße. A la fin de cette rue, vous arrivez près du canal que vous longez sur votre gauche. Vous croiserez un monument à la mémoire de Günter Liftin, première victime du Mur en 1961 alors qu'il tentait de fuir à l'Ouest. Au niveau de l'Invalidenstraße où vous arrivez était situé un nouveau point de passage, un checkpoint. Sur votre gauche, sur l'esplanade entre les deux ministères se trouve une œuvre d'art de Christophe Girot, Sinkendes Mauer, un mur qui s'enfonce dans le sol et disparaît. Mais vous continuez tout droit sur la même rive du canal, jusqu'à longer les bâtiments charmants de l'hôpital universitaire de la Charité. Arrivé au niveau du Regierungsviertel, le quartier gouvernemental, vous pouvez dévier un peu du trajet strict du Mur et couper directement jusqu'au Reichstag. A côté de celui-ci sont alignées des croix blanches en mémoire des victimes du Mur. Continuez devant la Brandenburger Tor, puis la Potsdamer Platz en imaginant le no man's land de l'époque. A la Potsdamer Platz, vous continuez jusqu'à la Stresemannstraße. Là, à gauche dans la Niederkirchenstraße, s'élèvent encore des restes du Mur avec une très bonne exposition à ciel ouvert, « Topographie des Terrors ». Toujours tout droit, vous arrivez à Checkpoint Charlie où une nouvelle exposition de nouveau à ciel ouvert est présentée, cette fois uniquement sur le Mur. Se repérer et comment continuer. Roulez jusqu'à la Moritzplatz où un nouveau checkpoint était installé puis continuez vers l'Oberbaumbrücke. Sur la route, sur le boulevard de Bethanien, remarquez cette drôle de maison qui était à l'époque adossée au Mur et qui en garde une architecture particulière. L'East Side Gallery près d'Ostbahnhof conclura cette balade, accordez-vous ensuite un repos bien mérité pour vous permettre d'admirer le coucher du soleil depuis l'Oberbaumbrücke.

Toute **l'actualité des voyages**, c'est dans **Petit Futé mag !**
Plus d'informations sur **www.petitfute.com/mag**

KREUZBERG AUX DEUX FACETTES

Cette balade permet d'aborder les deux facettes du quartier de Kreuzberg entre l'Oranienstraße, lieu du mouvement alternatif jusqu'à la chute du Mur, qui en garde encore certaines traces sur ces murs, jusqu'au quartier plus chic de la Bergmannstraße.

La balade débute à la station Görlitzer Bahnhof. A proximité, le parc du même nom se situe sur les ruines de la gare de Görlitz. Prendre ensuite l'Oranienstraße jusqu'à l'Aldabertstraße. Vous y croiserez divers magasins de disques et cafés notamment autour de la Heinrich Platz où se concentrent des initiatives culturelles notamment dans les arrière-cours. Ainsi, au numéro 25 se trouve la Neue Gesellschaft für Bildende Kunst. Sorti des mouvements étudiants des années 1960, ce projet vise à soutenir des jeunes artistes au travers d'expositions en mettant l'accent sur l'art berlinois. Les programmes sont généralement ambitieux et de grande qualité. Vous pouvez faire un détour par la Mariannenplatz, sur votre droite au niveau de la Heinrich Heine Platz. Ici se dresse un ancien hôpital reconverti après l'occupation des lieux par des squatters, dans les années 1990, en un centre culturel et artistique la Bethanien Haus. Aujourd'hui, des expositions temporaires sont installées au rez-de-chaussée. A l'arrière, vous verrez encore des vestiges du squat avec notamment la maison de Benzo Ohnesorg, victime tuée par balle lors des manifestations étudiantes, mouvements précurseurs du terrorisme d'extrême gauche. Si vous continuez encore ce détour vers l'église Saint-Thomas, derrière celle-ci vous tomberez sur une maison fort originale dans le Bethanien Damm. Collée au mur à l'époque, l'architecture de cette maison en bois vaut le détour ! A côté, un village de roulottes punks est installé derrière quelques planches de bois, héritier des *Wagendorf* (villages de punks fréquents à la fin des années 1980). Pour rejoindre l'Oranienstraße, descendez l'Aldabertstraße. Vous rejoignez alors la Kottbuser Tor. Place animée notamment par les rassemblements de punks et de SDF souvent en piteux état, vous trouverez aussi ici de délicieuses pâtisseries turques dans les nombreuses boulangeries. Descendez maintenant le Kottbusser Damm. Vous arrivez alors au pont Kottbusser Brücke, où des cafés sont installés le long des rives du canal. Sur votre gauche a lieu le mardi et le vendredi après-midi le marché turc du Landwehrkanal, très pittoresque. Mais vous prenez sur votre droite le long du Fränkelüfer. Vous pouvez apercevoir au n° 10 sur la rive droite du canal une aile de la synagogue orthodoxe du Kottbusser Ufer.

Le bâtiment fut profané par les nazis, mais a rouvert ses portes depuis. Admirez ensuite les différents immeubles, fruits de l'exposition internationale d'architecture de Berlin (IBA) de 1987. Plus particulièrement aux numéros 26, 38, 44. Quittez les quais du canal au niveau de l'Admiralbrücke, juste avant l'hôpital, en prenant sur votre gauche la Grimmstraße. Traversez l'Urbanstraße et continuez dans la Körtestraße. Vous arrivez alors à la station de métro Südstern avec ses deux églises. Celle sur la place principale est l'église évangéliste et, un peu plus loin, se trouve l'église catholique dont on aperçoit la pointe. Suivez ensuite la Bergmannstraße. Vous passez alors devant plusieurs cimetières avant de rejoindre le marché couvert, la Marheineke Markthalle. La Bergmannstraße est parsemée de terrasses très agréables en été et de restos sympas. Au croisement de la Solmsstraße, admirez la trompe d'éléphant qui sort d'une façade sur votre droite. En dessus, un musée est consacré au groupe de rock, les Ramones. Il est ouvert le week-end de midi à 18h. En continuant la Bergmannstraße, en croisant le boulevard de Mehringdamm, vous pouvez rejoindre très facilement le Vicktoria Park tout droit, pour vous reposer en admirant la vue depuis le sommet du parc et conclure cette promenade.

plus de **500 000 adresses et bons plans,**

l'avis des internautes,

des **jeux concours...**

Egalement disponible sur **votre** smartphone

www.petitfute.com

UN DIMANCHE DANS PRENZLAUER BERG

Rien de plus agréable que de se promener dans les rues de Prenzlauer Berg un dimanche ensoleillé, les terrasses sont alors pleines à craquer, chiens et poussettes sont de sortie, de même que les lunettes de soleil dernier cri. Car Prenzlauer Berg a connu une évolution étonnante. Quartier ouvrier au début du XXe siècle, l'urbanisation et l'industrialisation à marche forcée en ont fait un quartier insalubre. Les ouvriers sont logés dans les *Mietkaserne*, des immeubles construits à la va-vite, loués avant même d'être finis à des familles d'ouvriers qui s'entassaient dans des appartements sans salle de bains et chauffés au charbon. Aujourd'hui, une grande partie des *Mietkaserne* sont rénovées, ce qui fait un heureux mélange avec des façades parfois plus délabrées.

Loin du passé alternatif à l'est du Mur, les punks d'autrefois ont grandi, sont devenus des parents sages, et une partie du quartier s'est clairement embourgeoisé. Mais que cela ne vous décourage pas, une balade ici est toujours agréable ! Celle-ci commence Rosenthaler Platz. Sortez direction Weinbergersweg, que vous allez remonter vers le nord. Une fois passé le parc, les terrasses de café vous feront déjà de l'œil. Prenez la deuxième rue sur votre gauche pour voir la Zionskirche Platz, endroit des plus branchés aujourd'hui. De cette église et de la Gethsemanekirche sont partis les mouvements de révolte pacifiste à la fin des années 1980, aboutissant à la chute du Mur. Remontez la Kastanienallee, surnommée la Casting Allee à cause de sa boboïsation à outrance.

Mais certains îlots de résistance subsistent comme le centre culturel Dock 11 au n° 79 de l'Allee, ou encore le squat à côté du Café Morgenrot au n° 85. Vous pouvez faire un détour par la Oderberger Straße, fort sympathique sur votre gauche, pour rejoindre le Flohmarkt si l'on est dimanche.

Sinon, prenez la Oderbergerstraße sur votre droite, traversez la Schönhauserallee pour vous retrouver à la porte de la Kulturbrauerei. Faites un tour, regardez le programme des jours suivants puis continuez dans la Szerkistraße. Quand vous croisez la Husemannstraße, tournez à droite, c'est l'une des plus belles rues du quartier et elle vous mène à la Kollwitzplatz où vous pourrez enfin vous asseoir une terrasse pour profiter de cette belle journée ! Si vous avez encore du courage, il y a un des plus vieux cimetières juifs de Berlin derrière la Kollwitzplatz.

Bière berlinoise.

Shopping

En dehors des chaînes de magasins présentes dans toutes les villes et capitales européennes, Berlin est surtout une ville qui oscille entre le très branché et le très vintage. On ne se lasse pas des boutiques de designers, des magasins de jeunes créateurs et des boutiques délirantes de vintage, bref une mode décalée qui permet à chacun de venir piocher l'accessoire indispensable à sa touche personnelle, le meilleur moyen de se créer un look indépendant et original.

■ MITTE

Mitte est un passage obligé pour les *fashion victims*, les freaks et les yuppies, tous y trouveront leur bonheur. Du côté de la Friedrichstraße se succèdent les prestigieuses marques, aussi bien dans la rue, que dans les galeries marchandes, qui se veulent des quartiers de luxe : Guess, DKNY, Strenesse, Agnès B., Christian Lacroix et autres stars de la mode française. Si cela dépasse votre budget, faites un tour dans le quartier 205 qui dispose de tout, absolument tout ce qui est dernier cri : vêtements, accessoires, maquillage… Pour ceux qui sont plus branchés *underground* et *streetwear*, l'Oranienburger Straße et les Schönhauserstraße répondront mieux à vos attentes que l'institutionnelle Friedrichstraße. Quelques boutiques inévitables pour les clubbeurs et d'autres tout simplement charmantes ou innovantes et qui présentent de jeunes designers berlinois. Si vous vous intéressez à ces derniers, optez pour les *höfe* (succession de cours rénovées qui accueillent des boutiques, des bars, des salles de spectacles ou de cinémas, des galeries) de l'Oranienburger Straße : les Heckmann Höfe (Oranienburger Straße 32) et les Hackesche Höfe (Rosenthaler Straße 40-41) sont le repaire des nouveaux jeunes créateurs. Sinon, c'est surtout autour de Hackescher Markt que se fait la mode : on y élit ce qui est hype (branché) dans les cafés du coin et acheté dans les boutiques aux alentours ! Nous n'avons pas cité toutes les boutiques, mais comme elles se succèdent et ne se ressemblent pas, nous vous encourageons à flâner dans les petites rues du coin, qui cachent souvent des trésors.

Antiquités

Les collectionneurs d'antiquités, mais aussi de bric-à-brac sont bien servis à Berlin, où tout se vend. Ceux qui s'intéressent aux XVIIIe et XIXe siècles trouveront leur bonheur à Schöneberg, dans la Keithstraße et la Golzstraße, mais aussi à Charlottenburg, dans la Suarezstraße. Les autres qui aiment s'enfoncer dans l'obscurité des petits antiquaires poussiéreux à la recherche d'objets excentriques se tourneront plutôt vers Prenzlauer Berg autour de la Kollwitzplatz et de la Husemannstraße. Et dans un cas comme dans l'autre, n'hésitez pas à marchander, les commerçants allemands sont faciles à convaincre, malgré leur mine renfrognée !

Artisanat – Déco – Maison

■ **BERLINER ANTIKMARKT**
Georgenstraße, 203 ✆ +49 30 208 26 55
www.antikmarkt-berlin.de
U-Bahn Friedrichstraße.
S- et U-Bahn Friedrichstraße. Ouvert de 11h à 18h tous les jours sauf le mardi.
Près de 35 boutiques d'antiquités se succèdent sous les arcades du S-Bahn de Friedrichstraße, mais ici pas de bric-à-brac à deux euros mais de la marchandise de qualité et des raretés des années 1920 et 1930. L'attraction première reste les bijoux : Art nouveau ou créations modernes vendues par les artisans, on trouve tout ce qui brille.

■ **O.F.T.**
Chausseestr. 131b ✆ +49 30 6050 6052
✆ +49 171 685 7777
www.ohnefragetoll.de
U-Bahn Oranienburger Tor.
Ouvert du lundi au vendredi de 13h à 20h (22h le samedi).
Amoureux du vintage, voici votre caverne d'Ali Baba ! Chaussures, vêtements et accessoires, de fabuleuses lampes de designers et toutes sortes d'objets des années 1960, 1970 et 1980 chinés à travers l'Europe.

Bons plans

■ **KUNST UND NOSTALGIE MARKT**
Zeughaus, Museuminsel
S- et U-Bahn Friedrichstraße.
Les samedi et dimanche de 11h à 17h.
Forcément, ce marché, de par sa position et sa marchandise, est très touristique et a perdu de son charme, mais il vaut reste agréable, si on se trouve dans le quartier. De moins en moins de stands pour collectionneurs mais de plus en plus d'artisanat.

■ **MADE IN BERLIN**
Neue Schönhauserstr. 19
✆ +49 30 21 23 06 01
www.kleidermarkt.de
U-Bahn Weinmeister Straße
ou S-Bahn Hackescher Markt.
Ouvert du lundi au samedi de midi à 20h. Le mardi, happy hour de midi à 15h soit réduction de 20 % sur tout le magasin.
Autre magasin de fripes où on trouve de la sape sympa et habillée : sweat-shirts, robes de bal et costumes, vestes en bon état et à petits prix, datant des années 1970-1980... Le sous-sol est réservé aux jeunes hommes qui feront leur choix entre bombers roses et vestes plus chic.

■ **STERLING GOLD**
Oranienburger Straße 32
✆ +49 30 28 09 65 00
www.sterlinggold.de
S-Bahn Oranienburgerst.

Les 5 endroits où faire du shopping à Berlin

▶ **Dans les centres commerciaux** comme le KanzlerEck (sur le Ku'Damm) ou les Potsdamer Arkaden (Potsdamer Platz).

▶ **Dans les grands magasins :** Galeries Lafayette (Friedrichstraße), le KaDeWe (Wittenberg Platz).

▶ **Le long des grandes avenues commerçantes :** le Ku'Damm, la Friedrichstraße.

▶ **Les rues un peu plus alternatives :** Alte und Neue Schönhauserstraße (derrière les Hackersher Höfe), la Kastanien Allee (à Prenzlauer Berg).

▶ **Dans les** *Flohmarkt* (les marchés aux puces).

Ouvert du lundi au vendredi de midi à 20h et le samedi de midi à 18h.
Il y en a qui ont de la chance ! Le propriétaire de cette friperie de luxe s'est vu offrir un stock de robes de cocktail et de bals lors d'un séjour aux Etats-Unis et a rappliqué à Berlin avec ses merveilles qui ont fait un tabac et a ouvert une boutique digne de Cendrillon dans les Heckmann Höfe à Mitte. Les robes sont dans un état quasi parfait et les prix sont plutôt doux au vu des merveilles. Les *fashion victims* de toute l'Allemagne viennent s'y approvisionner.

Cartes postales sur Berlin.

■ WAAHNSINN
Rosenthaler Straße 17
✆ +49 30 28 20 029
www.waahnsinn-berlin.de
S-Bahn Hackescher Markt.
Ouvert du lundi au samedi de midi à 20h.
Avec ses fringues et ses accessoires délires des années 1960-1970, cette boutique fera le bonheur des party-girls et des extravagants. A côté des fringues, boas, sacs et perruques, on trouve aussi des lampes-laves, des chaises en plastique et plein d'autres choses originales et idéales pour les petits cadeaux excentriques et une déco originale.

Cadeaux

■ AMPELMANN GALERIE SHOP
Rosenthaler Str. 40-41
✆ +49 30 44 72 65 15
ampelmannshop.com
S-Bahn Hackescher Markt.
Ouvert tous les jours de 10h à 22h (20h en hiver).
Une boutique entière vouée au cilte de l'*Ampelmann*, le petit des feux de signalisation de l'ancienne RDA et pour lesquels les anciens Est-Allemands ont lutté. Tee-shirts, lampes, vase, tapis de souris, body pour bébé, tongs... Il y en a pour tous les goûts et pour toutes les bourses !

■ ERZGEBIRGSKUNST ORIGINAL
Sophienstraße 9 – Mitte
✆ +49 30 02 82 67 54
www.original-erzgebirgskunst.de
S-Bahn Hackescher Markt,
U-Bahn Weinmeisterstraße (8).
Ouvert du lundi au samedi de 11h à 18h.
A l'époque du Mur déjà, les Occidentaux se précipitaient dans cette boutique dont la réputation avait réussi à aller au-delà du Mur. C'est pour dire que les petites figurines, les boîtes musicales et les chandeliers en bois rotatifs, des spécialités de l'artisanat allemand, sont ici fidèles à la tradition. Des personnages historiques, militaires, mais aussi des figurines liées à Noël, se partagent l'étroitesse de cette petite boutique chaleureuse où tout est fait à la main.

■ HUT UP
Dans les Heckmann Höfe
Oranienburger Straße 32
✆ +49 30 28 38 61 05
www.hutup.de
S-Bahn Oranienburger Straße.
Ouvert du mardi au samedi de 11h à 18h.
Les Heckmann Höfe cachent quelques-uns des créateurs les plus en vue de Berlin ; entre eux Christine Birkle, qui connaît un succès international. Dans son showroom elle présente certaines de ses créations actuelles et ses classiques à base de feutre. Outre ses chapeaux, ce sont avant tout ses sacs à main qui séduiront les plus coquettes. Bien sûr, la fourchette de prix est large, mais il faut compter au moins 100 € pour un chapeau ou un sac.

■ MILKBERLIN
Torstrasse 102 ✆ +49 30 24 63 08 67
www.milkberlin.com
U-Bahn Rosenthaler Strasse.
Ouvert du lundi au vendredi de 13h à 19h et le samedi de 13h à 18h.
Tous faits main et uniques, les sacs Milkberlin n'ont en commun que leur originalité. Pourtant les formes ne varient pas vraiment, chaque sac est plus ou moins rectangulaire, les bandoulières en toile sont larges et robustes, les couleurs vives, et ce ne sont finalement que les motifs qui sont diversifiés, pour s'adapter au goût unique de chaque acheteur.

■ TEDDY'S
Proststrasse 4 ✆ +49 30 247 8244
www.teddy-laden.de
U-Bahn Alexanderplatz.
Ouvert du lundi au vendredi de 10h à 18h, samedi et dimanche à partir de 11h.
Amoureux des ours, c'est la petite boutique incontournable pour se rapporter un *teddy-bear* en peluche ou l'un des nombreux ours peints de Berlin que l'on croise également dans la rue en format un peu plus encombrant. La boutique un peu vieillotte est toutefois agréable et les prix restent corrects, bref une adresse sympa pour les amateurs.

■ TUKADU
Rosenthaler Straße 46/47
✆ +49 30 445 5196 – www.tukadu.com
U-Bahn Weinmeister Straße
et S-Bahn Hackescher Markt.
Ouvert du lundi au samedi de 11h à 20h.
C'est le *must* de tous les *aficionados* du bijou qui aiment l'originalité. Ici, vous pourrez confectionner des colliers, des bracelets, des bagues, des corsets et tout ce que vous pourrez imaginer porter, grâce aux multitudes de perles et d'accessoires qui sont proposés. Roberta Oehmigen, qui dirige la boutique depuis des années, y vend également ses propres collections qui sont renversantes et toutes plus originales les unes que les autres.

Librairie

■ KAUF'S IM KILO
Dans les arcades du S-Bahn
Dircksenstraße 140 ✆ +49 30 24 72 32 18
S-Bahn Hackescher Markt.
Ouvert du lundi au vendredi de 11h à 20h, le samedi et le dimanche jusqu'à 18h.
Pour 3 € le kilo, on y trouve de vrais trésors, par exemple une édition des œuvres de Boileau de 1855, en français ! Mais les livres en français ne constituent pas l'essentiel de ce bouquiniste et antiquaire, situé dans un grand hangar sous le S-Bahn, à conseiller à tous les amoureux des livres.

Mode – Sport

■ BLUSH
Rosa Luxemburg Str. 22-24
✆ +49 30 28 09 35 80
www.blush-berlin.com
U-Bahn Weinmeisterstraße (8)
ou Rosa Luxemburg Platz (2).
Ouvert du lundi au vendredi de midi à 20h, le samedi de midi à 19h.
Mesdames, mesdemoiselles, Blush est le paradis des dessous, et, si ce n'est pas vous qui cassez votre tirelire, ce sera votre moitié en vous voyant dans les tenues délicieusement coquines qui y sont vendues. Coton, chiffon, dentelle, tout y est bon pour porter en dessous, et la boutique elle-même invite à prendre son temps pour choisir.

■ EAST BERLIN
Alte Schönhauser Straße 33
✆ +49 30 247 239 88
www.eastberlinshop.de
U-Bahn Eberswalder Straße.
Ouvert du lundi au vendredi de midi à 20h et le samedi de 11h à 19h.
Une boutique particulièrement appréciée pour ses T-shirts, ses bijoux et ses sacs. Chaque pièce est unique ! De quoi se faire un vrai look berlinois !

■ GALERIES LAFAYETTE
Friedrichstraße 76-78 ✆ +49 30 20 94 80
www.galeries-lafayette.de
U-Bahn Französische Strasse.
Ouvert du lundi au samedi de 10h à 20h.
Comme à Paris, on trouve tout aux Galeries Lafayette berlinoises et l'édifice que l'on doit à l'architecte Jean Nouvel mérite le coup d'œil avec son dôme en verre. Un étage entier est dédié aux jeunes créateurs berlinois et au sous-sol, le rayon gourmet permet de retrouver les saveurs de milliers de produits importés de France.

■ NIX
Dans les Heckmann Höfe
Oranienburger Straße 32
✆ +49 30 281 80 44 – www.nix.de
S-Bahn Oranienburger Straße.
Ouvert du lundi au samedi de 11h à 20h.
Barbara Gebhardt, la créatrice de chez Nix, adore le lin et le feutre, ce sont les éléments quasi exclusifs de ses créations. Les tuniques, robes, pantalons et vestes que vous trouverez chez elle, sont vendus à un prix convenable et la qualité est au rendez-vous. Pendant les soldes les prix chutent, une bonne raison pour se procurer un de ses vêtements qui représentent le chic à la berlinoise : teintes sombres, coupes destructurées et matières confortables.

■ STOFF WECHSEL
Alte Schönhauser Str. 20
✆ +49 30 28 87 96 33
S-Bahn Hackescher Markt,
U-Bahn Weinmeisterstraße.
Ouvert du lundi au vendredi de 18h à 20h et le samedi de 11h à 20h.
Mesdames et messieurs les clubbeurs, voilà LA boutique qui vous renseignera sur le dernier cri de la scène électronique. Des milliers de sapes colorées et branchées se disputent les comptoirs de cette petite boutique où l'on décide de ce que l'on met ou pas. Vous trouverez du Miss Sixty, du G-Star, Only, Indian Rose et plein d'autres marques qui ne jurent plus que par les impressions et le strass. Du mini-T-shirt qui met bien en valeur la taille jusqu'au pantalon baggy, il y a absolument tout ce qui se porte dans les clubs les plus en vue.

Panier gourmand

■ BONBONMACHEREI
Oranienbürgerstraße 32
✆ +49 30 44 05 52 43
www.bonbonmacherei.de
Dans les Heckmannhöfe. S-Bahn Oranienburgerstr.
Ouvert du mercredi au samedi de midi à 20h. Fermé entre juillet et août.
Les amateurs de bonbons se doivent de visiter cette usine dans les Heckmannhöfe. Ici, vous pouvez voir la fabrication de ces petites délices et faire votre choix parmi une offre large et diversifiée. Nous vous conseillons plus particulièrement les *maiblätten* et les *feuerhimbeeren*. Le patron vous fera une démonstration de ses talents à 14h et à 16h, expliquant tous les étapes, vous laissant bien le temps de saliver. Mais prenez votre mal en patience car il y a une dégustation en prime à la fin !

SHOPPING - Mitte

■ FASSBENDER&RAUSH
Charlottenstr. 60 ✆ +49 30 20 45 84 40
www.fassbender-rausch.de
U-Bahn Stadtmitte.
Ouvert du lundi au samedi de 10h à 20h, le dimanche de midi à 18h.
C'est l'adresse obligatoire pour les adorateurs du chocolat. Au top du top des chocolatiers, Fassbender&Raush est indéniablement le plus connu d'Allemagne et ses produits, dont les plus représentatifs : chocolat, praline, mais aussi bonbons, gâteaux et *Grütze* (une sorte de pudding qu'on mange accompagné de sauce à la vanille) font le tour du monde. En été, les classiques sont assortis de glace et, en hiver, de vin chaud à la cannelle. La maison a aussi un restaurant à l'étage où tous les plats ont la particularité de contenir du chocolat.

▬ PRENZLAUER BERG

Prenzlauer Berg, et encore plus Friedrichshain, sont des quartiers en devenir. De quartiers ouvriers, ils sont devenus à la chute du Mur un refuge pour les artistes, les alternatifs et autres marginaux. Entre-temps, avant même que l'évolution soit achevée, on commence déjà à dire que Prenzlauer Berg a perdu son charme et que c'est désormais un quartier pour touristes. Pour l'instant, Prenzl'Berg et Friedrichshain valent surtout par leurs cafés, bars et restaurants, mais boutiques et galeries viennent peu à peu également animer leurs rues. A vous d'ouvrir l'œil !

Artisanat – Déco – Maison

■ FRAU TULPE
Veteranenstr.19 ✆ +49 30 44 327 865
www.frautulpe.de
U-Bahn Rosenthaler Platz
Ouvert du lundi au vendredi de 10h à 20h et le samedi de 11h à 18h.
Véritable coup de cœur pour cette petite boutique de tissus aux motifs pop colorés d'une grande originalité. Un paradis pour les couturières qui auront aussi le choix des matières. Pour les autres, différents objets tels que housses de coussins, trousses et sacs sont déjà réalisés.

Bons plans

■ CALYPSO
Oderbergerstr. 61 ✆ +49 30 28 54 54 15
www.calypsoshoes.com
U-Bahn Eberswalder Straße.
Ouvert du lundi au samedi de midi à 20h.
Le Calypso consiste en une montagne de chaussures d'occasion. Des années 1960 à 1970, on retrouve les chaussures à plateaux, des escarpins à talons vertigineux et foule d'autres souliers pour le moins exotiques, mais aussi des godasses fétichistes (également pour hommes). Les paires coûtent en moyenne entre 20 et 40 €.

▶ **Autre adresse :** dans Mitte, Rosenthaler Straße 23 (ouvert du lundi au samedi de midi à 20h).

■ FLOHMARKT AM MAUERPARK
Bernauer Straße 63
www.mauerparkmarkt.de
U-Bahn Eberswalderstraße.
Le dimanche de 8h à 18h, en hiver jusqu'à la tombée de la nuit.
Le plus jeune marché aux puces de Berlin s'est installé sur cet ancien emplacement du Mur de Berlin. Encore très traditionnel, il n'a pas été investi par les professionnels des marchés aux puces et garde donc un charme particulier. Ici, les vendeurs sont principalement des étudiants ou des habitants du quartier qui font encore de bons prix. Un eldorado pour les fans des fringues et vinyles des années 1980 et 1990. Vous trouverez aussi de quoi vous désaltérer dans les quelques *Imbiss*. Ambiance particulièrement agréable en été.

Cadeaux

■ BERLIN STORY
Unter den Linden 26
✆ +49 30 204 538 42
www.berlinstory.de
S-Bahn Unter den Linden.
Ouvert tous les jours de 10h à 19h.
Si vous souhaitez ramener un livre sur Berlin, voici l'adresse incontournable. Cette librairie propose plus de 2 500 titres sur Berlin, dont des produits de sa propre collection. Une partie de la librairie abrite une exposition sur l'histoire de la ville et, dans des petites salles de cinéma, est projeté gratuitement un film de 30 minutes sur le développement de Berlin de 1237 à nos jours. Enfin les connaissances des vendeurs sur leur ville et leurs compétences linguistiques font de ce lieu un endroit agréable et enrichissant.

■ STIEFEL KOMBINATE
Eberswalder Straße 22
www.stiefelkombinat.de
U-Bahn Eberswalder Straße.
Ouvert du mardi au vendredi de 14h à 20h et le samedi de midi à 18h.
Très sympa magasin d'objets et vêtements vintage et design des années 1970 à 1990. On y trouve de tout chapeaux, costumes, lampes rétro, il faut surtout aimer le skaï, le kitsch, les dégradés de couleurs orange, les objets en plastique et être prêt à vouloir rapporter quelque chose d'inutile qui sera devenu soudain irrésistible à vos yeux !

■ TENDERLOIN
Kastanienallee 19
✆ +49 30 420 157 85
U-Bahn Weinmeister Straße (8) ou Rosa Luxemburg Platz (2).
Ouvert du lundi au vendredi de midi à 20h et le samedi de midi à 19h.
Bienvenue à San Fransisco ! Cette boutique qui porte le nom d'un quartier de la ville la plus sulfureuse de la côte Ouest a réussi à faire le pont entre les années 1970 et la modernité en proposant un vaste choix de meubles, d'accessoires et de lampes rappelant les intérieurs de l'époque, qu'on disait de mauvais goût, mais qui, aujourd'hui, acquiert un nouveau statut. Les hommes ne seront pas non plus en reste, puisque Tenderloin dispose d'un rayon de vêtements masculins branché à mort et constitué de labels dont la qualité n'est plus à prouver à Berlin, comme Glam, Equitage, ou encore d'exclusivité comme le label français René Derhy.

Marché

■ MARKT AM KOLLWITZPLATZ
Kollwitzplatz
U-Bahn Senefelderplatz.
Samedi de 9h à 16h.
Les marchés sont rares dans l'Est de Berlin et peu visités en hiver, et celui-ci fait figure de précurseur. Il est vrai qu'il manquait un marché bio aux bobos de Prenzlauer Berg. Il est petit, mais ceux qui logent dans le coin trouveront de beaux fruits et légumes et d'autres marchandises fraîches et de qualité.

Mode – Sport

■ THATCHERS
Kastanienallee 21 ✆ +49 30 246 277 51
www.thatchers.de
U-Bahn Eberswalder Straße.
Ouvert du lundi au vendredi de midi à 20h, le samedi de midi à 18h.
Des lignes épurées, oscillant entre classique et tendance, des couleurs franches et des accessoires sobres mais indispensables, Thatchers, le magasin est fait pour les femmes modernes qui mixent aisément business et sportswear. Vous y trouverez autant la tenue idéale pour un entretien d'embauche, que la petite robe noire indispensable que vous avez oubliée à la maison ou encore le pantalon que vous pourrez porter avec tout...

■ WHO KILLED BAMBI ?
Eberswalderstr. 26
✆ +49 30 437 397 60
www.who-killed-bambi.net
U-Bahn Eberswalder Straße.
Ouvert du lundi au vendredi de midi à 20h et le samedi de midi à 16h.
Bananes, chemises hawaïennes et cocktails multicolores sur fond de rock, ce n'est pas seulement une mode, c'est une philosophie. Tee-shirts édulcorés aux motifs décalés, bijoux, ceintures, jeans, on trouve de tout pour se (re)looker !

▶ **Autres adresses :** Rosenthalerstrasse 15 et 69 (U-Bahn Weinmeisterstrasse).

Musique

■ DA CAPO
Kastanienallee 96
✆ +49 30 448 1771
www.da-capo-vinyl.de
U-Bahn Eberswalderstraße.
Ouvert du mardi au vendredi de 11h à 19h, le samedi de 11h à 16h.
Petit magasin en plein centre de Prenzlauer Berg, pour tous les nostalgiques : vinyles de chansons des années 1930, intégrales de Bach et de Mozart. Bon assortiment en world music.

■ VOPO RECORDS
Danziger Straße 31
✆ +49 30 442 80 04
www.vopo-records.de
U-Bahn Danziger Straße.
Ouvert du lundi au vendredi de midi à 20h, le samedi de midi à 16h.
Très bien servi en punk, metal, hardcore et garage (en vinyle, cassette et CD), ce magasin propose aussi la vente de tickets de concerts. Avant votre arrivée, vous pouvez déjà consulter leur catalogue entier sur le site Internet.

Beauté – Bien-être

■ ROTE LIPPEN
Oranienstraße 12 ✆ +49 30 615 8112
www.rotelippen-naturkosmetik.de
U-Bahn Kottbusser Tor.
Ouvert du lundi au mercredi de 10h à 19h, le jeudi et le vendredi de 10h à 20h et le samedi de 10h à 16h.

Une des rares boutiques de cosmétiques qui ne proposent que des produits bio. Le maquillage, les crèmes et les savons sont fabriqués à partir de produits naturels. On y trouve des huiles essentielles, des parfums, des crèmes au chanvre, des colorations naturelles pour les cheveux, et même des couches-culottes bio ! Tout pour la femme verte qui ne veut pas abîmer la nature pour son bien-être.

KREUZBERG

Bons plans

■ CHECKPOINT
Mehringdamm 57 ✆ +49 30 69 44 344
U-Bahn Mehringdamm.
Ouvert du lundi au vendredi de 10h à 18h30 et le samedi de 10h à 16h.
On y trouve la plus vaste sélection de fripes des années 1970 : chemises psychédéliques, vestes en cuir et coupe-vents, pantalons à la Charlie's Angels et même quelques robes de mariée de l'époque. Plus des accessoires d'occasion et des tee-shirts à impression.

■ KLEIDERMARKT COLOURS
Bergmannstraße 102 ✆ +49 30 69 43 348
www.kleidermarkt.de
U-Bahn Mehringdamm.
Dans la première cour.
Ouvert du lundi au vendredi de 11h à 19h et le samedi de 12h à 19h.
Colours est la friperie la plus en vue de la ville, la plus visitée et donc la plus chère ! On y trouve plein de fripes américaines des années 1970 à 1980, entre autres les très demandés sweaters de College, et bien sûr les bons vieux jeans délavés. Mais aussi des vestes en cuir de toutes les couleurs, des sapes des années 1950 et 1960 pour les rockeurs, et un rayon de tee-shirts de clubbeurs. Le tout est vendu au kilo.

Cadeaux

■ HANF HAUS
Oranienstraße 192 ✆ +49 30 614 8102
www.hanfhaus-kreuzberg.de
U-Bahn Kottbusser Tor.
Ouvert du lundi au vendredi de 11h à 19h et le samedi de 11h à 16h. La plupart des boutiques qui vantent le chanvre en profitent pour fourguer pipes à eau et autres bangs aux fumeurs invétérés, et la belle utopie du chanvre, matière première qui pourrait sauver nos forêts de la destruction, passe souvent au second plan. Sauf ici à la maison du chanvre, où l'on ne fait pas de promotion hypocrite mais où l'on vend des vrais produits à base de chanvre : des vêtements tels les pantalons, chemises et sweat-shirts, et aussi des pâtes alimentaires au chanvre, les rasta pasta, des produits nettoyants, du thé et tout ce que l'on peut faire avec cette plante.

■ HEADACHE
Oranienstraße 198 ✆ +49 30 61 85 800
U-Bahn Kottbusser Tor.
Ouvert du lundi au mercredi de 11h à 18h30, le jeudi et le vendredi de 11h à 19h30 et le samedi de 11h à 15h30.
Si les casquettes, bonnets et autres couvre-chefs que vous trouvez dans le commerce ne répondent pas à votre désir d'originalité, rendez-vous à Headache où l'on tricotera ce que vous voulez sur le T-shirt, sweat-shirt, casquette (et n'importe quoi d'autre qui se laisse travailler à la machine à coudre) que vous apporterez. Et à côté de vos créations personnelles, vous trouverez également des modèles Kangol, Irie Daily, ainsi qu'un vaste choix de matériels de fumeurs, genre bangs, pipes, feuilles de différentes sortes.

■ MIT REVOLUTIONSBEDARF
Manteuffelstraße 99
U-Bahn Görlitzerbahnhof.
Ouvert du lundi au samedi de midi à 19h et le dimanche de 13h à 17h.
Il manque un badge dans votre collection, vous souhaitez lire la biographie de José Bové en allemand, l'agenda Greenpeace de 1990 vous est passé sous le nez ? Pas de souci, vous trouverez tout ça ici et bien plus encore. Cette boutique de Kreuzberg ne passe pas inaperçue avec ses affiches de concert punk, ses petites annonces et son logo graffé. Une fois à l'intérieur, farfouillez un moment avant de porter votre choix sur la casquette militaire de vos rêves, ou sur un des nombreux livres de littérature anarchistes qui sont présentés ici.

Marché

■ TÜRKISCHER MARKT
Maybach Ufer
www.tuerkenmarkt.de
U-Bahn Kottbusser Tor.
Le mardi et le vendredi de 11h à 18h30.
Ce marché le long du canal de Kreuzberg est certainement le plus pittoresque, le plus bruyant et le plus visité de Berlin. Les produits sont surtout destinés à la communauté turque du quartier, mais cela fait le bonheur des Berlinois qui adorent les produits frais et les épices. N'hésitez pas à goûter les diverses crèmes et mousses vendues, mélangeant ail, épinards, fromage de chèvre, elles sont délicieuses.

Mode – Sport

■ ANKE WOLLMANN
Manteuffelstraße 42
✆ +49 30 611 1462
U-Bahn Görlitzer Bahnhof.
Fermé le lundi. Ouvert le mardi de 17h à 19h, du mercredi au vendredi de 13h à 19h et le samedi de 13h à 16h.
Une fois la porte passée, on se retrouve au milieu d'une toute petite boutique avec quelques étagères où s'entassent des tissus indiens de toutes les couleurs et trois penderies avec des vêtements dans des matières chatoyantes, avec des broderies, des petits bouts de miroir incrustés ou encore dans des dégradés de couleurs. Super féminins, comme les petits sacs brodés, parfaits pour éclairer le manteau sombre de l'hiver.

■ BAGAGE
Bergmannstrasse 13
✆ +49 30 693 8916
www.bag-age.de
U-Bahn Gneisenaustrasse.
Ouvert du lundi au vendredi de 11h à 20h et le samedi de 10h à 17h.
En passant par la Bergmannstrasse, ne ratez pas ce petit magasin rempli à craquer de sacs en tout genre. Si l'on privilégie ici le sportswear avec des besaces ou des sacs à dos, il y a également de très beaux sacs en cuir de toutes les couleurs et des portefeuilles et porte-monnaie assortis.

■ SAGE MARKET
Brückenstraße 1
U-Bahn Heinrich-Heine-Platz.
Tous les dimanches de midi à 17h.
Le Sage Market est la vitrine préférée des jeunes créateurs vivant à Berlin et luttant avec leurs petits moyens contre la production en masse. Des labels de qualité organisent chaque dimanche des stands, et l'on y retrouve m.a.p.h.ia, Jabez, ou encore Tabea, quelques figures inévitables de la mode berlinoise, et d'autres qui, s'ils n'ont pas encore de nom, ont un style qui marque. Ici pas d'élitisme cela donne des mélanges détonants.

Musique

■ CORE TEX
Oranienstraße 3 ✆ +49 30 61 28 00 50
www.coretexrecords.com
U-Bahn Görlitzer Park.
Ouvert du lundi au vendredi de 11h à 19h et le samedi de 11h à 18h.
Hardcore dans toutes les directions musicales, Core Tex est le paradis (ou l'enfer) de tous les fans de punk, hard rock et rock alternatif. On y trouve tous les labels alternatifs et indépendants. Beaucoup d'imports contribuent au grand choix de la boutique qui essaie de se procurer aussi bien les CDs que les vinyles récents : pas moins de 10 000 CDs sont en vente, ainsi qu'un peu moins de vinyles, et bien sûr tout un lot de fanzines, de vidéos et de bouquins et même des tee-shirts.

■ HARDWAX
Paul Linke Ufer 44a
✆ +49 30 61 13 01 11 – hardwax.com
U-Bahn Schönleinstraße.
Dans la 2ᵉ cour au 3ᵉ étage.
Ouvert du lundi au samedi de midi à 20h.
C'est un des magasins de disques techno les plus complets d'Europe, où l'on trouve toutes les sauces du moment, mais aussi des CD produits par la maison de disque de Hard Wax. A noter également : le bac Strange Musics…

■ SOULTRADE
Zossener Straße 31
✆ +49 30 691 8704
www.soultrade.de
U-Bahn Gneisenaustrasse.
Ouvert du lundi au mercredi de 11h à 19h, le jeudi et le vendredi de 11h à 20h et le samedi de 10h à 16h.
Entre les deux boutiques de Space Hall se trouve le spécialiste de la black music. Les fans de hip-hop, R'n'B, trip-hop, et classiques des années 1980 seront servis comme il faut de mélodies et de basses bien funky et groovy, ainsi que de pièces rares, comme les maxis (désormais quasi introuvables) de hits hip-hop, de Graig Mac, en passant par A Tribe qualled Quest jusqu'à B.I.G., etc.

■ SPACE HALL
Zossener Straße 33/35
✆ +49 30 694 7664 – www.spacehall.de
U-Bahn Gneisenaustrasse.
Ouvert du lundi au mercredi et le samedi de 11h à 20h, le jeudi et le vendredi jusqu'à 22h.
Deux vastes boutiques offrent une sélection incomparable de raretés et de bon son de groupes actuels. Si l'une est dédiée aux vinyles l'autre est entièrement orientée CD. Tous les types de musiques sont présents, rock indé, house, musique électronique. Il y a même une bonne sélection d'artistes berlinois histoire de se plonger dans la culture locale. Enfin, vaste choix de T-shirts, badges et autres gadgets.

Panier gourmand

■ HIMMEL&ERDE
Skalitzer Straße 46 ✆ +49 30 611 6041
www.himmelerde.de
U-Bahn Görlitzer Bahnhof.
Ouvert du lundi au vendredi de 9h à 19h et le samedi de 9h à 16h.
Ciel et terre, en harmonie, pour le plaisir des terriens. C'est, grosso modo, le leitmotiv de ce magasin qui vend exclusivement des produits naturels. On y trouve des produits frais, des produits conditionnés, des pâtes, une vaste sélection de fromages et de viandes bio, des jus de fruits... Le magasin jouit d'une excellente réputation et nombre de gastronomes s'y fournissent régulièrement. Et si la nourriture bio ne vous suffit pas, vous découvrirez à l'étage inférieur, une autre petite boutique : Alles Fließt, Lausitzer Straße 1, qui ne vend que des vins bio et propose des séminaires pour découvrir sa palette de vins.

■ KNOFI
Bergmannstr. 98
✆ +49 30 695 64 359
www.knofi.de
U-Bahn Gneisenaustraße.
Ouvert du lundi au samedi de 7h à minuit.
L'offre la plus large en matière de pâtes à Berlin ! Mais aussi olives, feuilles de vignes, salades de fruits de mer, fromage, boulettes végétariennes, huiles, vins, noix et jus d'orange frais. Vu le monde qui se succède ils ne sont pas prêts de fermer pour le plus grand bonheur de nos papilles !

▶ **Autres adresses :** Dieffenbachstr. 59 • Oranienstr. 179.

■ NATURKOST KRAUT&RÜBEN
Oranienstraße 15 ✆ +49 30 61 41 075
www.kraut-und-rueben-berlin.de
U-Bahn Kottbusser Tor.
Ouvert du lundi au jeudi de 9h à 19h et le samedi de 9h à 16h.
Tenue par un collectif de femmes, le magasin de produits naturels Kraut&Rüben (épices et carottes) dispose d'un vaste choix de produits bio empaquetés (pâtes, pâtés, riz, herbes, biscuits, bonbons) mais également d'un rayon de fruits et légumes et de viandes bio. Traités sans pesticides et hors de l'agriculture industrielle, les légumes ont la tête de vrais fruits, c'est-à-dire avec des bosses, loin des produits stéréotypés des supermarchés. Et la différence se fait nettement sentir au niveau du goût, mais aussi du prix. Encore que le collectif fasse des efforts pour rendre ses produits abordables pour tous.

■ FRIEDRICHSHAIN

Bons plans

■ HUMANA
Frankfurter Tor 3 ✆ +49 30 42 22 018
www.humana-second-hand.de
U-Bahn Frankfurter Tor.
Ouvert du lundi au vendredi de 10h à 19h et le samedi de 10h à 18h.
Ce mégastore de la fripe installe des succursales un peu partout dans la ville, et c'est pour la bonne cause puisque les bénéfices sont reversés à des associations caritatives. Celui de Frankfurter Tor est le plus grand et s'étale sur quatre étages. Vous trouverez ici de tout, des tissus d'ameublement aux manteaux en fourrure, des chaussons pour bébé aux vestes en cuir. Au dernier étage se trouve un rayon trend où se repère tout ce qui peut être considéré comme à la mode.

■ TRASH SCHICK
Wühlischstraße 31 ✆ +49 30 200 535 26
www.trashschick.de
U- et S-Bahn Warschauer Straße.
Ouvert du lundi au mercredi de midi à 20h et le samedi de 10h à 16h.
Comme son nom l'indique, Trash Schick cultive le trash chic ! On y trouve des manteaux en cuir, des robes, des costumes trois-pièces,

des chapeaux, des imperméables de seconde main, des années 1970-1980, pas tous en très bon état, mais en tout cas repérables de loin.

Cadeaux

■ BERLINOMAT
Frankfurter Allee 89 ✆ +49 30 42 08 14 45
www.berlinomat.com
U-Bahn et S-Bahn Frankfurter Allee.
Ouvert du lundi au vendredi de 11h à 20h et le samedi de 10h à 18h.
Un des lieux les plus en vue en ce qui concerne le design à Berlin : sur 500 m², vous trouverez les produits de plus de 150 designers que ce soit en matière de vêtements, bijoux, meubles. Il y a entre autres des lunettes signées Mykita, des bijoux de Dreigold, Tosh, Inkarma et Laquay. Les vêtements viennent de chez Urban Speed, Gabriele Lipp, Presque fini, Macqua, Icke Berlin, 30 Paar Hände. Les sacs sont griffés Milk Berlin et Rummelsburg, les meubles Flip Sellin et Roomsafari. Vous devriez donc y trouver votre compte.

Marché

■ FLOHMARKT AM BOXHAGENER PLATZ
Boxhagener Platz – Friedrichshain
www.boxhagenerplatz.de
U-Bahn Samariterstraße.
Le dimanche de 10h à 18h.
L'atmosphère du Flohmarkt (marché aux puces) de cette place de Friedrichshain a quelque chose d'idyllique. Beaucoup de familles, des marchands essaimés vendant chaussettes tricotées main ou des collections de vinyles impressionnantes. D'autres auront juste étalé une couverture par terre avec quelques vieux appareils électroménagers. C'est ici que vous trouverez le plus grand nombre de vestiges de la RDA.

Multimédia – Image – Son

■ AUDIO-IN
Libauerstrasse 19 ✆ +49 30 486 229 84
www.audio-in.net
U-Bahn / S-Bahn Warschauer Strasse
Ouvert du lundi au vendredi de 14h à 20h et le samedi de 1éh à 18h.
Large sélection de disques d'occasion.

Musique

■ RAVE AGE
Mainzer Straße 5 ✆ +49 30 61 23 095
U-Bahn Samariterstraße.
Ouvert du lundi au vendredi de 11h à 20h et le samedi de 11h à 16h.
Où peut-on être mieux servi en disques que dans une boutique où tous les vendeurs sont également DJs ? Que vous soyez branché techno, ambient, house, trance ou tout à la fois, les vendeurs DJs trouveront forcément le nombre de bpm qu'il vous faut pour planer ! De plus, mille disques sont en permanence au rabais dans le magasin et on y trouve aussi des casques, des caisses pour ranger ses disques et d'autres accessoires pour vos platines.

CHARLOTTENBURG

Artisanat – Déco – Maison

■ SCHÖNE ALTE GLÄSER
Suarezstraße 58 ✆ +49 30 323 8111
www.schoene-alte-glaeser.de
U-Bahn Sophie Charlotte Platz.
Ouvert du lundi au vendredi de 11h à 18h et le samedi de 11h à 15h.
La Suarezstraße regorge de petits antiquaires que nous ne listons pas dans le détail, mais qui valent le coup d'œil, particulièrement cette petite boutique qui ne vend que de beaux verres. Certains datent du XIXe siècle, d'autres des années 1970, mais tous se caractérisent par leur bon état et leurs couleurs acidulées. Avec un peu de chance, vous y trouverez des verres identiques pour former un beau service homogène, mais la propriétaire ne jure que par le mélange des genres et n'hésite pas à mêler toutes ses pièces uniques pour décorer sa table.

Bon plan

■ TRODEL UND KUNSTMARKT
Straße des 17. Juni
www.troedelmaerkte-berlin.de
U-Bahn Ernst Reuter Platz, S-Bahn Tiergarten.
Les samedi, dimanche et jours fériés de 10h à 17h. C'est l'un des marchés aux puces les plus fréquentés de Berlin. Il se divise en deux : d'un côté, un marché aux puces classique avec toutes sortes de babioles et autres ramasse-poussière, plutôt antiquités que réelle brocante et, de l'autre côté, un marché d'art et d'artisanat où des artistes mais aussi des graphistes ou des bricoleurs vendent leurs œuvres.

Autour du Ku'damm

Le Kurfürstendamm, appelé communément le Ku'damm, est resté l'un des parcours de shopping préférés des touristes, mais aussi des Berlinois. Il n'a plus la même prédominance maintenant que l'Est de la ville rivalise, mais, en revanche, il reste imbattable quant à ses petites rues adjacentes qui brillent de noms prestigieux de la haute couture. La plus élégante d'entre elles est la Fasanenstraße, en tout cas le segment qui se trouve entre le Ku'damm et la Lietzenburger Straße : Cartier, Chanel, Vuitton et Rena Lange y siègent depuis des années. La Bleibtreustraße est également à conseiller à ceux qui ont les moyens, mais le luxe s'affiche aussi sur le Ku'damm même, entre la Adenauer Platz et la station de métro Kudamm. A partir de la station de métro Uhlandstraße, sur le Kurfürstendamm et jusqu'à Wittenbergplatz se succèdent alors toutes les grandes marques commerciales de H&M et Mango en passant par Nike-Town, le temple de la basket et le fameux KaDeWe. Le Kaufhaus des Westens (KaDeWe), qui clôt l'allée sur la Wittenberg Platz siège dans une nouvelle construction en verre qui dédie des milliers de mètres carrés aux marques du monde entier. Ouvert en 1907, ce temple de la consommation est le plus grand d'Europe et l'on y trouve absolument tout en fringues, accessoires, maquillage, sacs, vaisselles, jouets, etc. Et l'épicerie du KaDeWe ne vend pas moins de 33 000 articles !

Cadeaux

■ **BERLINTOYS**
Kantstraße 85
✆ +49 30 327 016 33
www.berlintoys.com
Ouvert le lundi et du mercredi au vendredi de 13h30 à 19h et le samedi de midi à 17h.
Ceci n'est pas un simple magasin de jouets anciens mais un véritable musée. La boutique a un charme dingue et l'on ne voit pas le temps défiler en déambulant parmi les rayons surchargés de véritables trésors de notre enfance (ou de celle de nos grands-parents…). Les gens qui tiennent ce commerce hors du commun sont absolument charmants et conscients qu'ils attirent les curieux plus que les collectionneurs.

Mode – Sport

■ **BRAMIGK**
Savigny Passage 598
✆ +49 30 313 5125
S-Bahn Savignyplatz.
Ouvert du lundi au vendredi de 11h à 18h30 et le samedi de 11h à 18h.
Nicola Bramigk est allemande, mais ne travaille qu'avec des tissus italiens. Le résultat : des coupes simples, confortables et géométriques dans des matières chatoyantes, des laines vierges et du feutre. Du complet veste-pantalon ou veste-jupe, en passant par les gros pulls et des robes de soirées originales ou au contraire très sobres, la mode pour femmes que Bramigk propose est très féminine, colorée et elle a ce flair italien indéfinissable qui la rend irrésistible.

■ **BRANDO 4**
Tauentzienstr. 13a ✆ +49 30 885 546 80
www.brando-4.de
U-Bahn Kurfürstendamm.
Ouvert du lundi au samedi de 10h à 20h.
Pour les technoïdes qui s'habillent de couleurs fluorescentes, cette boutique est le hit absolu. Bien qu'elle ne soit pas grande, elle propose de nombreux modèles de jeans, de pantalons en matière imperméable, des sweats en couleur flashy mais aussi des modèles plus sobres et des pièces extravagantes pour se faire remarquer en soirée.

■ **HAUTNAH**
Uhlandstraße 170 ✆ +49 30 882 3434
www.hautnahberlin.de
U-Bahn Uhlandstraße.
Ouvert du lundi au vendredi de midi à 20h et le samedi de 10h à 16h.
Très, très près de la peau, les vêtements que vous trouverez dans cette boutique sont tout, sauf sobres, classiques ou chic, mais bien au contraire très originaux et très sexy. Soyez sûr que si vous allez au Kit Kat Club habillés en Haut Nah, personne ne vous refusera l'entrée ! Et pour ceux qui sont vraiment à fond dans le fétichisme, ne ratez pas le sous-sol de la boutique, qui regorge d'accessoires et de vêtements en latex, de quoi assouvir tous ses fantasmes…

■ PLANET HEADQUATERS
Schlüterstraße 35 ✆ +49 30 885 2717
www.planetwear.de
U-Bahn Uhlandstrasse ou Adenauerplatz.
Ouvert du lundi au vendredi de 11h30 à 19h30 et le samedi de 11h30 à 18h.
Toujours un peu en avance sur la mode, la boutique Planet est loin, bien loin des boutiques commerciales du Ku'damm et de celles underground de Mitte. Ce qui explique que même la scène fashion de Mitte se déplace jusqu'à Charlottenburg pour trouver dans cette boutique de quoi s'habiller. Et il y a le choix !

Musique

■ APOLLO
Kantstraße 130 ✆ +49 30 312 5065
www.apollo-disc.de
U-Bahn Wilmersdorfer Straße.
Ouvert du lundi au vendredi de 11h à 9h et le samedi de 10h à 16h.
Enfin une boutique de disques ouverte à tous ! Techno, house, hip-hop, pop ou encore trip-hop, rock et 2-step, on y trouve tous les inévitables du moment dans chaque catégorie, en vinyle ou en CD, et, si l'on ne les trouve pas, on les commande ! De plus, on y trouve également toutes sortes de CDs ou vinyles collectors, des calendriers, des magazines musicaux de tous les genres et des Converses en plastique ! Cela dit, vous présagez l'ambiance : détendue, hétéroclite et joviale.

■ VINCERO CLASSIC TEMPLE
Kurfürstendamm 162 ✆ +49 30 893 8050
U-Bahn Adenauerplatz.
Ouvert du lundi au vendredi de 10h à 19h et le samedi de 10h à 15h.
Comme son nom l'indique, ce magasin qui vend surtout des CDs est le temple de la musique classique, mais dispose également de musique du monde.

SCHÖNEBERG

Bons plans

■ CLARO
Nollendorfpatz 7 ✆ +49 30 215 4172
Au coin de la Maaßenstraße
U-Bahn Nollendorfplatz.
Ouvert du lundi au vendredi de 11h à 19h et le samedi de 10h à 19h.
Cette petite boutique de rien du tout regorge de bonnes affaires : jeans, pantalons en velours, pantalons en cuir et petits T-shirts à impressions, genre pub détournée, y sont vendus à petits prix. A côté de ça, vous trouverez des vestes en jean bien délavé, des doudounes bien chaudes et plein d'autres vêtements indémodables.

■ GARAGE
Ahornstraße 2 ✆ +49 30 211 2760
U-Bahn Nollendorfplatz.
Ouvert du lundi au mercredi de 11h à 19h, le jeudi et le vendredi de 11h à 20h et le samedi de 10h à 16h.
Ce sont les meilleures fripes de la ville, et forcément les plus visitées ! On y trouve absolument tout ce qui faisait l'accoutrement de Starsky et Hutch : chemises hawaïennes, jeans usés, blousons, mais aussi des redingotes, des robes, des costumes et des chaussures. Le meilleur : on paie au kg ! L'idéal pour trouver à la dernière minute de quoi s'habiller pour une fête funky.

■ LA BOTTEGA
Akazienstraße 7 ✆ +49 30 78 70 44 29
U-Bahn Einsenacherstraße.
Ouvert du lundi au vendredi de 11h à 19h et le samedi de 11h à 16h.
La fabrique cultive un faible pour les modes passées réadaptables. Explication : les vêtements de seconde main, choisis avec soin et privilégiant l'originalité y sont réparés et le résultat est un mélange de costumes antiques et de tenues extravagantes. Le plus, c'est que l'on peut les acheter, mais aussi les louer.

Cadeaux

■ AVE MARIA – DEVOTIONALIEN
Potdamer Straße 75
✆ +49 30 26 52 284
www.avemaria.de
U-Bahn Kurfürstenstraße.
Ouvert du lundi au vendredi de midi à 18h et le samedi de midi à 15h.
Voilà un beau lieu de recueillement pour les catholiques pas coincés, les mystiques et les adorateurs de la Vierge : tout y est à son effigie, mais il ne faut pas s'y tromper, à côté des cierges et des autocollants de saints, on peut acheter la très demandée collection de sous-vêtements Ave Maria, qui fait fureur en ce moment et que l'on pourra exhiber à la prochaine Love Parade sans fausse pudeur.

Marché

■ **WINTERFELD MARKT**
Winterfeldplatz
U-Bahn Nollendorfplatz.
Le mercredi et le samedi de 8h à 16h.
C'est une expérience dont il ne faut pas se passer lorsque l'on vient à Berlin, donc n'hésitez pas à vous mêler à la faune locale et multiculturelle qui achète ses fruits et légumes, son fromage, ses fleurs sur une des places les plus sympathiques de la ville. Tout le quartier est alors en ébullition, les cafés sont pleins à craquer et les stands se font dévaliser.

Mode – Sport

■ **DOWNSTAIRS**
Blücherstr. 22 ✆ +49 30 21 75 66 19
www.downstairs.com
U-Bahn Kleistpark ou Bülowstrasse.
Ouvert du lundi au vendredi de 11h30 à 19h et le samedi de 10h30 à 16h.
B-Boys et Fly-Girls, si vous voulez pénétrer la scène hip-hop de Berlin et le style qui l'habille, rendez-vous chez Downstairs : les graffeurs viennent y acheter leurs doses de peinture et leurs *fat-cap*, les DJs viennent jeter un œil à la petite sélection de vinyles qui s'y trouve et les autres viennent s'habiller et s'acheter leurs baskets. Comme son nom l'indique, la boutique est en sous-sol, mais vous ne pourrez pas la louper, l'entrée est saturée de graffs.

■ **VAMPYR DE LUXE**
Goltzstraße 39 ✆ +49 30 217 2038
www.vampdeluxe.de
U-Bahn Eisenacher Straße.
Ouvert du lundi au vendredi de midi à 19h et le samedi de 11h à 18h.
C'est la boutique pour filles branchées par excellence, l'équivalent de Colette à Paris, un lieu qui cultive l'exclusivité et le dernier des derniers cris poussés par les créateurs et la rue. En plus de ça, on peut acheter de nombreux accessoires, qui eux en revanche ont été sélectionnés par la propriétaire à l'étranger et qui donnent cette petite touche exclusive aux plus tristes des vêtements. Bref, Vampyr de Luxe est le must absolu car on y vend tout ce qui est hype dans les clubs et sur la scène ! Et le plus : la boutique a un espresso-bar pour occuper votre moitié !

Musique

■ **ROCK STEADY RECORD**
Motzstraße 9 ✆ +49 30 217 2720
www.rocksteadyrecords.de
U-Bahn Nollendorfplatz.
Ouvert du lundi au vendredi de 11h à 19h et le samedi de 10h à 16h.
Mr. DJ, voilà la boutique qu'il vous faut pour élargir votre collection de vinyles ! Neufs ou d'occasion, mais en excellent état, ils retracent l'histoire de la musique des années 1950 à nos jours, et ce dans tous les styles : black music, rock, pop, blues, jazz, metal, country, reggae, ska, toutes les tendances sont présentes et parmi elles, souvent des raretés. En plus des vinyles, vous trouverez également des CDs, à des prix ridicules : les LPs et CDs 12 titres à partir de 3 €.

Panier gourmand

■ **KADEWE**
Tauentzienstrasse 21-24
✆ +49 30 212 10 – www.kadewe.de
U-Bahn Wittenbergplatz.
Ouvert du lundi au vendredi de 10h à 20h et le samedi de 9h30 à 16h.
7 000 m² de surface de vente, 33 000 produits, 400 sortes de pain et 1 200 saucisses différentes, quelques chiffres évocateurs qui expliquent facilement la domination du KaDeWe en matière d'épicerie fine. Viandes, gibier, poisson, fromage, produits conditionnés, vous trouverez de tout et pourrez même goûter aux produits qui vous intéressent : de nombreux stands de dégustation çà et là, et ne manquez pas l'étage gastronomie qui propose chaque jour des plats différents de toute provenance. Pensez à montez jusqu'au jardin d'hiver sous la coupole du toit pour avoir une vue jusqu'au Reichstag.

TIERGARTEN

■ **SKI SPORT STADL**
Lützowstraße 104
✆ +49 30 261 58 05
www.skisportstadl.de
Ouvert du lundi au vendredi de 10h à 18h. Le samedi de 10h à 14h.
Bien cachée au 4e étage en fond de cour, cette boutique est une excellente adresse pour les passionnés de sports d'hiver puisque l'on y trouve vêtements, chaussures, skis et snowboards neufs ou d'occasion, et tous les accessoires qui vont avec.

Sports – Détente – Loisirs

En été, profitez des nombreux lacs et piscines en plein air ; en hiver, réfugiez-vous dans les spas des hôtels de luxe. Durant un séjour court, il ne vous sera cependant pas évident de faire du sport, du moins pas de manière organisée. Rien ne vous empêche d'acheter un frisbee dans le premier supermarché venu et, armé de celui-ci, de partir à l'assaut des parcs de la ville. Un bon moyen de faire des connaissances… Pour les plus sportifs encore, jogging et balades en vélo sont très appréciables, que ce soit le long du Landwehrkanal dans Berlin ou dans les parcs de et à l'extérieur de la ville. Berlin compte de magnifiques piscines municipales, régies par la Berliner Bäder Betriebe. Datant souvent du début du XXe siècle, elles ont été ouvertes à l'origine pour des raisons hygiéniques. En effet, les Mietkasernen n'étant pas équipées de salle de bains, et, pour éviter les épidémies et encourager l'hygiène, on a ouvert des piscines municipales ! Combinant les hauts plafonds, les coupoles style Renaissance, les fresques et mosaïques d'inspiration antique, ces magnifiques piscines valent vraiment le détour. Certaines sont encore en état de fonctionnement, d'autres en cours de rénovation et quelques-unes comme celle de Prenzlauer Berg ont changé de fonction : salle d'exposition voire clubs ! En été, des piscines à ciel ouvert rouvrent leurs portes. Vous trouverez leur liste sur le site – www.berlinerbaederbetriebe.de – Notre préférée est celle du Badeschiff près de l'Arena, qui est recouverte d'une bulle en hiver pour profiter toute l'année de cet endroit magique. En effet, la piscine est aménagée dans un bassin directement dans la Spree ! Enfin, pour ceux qui restent un peu plus longtemps, les Allemands sont friands de salles de gym, les Fitnessstudios. Ceux-ci se multiplient à tous les coins de rue. Pour les étudiants, les services sportifs des universités proposent une très large offre de cours de sport, dont l'accès est ouvert à tous, selon des tarifs différenciés.

Sports – Loisirs

■ HORST DOHM EISSTADION
Fritz Wildung Straße – Wilmersdorf
✆ +49 30 897 327 34
www.horst-dohm-eisstadion.de
U-Bahn Heidelberger Platz.
Ouvert durant l'hiver uniquement du lundi au vendredi de 9h à 18h et de 19h30 à 22h, samedi de 9h à 22h, dimanche de 10h à 18h. Entrée 3,50 € + location de patins.
Pour tous les fans de patins à glace, voici la plus grande patinoire de la ville, qui est même dotée d'une piste de vitesse en extérieur.

■ MAGIC MOUNTAIN
Böttgerstraße 20-26 – Wedding
✆ +49 30 887 157 90
www.magicmountain.de
U-Bahn Gesundbrunnen.
Ouvert tous les jours de midi à 22h, à partir de 10h les jeudi, week-ends et jours fériés. Jusqu'à minuit du lundi au jeudi.
Avis aux amateurs d'escalade, ici se trouvent de nombreux murs à monter.

■ TENNISANLAGE BAUMSCHULENSTRASSE
Baumschulenstraße 1a
Treptow ✆ +49 30 68 59 78 06
S-Bahn Baumschulenweg.
Ouvert tous les jours de 10h à 20h.
Pour tous ceux qui aimeraient pratiquer du tennis pendant leurs vacances.

BERLIN

Faire de la luge à Berlin !
Parce que découvrir Berlin en hiver peut aussi avoir ses avantages, voici une excellente façon de s'amuser et de profiter des nombreux parcs de la ville sous leur manteau blanc. Bien que la ville soit pratiquement plate, de nombreuses collines ont vu le jour, notamment après-guerre avec l'amoncellement des décombres de maisons bombardées ou les gravats des bunkers détruits. Celles-ci font aujourd'hui le bonheur des grands et des petits.

■ VOLKSPARK FRIEDRICHSHAIN
Danziger Straße – Friedrichshain
U- et S-Bahn Alexanderplatz.
Ouvert à toute heure.
Des descentes rapides et raides du haut des 78 m du mont Klamot, avec en prime une jolie vue sur la ville.

Détente – Bien-être

■ DIE THERMEN AM EUROPA CENTER
Nürnberger Strasse 7
☏ +49 30 25 75 760
www.thermen-berlin.de
U-Bahn et S-Bahn Zoologischer Garten ou U-Bahn Wittenbergplatz.
Ouvert du lundi au samedi de 10h à minuit et le dimanche de 10h à 21h. Entrée : 18,80 € ou 14 € à partir de 20h. Massages en sus.

■ FUSSFETIFISCH
Danziger Straße 26
☏ +49 30 545 989 57
www.fussfetifisch.com
U-Bahn Eberswalder Straße.
Ouvert du lundi au samedi de midi à 20h. 15 € la demi-heure.
Venue d'Asie, la mode de la *fish pedicure* s'installe partout sur la planète et Berlin n'échappe pas à la règle. Pour redonner un petit coup de forme à vos pieds malmenés par les longues journées de visite !

■ HAMAM TURKISCHES BAD
Mariannestraße 6 – Kreuzberg
☏ +49 30 615 1464
www.hamamberlin.de
U-Bahn Kottbusser Tor.
Du mardi au dimanche de midi à 23h, lundi de 15h à 23h. Compter 14 € pour 3 heures.
Un endroit magique, où l'on s'assoit dans des alcôves surplombées d'une coupole de verre et où l'on se baigne dans des eaux chaudes. Ce lieu réservé aux femmes voit passer : mamas turques, *teenagers* et femmes d'affaires le fréquentent. On y boit du thé, et l'on peut s'y faire masser. Le hamam se situe dans le centre pour femmes appelé la Schoko-Fabrik, ce complexe féminin dans une ancienne fabrique de chocolat est le siège d'un collectif de femmes.

■ LIQUIDROOM
Möckernstrasse 10
☏ +49 30 25 80 07 820
www.liquidrom-berlin.de
S-Bahn Anhalter Bahnhof.
Ouvert du dimanche au jeudi de 10h à minuit, le vendredi et le samedi de 10h à 1h. Forfait 2 heures pour 20 €. Massage à partir de 35 €.
Le spa incontournable à Berlin. En plus des différents types de saunas (ne pas manquer celui aux sels de l'Himalaya) et hammams, on trouve une superbe piscine équipée en chromothérapie. Pour rester zen et branché, des DJ assurent l'ambiance musicale. En plus des traditionnels breuvages, on peut manger *Bagel* et *Flammeküchen*.

■ STADTBAD MITTE
Gartenstraße 5 – Mitte
☏ +49 30 308 809 10
S-Bahn Nordbahnhof.
Ouvert le lundi, le mercredi, le vendredi de 6h30 à midi, le mardi de 10h à 16h, le jeudi de 6h30 à 8h, le week-end de 14h à 21h. Sauna du lundi au vendredi de 16h à 23h et le week-end de 14h à 21h.
Piscine, sauna et bains romano-russes dans un superbe bâtiment à l'allure soviétique.

■ THERMEN AM EUROPACENTER
Nürnberger Straße 7
☏ +49 30 257 5760
www.thermen-berlin.de
U et S Bahn Zoologischer Garten.
Ouvert du lundi au samedi de 10h à minuit, dimanche et jours fériés jusqu'à 21h. Entre 14 et 30 € selon l'heure et la formule choisie.
On n'imaginerait pas un tel endroit dans ce centre commercial, pourtant vous pourrez ici profiter de la piscine d'eau thermale à 32 °C et vous rafraîchir à l'extérieur où un canal court le long des jardins.

plus de **500 000 adresses** et **bons plans,**
l'avis des internautes,
des **jeux concours**...

Egalement disponible sur **votre** smartphone

www.petitfute.com

Gay et lesbien

La scène gay de Berlin est une des plus grandes d'Europe et cela méritait bien un chapitre à part entière. La vie gay et les activités qui l'accompagnent sont généralement publiques, et nous invitons tous ceux qui liront ce livre, homos ou non, à faire un petit détour par les points de rencontre gays qui sont souvent bien plus drôles et festifs que les autres ! Le quartier prédominant pour la communauté gay se trouve depuis toujours aux environs de la Nollendorfplatz et autour de la Winterfeldplatz à Schöneberg. Dans ce centre historique, si l'on peut dire, les communautés gay et lesbienne de Berlin étaient, déjà dans les années 1920, les plus grandes au monde. Depuis les années 1960 et le grand souffle de libération qui les caractérise, Berlin a retrouvé son statut de Mecque homosexuelle en Europe, tant les possibilités et les commodités pour la communauté et l'ouverture d'esprit à la berlinoise sont grands.

Aujourd'hui, la scène homosexuelle se concentre surtout dans les quartiers de Schöneberg, de Kreuzberg et de Prenzlauer Berg, et il n'est pas rare de voir des couples homo s'afficher main dans la main ou roucoulant aux terrasses des cafés, sans pour autant risquer ni remarques, ni coups d'œil haineux. Les gays et les lesbiennes peuvent partir du principe qu'ils seront bien accueillis partout à l'Est comme à l'Ouest, la scène s'étant homogénéisée depuis la chute du Mur. L'été et ses débardeurs sexy est évidemment la saison la plus mouvementée de la scène homo, car gays et lesbiennes se retrouvent régulièrement dans les rues de Berlin, pour la Schwullesbisches Straßenfest, pour la Christopher Street Day ou tout simplement sur les terrasses de la Motzstraße et de la Winterfeldstraße à Schöneberg. Voici donc quelques adresses pratiques, mais aussi des points de rencontre et de fête.

PRATIQUE

Parmi les mags qui s'entassent dans les toilettes ou les garde-robes des cafés, certains sont consacrés exclusivement à la mouvance gay de Berlin, comme *Blu* (www.blu.fm) et *Siegessaüle* (www.siegessaeule.de), des mensuels qui traitent de mode, événements, soirées berlinoises gays (le second est mixte gay et lesbien et publie le tout avec une carte indiquant les lieux, très pratique). Les lesbiennes ont moins de choix, mais le *Blattgold* (www.blattgold-berlin.de) présente un vaste point de vue de la scène lesbienne de Berlin. Un petit peu moins bien fait, l'*Out in Berlin* (www.out-in-berlin.de) offre cependant l'intérêt d'être clair et concis, si vous n'avez pas de temps à perdre… Enfin, l'office de tourisme de Berlin propose une brochure *Queer Guide* pour un premier repérage de la ville.

■ BERLIN GAY INFO
www.berlingay.info
Que se passe-t-il dans la capitale allemande ? Quelle soirée à ne pas manquer ? Quelle boutique est devenue incontournable ? Ce guide en ligne à l'initiative de Mann-o-meter, disponible aussi en anglais, est là pour y répondre.

■ BLATTGOLD
www.blattgold-berlin.de
Magazine à destination de la population lesbienne : sorties culturelles et vie communautaire sont traitées en profondeur dans cette revue en allemand.

■ CHRISTOPHER STREET DAY
Voir la rubrique Découverte – Festivités.

■ OUT IN BERLIN
www.out-in-berlin.de
Le portail gay de Berlin, pour savoir où dormir, sortir ou boire un verre dans la capitale allemande.

■ SCHWULLESBISCHES STRASSENFEST
Nollendorfplatz
Voir la rubrique Découverte – Festivités.

■ SIEGESSAEULE.DE
Großer Stern 1 – www.siegessaeule.de
Site en allemand sur les sorties et les événements pour la population gay, dont entre autre Queer in Berlin.

■ TEDDY AWARD
www.teddyaward.tv
Depuis 25 ans, dans le cadre du festival du cinéma de Berlin qui se déroule chaque année au mois de février, la soirée de gala Teddy Award récompense les meilleurs films LGBT. La soirée est accessible au public et les billets peuvent être réservés directement sur le site.

SE LOGER

ART HOTEL CONNECTION
Fuggerstraße 33 ✆ +49 30 210 218 800
Fax : +49 30 210 218 830
www.arthotel-connection.de
U-Bahn Wittenbergplatz.
Chambres simples de 49 à 85 €, doubles de 79 à 120 €. Petit déjeuner en supplément : 8 €.
Un très bel hôtel, avec de grandes chambres aérées et spacieuses, le plus souvent des suites, équipées de TV, minibar, douche-W.-C. et sèche-cheveux. Certaines chambres possèdent des petits détails coquins.

AXEL HOTEL
Lietzenburger Strasse 13/15
✆ +49 30 2100 2893
www.axelhotels.com
U-Bahn Wittenbergplatz.
Chambres doubles à partir de 120 €.
La première chaine d'hôtel gay, de nationalité espagnole, a ouvert à Berlin un troisième hôtel (après Barcelone et Buenos Aires) et celui-ci n'a rien à envier aux hôtels internationaux. Il s'agit d'un 4-étoiles design comptant 87 chambres et qui affiche fièrement sa « gaytitude » : le drapeau arc-en-ciel flotte à la réception et de grandes photos d'hommes torse nu sont disséminées à travers le hall et la salle à manger. L'établissement compte un bar design au rez-de-chaussée, un deuxième en extérieur sur le toit, une salle de sport, un sauna, un Jacuzzi. Et force est de constater que tout ici respire le confort et le bien-être. A noter que si l'hôtel est bien spécifiquement gay, les hétéros sont les bienvenus.

EBAB
✆ +49 30 236 236 10 – www.ebab.de
La centrale de réservation de chambres gay Ebab, d'origine allemande, a en catalogue plus de 6 000 chambres d'hôtel et de guesthouse. Nombre d'entre elles sont situées dans le quartier de Schöneberg. Tous tarifs disponibles.

GAY-HOSTEL
Motzstrasse 28 ✆ +49 30 210 057 09
www.gay-hostel.de
U-Bahn Nollendorfplatz.
Chambres à partir de 45 €, lits en dortoir à partir de 22 €.
Même direction que le Tom's hotel pour cet établissement situé juste en face. Toutes les chambres, simples ou doubles, font salle de bains communes, et il existe des dortoirs à 4, 6 ou 8 lits. Wi-fi et café gratuit. Pas de petit déjeuner mais possibilité d'acheter un coupon à 6,5 € pour le prendre au More juste en dessous.

GUESTHOUSE 21
Martin Luther Strasse 21
✆ +49 173 3884786
www.guesthouse21.de
U-Bahn Nollendorfplatz
ou Viktoria-Luise-Platz.
Chambres simples à partir de 35 €, doubles à partir de 55 €, triples à partir de 65 €.
Petit bed & breakfast à côté du Muschmann's, tenu par Daniel et Maik, qui compte 7 chambres (simples, doubles et triples) simplement décorées avec téléviseur et wi-fi gratuit. Possibilité de louer un vélo sur place.

INTERMEZZO
Gertrud-Kolmar-Strasse 5
✆ +49 30 224 890 96
www.hotelintermezzo.de
S- et U-Bahn Potsdamer Platz.
Chambre simple : 49 € (60 € avec salle de bains privée), chambre double 75 € (90 € avec salle de bains privée).
Très central, l'Intermezzo dispose de petites chambres confortables et bon marché, ainsi que d'un service sympa. Attention, il est exclusivement réservé aux femmes ! Possibilité de réserver un forfait 3 jours qui inclut une carte de réduction pour les principales attractions touristiques de Berlin.

MY STYLE STAY
Motzstrasse 12
✆ +49 30 219 636 30
www.mystylestay.de
U-Bahn Nollendorfplatz.
Appartement 1 chambre de 45 à 75 €, appartement 2 chambres de 90 à 120 € en fonction du nombre d'occupants (1 à 4 personnes).
Clairs et modernes, les appartements de la boutique My Style représentent un très bon rapport qualité-prix à partir de deux personnes. Cuisine équipée et wi-fi gratuit.

PENSION ELEFANT
Welserstrasse 27 ✆ +49 30 306 070 60
www.pension-elefant-berlin.de
U-Bahn Nollendorfplatz.
A la jonction de Fuggerstrasse.

Chambres simples à partir de 40 €, doubles à partir de 65 €.
Des chambres spacieuses, lumineuses et confortables dans un immeuble Art nouveau au-dessus du Prinzknecht et du Connection. W.-C. et salle de bains communes. Wi-fi gratuit.

■ QUENTIN BERLIN DESIGN HOTEL
Kalckreuthstrasse 12
✆ +49 30 884 929 99
www.quentindesignberlin.com
U-Bahn Nollendorfplatz.
Chambres doubles à partir de 85 €.
Le Quentin Hotel Design est un 4-étoiles design à la décoration raffinée idéalement situé dans une petite rue paisible d'un quartier apprécié des gays. Situé à quelques minutes à pied des transports publics, cet hôtel vous permettra de rejoindre la célèbre rue commerçante Kurfürstendamm et le grand magasin KaDeWe. Salle de bains moderne et télévision à écran plat. Un petit déjeuner buffet varié est servi chaque matin, et vous trouverez de nombreux restaurants à proximité de la place Winterfeldtplatz. Le personnel compétent fera tout son possible pour satisfaire vos demandes et vous garantir un excellent séjour.

■ ROB
Fuggerstrasse 19
✆ +49 30 219 674 00
www.rob-berlin.de
U-Bahn Nollendorfplatz.
A partir de 195 € les deux nuits.
Les deux appartements à louer de Rob, expert en vêtements et accessoires fétichistes, sont équipés pour permettre à leurs occupants de réaliser tous leurs fantasmes : lecteur DVD avec films X, ordinateur avec connexion Internet, cage, sling, croix de St André, miroirs divers, etc. Les tarifs varient sensiblement si l'on réserve à l'avance ou à la dernière minute. Deux nuits minimum.

■ SCHALL UND RAUCH
Gleimstraße 23
✆ +49 30 44 33 970
www.schall-und-rauch-berlin.de
S- et U-Bahn Schönhauser Allee.
Chambre simple à partir de 45 €, chambre double à partir de 75 €, les prix varient beaucoup selon la durée de votre séjour. Petit déjeuner en sus : 5 € par personne.
Clean, moderne, confortable, ce petit hôtel est bien équipé et surtout bien situé : au-dessus du café et bar du même nom. Les chambres en rez-de-chaussée sont assez petites.

■ TOM'S HOTEL
Motzstrasse 19
✆ +49 30 219 666 04
www.toms-hotel.de
U-Bahn Nollendorfplatz.
Chambre individuelle à partir de 79 €, chambre double à partir de 99 €.
Situé au-dessus du Tom's bar, cet hôtel exclusivement gay propose 60 chambres confortables toutes avec salle de bains privées. Elles sont équipées avec téléviseur LCD, lecteur de DVD, accès wi-fi gratuit. Pas de petit déjeuner mais il est possible d'acheter des coupons à 6,50 € pour le prendre au More, en face. A noter que les clients de l'hôtel se voient offrir l'« hotel-pass », une série de réductions dans de nombreux établissements du quartier.

SE RESTAURER

■ CAFÉ DES ARTISTES
Fuggerstrasse 35
✆ +49 30 236 352 49
www.artistico-berlin.de
U-Bahn Wittenbergstrasse.
Ouvert tous les jours sauf dimanche. Comptez 20 € pour un plat.
Cet établissement élégant et stylé à l'angle de la rue, juste en face du Connection, est à la fois un restaurant, un bar et une galerie d'exposition. Il accueille une mélange de gays et lesbiennes voisins et une clientèle bourgeoise du quartier. Le chancelier Gerhard Schröder et Vladimir Poutine y ont même dîné un soir.

■ GOLDEN BUDDHA
Gleimstrasse 26
✆ +49 30 448 5556
www.goldenbuddha.de
U-Bahn Schönhauser Allee.
Ouvert tous les jours de midi à minuit (dès 13h les samedi et dimanche).
Facilement reconnaissable au grand tableau qui domine sa petite salle à manger, lequel représente un nénuphar, ce restaurant thaï, qui sert aussi une jolie sélection des plats végétariens, est particlièrement indiqué pour un repas en amoureux. Sa décoration sobre aux tons orangés et les bougies sur chaque table en font un endroit vraiment cosy.

GAY ET LESBIEN - Se restaurer

■ KURHAUS KORSAKOW
Grünberger Strasse 81
✆ +49 30 547 377 86
www.kurhaus-korsakow.de
U-Bahn Samariterstrasse.
Ouvert du mardi au vendredi de 17h à minuit, le samedi et dimanche de 9h à minuit.
Une cuisine typiquement allemande et quelques plats végétariens, le tout assez bon marché, ont fait de ce restaurant un passage obligé dans ce quartier à l'atmosphère alternative et très Berlin-est. Le buffet du samedi et dimanche matin (de 9h à 16h) est particulièrement apprécié au point qu'il n'est pas facile de trouver une place. Atmosphère cosy, terrasse l'été.

■ MORE
Motzstrasse 28
✆ +49 30 236 357 02
Voir la rubrique Se restaurer.

■ RASTSTÄTTE GNADENBROT
Martin Luther Strasse 20a
✆ +49 30 219 617 86
www.raststaette-gnadenbrot.de
U-Bahn Nollendorfplatz ou Wittenbergplatz.
Ouvert tous les jours de 9h à 1h du matin. Plat autour de 10 €.
Un des meilleurs rapports qualité-prix du quartier pour ce restaurant aux airs de resto-route des années 1960-1970 (ce qui est voulu bien sûr) qui sert une cuisine typiquement germanique : *Currywurst*, *Flammeküche* (choix large), *Schnitzel*, *Spätzle*, *Goulash*, etc. Façon resto-route, si l'on prend bien votre commande, c'est vous qui vous déplacez pour retirer vos plats une fois que la petite loupiote placée sur votre repose-serviette clignote ! Clientèle essentiellement gay, de tous âges.

■ RICE QUEEN
Dantziger Strasse 13
✆ +49 30 440 458 00
U-Bahn Eberswalder Strasse..
Ouvert du lundi au vendredi de 17h à 23h, samedi et dimanche de 14h à 23h.
La clientèle très mélangée y déguste une délicieuse cuisine typiquement indonésienne, dont certains plats très épicés, et à des prix très abordables. Le tout dans un décor sobre et de bon goût dans un éclairage tamisé.

■ SCHALL UND RAUCH
Gleimstraße 23 ✆ +49 30 443 3970
www.schall-und-rauch.de
U-Bahn Schönhauser Allee.
Plats entre 4,90 et 6,50 €, brunch à 10,50 €.
Un des premiers établissements à s'être installé à Prenzlauer Berg, au milieu des années 1990, le Shall und Rauch est un café-restaurant (mais également pension) fréquenté par une clientèle gay et bobo du quartier. C'est une excellente adresse pour un copieux petit déjeuner (buffet jusqu'à 16h !) et une institution pour un brunch le dimanche. Le reste de la semaine, l'établissement propose une carte de plats variés : pâtes, *Spätzle*, club-sandwiches, salades, viandes et poissons. Service professionnel et aimable. Déco design et ambiance relaxante : grandes banquettes en cuir, chaises bistro, murs en brique, larges écrans LCD accrochés aux murs, éclairage tamisé et musique cool. Sans oublier le bar, de 17 m de long ! Grand choix de thés.

■ SISSI
Motzstrasse 34 ✆ +49 30 210 181 01
www.sissi-berlin.de
U-Bahn Nollendorfplatz.
Ouvert tous les jours de midi à 23h. Compter un minimum de 20 € par personne.
Ce restaurant autrichien au format timbre-poste ne compte que 5 ou 6 tables (hautes comme les tabourets qui vont avec) dans sa salle principale (le premier étage est réservé aux banquets). On peut y déguster d'excellentes escalopes viennoises, goulash et autres quenelles et épinards au fromage à proximité du vieux poêle qui trône dans un coin, et sous le portrait de l'impératrice Sissi et de photos de paysages du Tyrol. Ambiance chaleureuse, clientèle mélangée de gays et d'habitants du quartier.

SORTIR

Les alentours de Schöneberg, notamment la Motzstraße, sont très gay-friendly donc propices à de nombreuses rencontres. Mais, à Berlin, pas besoin de s'enfermer dans un ghetto pour rencontrer des gens, tous les bars que nous vous citions dans les pages précédentes pourraient accueillir votre âme sœur ou du moins vous permettre de passer une bonne soirée. Voici quand même quelques hauts lieux de la scène gay…

Sortir - GAY ET LESBIEN

■ ACKERKELLER
Schönhauser Allee 44
www.ackerkeller.de
U-Bahn Eberswalder Strasse.
Le premier mardi du mois, à partir de 22h. Lieu et date à vérifier sur leur page Web.
Fermé puis détruit en juin 2010, installé un temps au Schokoladen puis au King Kong Club, le mythique Ackerkeller organise actuellement ses soirées au Schoppenstube, le mardi soir. Musique rock, indie, electro et pop allemande.

■ APOLLO SPLASH CLUB
Kurfürstenstrasse 101
✆ +49 30 213 2424
www.apollosplashclub.de
U-Bahn Wittenbergstrasse.
Ouvert du lundi au jeudi de 13h à 7h du matin, et du vendredi 13h au lundi 7h du matin non-stop. Tarif pour une durée de 24 heures maximum : 19 € le week-end, 17 la semaine. Tarif pour une durée de trois heures : 14 € le week-end, 12 € la semaine. Location de cabines avec DVD/TV, de 21 à 44 €.
A deux pas du grand magasin KaWeDe, le plus grand sauna de Berlin est toujours très populaire malgré des tarifs prohibitifs et une politique commerciale discutable. Vous n'aurez en effet droit ici qu'à un seul préservatif donné en caisse, et une serviette que vous ne pourrez pas échanger si vous ne payez pas un supplément. Le sauna qui s'étale sur deux étages est essentiellement constitué de cabines (certaines sont louées, d'autres sont pour les premiers arrivés), d'un grand bar et des habituels espaces sauna hammam jacuzzi, lesquels sont assez difficiles à trouver dans ce dédale de couloirs. Particularité du lieu, un espace Foamparty, une darkroom envahie par la mousse, ouvert après 20h les lundis et mercredis, après 21h les vendredis et samedis et après 15h le dimanche.

■ BARBIE BAR
Mehringdamm 77
✆ +49 30 695 686 10
www.barbiebar.de
U-Bahn Mehringdamm.
Ouvert tous les jours à partir de 15h (14h l'été).
Un petit bar de quartier à dominante rose (forcément) apprécié des gourmands le dimanche puisque l'établissement est placé ce jour-là sous le thème Gâteaux & cookies. Cocktail lounge. Clientèle gay, lesbienne et trans.

■ BARBIE DEINHOFF'S
Schlesische Strasse 16
www.barbiedeinhoff.de
U-Bahn Schlesisches Tor.
Ouvert tous les jours de 18h à 6h du matin.
Tenu par une célèbre drag-queen, ce bar kitsch décoré sur le thème de Barbie atttire une clientèle gay et lesbienne alternative, amateur de musique electro / punk.

■ BÄRENHÖHLE
Schönhauser Allee 90
✆ +49 30 447 365 53
www.baerenhoehle-berlin.de
U-Bahn Schönhauser Allee.
Ouvert du lundi au vendredi à partir de 16h, le samedi à partir de 20h, le dimanche à partir de 18h.
Un des bars préférés de la communauté Bear, petit mais chaleureux. Petite terrasse l'été. Clientèle mature.

■ BEATE UHSE EROTIKMUSEUM (MUSÉE ÉROTIQUE BEATE UHSE)
Joachimstrasse 4 ✆ +49 30 886 0666
Voir la rubrique A voir – A faire.

■ BETTY F***
Mulackstrasse 13 – www.bettyf.de
U-Bahn Rosa Luxemburg Platz.
Ouvert tous les jours à partir de 21h, le dimanche à partir de 19h.
Un petit bar en sous-sol très apprécié des transexuels, travestis et leurs amis.

■ BLOND
Eisenacher Strasse 3a
✆ +49 30 6640 3947
www.blond-berlin.de
U-Bahn Nollendorfplatz.
A l'angle de la Fuggerstrasse.
Ouvert tous les jours de 10h à 2h du matin (samedi et dimanche jusqu'à 4h du matin)
Gays, lesbiennes, travestis et transexuels aiment se retrouver dans ce bar pour écouter une musique des années 1980, et notamment les tubes d'Abba (soirées Abba le jeudi, Disco Inferno le lundi), ou participer aux karaokés du mardi.

■ BULL
Kleiststrasse 35 ✆ +49 30 960 857 60
www.bull-berlin.de
U-Bahn Nollendorfplatz.
Ouvert tous les jours 24h/24.
Le *fetish bar* ouvert en permanence où atterrissent ceux qui continuent alors que tout le monde est rentré se coucher.

GAY ET LESBIEN - Sortir

■ CAFÉ BERIO
Maassenstrasse 7
✆ +49 30 216 1946 – www.cafeberio.de
U-Bahn Nollendorfplatz.
Ouvert de lundi au jeudi de 7h à minuit, le vendredi de 7h à 1h du matin, samedi de 8h à 1h du matin, dimanche de 8h à minuit.
Un peu unique en son genre dans le quartier, le Berio est un grand café dans la tradition parisienne avec une grande terrasse qui permet d'observer et de se montrer. Idéal pour un petit déjeuner ou un café et pâtisserie en journée. Le café est autant fréquenté par les gays du quartier que par les hétérosexuels.

■ CDL
Hohenstaufenstrasse 58
✆ +49 30 3266 7855 – www.cdl-club.de
U-Bahn Nollendorfplatz.
Ouvert du lundi au jeudi à partir de 17h, vendredi et samedi à partir de 21h, dimanche à partir de 15h.
Le dernier-né des sex-clubs du quartier marque un peu sa différence avec les Scheune et autres Tom's bar installés depuis des années. Ici les deux niveaux de l'établissement sont neufs et modernes, voire très propres... La clientèle est plutôt plus jeune mais pas toujours au rendez-vous en fonction des soirées à thème : jockstrapsex-party le lundi et dimanche, Underwear/nakedsex-party le mardi, nakedsex-party le mercredi et samedi, et soirées variables les jeudis et vendredis (voir site pour programme).

■ COCKS
Greifenhagener Strasse 33
✆ +49 152 2941 6510
www.cocksberlin.de
U-Bahn Schönhauser Allee.
Ouvert tous les jours à partir de 22h. Entrée gratuite, consommation minimum 6 €.
Un petit cruising, bar de quartier ouvert à l'été 2009 qui propose une soirée différente chaque soir de la semaine : naturiste, sneaker, piss-party, etc. Voir site pour programme.

■ CONNECTION
Fuggerstraße 33 ✆ +49 30 218 1432
www.connection-berlin.com
U-Bahn Wittenbergplatz.
Ouvert le vendredi et le samedi de 23h à 7h du matin.
Mélangeant allégrement le top 50 à de la musique ésotérique, le Connection est une des boîtes gays les plus populaires. Le samedi soir, est un immanquable dans la communauté gay, comme vous le constaterez à la vue de la piste de danse saturée dès minuit. Juste à côté la boutique Connection Garage, (du lundi au samedi 10h à 1h et le dimanche de 2h du matin à 13h), vend aussi bien des magazines que du cuir, des T-shirts et tout ce qui convient à la panoplie du gay.

■ DAS VERBORGENE MUSEUM
Schlüterstraße 70
✆ +49 30 313 3656
Voir la rubrique A voir – A faire.

■ DENKMAL FÜR DIE IM NATIONALSOZIALISMUS VERFOLGTEN HOMOSEXUELLEN (MONUMENT À LA MÉMOIRE DES HOMOSEXUELS DÉPORTÉS)
Tiergarten Park
Voir la rubrique A voir – A faire.

■ DIE BUSCHE
Warschauer Platz 18
www.diebusche.de
U-Bahn Warschauer Strasse.
Ouvert mercredi, vendredi et dimanche à partir de 22h30.
Le club préféré des gays et lesbiennes nostalgiques des musiques des années 1970, 80 et 90. Clientèle relativement jeune.

Club Connection Berlin.

FICKEN 3000
Urbanstrasse 70 ✆ +49 30 695 073 35
www.ficken3000.com
U-Bahn Hermannplatz.
Ouvert tous les soirs à partir de 22h.
A la fois discothèque (en haut) et *cruising club* (en bas), le Ficken 3000 (*ficken* signifie « forniquer ») attire particulièrement les gays le dimanche pour la soirée Pork dont la devise est « Drink, Dance, Strip, Fuck ». Des DJs locaux et internationaux animent la soirée avant et après le spectacle de striptease à 1h du matin. Le jeudi, deux boissons pour le prix d'une.

FLAX
Chodowieckistrasse 41
✆ +49 30 4404 6988
www.flax-berlin.de
S-Bahn Greifswalder Strasse.
Ouvert du mardi au jeudi de 17h à 2h du matin, le vendredi et samedi de 17h à 4h du matin, le dimanche de 10h à 1h du matin.
Un cocktail-bar populaire auprès de la jeunesse qui investit volontiers l'endroit le dimanche pour profiter de son brunch bon marché. A noter aussi que le vendredi, c'est soirée karaoké et que le samedi, le bar se transforme en discothèque pour la grande soirée disco hebdomadaire.

GATE SAUNA
Hannah Arendt Strasse 6
✆ +49 30 229 9430
www.gate-sauna.de
U-Bahn Unter den Linden ou Mohrenstrasse.
Ouvert du lundi au jeudi de 11h à 7h du matin, le vendredi de 11h au lundi 7h non-stop. Entrée (avec une serviette) : 15 € (12,50 € en matinée en début de semaine). Prix nocturne : de dimanche à mercredi, tarif de nuit (à partir de 22h) ou jeudi dès 20h : 8 €. Carnet de 10 entrées : 120 €, de 5 entrées : 61 €.
A deux pas de la porte de Brandebourg, ce sauna relativement grand sur deux étages avec un équipement standard pour le fun (cabines, *darkroom*, etc.) réserve sa journée du mercredi aux moins de 25 ans (8 € l'entrée). Wi-fi gratuit.

GIRLS TOWN
Karl-Marx-Allee 33
www.girlstown-berlin.de
U-Bahn Schillingstrasse.
Le deuxième samedi du mois à partir de 23h. Entrée : 8 €.
Depuis 5 ans déjà, les soirées Girls Town sont le rendez-vous préféré des lesbiennes berlinoises, d'autant que l'événement est en général organisé au Kino International (Karl Marx Allee 33) qui offre une vue spectaculaire sur Alexanderplatz.

GMF
Alexander Strasse 7
www.gmf-berlin.de
U- et S-Bahn Alexanderplatz.
Chaque samedi à partir de 23h. Entrée : 10 €.
Cette soirée gay et lesbienne du dimanche fait partie des must puisqu'elle se déroule au Week-end (Alexander Strasse 7), une discothèque située entre le 12e et le 15e étage d'une tour à proximité d'Alexanderplatz, offrant aux clients une superbe vue sur Berlin. Musique popo et électro en fonction de l'étage.

HAFEN
Motzstrasse 19 ✆ +49 30 211 4118
www.hafen-berlin.de
U-Bahn Nollendorfplatz.
Ouvert tous les jours à partir de 20h.
Ici, les quiz-shows et spectacles de cabaret, faisant directement référence au film de Bob Fosse (qui se déroule dans le Schöneberg des années 1920) remplacent les *darkrooms* et labyrinthes des autres bars gay du quartier. La clientèle est mixte et l'ambiance y est toujours bonne.

HAUS B
Warschauer Platz 18
www.dashausb.de
U- et S-Bahn Warschauer Straße.
Héritière de la célèbre Die Busche, c'est la plus grande boîte gay et lesbienne de Berlin. Le public est forcément constitué essentiellement d'homos, certains hyperstylés. La boîte, déjà gay à l'époque de la RDA, a le charme d'une boîte de campagne, où tout le monde se connaît. Un programme spécial est organisé chaque dernier vendredi du mois, avec drag-queens, travestis et strip-tease masculin.

HIMMELREICH
Simon Dach Strasse 36
✆ +49 30 293 692 92
www.gay-friedrichshain.de/himmelreich
U-Bahn Warschauer Strasse
ou Frankfurter Tor.
Ouvert du lundi au vendredi à partir de 18h, samedi et dimanche à partir de 14h
Le bar gay et lesbien le plus populaire du quartier, toujours très fréquenté surtout les week-ends. Cocktails, musique électronique, terrasse extérieure. Happy hour le mercredi, lounge réservée aux femmes le mardi.

■ KINO INTERNATIONAL
Karl Marx Allee 33
✆ +49 30 247 560 11
www.kino-international.com
U-Bahn Schillingstraße.

Non seulement le Kino International accueille fin novembre le festival du film gay de Berlin, le Verzaubert Filmfestival, mais il organise aussi dans ce bâtiment très nostalgique des parties déjantées le premier samedi du mois à partir de 23h. Sinon le lundi, c'est film gay à 22h.

■ KIT KAT CLUB
Köpenickerstrasse 76
www.kitkatclub.org
U-Bahn Heinrich Heine Strasse.
Ouvert les vendredi et samedi et le dimanche matin.

Le Kit Kat est le club fétichiste le plus *in* de Berlin, le lieu de tous les fantasmes, de ceux de la ménagère à ceux de la *working-girl*, en passant par ceux de leurs homologues masculins ! Ici personne ne vous regardera de travers, car tout le monde est là pour la même chose. Mais attention, ce n'est pas un vulgaire club échangiste, mais un club fétichiste où l'apparence tient le deuxième rôle le plus important après… le sexe, bien entendu, et si vous n'êtes pas assez habillé (ou trop), on vous refusera l'entrée. Mais une fois à l'intérieur, on ne se refuse plus rien du tout…

■ LAB.ORATORY
Am Wriezener Bahnhof
www.lab-oratory.de
U-Bahn Ostbahnhof.
Ouvert du jeudi au dimanche. Entrée entre 21 et 23h le jeudi, entre 22h et minuit le vendredi et samedi, entre 18 et 20h le dimanche. Portes closes ensuite. Entrée : 6€

Le temple du sexe hard en Europe, et sans doute du monde, occupe le sous-sol du Berghain, dans une ancienne centrale électrique de l'ex-RDA qui, pour la petite histoire, alimentait la très stalinienne Karl Marx Allee toute proche. Au cœur d'un no man's land qui jouxte la Ostbahnhof, cet espace gigantesque à l'atmosphère industrielle n'est ouvert que quatre jours par semaine. Ici, toutes les soirées ont un thème et un code vestimentaire (Athletes, Yellow Facts, Gummi…), celle du vendredi soir (2-4-1, c'est à dire deux boissons pour le prix d'une) faisant exception. Le vendredi est d'ailleurs la soirée la plus populaire. La clientèle de tous âges et de toutes nationalités (nombre de gays de toute l'Europe font le voyage à Berlin rien que pour une soirée au Lab) est évidemment très lookée. A noter que les clients du Laboratory peuvent passer automatiquement et sans faire la queue (ce qui n'est pas rien…) au Berghain au-dessus….et sans changer de look pour autant.

■ LESBENBERATUNG (CENTRE DE CONSEIL POUR LESBIENNES)
Kulmer Straße 20a
✆ +49 30 215 2000
www.lesbenberatung-berlin.de
U-Bahn Bülowstraße.
Ouvert lundi, mercredi et vendredi de 10h à 17h, mardi et jeudi jusqu'à 19h.

Des infos sur la communauté lesbienne, les événements, les soirées, mais aussi de l'entraide comme de la psychothérapie.

■ MANN-O-METER
Bülowstraße 106
✆ +49 30 216 8008
www.mann-o-meter.de
U–Bahn Nollendorfplatz.
Ouvert du lundi au vendredi de 17h à 22h, et de 16h à 19h le week-end.

L'adresse obligée, on y trouve toutes les informations pour les soirées et événements de la semaine, fanzines et journaux gays, adresses pratiques pour se loger – et un stock inépuisable de préservatifs.

■ MAXXX
Fuggerstrasse 34
✆ +49 30 210 0528
www.maxxx-berlin.de
U-Bahn Wittenbergplatz.
Ouvert tous les jours sauf dimanche de 14h à 3h du matin.

Maxxx est réservé aux mâles. *Darkroom night* chaque lundi soir avec un éclairage à la bougie et *happy hour* tous les jours de 14 à 18h.

■ MÖBLE-OLFE
Reichenberger Strasse 177
✆ +49 30 232 746 90
www.moebel-olfe.de
U-Bahn Kottbusser Tor. Au fond de la ruelle. Accès aussi par la Dresdener Strasse.
Ouvert tous les jours sauf lundi de 18h à 3h du matin.

A deux pas du Roses, ce bar tendance alternatif est installé dans un ancien magasin de meubles (*Möble* en allemand) où selon toute apparence, l'investissement déco une fois les meubles retirés a été proche de zéro… mais c'est aussi ce qui fait sa particularité et son charme. Egalement, des antennes paraboliques sont suspendues le long du bar et la carte est écrite sur les carreaux en faience du mur derrière le bar. Si la musique et la clientèle bouge en fonction des soirées, latino, disco ou concert live, ici plus qu'ailleurs on trouve toujours quelqu'un avec qui discuter, politique notamment. Si l'endroit est *gay-friendly* tous les soirs, il est surtout gay le jeudi.

■ NACHBAR
Maaßenstraße 12
✆ +49 30 23 63 90 59
Voir la rubrique Sortir.

■ NAH BAR
Kalckreuthstrasse 16
✆ +49 30 315 030 62
www.nah-bar.com
U-Bahn Nollendorfplatz ou Wittenbergplatz.
Ouvert tous les jours à partir de 16h.
Karaoké, quiz-shows, concert-live et compétition de Skat, un jeu de cartes à jouer populaire en Allemagne, sont parmi les activités habituelles de ce cocktail-bar fréquenté autant par les gays que les lesbiennes. Ambiance bon enfant.

■ NEUES UFER
Hauptstraße 157
✆ +49 30 78 70 38 00
Voir la rubrique Sortir.

■ PARC DU TIERGARTEN
Tiergarten Park
S-Bahn Tiergarten.
Le plus célèbre des lieux de drague homo de Berlin, et sans doute d'Allemagne, est situé au sud-ouest du parc du Tiergarten, entre Hofjägerallee et Strasse des 17-Juni, deux artères qui partent de la Colonne de la Victoire. Au centre de cette zone, le Löwenbrücke (pont aux Lions) est très fréquenté de jour comme de nuit.

■ PRINZKNECHT
Fuggerstrasse 33
✆ +49 30 236 274 44
www.prinzknecht.de
U-Bahn Wittenbergplatz.
Ouvert du dimanche au jeudi de 15h à 2h, vendredi et samedi de 15h à 3h.
Un des bars gay les plus populaires du moment, moderne, spacieux et très haut de plafond, avec de grands murs en briques et un bar massif en forme de carré. Grande terrasse extérieure, espace fumeur, billard et, au sous-sol, *darkroom* et labyrinthe. Clientèle majoritairement masculine entre 30 et 40 ans. Particulièrement populaire le mercredi soir. Soirées à thème quand l'occasion se présente (jour de l'An, Halloween...).

■ RAUSCHGOLD
Mehringdamm 62
✆ +49 30 789 526 68
www.rauschgold-berlin.de
U-Bahn Mehringdamm.
Ouvert tous les jours de 20h à 4h du matin (1h du matin le dimanche).
Un bar très couleur locale très fréquenté où sont glorifiées les vieilles stars du disco. Nombreuses soirées à thème, spectacles. Ambiance assurée.

■ REGENBOGENSTELE (STÈLE ARC-EN-CIEL)
Nollendorfplatz
Voir la rubrique A voir – A faire.

■ ROSES BAR
Oranienstraße 187
✆ +49 30 615 6570
S-Bahn Kottbusser Tor ou Görlitzer Bahnhof.
Tous les jours de 22h à 6h.
Plein de kitsch et de bonne humeur, cet établissement tout décoré en peluche rose propose de bons cocktails, et un public très excentrique le fréquente.

■ SCHEUNE
Motzstrasse 25
✆ +49 30 213 8580
www.scheune-berlin.de
U-Bahn Nollendorfplatz.
Ouvert du dimanche au jeudi de 21h à 7h du matin, vendredi et samedi de 21h à 9h du matin.
Une institution dans le quartier qui constitue encore et toujours une valeur sûre pour les cuirs, skins, motards (mais on peut quand même y venir en jean) et autres mâles qui ont bien l'intention de passer à l'action. Ici, rien n'a bougé depuis les années 1980 : on dépose son vestiaire derrière le bar et on enquille les bières en matant les clients accoudés aux piles de caisses disséminées un peu partout. Puis les vapeurs de l'alcool aidant, on titube en direction du sous-sol pour passer à l'action à la lumière du vieux téléviseur qui diffuse son porno. Une ambiance très vieux bar cuir mais assurément très hot. Soirées régulières *naked*, *skin*, *rubber* et en collaboration avec l'assocation de motards gay BOG.

GAY ET LESBIEN - Sortir

■ SCHWULES MUSEUM (MUSÉE GAY)
Mehringdamm 61
✆ +49 30 695 9905
Voir la rubrique A voir – A faire.

■ SCHWUZ
Mehringdamm 61 – Kreuzberg
✆ +49 30 629 0880
www.schwuz.de
U-Bahn Mehringdamm.
Le vendredi et le samedi dès 23h.
C'est la plus vieille place gay, organisée par le Schwulen Centrum. On y croise toutes sortes d'hommes, de tous âges et styles, qui sont dans l'ensemble plutôt politiquement correct. On y vient avant tout pour s'éclater sur les deux pistes de danse, mais également dans le bar Sündstrom, par lequel on accède à la boîte et qui devient un lieu de passage assez intéressant le week-end.

■ SHARON STONEWALL
Kleine Präsidentenstrasse 3
✆ +49 30 240 855 02
www.sharonstonewall-gaybar.com
U-Bahn Hackescher Markt.
Ouvert tous les jours à partir de 20h.
Le bar du centre tenu par des Australiens, où l'on voue une passion immodérée pour les icones gays (d'où le nom du bar) avec une unique religion, le concours Eurovision de la chanson. Un mélange synonyme de bonne humeur et d'ambiance au point que les gays et lesbiennes font souvent aussi place aux hétéros. Clientèle jeune.

■ SONNTAGS CLUB
Greifenhagener Strasse 28
✆ +49 30 449 75 90
www.sonntags-club.de
U-Bahn Schönhauser Allee.
Ouvert tous les jours à partir de 18h.
Perdu au milieu des autres cafés et bars gays du quartier, le Sonntags club n'en reste pas moins un monument historique : c'était en effet à l'époque de l'Allemagne de l'Est le point de ralliement des activistes LGBT en lutte pour la reconnaissance des droits (fondé en 1973 !). Si c'est aujourd'hui toujours un espace de discussion et d'assistance pour toutes les populations LGBT, c'est aussi un café très agréable pour boire un verre.

■ SPREEBÄREN
www.spreebaeren.de
C'est une structure privée Bear fondée en 1999, qui organise régulièrement des rencontres, notamment au bar Der Neue Oldtimer.

■ STAHLROHR 2.0
Paul Robeson Strasse 50
✆ +49 170 803 7691
www.stahlrohr-bar.de
U-Bahn Schönhauser Allee.
Ouvert tous les jours de 22h à 6h du matin (dès 18h le samedi)
Ce petit sex-club de quartier a un programme immuable (et très codifié) qui attire une clientèle d'habitués de tous les âges. Le lundi, c'est soirée sans haut ou sans pantalon au choix. Le mardi est réservé aux jeunes de moins de 28 ans (torse nu obligatoire). Le mercredi, c'est nu, torse nu, en sous vêtements ou *fetish*. Le jeudi, *topless* ou moins. Le vendredi, alternance entre marché aux esclaves et soirée *underwear*. Enfin, le samedi est réservé aux naturistes.

■ TOM'S BAR
Motzstraße 19
✆ +49 30 213 45 70
www.tomsbar.de
U-Bahn Nollendorfplatz.
Ouvert tous les jours de 22h à 6h du matin.
Réservé exclusivement aux hommes, le Tom's Bar est une boîte à mystères. Le bar en premier plan est un lieu ouvert où l'on papote beaucoup autour d'un verre, mais plus on s'avance dans le fond, plus cela devient sombre et après être descendu dans la chambre noire, on ne répond plus de rien…

■ WANNSEE
Wannsee
Descendre à la station Nikolassee
puis marcher jusqu'à la plage (10 minutes)
et la longer par la droite.
Le grand lac au sud-ouest de Berlin formé par la rivière Havel est très fréquenté les week-ends d'été. La plage gay naturiste est placée après la plage naturiste classique.

■ WOOF
Fuggerstrasse 37
✆ +49 30 236 078 70
www.woof-berlin.com
U-Bahn Wittenbergplatz.
Ouvert tous les jours au samedi de 22h à 4h du matin, le dimanche de 18h30 à 2h du matin
Le bar Bear de Schöneberg à deux pas du Connection. Nuit 2-4-1 le mardi (deux boissons pour le prix d'une), et après-midi Underwear le dimanche de 18h30 à 22h30.

SHOPPING

BLACKSTYLE
Seelower Strasse 5
✆ +49 30 446 885 95
www.blackstyle.de
U-Bahn Schönhauser Allee.
Porte à droite après la cour intérieure.
Ouvert du lundi au vendredi de 13h à 18h30, jeudi et vendredi de 13h à 20h, le samedi de 11h à 18h.
Installé depuis près de 10 ans dans le quartier, ce fabricant représente sans doute le plus grand choix de vêtements et accessoires en latex en ville. Et dans une moindre mesure de vêtements et accessoires en cuir. Il est possible de faire fabriquer sur mesure en demandant un rendez-vous en ligne. A noter que madame n'est pas oubliée et qu'un rayon entier lui est consacré.

BRUNO'S
Bülowstraße 106 – Schöneberg
✆ +49 30 214 732 93
www.brunos.de
U-Bahn Nollendorfplatz.
Ouvert du lundi au samedi de 10h à 22h.
La librairie Bruno's dispose d'un local assez grand pour accueillir tout ce qui se fait de mieux en magazines, livres d'images, romans, calendriers, mais aussi cassettes de soft-porno gay.

▶ **Autre adresse :** Schönhauser Allee 131 (U-Bahn Eberswalderstraße).

BUTCHEREI LINDINGER
Motzstrasse 18 ✆ +49 30 200 513 91
www.butcherei.com
U-Bahn Nollendorfplatz.
Ouvert tous les jours sauf dimanche de 14h à 20h.
La boutique de Marc Lindinger, tailleur sur mesure de vêtements fétichistes, principalement cuir et latex. Ici, toute création est possible y compris les modèles sortis tout droit de votre imagination. Les rayons sont néanmoins remplis de modèles standards qu'il est possible de faire retoucher si besoin. L'équipe de Butcherei Lindinger est sur ce point assez réactive.

FRONTPLAY
Motzstrasse 25 ✆ +49 30 627 042 70
www.frontplay.com
U-Bahn Nollendorfplatz.
Ouvert du lundi au vendredi de midi et 20h, le samedi de 11h à 19h.

Cette boutique tout en longueur dispose en rayon des principales marques de sportswear qui affolent la communauté gay en particulier : Lonsdale, Fred Perry, Eastpack, Adidas, Superdry... Concrètement, ce sont des blousons, t-shirts, débardeurs, joggings, etc.

▶ **Autre adresse :** Rosa Luxemburg Strasse 3.

GEAR
Kalckreuthstrasse 13
✆ +49 30 236 351 34
www.gearberlin.com
U-Bahn Nollendorfplatz.
Ouvert tous les jours sauf dimanche de midi à 20h.
« Leather, Rubber, Sport, Urban », la formule de Gear, dernière boutique du genre à avoir ouvert à Berlin illustre bien le mélange hard et streetwear qui se développe sur la scène fétichiste gay. Avec des airs de boutique chic du quartier St-Germain, sur deux étages, Gear propose un large choix de vêtements en néoprène et de sports, en plus des habituels articles en latex et cuir... dont des modèles de short et jogging dans ces matières. L'accueil est chaleureux et chaque client se voit offrir un verre dès son arrivée.

GORGEOUS
Schönhauser Allee 130
✆ +49 30 252 048 48
www.gorgeous-berlin.de
Ouvert tous les jours sauf dimanche de 11h à 20h.
Georgeous est un bel exemple du concept sex-shop décomplexé qui est aussi (et surtout) une boutique de cadeaux, de souvenirs et un magasin de farces et attrapes. Ici, les « dildos » ont des couleurs fluo, les menottes sont recouvertes de fourrure rose ou léopard et les biberons ont des tétines en forme de pénis... Pas de problème non plus pour trouver les faux seins qui font rire les amis, ou des capotes bien présentées dans des jolies petites boites ou encore simplement des porte-monnaie en forme de canard. La boutique aux tons roses est largement ouverte sur la rue, en toute simplicité, vous pourriez presque y aller avec maman...

LEATHERS
Schliemannstrasse 38
✆ +49 30 442 7786 – www.leathers.de
U-Bahn Schönhauser Allee.
Ouvert tous les jours de midi à minuit.

Cette boutique cachée dans une petite rue de Prenzlauer Berg (juste à côté d'un café pour mamans avec poussettes !) est surtout un artisan qui travaille essentiellement le cuir. Ici, tous les modèles sont originaux et plus encore, bien d'autres peuvent être réalisés sur-mesure. Pour hommes comme pour femmes.

■ MILITARY STORE
Motzstrasse 18 ✆ +49 30 236 327 55
www.military-store.de
U-Bahn Nollendorfplatz.
Ouvert tous les jours sauf dimanche de midi à 19h.
Ce surplus militaire, classique de prime-abord, est en définitive très orienté gay : jockstrap, masques en tout genre, chemises en cuir en plus des classiques treillis et rangers 18 ou 30 trous.

■ MISTER B
Motzstrasse 22 ✆ +49 30 219 977 04
www.misterb.com
U-Bahn Nollendorfplatz.
Ouvert tous les jours de midi à 20h (dès 11h le samedi).
Installé depuis plus de dix ans dans le quartier, le néerlandais Mister B reste un passage obligé pour les amateurs de vêtements fétichistes. Cuir, latex et accessoires constituent l'essentiel de son catalogue, quelques vêtements textiles plus classiques sont également proposés en rayons. Concurrent direct de Rob et Gear.

■ MY STYLE SHOP
Motzstrasse 12 ✆ +49 30 236 081 60
www.mystyleshop.de
U-Bahn Nollendorfplatz.
Ouvert tous les jours sauf dimanche de 13h à 20h.
L'adresse idéale pour soigner son look skin (polos, rangers jusqu'à 30 trous, chaussettes, bretelles, jeans délavés). La boutique a aussi en rayon jockstraps, sous-vêtements, et vêtements sportswear variés. A noter que My Style Shop propose désormais des appartements à louer.

■ PLASTE+ELASTE
Bergmannstraße 15 ✆ +49 30 694 6823
www.plaste-elaste.com
U-Bahn Gneisenaustraße.
Ouvert les lundi, jeudi et vendredi de 10h30 à 20h, le mercredi de 10h30 à 18h30 et le samedi de 10h30 à 18h.
Kitsch, kitsch, kitsch, ça glisse, ça couine et ça colle… Le plastique ! Décliné en pantalons, corsages, chaussures ou encore robes et accoutrements gothiques, il paraît que ça fait un effet du tonnerre. En tout cas, pour les abonnés du Kit Kat Club. En tout cas, hommes et femmes à légère tendance sado-maso, ou tout simplement appréciant la vue de leurs corps moulés dans du latex noir, couleur fétiche par excellence, apprécieront cette boutique qui regorge de tenues extravagantes et ultra-sexy.

■ PRINZ EISENHERZ BUCHLADEN
Lietzenburger Straße 9a
Schöneberg ✆ +49 30 313 9936
www.prinz-eisenherz.com
U-Bahn Wittenbergplatz.
Ouvert du lundi au vendredi de 10h à 18h et le samedi de 10h à 16h.
Un vaste choix de lecture gay, dont un grand stock en langue anglaise, des livres d'art, ainsi que des cartes postales et des magazines.

■ ROB
Fuggerstrasse 19 ✆ +49 30 219 674 00
www.rob-berlin.de
U-Bahn Nollendorfplatz.
Ouvert tous les jours sauf dimanche de midi à 20h.
La succursale allemande de la chaîne néerlandaise bien connue des amateurs de vêtements et accessoires en cuir ou latex reste le plus grand choix (avec Gear désormais) de vêtements « fetish » en ville, mais surtout un nombre d'accessoires, du gode XXL aux menottes en passant par les baillons, les cockrings ou les plugs, tout simplement impressionnant. Comme Gear et Mister B, la boutique a pris elle aussi le virage du néoprène et du sportswear sexy. Reste que l'accueil est ici moins chaleureux que chez ses concurrents et que les prix y sont souvent plus élevés.

■ RUBBER FACTORY
Dantziger strasse 52 ✆ +49 30 440 337 68
www.rubber-factory.de
U-Bahn Eberswalder Strasse.
Au fond de la cour.
Ouvert du lundi au vendredi de 10h à 18h, le samedi de 11h à 16h. Un fabricant de vêtement en latex, pour hommes mais aussi pour femmes, spécialisé dans le sur-mesure.

■ WAGNER BERLIN
Motzstrasse 32 ✆ +49 30 285 983 05
www.wagnerberlin.com
U-Bahn Nollendorfplatz.
Ouvert tous les jours sauf dimanche de midi à 20h. Le plus grand choix de sous-vêtements masculins en ville, des plus fantaisistes aux plus sexys.

LES ENVIRONS DE BERLIN

Palais de Sanssouci.

Les environs de Berlin

Berlin est une capitale tentaculaire et hégémonique, une sorte d'île urbaine au milieu du véritable « désert » allemand. C'est le jour et la nuit entre la fougueuse métropole et sa région, une vaste étendue de forêts et de lacs parsemée de bourgades énormies. Pourtant, les deux sont indissociables, et visiter ses environs est sans doute le meilleur miroir pour saisir l'essence de la grande cité...
Parmi la jeunesse allemande, le Land de Brandebourg (Brandenburg en allemand) n'a pas la meilleure des réputations. Elle s'amuse à appeler la région le « pays des trois mers » : la mer de sable (Sandmeer), la mer de forêt (Waldmeer) et la mer du rien (jeu de mots : « plus rien », en allemand « nichts mehr », qui sonne comme « nichts meer », « mer du rien »). Il y a un chansonnier contemporain qui chante « Il y a des pays où il se passe quelque chose... Et il y a le Brandebourg. »
Certes, la région est une vaste étendue de forêts sablonneuses et de champs, frappée par la dépopulation, et ses petites villes sont pour le moins assoupies. A croire que Berlin happe toutes les énergies de la région, aidée par l'exode qui touche toutes les provinces de l'Est. Mais si le bilan économique et social du Brandebourg n'est pas au beau fixe, cela ne doit pas perturber le visiteur auquel se présente le fascinant spectacle de ces paysages verts et lacustres qui parsèment cette contrée curieusement sauvage, qui naguère fut le cœur de la Prusse. Il y a de nombreuses excellentes raisons d'y entreprendre des excursions, d'autant que la plupart d'entre elles sont faisables en restant basé à Berlin.
Tout d'abord, il y a Potsdam. C'est un Versailles allemand. C'est aussi une ville dynamique et passionnante, à plusieurs facettes.
Ensuite, il y a la nature, tout cet espace recouvert de forêts, fleuves, lacs et de marais, à l'image du Spreewald, qui compte les communes les plus vastes et en même temps les moins peuplées du pays. L'eau et le vert y ont tous les droits.
Enfin, il y a des joyaux architecturaux, les monastères cisterciens en brique rouge, les églises, murs d'enceintes, hôtels de ville, gothiques ou Renaissance, les châteaux baroques ou classiques hérités des maîtres de la Prusse et de superbes villes presque oubliées, comme Brandenburg sur l'Havel ou Cottbus...

Histoire

Hérité des « marches » (Mark), territoires colonisés par les princes allemands aux XIIe et XIIIe siècles, fortement empreint des grandes propriétés rurales des « Junkers » prussiens, le Brandebourg est devenu le noyau de l'Etat prussien, puisque à partir de 1618, les Hohenzollern, princes-électeurs de Brandebourg (territoire membre du Saint Empire) héritaient du duché de Prusse (extérieur au Saint-Empire). Le prince-électeur Frédéric-Guillaume Ier bâtit de cette union un Etat puissant, si bien que son fils Frédéric III put se faire reconnaître roi de Prusse.
Ses descendants devaient prendre l'ascendant sur les autres Etats allemands, jusqu'à devenir les empereurs du IIe Reich. La Marche de Brandebourg, ainsi qu'elle est encore appelée, est constituée d'une multitude de petits terroirs qui ont conservé leurs caractéristiques et un certain air de frontière. D'ailleurs, la région est redevenue une frontière depuis 1945, le long de l'Oder et de la Neisse, avec la Pologne.
A l'ouest de Berlin, autour de la ville Brandenburg, il y a le marécageux Havelland le long de la rivière Havel, aux multiples méandres. Au nord se trouvent le Prignitz, le Ruppin et l'Uckermark, qui annoncent déjà le Mecklembourg. C'est un territoire de forêts et de lacs, qui possède des petits trésors architecturaux comme Rheinsberg, le monastère de Chorin, ou les petites villes d'Angermünde et Templin.
A l'est, le Barnim, l'Oderbruch et le Lebus entre Francfort sur l'Oder et Berlin, présentent une campagne agréable, avec notamment la collineuse suisse de la Marche, malgré des villes en béton fortement industrialisées à l'époque communiste.
Au sud-ouest, se trouvent la Zaucha, avec le monastère de Lehnin, le Teltow et le Fläming, région qui fut longtemps saxonne et représente un paysage de transition avec l'Allemagne moyenne. Elle possède des sites d'intérêt, comme la petite ville de Juterbog et le monastère de Zinna.

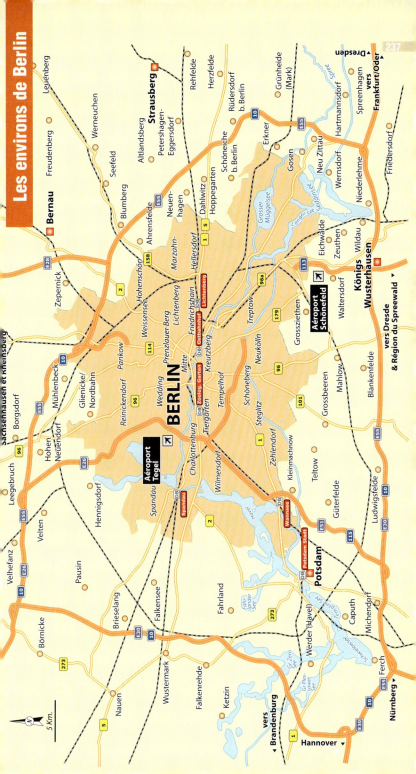

Au sud-est, le clou du Brandebourg : la Niederlausitz (Basse-Lusace), région un peu à part, avec un fort héritage slave, bohémien et saxon. Avec en son cœur Cottbus, et quelques superbes ensembles architecturaux comme le monastère de Neuzelle ou la petite ville de Luckau, elle abrite, avec la Haute-Lusace saxonne, la minorité slave sorabe. Sa cerise est le Spreewald, labyrinthe de canaux, paradis des promeneurs en barque et des célèbres cornichons !

POTSDAM

Potsdam est la capitale du Land de Brandebourg, admirablement construite sur un méandre du fleuve Havel. Avec ses 152 000 habitants, c'est la seule ville importante à proximité de Berlin. Elle en est d'ailleurs inséparable, intégrée dans le fonctionnement de la métropole. Autrefois, Berlin s'étendait naturellement au sud vers les « îles de Potsdam ». La séparation allemande a tracé une frontière entre Berlin-Ouest et Potsdam. Mais aujourd'hui, la plaie se referme et Potsdam redevient un pôle de l'agglomération berlinoise, voire sa « ceinture riche ». Verte et truffée de sites passionnants, elle est aussi vivante et universitaire.

C'est une étape obligée du tourisme berlinois. Comparable à Versailles pour Paris, c'est la ville du palais de Sanssouci, l'ancienne résidence d'été des empereurs prussiens, joyau du rococo qui possède l'un des plus beaux parcs d'Allemagne. Très bien reliée à Berlin par le S-Bahn, elle constitue une destination week-end favorite des Berlinois, par les charmes de son centre, ses parcs et ses lacs.

Fondée au milieu du XIIIe siècle, la bourgade de Potsdam ne prit de l'importance qu'à partir des années 1660, quand le prince-électeur de Brandebourg Frédéric-Guillaume, père du premier roi de Prusse, élut le lieu comme résidence secondaire. Dès lors, Potsdam allait aux côtés de Berlin devenir la résidence des rois de Prusse, une vitrine de l'absolutisme éclairé. Château, jardins, parcs et églises allaient devenir le symbole de la puissance prussienne et des Lumières que les despotes patronnaient. Le règne le plus décisif fut celui de Frédéric le Grand au XVIIIe siècle. A Potsdam, un Voltaire à la clé, le monarque porta baroque et rococo prussiens à leur apogée par l'aménagement du site de Sanssouci.

L'abolition de la monarchie a fait perdre de son importance à Potsdam, mais la ville restait au XXe siècle un lieu symbolique, comme en témoigne la tenue de la conférence de Potsdam du 17 juillet au 2 août 1945 entre les vainqueurs de la Seconde Guerre mondiale. Bien que Potsdam ait subi des destructions pendant la guerre, le cœur de la vieille ville est très bien restauré et le rococo « frédéricien » est aujourd'hui encore omniprésent. Potsdam est le plus grand ensemble allemand figurant sur la liste du patrimoine de l'Unesco. Potsdam peut se visiter en une journée. Etant donné que Sanssouci est riche en découvertes, il est préférable de se lever tôt le matin pour avoir le temps de tout voir, le château, le parc, mais aussi la vieille ville et Babelsberg. Venir entre avril et octobre est le meilleur choix, car les jardins y sont au summum de leur splendeur.

Potsdam, capitale allemande du cinéma

Depuis les débuts du 7e art, Potsdam a contribué à son développement. Situé de l'autre côté du Lange Brücke (Pont long) et du fleuve Havel, le quartier de Babelsberg est réputé pour avoir été le centre de l'industrie cinématographique allemande d'avant-guerre. Le premier studio vit le jour en 1912 et en 1917, l'Universal Film AG fut créée. Dans les années 1920, les studios étaient devenus les plus riches au monde, et des films de légende en sortirent comme *Le Cabinet du Dr Caligari*, *Métropolis* ou encore *L'Ange bleu* avec Marlène Dietrich. A la montée au pouvoir des nazis, toutes les grandes figures du cinéma émigrèrent vers les Etats-Unis ou furent déportées, et les studios de Babelsberg servirent d'instrument de propagande antijuive et progermanique. Avec l'avènement de l'ère communiste à Potsdam, les studios furent rebaptisés Deutsche Film AG. Le musée du Film (Filmmuseum), installé dans les anciennes écuries impériales au centre-ville, contient une documentation impressionnante sur cette dernière époque allant de 1949 à 1990. Le matériel fourni vient directement des studios de l'UFA de Babelsberg, et l'on peut y découvrir des costumes, des plateaux de cinéma, des écrans de projection ainsi qu'un café et une salle de cinéma qui organise des événements et des rencontres. Un peu plus excentrée, une grande partie du parc cinématographique de Babelsberg est ouverte au public.

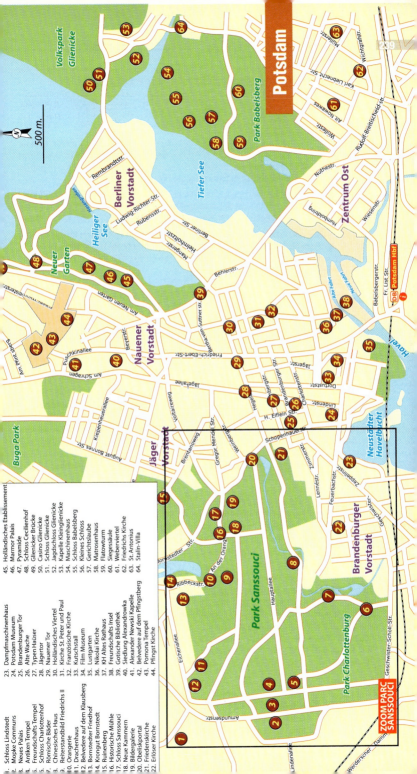

Potsdam

1. Schloss Lindstedt
2. Mopke Communs
3. Neues Palais
4. Antiken Tempel
5. Freundschafts Tempel
6. Schloss Charlottenhof
7. Römische Bäder
8. Chinesisches Haus
9. Orangerie
10. Reiterstandbild Friedrichs II
11. Drachenhaus
12. Belvedere auf dem Klausberg
13. Bornstedter Friedhof
14. Krongut Bornstedt
15. Ruinenberg
16. Historische Mühle
17. Schloss Sanssouci
18. Neue Kammern
19. Bildergalerie
20. Obeliskportal
21. Friedenskirche
22. Erlöser Kirche
23. Dampfmaschinenhaus
24. Potsdam Museum
25. Brandenburger Tor
26. Alte Wache
27. Typen Häuser
28. Jägertor
29. Nauener Tor
30. Holländisches Viertel
31. Kirche St. Peter und Paul
32. Französische Kirche
33. Kutschstall
34. Film Museum
35. Nikolai Kirche
36. KH Altes Rathaus
37. Freundschafts Insel
38. Gotische Bibliothek
39. Siedlung Alexandrowka
40. Alexander Newski Kapelle
41. Belvedere auf dem Pfingstberg
42. Pomona Tempel
43. Pfingst Kirche
44. Holländisches Etablissement
45. Marmor Palais
46. Pyramide
47. Schloss Cecilienhof
48. Glienicker Brücke
49. Casino Glienicke
50. Schloss Glienicke
51. Jagdschloss Glienicke
52. Kapelle Kleinglienicke
53. Maschinenhaus
54. Schloss Babelsberg
55. Kleines Schloss
56. Gerichtslaube
57. Matrosenhaus
58. Flatowturm
59. Siegessäule
60. Weberviertel
61. Friedrichs Kirche
62. St. Antonius
63. Stalin-Villa

Bon plan : la Potsdam & Berlin WelcomeCard

Une bonne idée pour les visiteurs souhaitant combiner la visite de Berlin à celle de Potsdam, la carte City Potsdam et Berlin permet de profiter de nombreux avantages, niveau transports notamment, et de visites gratuites, des points d'intérêt de la ville aux visites guidées. Sont inclus entre autres.

- **Transports.** Trajets gratuits entre Potsdam et Berlin, sur la zone ABC.
- **Visites guidées.** En bus, tram, bateau et à vélo, de nombreux itinéraires sont mis en place pour vous faire découvrir le patrimoine de Potsdam.
- **Musées et châteaux.** Une quinzaine de sites sont inclus dans ce pass, hormis bien sûr le château de Sanssouci : le Belvédère, le moulin historique du parc Sanssouci, le palais de Marbre, le château de Cecilienhof, etc.
- **Réductions.** Sur des spectacles, des restaurants et cafés, en tout plus de 180 partenaires participants. Le tarif est de 19,90 € pour un pass de 48 heures, 25,90 € pour celui de 72 heures et 35,90 € pour une durée de 5 jours. Un guide de poche est gracieusement fourni avec la carte.

Transports

- **Transports en commun.** Pour rejoindre Potsdam depuis Berlin, c'est très simple. Il suffit de grimper dans le S-Bahn 7 en direction de Potsdam Hauptbahnhof avec un ticket couvrant les zones A, B, C de Berlin. Et, en un peu plus d'une demi-heure, vous êtes arrivé ! En sortant de la gare de S-Bahn, vous pouvez rejoindre le centre-ville à pied en une dizaine de minutes ou prendre un bus (mais alors il vous faudra acheter un nouveau ticket car vous êtes dans le réseau de transport de Potsdam). Prenez la sortie Lange Brücke, traversez le pont en passant à côté de l'hôtel Mercure et le Lustgarten en contrebas. Vous êtes alors arrivé sur l'Alter Markt, l'ancien marché. D'ici, vous pouvez rejoindre le centre historique en continuant tout droit, ou le parc de Sanssouci en prenant sur votre gauche.

- **En voiture,** prendre l'autoroute A115 qui part de la tour de Radio (Funkturm) à l'ouest de la ville.

- **L'alternative en été** est d'arriver par voie fluviale en prenant une des navettes depuis le centre de Berlin, un peu plus long, mais la balade à travers les forêts et lacs de l'Ouest berlinois est vraiment magnifique et donc fortement conseillée. Vous débarquez alors dans le Lustgarten, un peu en contrebas du centre-ville.

Pratique

■ **OFFICE DE TOURISME POTSDAM**
Brandenburger Strasse 3
✆ +49 331 275 580
www.voyagepotsdam.fr
Près de la Brandenburger Tor de Potsdam. D'avril à octobre, ouvert de 9h30 à 18h du lundi au samedi et jusqu'à 16h le dimanche, de novembre à mars, ouvert de 10h à 18h du lundi au vendredi et jusqu'à 16h le week-end. L'office de tourisme propose des cartes très détaillées sur les visites à faire à Potsdam et on peut y acheter une Welcome Card. Dans leur succursale en face du château de Sanssouci, vous pourrez acheter la Premium Tageskarte, qui vous permettra de visiter la majorité des monuments et châteaux de Potsdam et de ses environs. Elle est valable pendant toute une journée, coûte 19 € (réduit : 14 €) et vous ouvre les portes du château Sanssouci, du Nouveau Palais, de la Bildergalerie et des palais du Neuer Garten. Associée à la Berlin WelcomeCard, cette carte ne vous coûtera que 15,20/11,20 €. Sinon, une Tageskarte de 14 € vous permet de visiter pour une journée la majorité des monuments à l'exception notable du château de Sanssouci.

Se loger

■ **HOTEL AM GROSSEN WAISENHAUS**
Lindenstraße 28-29 ✆ +49 33 160 107 80
www.hotelwaisenhaus.de
Chambre simple à partir de 69 €, double dès 80 €, suite à partir de 118 €, petit déjeuner inclus.
Calme et néanmoins très central, ce bel hôtel moderne installé dans un bâtiment du XIXe siècle qui fut jadis un orphelinat a ouvert ses portes en mars 2011. Simple et confortable, il bénéficie de parquet dans les chambres, d'une connexion wifi gratuite et d'un superbe buffet de petit déjeuner.

Potsdam - **LES ENVIRONS DE BERLIN** ◄ 241

■ **RELAXA SCHLOSSHOTEL CECILIENHOF**
Am Neuen Garten ✆ +49 331 370 50
www.relexa-hotel-potsdam.de
Chambre à partir de 110 € pour une simple, 140 € pour une double, petit déjeuner inclus.
Vous avez toujours rêvé d'habiter dans un bâtiment historique ? Découvrez notre « coup de folie » local, le Schlosshotel Cecilienhof, situé dans l'aile droite du château qui a servi de cadre à la conférence de Potsdam. Vous aurez le choix entre les chambres standard, de luxe et la suite Hohenzollern, ancienne résidence du dernier prince héritier allemand.

■ **SANSSOUCI HOLIDAYS**
Hegelallee 17 ✆ +49 331 295 492
www.sanssouci-holidays.de
Chambre simple 50 €, chambre double 55 €. Petit déjeuner 6 €.
Agréable petite pension située en plein centre de la ville, à deux pas du château et du parc de Sanssouci. Les chambres sont équipées de douche et W.-C., télévision, minibar et une petite kitchenette. Pour tous ceux qui veulent prendre leur temps pour visiter les nombreux monuments de la ville.

Se restaurer

■ **ALTER STADTWÄCHTER**
Schopenhauerstraße 31
✆ +49 331 903 741
www.alter-stadtwaechter.de
Ouvert de mardi à dimanche de 11h à 22h. Formule midi du lundi au vendredi, de 11h30 à 14h30, pour 4,80 €.
Restaurant de tradition juste derrière la porte de Brandenburg de Potsdam, à proximité du parc de Sanssouci. Les plats proposés sont typiques : beaucoup de viandes avec néanmoins une variété de plats végétariens. Menu à midi très bon marché.

■ **DRACHENHAUS**
Maulbeerallee 4a ✆ +39 33 150 538 08
www.drachenhaus.de
Ouvert tous les jours pour le déjeuner ainsi que pour le dîner d'avril à octobre.
Ce restaurant jouit d'un cadre exceptionnel dans le parc Sanssouci. Prisé des groupes au déjeuner, il se prête surtout à un dîner romantique, que ce soit en terrasse, si le temps le permet, ou dans l'une des salles élégantes. La carte propose des formules allant de 40 à 70 € déclinant des plats allemands et internationaux raffinés préparés avec des produits frais. Les patisseries sont faites maison et pour le vin vous bénéficiez des conseils d'un sommelier. Egalement des soirées à thèmes avec concert et spectacle.

Sortir

■ **FILMCAFÉ**
Breite Straße 1A
✆ +49 331 201 9996
www.filmcafe-potsdam.de
Ne vous laissez pas tromper par le nom, ceci n'est pas un énième café « du cinéma » avec des photos de stars. Il s'agit d'un étonnant bar à narguilé, qui partage les locaux du musée du Cinéma (d'où le nom). Après une longue journée de visite, prenez place sur un pouf, sirotez un thé à la menthe et goûtez aux mezze ou aux pâtisseries libanaises faites maison.

■ **VAN GOGH**
Kurfürstenstrasse 1
✆ + 49 33 120 04 568
Ouvert du mardi au samedi à partir de 20h.
Le meilleur bar à cocktails de la ville avec 40 compositions à la carte !

À voir – À faire

Bien que Potsdam ait été fortement détruit pendant la Seconde Guerre mondiale, le cœur de la vieille ville est aujourd'hui très bien restauré et la survivance de ce style baroque, typique du XVIIIe siècle, lui donne un charme incomparable. De loin déjà, en venant de la gare, on reconnaît le centre de la ville, grâce au dôme de la St. Nikolaikirche de Schinkel (encore lui) qui siège sur la place de l'Unité allemande, au milieu de bâtiments des années 1960-1970, beaucoup moins jolis, eux.
Mais un peu plus loin, le surprenant Altes Rathaus (ancienne mairie), aujourd'hui un centre d'art (Kulturhaus Potsdam), frappe par l'originalité de son style et de sa tour qui servait de prison dans le temps. Non loin de là (Schiffbauergasse 11), l'Hans Otto Theater, installé depuis 2006 dans des locaux en verre et béton d'une belle modernité est de l'œuvre de l'architecte Gottfried Boehm.

2012 ou les 300 ans de Frédéric le Grand

Le 24 janvier 2012 marquait le tricentenaire de la naissance du roi Frédéric II. Pour fêter cet anniversaire, expositions, concerts et manifestations sont organisés dans tout le Brandebourg.

Le lac de Wannsee

S-Bahn Wannsee. Le Strandbad Wannsee est le paradis artificiel de Berlin. Située sur une portion du lac qui s'appelle Grosser Wannsee, cette plage accueille jusqu'à 40 000 personnes le week-end. On y passe la journée au bord de l'eau, dans des sièges-cabanes en osier qui rappellent le début du siècle. Le tout est agrémenté de toboggans aquatiques, de terrains de jeux, d'imbiss et de cafétérias, bref de quoi passer la journée sans sortir de l'enceinte. Si vous n'aimez pas le délire, évitez la plage et privilégiez une balade en bateau sur le lac. Pour cela, rendez-vous par le bus depuis le S-Bahn Wannsee le long de la Pfaueninselchaussee jusqu'au bord du lac, et prenez le ferry jusqu'à la Pfaueninsel, l'île aux Paons. Cette petite île, sur laquelle Friedrich II fit construire un château modeste (ouvert du mardi au dimanche d'avril à octobre de 10h à 17h. Les ferries circulent aussi en hiver de 10h à 16h. Entrée payante), fut un chantier pendant deux décennies ; et le maître d'œuvre n'est autre que Lenné, celui qui est à l'origine des deux parcs zoologiques de la ville. L'île est donc un formidable jardin à l'anglaise qui foisonne de paons, comme son nom l'indique, et c'est certainement l'un des plus beaux endroits de Berlin. A ne rater sous aucun prétexte ! A la fin de la journée, offrez-vous une bonne bière et une bonne grillade sur le chemin du retour, au Biergarten Loretta am Wannsee, tout près du S-Bahn Wannsee.

Juste à côté, le parc du Vieux Marché (Alter Markt) couvre les ruines du premier château de Potsdam et un square en pierre signale la place de la plus ancienne tour du château qui datait de 1200. Mais ce n'est en fait que dans la Yorck et la Wilhelm Raab Strasse que l'on peut vraiment commencer à palper l'histoire de Potsdam et admirer ses constructions baroques. Sur la place Am Neuen Markt, on peut découvrir un petit palace : le Kabinetthaus où naquit Friedrich Wilhelm II.

Remontez la Friedrich Ebert Strasse et vous arriverez à la Nauener Tor, l'ancienne porte d'entrée de la ville reconstruite dans un pur style Disneyland. A votre gauche se situe le quartier hollandais de la ville, le Holländisches Viertel, qui se situe entre la Gutenbergstrasse et la Kurfürstenstrasse et tient son nom de la vague d'immigrés hollandais suscitée par Friedrich Wilhelm Ier, l'infatigable maître d'œuvre de la ville. On y construisit à l'époque une centaine d'immeubles en brique rouge, qui pour la plupart ont été détruits pendant la guerre, mais ce qu'il en reste au coin de la Mittelstrasse et de la Benkerstrasse a été très bien restauré et a transformé ce quartier de squatters en un lieu de shopping et de *kaffee und kuchen*, qui évoque fortement Amsterdam. Une fête de quartier a lieu au printemps, tulipes et sabots hollandais sont alors vendus dans les rues.

Le centre baroque de la ville, construit à l'origine pour les personnes appartenant à la cour, est délimité par la Schopenhauerstrasse, la Hebbelstrasse, la Charlottenstrasse et la Hegel Allee. Les constructions de la vieille ville ont été élaborées pour la plupart entre 1732 et 1742, et la meilleure façon de découvrir le quartier est de remonter la Brandenburger Strasse, une rue piétonne qui se clôt sur une porte qui a, elle aussi, le nom de Brandenburger Tor, mais qui est dans un style beaucoup plus gai que celle de Berlin.

■ ALTSTADT (VIEILLE VILLE)

De loin déjà, on reconnaît le centre de la ville, grâce au dôme de la St-Nikolaikirche de l'architecte Schinkel qui siège sur la place de l'unité, au milieu de bâtiments des années 1960-1970. Un peu plus loin, le surprenant Altes Rathaus (ancienne mairie) de Potsdam, aujourd'hui un centre d'art (Kulturhaus Potsdam), frappe par l'originalité de son style et de sa tour qui servait de prison dans le temps.

▶ **Le Hans-Otto-Theater,** non loin de là, choque, lui, semblable à une centrale nucléaire. Juste à côté, le parc du Vieux-Marché (Alter Markt) couvre les ruines du premier château de Potsdam. Mais ce n'est que dans la Yorck et la Wilhelm-Raab-Strasse que l'on peut vraiment commencer à palper l'histoire de Potsdam et admirer ses constructions baroques.

▶ **Sur la place Am neuen Markt,** un petit palace : le « Kabinetthaus » où naquit Friedrich-Wilhelm II. Le centre baroque de la ville, construit à l'origine pour les personnes appartenant à la cour, est délimité par la Schopenhauerstrasse, la Hebbelstrasse, la Charlottenstrasse et la Hegel Allee. Les constructions de la vieille ville ont été élaborées pour la plupart entre 1732 et 1742, et la meilleure façon de découvrir le quartier est de remonter la Brandenburger Strasse, une rue piétonne qui se clôt sur une porte qui a elle aussi le nom de Brandenburger Tor.

▶ **Le quartier hollandais, le Holländisches Viertel**, a été fondé par Frédéric-Guillaume Ier pour loger les artisans hollandais employés aux grands chantiers de la ville. Il se situe entre la Gutenbergstrasse, la Friedrich-Ebert-Strasse, la Hebbelstrasse et la Kurfürstenstrasse. On y construisit à l'époque une centaine d'immeubles en brique rouge, qui pour la plupart ont été détruits pendant la guerre, mais ce qu'il en reste au coin de la Mittelstrasse et de la Benkerstrasse a été très bien restauré. Quartier de squatters dans les années 1990, c'est maintenant un paradis du tourisme, un lieu de shopping et de « Kaffee und Kuchen ». C'est l'un des quartiers les plus étonnants de la ville, avec des airs d'Amsterdam.

■ BABELSBERG FILMPARK
Grossbeerenstrasse
✆ +49 331 721 2738
www.filmpark-babelsberg.de
Le parc se trouve entre la Rudolf-Breitscheid-Strasse, la August-Bebel-Strasse et la Grossbeerenstrasse, au sud de la ligne de S-Bahn entre les stations Babelsberg et Griebnitzsee. On y accède par la Grossbeerenstrasse, en l'ayant descendue d'environ 500 m depuis la station Babelsberg. Depuis le musée du Film ou Potsdam Hauptbahnhof, prendre les bus 601, 619 ou 690.
Parc d'attractions ouvert du 15 avril au 31 octobre de 10 à 18h. Tarif : adulte 21 €, réduit 17 €.
On peut se promener librement dans le parc cinématographique, mais avec des restrictions. Pour une visite plus approfondie, prenez rendez-vous avec les studios pour une visite guidée. Pour les amateurs de divertissements, le parc d'attractions associé est une sorte de petit Futuroscope avec projections, cinémas dynamiques 3D, jeux dans des décors de film, légendes de l'audiovisuel allemand, etc. Ces visites ne sont pas données. Si ce que l'on veut en apprendre réellement sur l'histoire de Babelsberg, mieux vaut visiter le musée du Film. Si l'on a le temps, se promener dans Babelsberg, le plus grand quartier de Potsdam, est fort agréable. Le parc de Babelsberg, au nord de la station de S-Bahn (au bout de la k. Liebknecht-Strasse), sur le Tiefer See, est charmant. Il contient un joli château, des dépendances, et le campus universitaire est très vivant pendant l'année. A l'ouest du parc cinématographique, juste au sud de la gare Potsdam Hauptbahnhof (à droite quand on descend la A. Einstein-Strasse), s'élève l'ancien Parlement d'Allemagne de l'Est, le Brauhausberg, connu à l'époque sous le nom de Kremlin. Il y a le aussi Telegraphenberg, un petit mont surplombé d'un observatoire astronomique portant le nom d'Einstein, situé tout près d'un petit lac charmant, le Griebnitzsee.

■ BILDERGALERIE (GALERIE DE TABLEAUX)
Park Sanssouci
✆ +49 331 969 4181
Ouvert du 15 mai au 15 octobre, de mardi à dimanche et de 10h à 17h. 2 € l'entrée.
Frédéric II, grand amateur d'art, avait fait construire Sanssouci pour y accrocher les œuvres qu'il avait acquises à travers l'Europe. Lorsqu'il s'aperçut que son petit château de plaisance ne suffisait plus pour offrir de la place à toutes ses pièces, il fit édifier, par Johann Bühring, la Bildergalerie, le premier musée allemand de l'histoire conçu à cet effet. Outre de nombreuses copies d'œuvres célèbres on y trouve quelques tableaux de maîtres : Van Dyck, Rubens et la plus fameuse d'entre elles : *L'Incrédulité de saint Thomas* du Caravage.

■ CHINESISCHES HAUS (PAVILLON CHINOIS)
Am Grünen Gitter
✆ +49 33 196 94 225
www.spsg.de
2 € l'entrée. Fermé de novembre à avril.
Construit entre 1754 et 1757, ce site est indifféremment appelé Maison de thé chinoise, Pavillon chinois ou encore la Maison chinoise. Au XVIIIe siècle, l'Extrême-Orient et son raffinement nourrissaient les fantasmes de l'aristocratie, ce qui a engendré un engouement sans précédent pour ces « chinoiseries » chères à leurs contemporains. Ce pavillon exotique est un des meilleurs exemples de ce que c^e siècle a produit dans ce courant.

LES ENVIRONS DE BERLIN - Potsdam

■ FILMMUSEUM
Breite Straße 1A – Dans la Breite Strasse
☏ +49 331 271 8112
www.filmmuseum-potsdam.de
Ouvert du mardi au dimanche de 10h à 18h. Entrée : 4,50 € (réduit : 3,50 €) pour le musée et 6 € pour les films. Le musée fermera ses portes à partir de mars 2013 pour un an de travaux.
Voici l'un des musées les plus intéressants de Potsdam, indissociable du Parc cinématographique de Babelsberg. C'est sans doute le meilleur musée du cinéma d'Allemagne. Il contient une documentation inégalable sur le cinéma allemand de 1895 à nos jours et se trouve en plein centre de Potsdam, dans les magnifiques anciennes écuries des rois de Prusse. Le matériel fourni vient directement des studios de l'UFA de Babelsberg, et l'on peut y découvrir des costumes, des plateaux de cinéma, des écrans de projection ainsi qu'un café et une salle qui organise des événements et des rencontres sans équivalent à Berlin.

■ FILMPARK BABELSBERG
August-Bebel-Strasse
Grossbeerenstrasse
☏ +49 331 721 2750 – www.filmpark.de
Bus 698 depuis la Lange Brücke.
Ouvert d'avril à fin octobre de 10h à 18h tous les jours sauf lundi. Entrée : 21 €, réduit : 17 €, enfants : 14 €.
La visite de ce « parc cinématographique » n'est pas une visite de studios à l'ancienne. Sont proposés ici cinéma en 3D, simulateur et show de cascadeurs – les installations ont pris un petit coup de vieux et les activités ne sont pas des plus actuelles. Bref un lieu absolument pas fait pour les amateurs de cinéma classique allemand, mais qui pourra convenir pourquoi pas aux familles et enfants en quête de divertissement.

■ HISTORISCHE MÜHLE (MOULIN HISTORIQUE)
Maulbeerallee 5 ☏ +49 331 55 06 851
www.historische-muehle-potsdam.de
Ouvert tous les jours d'avril à octobre, le week-end le reste de l'année, fermeture en décembre.
Dernier rescapé de la quarantaine de moulins à vent que comptait la cité au temps de Frédéric II, ce moulin de technique hollandaise fut construit entre 1787 et 1791 et a servi jusqu'en 1858. Il fut classé monument historique dès 1861. Endommagé par un incendie en 1945, il fut restauré en 1993 pour les 1 000 ans de la ville et équipé d'un nouveau broyeur. On peut aujourd'hui le voir fonctionner. Il abrite également une exposition permanente sur les moulins. Jolie vue depuis la balustrade.

■ MARMORPALAIS (PALAIS DE MARBRE)
Neuer Garten ☏ +49 331 969 4246
Bus n° 694. Ouvert, d'avril à octobre, du mardi au dimanche de 10h à 17h, et en hiver, le week-end de 10h à 16h. Entrée : 2 €, 3 € avec un guide.
Le palais de Marbre a été créé pour Friedrich Wilhelm II entre 1787 et 1792 pour lui servir de résidence d'été. Ce fut en son époque le premier édifice classiciste en Allemagne. Très belle vue sur le jardin et la rivière depuis le 1er étage.

■ NEUER GARTEN
Am Neuen Garten 8
Juste à l'ouest d'Alexandrovka, sur les rives du Heiliger See (le Saint Lac), se trouve l'un des complexes paysagers typiques de Potsdam : le Neuer Garten, « nouveau jardin ». Après la mort de Frédéric le Grand, son successeur Frédéric-Guillaume II se fit construire une résidence d'été qui devait rompre avec le rococo des réalisations de son père. Le romantisme est annoncé dans ce style classique, « historicisant » et à la recherche d'exotique. Les monuments principaux du jardin sont le charmant Marmorpalais (palais de Marbre) qui surplombe le Heiliger See, construit en 1789-1791, et le Schloss Cecilienhof, la dernière addition impériale au complexe de Potsdam en 1913-1917 dans un style de cottage anglais. C'est dans le Cecilienhof qu'eut lieu la conférence de Potsdam le 17 juillet 1945, où Staline, Truman et Attlee signèrent la division de l'Allemagne. La salle de conférence est restée intacte, on peut la visiter avec un guide. Une aile du bâtiment s'est transformée en hôtel de luxe, restaurant et salon de thé.

■ NEUES PALAIS VON SANSSOUCI (NOUVEAU PALAIS DE SANSSOUCI)
Park Sanssouci
www.spsg.de
Ouvert du 1er avril au 31 octobre de 9h à 17h, de novembre à mars de 9h à 16h. Fermé le vendredi. Entre 5 et 6 € selon la saison et la présence ou non d'un guide.
Situé à l'ouest du parc à 1 km du château, le palais offre son imposante architecture au premier coup d'œil. Construit entre 1763 et 1769 pour célébrer la puissance prussienne victorieuse après le guerre de Sept Ans, le dernier et plus majestueux palais baroque fut réalisé selon les plans des architectes Büring, Manger et Gontard. Le palais ne fut jamais résidence principale, il servait pour le roi de résidence secondaire où il organisait de grandes réceptions et où il recevait ses hôtes. Frédéric II occupait occasionnellement dans le château

ses appartements se situant dans l'aile ouest (visite guidée possible uniquement pour cette partie). A ne pas louper, le salon rocaille avec ses décors en coquillage ou la galerie de Marbre. Laissé à l'abandon à la mort du roi, le palais ne fut réutilisé qu'au XIXe siècle par Frédéric III et la princesse Victoria, puis par Wilhem II et la princesse Augusta. Les innovations telles qu'ascenseurs et salles de bains datent de cette époque ! En face du palais se trouvent deux bâtiments du même style. Ce sont les communs autrement dit les cuisines, chambres des servants et des gardes, aujourd'hui appartenant à l'université de Potsdam.

■ **ORANGERIESCHLOSS (CHÂTEAU DE L'ORANGERIE)**
An der Orangerie 3–5
℡ +49 331 969 42 00
besucherzentrum@spsg.de
Ouvert en avril les week-ends et jours fériés et de mai à octobre tous les jours sauf le lundi de 10h à 18h. Entrée : 4 €.
Construit de 1851 à 1864 à la demande de Frederick William IV, ce château est à voir pour son architecture Renaissance, ses statues en marbre, son belvédère et sa salle Raphaël, pourvus de copies des œuvres du peintre.

■ **PARK SANSSOUCI**
Park Sanssouci
Entrée gratuite. Il faut bien compter une journée complète si l'on veut visiter le jardin et les différents bâtiments du parc. Astuce : il est possible de louer un vélo depuis la gare et de rejoindre certaines parties du parc par ce biais.
Petit conseil de départ : préférez venir entre mai et octobre, car de nombreux monuments du parc sont fermés entre novembre et avril. C'est Friedrich Wilhelm II, neveu de Frédéric II, qui fut à l'initiative de l'aménagement du parc de Sanssouci, d'un style radicalement opposé à la bâtisse elle-même. Profitez alors de votre passage pour visiter un des beaux parcs d'Europe : commencez par le château de Sanssouci et descendez les jardins en cascade jusqu'à la grande fontaine. Puis longez le ruisseau pour arriver au Chinesisches Teehaus (la maison de thé chinoise) avec sa fabuleuse architecture et ses magnifiques sculptures dorées (ouvert de mai à octobre, du mardi au dimanche et de 10h à 17h30). Retrouvez le ruisseau et continuez sur votre gauche pour arriver aux bains romains (Römische Bäder), une imitation de villa romaine construite par Schinkel et Persius (ouvert du 1er mai au 31 octobre de 10h à 17h). Derrière cet hommage à l'Antiquité, vous retrouverez un

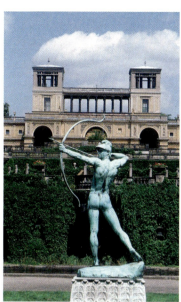
Orangerie dans le parc de Sanssouci.

clin d'œil de Schinkel aux traits purs de la Renaissance avec le Schloss Charlottenhof, qui contient des reproductions de statues classiques (ouvert du 15 mai au 15 octobre, de 10h à 17h). Sur votre gauche, prenez alors le sentier qui vous mènera, à travers des prés fleurissants, au Neues Palais.
Même s'il n'a pas le prestige de son voisin, le Nouveau Palais vaut le détour, ne serait-ce que pour les chaussons que vous devrez enfiler à l'entrée. De là, prenez l'énorme allée principale du parc. Après un kilomètre, vous lèverez les yeux sur votre gauche pour découvrir l'immense Orangerie, dont l'architecture évoque les plus beaux palais de Toscane (ouvert de mai à octobre, de 10h à 17h). Empruntez les petites ruelles autour de la Historische Mühle (moulin historique) pour regagner le château de Sanssouci.

■ **RÖMISCHE BÄDER (BAINS ROMAINS)**
Park Sanssouci
℡ +49 331 96 94 225 – info@spsg.de
Ouvert du mardi au dimanche de mai à octobre.
Issus de la collaboration fructueuse à Potsdam des architectes Karl Friedrich Schinkel et Ludwig Persius, ces quatre bâtiments adoptent le style des plus élégantes villas italiennes. En plus des bains, on y trouve la maison du jardinier, le pavillon de thé et une jolie galerie d'arcades.

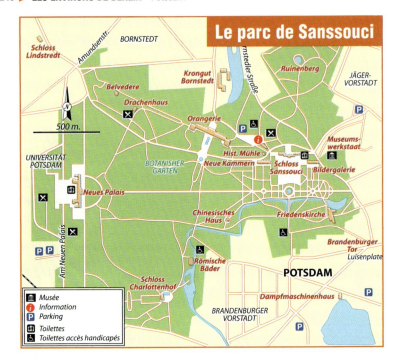

■ RUSSISCHE KOLONIE ALEXANDROWKA (COLONIE RUSSE ALEXANDROVKA)
Russische Kolonie

La colonie russe Alexandrovka, immédiatement au nord, est une autre curiosité de Potsdam. Entre la Puschkinallee et Am Schragen s'étend ce qui fut un village russe construit en 1826 sous l'impulsion de Friedrich Wilhelm III, et qui accueillait des artistes et des musiciens russes, dont on peut encore lire les noms sur les maisons. Dans un espace vert, on peut remonter une rue d'Izbas, ces maisons russes en bois traditionnelles, toutes richement décorées. On peut gravir la colline jusqu'à l'église orthodoxe Alexandre Nevski, qui date de 1826-1829 et vous ferait croire quelques instants que vous vous trouvez dans l'Oural.

■ SCHLOSS BABELSBERG
Park Babelsberg 10
✆ +49 33 19 69 42 50 – www.spsg.de
En ce moment, le château est fermé pour raison de travaux de rénovation.
Ce château a été construit en deux fois, d'une part sur les plans de Karl Friedrich Schinkel pour le prince Guillaume III, dont l'épouse, Augusta de Saxe Weimar, était férue de néogothique anglais. Une première inauguration eut lieu en 1835, après un an de chantier. Malgré nombre de remaniements et agrandissements jusqu'en 1840, le château devint rapidement trop modeste, dès lors que le prince fut nommé successeur à la couronne de Prusse. Une nouvelle aile a vu le jour, sous l'impulsion de Ludwig Persius (à la mort de Schinkel), puis Johann Strack (après le décès de Persius), dont le style, plus ornementatif, s'accordait mieux avec le goût de la princesse que celui de ses prédécesseurs. Finalement achevé en 1849, le château sera un des sites précurseurs du Burgenstil.

■ SCHLOSS CECILIENHOF
Am Neuen Garten ✆ +49 331 969 4244
Bus n° 694. Ouvert d'avril à octobre de 9h à 17h du mardi au dimanche, et de novembre à mars de 9h à 16h. Entrée : 4 €, réduit : 3 €.
Ce fut la résidence d'été du dernier prince héritier Hohenzollern avant l'abdication de son père Guillaume II en 1918. Mais Schloss Cecilienhof est surtout connu pour la conférence de Potsdam qui eut lieu ici le 17 juillet 1945 et où Staline, Truman et Attlee signèrent la division de l'Allemagne et la répartition des

terres vaincues. La salle de conférence est restée telle que, et une aile du bâtiment s'est transformée en hôtel de luxe. Des très belles villas aux alentours, prisées sur le marché immobilier pour la vue qu'elles offrent.

■ SCHLOSS CHARLOTTENHOF
Geschwister-Scholl-Straße 34a
✆ + 49 331 969 42 00
Ouvert de mai à octobre du mardi au dimanche. Entrée 4 €.
Au sud-ouest de Sanssouci, ce petit palais néo-classique fut la résidence d'été du prince héritier Frédéric Guillaume IV. Il fut construit sur la base d'une ancienne ferme par l'architecte Karl Friedrich Schinkel.

■ SCHLOSS NEUE KAMMERN (LES NOUVELLES CHAMBRES)
Maulbeerallee 2 ✆ +49 331 96 94 200
Ouvert du mardi au dimanche de mai à octobre et du mercredi au lundi de novembre à avril.
Frédéric le Grand fit transformer cette ancienne orangerie située à côté du Nouveau Palais en une somptueuse résidence pour ses invités de marque. Les sept suites privées (Kavalierszimmer) sont parées de pierres et d'or et constituent une magnifique illustration du style Rococo.

SCHLOSS SANSSOUCI (PALAIS DE SANSSOUCI)
An der Mühle Sanssouci
✆ +49 331 969 4200
www.sanssouci-sightseeing.de
Accès par la Schopenhauer-Strasse, à deux pas du centre de Potsdam.
Parc gratuit, fermeture à la tombée de la nuit. Palais de Sanssouci (8 € ; 5 € réduit) / Neues Palais (5 € visite libre ; 6 € guidée ; 4 à 5 € réduit) ouvert de 10h à 18h d'avril à octobre ; de 10h à 17h de novembre à mars ; fermé le lundi. Galerie de peinture (2 € ; 1,50 € réduit) / Orangerie (3 €, 2,50 € réduit) / Schloss Charlottenhof (4 €, 3 € réduit) / Maison de thé chinoise (1 €) : de mai à octobre, de 10 à 18h. Fermé le lundi. Certains établissements ferment un jour par mois, d'autres pendant l'hiver, donc si votre visite a un objectif concret, téléphonez pour être sûr de ne pas trouver porte close.
Le palais et le parc de Sanssouci sont l'attraction majeure de Potsdam. C'est là le plus bel ensemble royal en Allemagne, le summum des baroque et rococo prussiens. C'est LA réalisation du monarque des Lumières allemandes, protecteur de Voltaire, Frédéric II le Grand, un site unique et d'une richesse rare !

▶ **Le palais,** prototype du rococo « frédéricien », est une petite merveille, avec ses superbes lignes, sa forme en demi-cercle selon une géométrie en zigzag et en pente, ses façades orangées et ses plantations de vignes, figuiers et orangers. Intimiste, préromantique, Sanssouci exprime toute une conception du monde. Il fut bâti entre 1745 et 1747 par l'architecte Georg Wenseslaus von Knobelsdorff. Le nom du château reflète la francophilie du roi (le français était la langue officielle de la cour prussienne du XVIIIe siècle) comme son état d'esprit (vivre avec insouciance). Voltaire, parmi quantité d'autres hôtes prestigieux, prit en charge la bibliothèque et écrivit des pages importantes de son œuvre, avant que son mécène et lui ne se brouillent à jamais. L'intérieur (dont une visite vaut vraiment la peine) comprend des incontournables : la salle de marbre (où avaient lieu les rondes philosophiques), la salle de concert. Juste à côté du château se trouve un pavillon qui est considéré comme ce qui fut le premier musée allemand : la galerie de peinture baroque. Il rassemble entre autres les œuvres du Caravage et de maîtres hollandais. Vingt ans après la réalisation de Sanssouci, Frédéric le Grand fit construire entre 1763 et 1769 le Neues Palais, plus à l'ouest, qui exprime une nouvelle étape dans l'idéologie frédéricienne : massif, puissant, c'est le château d'un roi victorieux. C'est une réalisation fanfaronne, selon les termes du roi lui-même, baroque, qui contraste avec l'intimisme de Sanssouci.

▶ **Le parc** est superbe. Il répond à un souci pointilleux d'architecture globale, tout comme Versailles. Le clou en est les jardins en terrasse qui ouvrent l'accès au parc depuis le château. Il y a trois étages de terrasses, séparées en deux parties par un escalier de 120 marches. Le parc en lui-même est la tête de proue du baroque allemand, avec ses superbes gazons, ses bois, ses fontaines, ses statues de marbre et çà et là ses bâtiments tous plus prestigieux. Ainsi vous découvrirez une gigantesque Orangerie dans le style de la Renaissance italienne, la Spielfestung (la forteresse des Jeux) construite par Guillaume II pour son fils, mais aussi la chinesisches Teehaus (la maison de thé chinoise) avec sa collection de porcelaines de Chine et de Mayence et les bains romains, construits par Schinkel et Persius.

▶ **Au nord-ouest du parc, le Drachenhaus** (la maison des Dragons) est un café ouvert au public dans une ambiance pagode.

BRANDENBURG AN DER HAVEL

La ville de Brandenburg sur la Havel fut le centre historique de la Marche de Brandebourg lors de sa colonisation par les margraves de la dynastie des Ascaniens, Albrecht l'Ours et ses descendants, au XIIe siècle. La ville, comme la majorité des localités de la région, a été fondée à l'emplacement d'un site slave. Brandenburg donna son nom à la région, car elle en fut l'évêché principal. Elle a bien vite été surpassée par Berlin et Potsdam pour tomber dans une tranquille léthargie (pour ne pas dire une évidente dépression depuis la chute de la RDA). Mais elle surprendra le visiteur par la beauté de ses reliques médiévales. Si vous voulez vous lancer sur les traces du Moyen Age nordique et de ses superbes bâtisses en brique rouge, n'allez pas plus loin. Le site très lacustre, étalé sur plusieurs îles et berges de la sinueuse Havel, est pittoresque. La nature environnante attire beaucoup de visiteurs. En dehors de ses précieux vestiges et de son bel emplacement, la petite Brandenburg n'est toutefois pas une ville idéale pour séjourner : elle est inanimée… Aussi mérite-t-elle davantage une excursion journalière depuis Berlin.

Transports

▶ **Trains.** Brandenburg est bien desservi en trains régionaux depuis Berlin.

▶ **En voiture,** prendre l'autoroute A2 en direction de Magdebourg et sortir à Brandenburg.

Pratique

■ **OFFICE DU TOURISME**
Neustädtischer Markt 3
✆ +49 3381 796 360
www.stg-brandenburg.de
Ouvert du lundi au samedi, de 9h à 20h, et de mai à septembre le week-end de 10h à 15h.

Orientation

La petite vieille ville se répartit en trois quartiers historiques : l'Altstadt, sur la rive droite de la Havel, à l'ouest ; la Neustadt, sur la plus grande île au centre, et l'île de la cathédrale, Dominsel, sur une petite île au nord de la Neustadt. La gare principale se situe au sud-est de celle-ci (à quelque 500 m), sur la rive droite de la Havel. Tout se fait très bien à pied.

Se loger

■ **SORAT HOTEL BRANDENBURG**
Altstädtischer Markt 1
✆ +49 3381 5970
www.sorat-hotels.com
Chambres à partir de 62 €.
L'hôtel ne peut être mieux situé : sur la vieille place du marché. L'accueil est chic, mais à des prix somme toute raisonnables. Il y a au rez-de-chaussée un très bon restaurant, le Havelland Salon.

À voir – À faire

■ **ALTSTADT (VIEILLE VILLE)**
Bäckerstr. 14
www.brandenburg-altstadt.de
Ce qui était le premier cœur de la ville médiévale a bien conservé son caractère historique. Lorsqu'on arrive de la Neustadt, le premier bâtiment dans la Ritterstrasse, côté gauche, est la Frey Haus, belle maison médiévale dans laquelle est installé le musée de la ville. A deux pas au nord se trouve le Markt. En son centre, l'un des principaux monuments de Brandenburg : l'Altstädter Rathaus, magnifique bâtisse de brique rouge. L'ancienne mairie date des années 1470-1480 et sa tour fut rajoutée en 1826. Le célèbre Roland de Brandenburg date au moins du XVe siècle. (Un Roland est dans l'Allemagne médiévale une statue de chevalier symbolisant les droits et privilèges des villes). Il trônait devant la mairie de la Neustadt, puis fut installé ici en 1946 après la destruction de cette dernière. Un peu plus au nord-est, face à la Dominsel, s'élève l'église Saint Gotthard, dont la partie la plus ancienne est romane (la tour date de 1166). La structure principale de l'église est en gothique tardif (milieu du XVe siècle). Le clou de l'église est le « groupe de la croix triomphant », en gothique tardif (1463), qui représente Jésus sur la croix avec la Vierge et Marie-Madeleine. Entre l'église Saint-Gotthard et l'ancienne mairie, se trouve sur la Rathenower Strasse une maison à colombages qui est sans doute la plus vieille école de la ville (1552).

■ **DOM ST. PETER UND PAUL (CATHÉDRALE SAINTS-PIERRE-ET-PAUL)**
Bäckerstr. 14
www.brandenburg-altstadt.de
C'est pour sa cathédrale que Brandenburg est la plus réputée. Celle-ci s'élève, imposante

et élégante, sur le site le plus anciennement habité de la ville, une île de la Havel. La cathédrale Saint-Pierre et Paul est un joyau du gothique en brique rouge nord-allemand. Entamée en 1162, elle a été fortement remodelée en style gothique à la fin du XIVe siècle. Une tour fut ajoutée au XIXe siècle sur la façade orientale. L'intérieur vaut le déplacement. Attardez-vous sur l'ancien autel, « autel de Bohême », richement peint ; encore sur la statue de la Vierge criant ou des pères bénédictins. L'entrée du Dommuseum est payante mais riche en art religieux médiéval.

■ **NEUSTADT (VILLE NOUVELLE)**
Neustadt
Après avoir traversé le pont liant la Dominsel à la Neustadt, vous ne pouvez manquer la « tour de la porte des moulins », Mühlentorturm, seule rescapée de celles qui ponctuaient autrefois le mur d'enceinte de la Neustadt (la ville aristocratique au Moyen Age, planifiée par les Margraves), détruit au XIXe siècle. Toute de brique rouge, elle est octogonale et date de 1411. La Neustadt a beaucoup souffert des bombardements de 1944-1945 ; son hôtel de ville a été anéanti. Mais il reste un monument important : la Katharinenkirche. C'est aussi une réalisation en brique rouge, finement décorée à l'extérieur comme à l'intérieur. Fondée en 1200, elle date principalement du XIVe siècle et de la Renaissance, l'intérieur comportant d'importants éléments baroques.

ORANIENBURG

Oranienburg est quasiment une banlieue de Berlin, à son extrême périphérie nord. Détruite pendant la guerre et économiquement déprimée, la ville elle-même ne présente que peu d'intérêt. Mais elle contient deux sites importants qui font revivre une partie gracieuse et une partie horrible de son passé.

■ **KZ SACHSENHAUSEN**
Strasse der Nationen 22
✆ +49 331 012 000
www.stiftung-bg.de
S1 jusqu'à Oranienburg, puis 15 minutes de marche le long de la Strasse des Friedens, à gauche sur la Strasse der Einheit et enfin le long de la Strasse der Nationen où se trouve l'entrée du camp.
Ouvert du 15 avril au 15 octobre tous les jours de 8h30 à 18h, d'octobre à mars de 8h30 à 16h. Entrée libre. A l'entrée sont mis en vente des plans des lieux ainsi que des brochures dont une en français. Audioguide en français disponible également (les explications sont remarquables).

Les camps de concentration, qui font partie intégrante de la période noire de l'histoire allemande, ont pour la plupart été convertis en lieux de mémoire. Cette ancienne brasserie fut, dès 1936, employée à interner les opposants au régime de Hitler que l'on appelait alors les *Schutzhäftlinge*, ceux qu'on enfermait par « mesure de sécurité ». Les premiers d'entre eux furent surtout des communistes, des démocrates, bref tous ceux qui n'allaient pas dans le sens du national-socialisme, auxquels s'ajoutèrent avec le temps les asociaux, les homosexuels et bien sûr les juifs. Par la suite, des dizaines de milliers de prisonniers de guerre furent assassinés dans la station Z, et de nombreuses expériences inhumaines furent menées sur les détenus ; on peut ainsi découvrir avec horreur des abat-jour en chair humaine. Lorsque l'imminence de la chute du régime fut évidente, les SS évacuèrent le camp avec 33 000 détenus en direction de la mer Baltique, où ils devaient être embarqués et noyés. Près de 6 000 d'entre eux moururent en route et les autres furent sauvés in extremis par les Alliés. Dans le camp lui-même, 6 000 prisonniers assistèrent à la libération. Mais l'horreur ne s'arrêta pas en si bon chemin, et, dès la capitulation allemande, la police secrète russe réinvestit le camp, pour y emprisonner les détenus de guerre et les opposants au régime communiste. A la tombée du Mur, on découvrit à la suite de fouilles 10 000 cadavres de prisonniers. Dès 1961, le camp en partie restauré fut ouvert au public en guise de mémorial aux victimes du régime nazi, avec toujours à son entrée l'inscription « Arbeit macht frei » (Le travail rend libre), le leitmotiv macabre que l'on retrouve dans tous les camps de concentration. La grande place qui se trouve directement après l'entrée servait à la parade du matin et à l'exécution des prisonniers et juste derrière elle, deux baraquements sont ouverts au public ; l'un a été transformé en musée et l'autre en salle de cinéma dans lequel on projette un film sur l'histoire du camp à chaque heure. L'horreur et l'impensable sont ici palpables et peuvent être très dérangeants pour les âmes sensibles.

■ **OFFICE DU TOURISME**
Bernauer Str. 52
✆ +49 330 170 48 33
www.tourismus-or.de
Ouvert du lundi au samedi de 10h à 18h.

LES ENVIRONS DE BERLIN - Oranienburg

■ SCHLOSSMUSEUM ORANIENBURG (CHÂTEAU-MUSÉE D'ORANIENBURG)
Schlossplatz 1 ✆ +49 3301 537 437
Ouvert d'avril à octobre de 10h à 18h, fermé le lundi. De novembre à mars, du mardi au dimanche de 10 à 16h et les week-ends de 10h à 17h. Visite guidée : 6 €, 5 € réduit ; visite libre : 5 €, 4 € réduit. Accès : depuis la gare, rejoindre la Bernauer Strasse au nord, puis la descendre à gauche ; traverser la rivière, le château est juste sur la rive opposée.

Effigie plus brillante du passé allemand, le château d'Oranienburg fait partie de ces prestigieuses constructions de l'aristocratie prussienne ; il s'agit du plus ancien château baroque du Brandebourg. Avec ses élégantes façades blanches, ses proportions harmonieuses, son emplacement sur la Havel et son parc charmant, c'est une excursion prisée des Berlinois.

Un château de chasse existait sur ces lieux depuis le XIIIe siècle, mais Oranienburg est l'œuvre de la femme du Prince-électeur de Brandebourg Frédéric-Guillaume Ier, Louise-Henriette d'Oranien (d'où le nom du château et de la ville). Amoureuse des arts et du faste, la princesse fait transformer le bâtiment en 1652 un château de style hollandais (la princesse était d'origine néerlandaise). C'est l'architecte Johann Gregor Memhardt qui en est le père. En 1688, sous Frédéric III, le fils de Louise-Henriette, Oranienburg atteint son apogée : le roi fait encore transformer le château en une bâtisse baroque, qui devait être une pionnière du genre en Prusse. Au début du XVIIIe, Oranienburg était considéré comme le plus beau château de Prusse… puis rois et princes agrandissent encore le complexe et l'agrémentent d'un jardin. Au gré de son histoire mouvementée, Oranienburg a encore été une manufacture de coton, une école, une caserne SS… Le château a subi de lourdes pertes lors des bombardements de 1944-1945 ; mais son extérieur a été entièrement restauré en 1954, et l'intérieur rénové en 1997.

SPREEWALD

Située à une centaine de kilomètres au sud de Berlin, la forêt de la Spree est divisée en deux par le passage du fleuve qui lui donne son nom. D'un côté se trouve donc la Unterspreewald et de l'autre la Oberspreewald, et chacune d'elle est ramifiée de multiples rivières et canaux. C'est un des parcs les plus visités de la région et il a la réputation d'être le plus beau parc naturel d'Europe.

Les deux sections se ressemblent grandement, quoique la Oberspreewald est peut-être la plus agréable des deux, avec ses ramifications fluviales (Fliesse) qui s'étendent sur plus de 500 km² et sur lesquelles on peut se balader en kayak ou en pédalo. Disséminés çà et là dans la forêt, des fermes, des restaurants, mais aussi des hôtels et à la belle saison de nombreux festivals contribuent à l'amassement des foules. Mais la présence des habitants de la forêt, les Sorbes qui sont originaires de Pologne et de Bohême, se caractérise par le fait que c'est la seule communauté allemande à parler une autre langue, ce qui se remarque au langage mais aussi à l'écriture et contribue à la conservation d'un certain exotisme.

▶ **Pour accéder à la forêt,** le mieux est de partir de Lübben ou de Schepzig, deux communes situées à l'orée de la forêt et accessibles avec le train régional, ou encore de continuer jusqu'à Lübbenau en pleine forêt.

LÜBBENAU

C'est le centre touristique du Spreewald. C'est aussi une adorable bourgade. Ici, vous pourrez sans problème vous loger chez l'habitant et louer des barques.

Transports

▶ **En voiture.** Depuis Berlin, suivre la A13 en direction de Dresde, sortie Lübbenau.

▶ **En train** depuis Berlin Hauptbahnhof : 1 heure 10.

Pratique

■ **SPREEWALD INFORMATION**
Bahnhofstraße 15, Burg
✆ +49 35 603 759 560
www.spreewald-info.com

Se loger

■ **GÄSTEHAUS BÄRBEL WENSKE**
An der Dolzke 7 ✆ +49 3542 809 14
www.gaestehaus-b-wenske.de
44 € la chambre double, petit déjeuner inclus.
Une petite pension familiale, 9 lits en tout.

À voir – À faire

■ **BOOTSHAUS KAUPEN**
Petra Ringl
Kaupen 1 03222 Lübbenau
✆ +49 3542 2750
www.bootshaus-kaupen.de
Location de canoë et promenade en barque.

LÜBBEN

C'est un autre centre du Spreewald, un peu moins charmant que Lübbenau, aussi un peu moins envahi, surtout les week-ends.

Transports

▶ **En voiture,** c'est sur la même ligne que Lübbenau, un peu plus proche de Berlin : sur la A13 en direction de Dresde, sortie Freiwalde.

▶ **En train** depuis Berlin : 1 heure.

Se loger

■ **PENSION AM MARKT**
Markt 79
Jörg Heinrich Hauptstrasse 5
✆ +49 35 46 32 72
www.pension-am-markt.info
A partir de 67 € la double, petit déjeuner inclus.
Excellemment située sur la place du marché de Lübben, cette pension a une capacité de 17 personnes, il y a de bonnes chances que vous y trouviez de la place.

Sports – Détente – Loisirs

■ **BOOTSVERLEIH GEBAUER**
Lindenstrasse 18 – 15907 Lübben
✆ +49 3546 7194
De mars à octobre exclusivement.
Location de kayak.

BURG

Plus petite ville encore, c'est un troisième centre du Spreewald.
Ce fut autrefois un centre de navigation sur la Spree et aujourd'hui encore un lieu très agréable pour une promenade en barque ou en kayak.

Transports

Burg est accessible en bus depuis Cottbus, Lübben ou Lübbenau.

COTTBUS

Cottbus (Chosebuz en sorabe) est la capitale de la Basse-Lusace. Avec ses 110 000 habitants, Cottbus est la ville la plus dynamique et la plus grande du Brandebourg après Potsdam. La vieille ville a souffert de la guerre, mais elle possède encore des bâtiments médiévaux, baroques et classiques, qui sont assez bien mis en valeur. Les rues vivantes du centre-piéton (phénomène rare dans le Brandebourg) font de Cottbus un séjour agréable. Cottbus est aussi le centre culturel des Sorabes de Basse-Lusace ; avant la guerre, la majorité de la population était slave. On sent encore la présence de la minorité dans la ville. Au cours de son histoire, Cottbus, mentionnée pour la première fois au XIIe siècle mais sans doute bien plus ancienne, a souvent changé d'influence (saxonne, bohémienne, brandebourgeoise, saxonne de nouveau, puis prussienne). On peut aisément ressentir cette position de carrefour.

Transports

■ **GARE**
Vetschauer Strasse 14

Pratique

■ **COTTBUS SERVICE (OFFICE DU TOURISME)**
Berliner Platz 6
✆ +49 355 754 20
Fax : +49 355 754 2455
www.cottbus.de
Ouvert du lundi au vendredi de 9h à 18h. D'avril à octobre le samedi de 9h à 16h, le dimanche de 10h à 15h ; de novembre à mars, le samedi de 9h à 14h et le dimanche de 10h à 14h.

Se loger

■ **COTTBUS JUDENHERBERGE (AUBERGE DE JEUNESSE)**
Klosterplatz 2-3
✆ +49 355 225 58
Fax : +49 355 237 98
www.jh-cottbus.de
Entre 15 et 29 € la chambre simple selon l'âge et le type de pension (petit déjeuner, demi-pension ou pension complète).
Très belle résidence entourée d'arbres, sur une place tranquille du centre-ville.

■ **HOTEL OSTROW**
Wasserstrasse 4
✆ +49 355 780 080
Fax : +49 355 780 0820
www.hotel-ostrow.de
A 5 minutes des rues piétonnes de la vieille ville. Comptez 57 € la simple et 66 € la double avec petit déjeuner.
Hôtel récent constitué de chambres propres et confortables. Le patron est francophile.

Se restaurer

■ CAFÉ-RESTAURANT ALTMARKT
Altmarkt 10 ✆ +49 355 310 36
www.cafe-altmarkt.de
Ouvert tous les jours de 11h à minuit.
Un bel établissement sur le vieux marché, au sous-sol, au pied d'un escalier en colimaçon. Superbe petite cave ornée de lampes et de fleurs. La cuisine est raffinée et les plats n'excèdent pas les 12 €.

■ ZUR SONNE
Taubenstrasse 7-8
✆ +49 355 381 8801
Ouvert du lundi au samedi à partir de 17h. Plats entre 5 € et 15 €.
Bon plats régionaux, notamment des viandes aux saveurs du Spreewald.

À voir – À faire

■ ALTMARKT
Altmarkt
La place du marché de Cottbus possède des accents silésiens et saxons, de par sa structure et ses maisons bariolées à la façade arrondie. C'est un superbe ensemble baroque fort coloré, avec de jolies constructions bourgeoises des XVIIe et XIXe siècles.

■ KUNSTMUSEUM DIESELKRAFTWERK (MUSÉE D'ART)
Am Amtsteich 15 ✆ +49 355 494 940 40
www.museum-dkw.de
Entrée 5 €, réduit 4 €. Ouvert du mardi au dimanche de 10 à 18h.
Etonnamment situé dans une ancienne centrale thermique d'architecture expressionniste, cet excellent musée est résolument investi dans l'art contemporain. Les expositions, changeantes, sont centrées sur les notions de paysage, d'environnement, de nature et d'espace.

■ SCHLOSSKIRCHE (ÉGLISE DU CHÂTEAU)
Spremberger Straße
Construite sous le nom de l'église Sainte-Catherine en 1419, elle fut détruite à plusieurs reprises par des incendies. Au XVIIIe siècle, la présence des Huguenots influa notamment sur la mise en place de la sacristie.

■ FLÄMING

Le Fläming, microrégion à la lisière de la Marche, fut une zone tampon entre le Brandebourg prussien et bas-allemand et la Saxe allemande. Il appartient longtemps aux archevêques de Magdebourg, avant de devenir définitivement prussien au XIXe siècle. Si l'on aime la belle architecture, rejoindre Leipzig ou Dresde depuis Berlin non par l'autoroute, mais par la nationale B101, à travers cette région rurale, est vivement conseillé ; il faut visiter Jüterbog et l'abbaye de Zinna. Si l'on est en train, c'est encore plus simple : il suffit de s'arrêter à la gare de Jüterbog qui est sur la ligne Berlin-Leipzig.

JÜTERBOG

Le centre du Fläming, ville prospère du Moyen-Age qui appartenait aux archevêques de Magdebourg, n'a quasiment pas été touché par la Seconde Guerre mondiale. Elle possède une vieille ville de caractère, notamment l'église Saint-Nicolas, un fleuron du gothique tardif en brique, datant principalement du XVe siècle ; le magnifique hôtel de ville, également gothique et en brique rouge. Ses ornements sont superbes. Encore le mur d'enceinte, qui possède trois tours en lice remarquables. Il y a encore l'ancien monastère franciscain. Pour l'anecdote, l'étrange nom Jüterbog vient du Slave et est dérivé de « Jutro », matin, et « Bog », dieu. La ville, à l'époque des Slaves, aurait été un centre de culte païen.

Transports

▶ **Accès :** depuis Berlin par la B101 en voiture.
▶ **Trajet :** 1 heure 30. En train : entre 45 minutes et 1 heure.

À voir – À faire

■ MUR D'ENCEINTE
Dans le nord du vieux centre, de nombreux éléments des anciennes fortifications ont été conservées ; notamment une partie du mur d'enceinte, qui possède trois tours en lice remarquables.

■ NIKOLAIKIRCHE (ÉGLISE SAINT-NICOLAS)
Grosse Strasse
L'église Saint-Nicolas, symbole de la ville, est un fleuron du gothique tardif en brique, datant principalement du XVe siècle, qui mérite vraiment le détour.

■ RATHAUS (HOTEL DE VILLE)
Marktplatz

Le magnifique hôtel de ville, gothique et en brique rouge, est l'un des plus beaux hôtels de ville médiévaux d'Allemagne du Nord. Ses ornements sont superbes. Il date principalement des XVe et XVIe siècles.

KLOSTER ZINNA

La ville de Kloster Zinna a été fondée par Frédéric le Grand au XVIIIe siècle autour de l'abbaye. Malheureusement, le roi fit détruire une partie des bâtiments de l'abbaye pour utiliser le matériau de construction… L'abbaye, avec celle de Lehnin, accueille chaque année le festival de musique médiévale Musica Mediaevalis. En été, il y a un autre festival de musique, classique, assez célèbre : les Kloster-Zinna-Sommermusiken, de juin à août. (www.kloster-zinna-sommermusiken.de).

■ KLOSTER ZINNA (ABBAYE DE ZINNA)
Kloster Zinna ✆ +49 3372 439 505
www.kloster-zinna.net
Visite extérieure et de l'église gratuite. Musée ouvert du mardi au dimanche, 10h-17h. Entrée payante.
Une autre grande des abbayes cisterciennes du Brandebourg ! A 8 km de Jüterbog, sur la B101 et joignable en bus depuis Jüterbog. L'abbaye de Zinna a été fondée en 1170, l'année de mort d'Albrecht l'Ours, le conquérant de la Marche. Elle a prospéré dans les siècles suivants, avant d'être sécularisée en 1553. Zinna témoigne d'une transition architecturale : l'église est en pierre (Allemagne moyenne), tandis que les bâtiments abbatiaux sont une perle d'architecture gothique en brique rouge (nord). Ils abritent du reste un musée qui contient de belles fresques médiévales, des objets d'art, et qui retrace la vie des cisterciens. On peut aussi voir le processus de fabrication d'une célèbre liqueur aux herbes, la « Zinnaer Klosterbruger ».

■ PENSION HARZMANN
Kloster Strasse 13 Kloster Zinna
✆ +49 3372 404 644
www.pension-harzmann.de
Chambres simples/doubles avec petit déjeuner : 25 et 50 €. On peut louer un vélo pour 6 €.
Juste en face de l'abbaye, sympathique si l'on se plaît à séjourner ici ou avant de reprendre la route.

NÖRDLINGEN

Nördlingen, avec ses 22 000 habitants, fait partie de l'itinéraire de la *Romantische Strasse*, Route romantique. Ville fortifiée, ses origines remontent au Xe siècle. La muraille qui l'entoure a été, quant à elle, rajoutée au XIVe siècle seulement. Aujourd'hui encore, cette cité ancienne au cœur de la vallée de la rivière Ries a su conserver tout son cachet d'antan avec ses vieilles constructions à colombages, héritage du Moyen Age.

Transports

■ TRAINS RÉGIONAUX BEG
✆ +49 89 748 8250
www.bayern-takt.de
De/vers Donauwörth : 30 minutes.

Pratique

■ INTERNET-CAFÉ PLANET
Augsburger Str. 25 ✆ +49 9081 290 5444

■ OFFICE DU TOURISME DE NÖRDLINGEN
Sur la Marktplatz 2
✆ +49 9081 841 16
Fax : +49 9081 841 13
www.noerdlingen.de
Ouvert de Pâques à octobre, du lundi au jeudi de 9h à 18h, le vendredi jusqu'à 16h30 et le samedi de 9h30 à 13h ; le reste de l'année, du lundi au jeudi de 9h à 17h, le vendredi jusqu'à 15h30.

Se loger

■ GASTHOF ZUM ENGEL
Wemdinger Str. 4 ✆ +49 9081 3167
Fax : +49 9081 5735
www.riesgastronomie.de/gasthof-engel
Chambre simple à 36 €, double à 58 €, petit déjeuner inclus.
Décoration moderne dans les chambres. Elles sont toutes équipées de salle de bains, TV et téléphone.

■ KAISERHOF HOTEL SONNE
Marktplatz 3 ✆ +49 9081 5067
Fax : +49 9081 239 99
www.kaiserhof-hotel-sonne.de
Chambre double/suite de 72 à 135 €.
Très bel hôtel avec toutes les commodités. Service impeccable et charme bavarois ont su forger la réputation de cet établissement qui peut s'enorgueillir, par le passé, d'avoir accueilli de nombreuses personnalités.

■ NH KLÖSTERLE NÖRDLINGEN
Beim Klösterle 1 ✆ +49 908 187 080
Fax : +49 908 187 081 00
www.nh-hotels.com
Chambre à partir de 51 €.
Bâtiment de grande classe et qui se prévaut de ses quatre étoiles, le NH Klösterle en plein centre ville n'abuse cependant pas de la qualité de ses prestations pour gonfler ses prix et c'est de fait une très bonne opportunité pour tous ceux qui envisagent d'effectuer la route romantique et de passer un séjour plus ou moins long à Nördlingen. Les beaux jours, vous ne pourrez résister à la terrasse du lieu qui ajoute encore à l'aspect très hospitalier du lieu. Présence d'une salle de remise en forme.

Se restaurer

■ GASTHOF GOLDENER SCHLÜSSEL
Augsburger Str. 24 ✆ +49 9081 3581
www.goldener-schluessel.de
Plats entre 5 et 17 €.
Les spécialités gastronomiques de l'Allgäu y sont à l'honneur. L'été, la terrasse est aménagée de parasols pour le plus grand plaisir de ses visiteurs.

■ GASTHOF SCHWARZES LAMM
Am Deininger Tor. 25 ✆ +49 9081 3565
www.nordschwaben.de/schwarzes-lamm
Plats entre 5 et 18 €.
La salle de restaurant, tout en bois, est harmonieusement décorée. La cuisine typique du terroir y est excellente et il en va de même pour la bière ! Notons que cet *Gasthof* dispose également de chambres.

■ GRILLSTUBE HACH
Bei den Kornschrannen 10
✆ +49 9081 3177 – www.grillstube-hach.de
Plats entre 1,80 et 12,90 €.
Ambiance très sympathique dans cet établissement qui dispose d'un très agréable Biergarten. Décor typiquement bavarois et le rapport qualité/prix est assez bien respecté.

À voir – À faire

■ BAYERISCHES EISENBAHNMUSEUM (MUSÉE DU TRAIN)
Am hohen Weg ✆ +49 9083 340
www.bayerisches-eisenbahnmuseum.de
Dans les entrepôts de la Königlich Bayerischer Staatsbahn dans le quartier est de la gare.
De mars à octobre, ouvert le samedi de midi à 16h, les dimanche et jours fériés de 10h à 17h ; de mai à septembre, ouverture supplémentaire du mardi au samedi de midi à 16h. Adulte : 6 €, réduit : 3 €. Les passionnés de train et de locomotives y seront aux anges ! Créé en 1969, il ne compte pas moins de 25 locomotives à vapeur ainsi qu'une centaine de véhicules, exposés dans une gigantesque enceinte.

■ RIESKRATER MUSEUM
Eugene-Shoemaker-Platz 1
✆ +49 9081 273 8220
www.rieskrater-museum.de
Fermé le lundi. Ouvert de mai à octobre, du mardi au dimanche de 10h à 16h30 ; de novembre à avril, de 10h à midi et de 13h30 à 16h30. Adulte : 4 €, réduit : 2 €.
Installé dans un ancien bâtiment datant de 1503 qui a été totalement rénové pour l'occasion, le musée traite de la planétologie et, plus particulièrement, de la formation des météorites et de leur impact lorsqu'elles terminent leur course sur Terre.

■ SANKT-GEORGSKIRCHE (ÉGLISE SAINT-GEORGES)
Marktplatz
De la mi-mars à début novembre, ouvert du lundi au vendredi de 9h30 à 12h30 et de 14h à 17h, le samedi de 9h30 à 17h, le dimanche de 11h à 17h ; de début novembre à mi-mars, du mardi au dimanche de 11h à 13h. Adulte : 3 €, réduit : 2 €.
Les travaux d'édification de l'église gothique Saint-Georges ont débuté le 17 octobre 1427. Elle domine toute la ville avec sa tour, Daniel Turm, achevée en 1490, qui mesure 90 m de hauteur et qui peut être visitée. La vue du sommet y est troublante et fascinante. Le maître-autel a été réalisé par Friedrich Herlin en 1462. En 1523-1525, pendant la Réforme, l'église devient le lieu de culte évangélique de la ville.

■ STADTMAUERMUSEUM (MUSÉE DES MURS DE LA VILLE)
Löpsinger Torturm ✆ +49 9081 91 80
Ouvert en semaine de 10h à 16h30, d'avril à octobre. Adulte : 2,50 €, réduit : 1,25 €.
Ce musée retrace l'histoire des fortifications de la ville.

■ STADTMUSEUM (MUSÉE DE LA VILLE)
Vordere Gerbergasse 1
✆ +49 9081 273 8230
www.stadtmuseum-noerdlingen.de
Ouvert du mardi au dimanche de 13h30 à 16h30, de mars à début novembre. Adulte : 2,50 €, réduit : 1,25 €. Installé dans un ancien hôpital, le musée retrace toute l'histoire de la ville sous la forme de nombreux tableaux des XVe et XVIe siècles, d'objets en étain…

ORGANISER SON SÉJOUR

Kulturbrauerei.

Pense futé

ARGENT

Monnaie
La monnaie utilisée est l'euro (€). Et il faut savoir que s'il existe des billets de 500 €, c'est surtout pour satisfaire les Allemands qui ont l'habitude de tout payer en liquide.

Coût de la vie
L'expression Teuro est la combinaison d'euro et de *teuer*, qui signifie « cher » en allemand. Elle est apparue en 2002 à la suite du passage du Deutsche Mark à l'euro et traduit le sentiment d'inflation des Allemands suite au changement de monnaie. D'où l'expression « mit dem Euro ist alles teuer geworden » (avec l'euro, tout est devenu plus cher). Même si différentes études ont démontré que l'inflation réelle des biens et services est bien moindre que celle dénoncée, la majorité des Allemands continuent de regretter l'échange du Deutsche Mark contre l'euro. En revanche, l'augmentation de la TVA, qui est depuis début 2007 passée à 19 %, a eu elle des conséquences sur le prix des biens et des services.

Budget
▶ **Petit budget :** on peut dormir en auberge de jeunesse pour moins de 20 €, manger entre 5 et 10 € un snack, sandwich, kebab un peu partout en ville et boire un verre pour 3 €.

▶ **Moyen budget :** on peut trouver un petit *hostel* pour 50 € la nuit, un resto entre 10 et 15 € et un concert pour 12 €.

▶ **Gros budget :** on peut trouver une belle chambre à partir de 120 €, un bon resto pour 30 € et profiter des meilleurs cocktails de la ville pour 10 €.
Ainsi, quel que soit votre budget, Berlin reste une ville abordable.

Banques et change
Les banques sont ouvertes en général en semaine, le matin de 8h à 13h et l'après-midi de 14h à 16h ou 17h, mais il y a des variantes. En revanche, il est rare d'en trouver une ouverte le samedi. Les plus grandes banques sont la Dresdner Bank, la Commerzbank, la Deutsche Bank ou encore la Deutsche Post. Quant aux distributeurs, on en trouve à tous les coins de rue, surtout sur les avenues passantes comme Ku'damm ou Friedrichstrasse.

■ **NATIONAL CHANGE**
℡ 01 42 66 65 64
www.nationalchange.com
N'hésitez pas à contacter notre partenaire en mentionnant le code PF06 ou en consultant le site Internet. Vos devises et chèques de voyage vous seront envoyés à domicile.

Moyens de paiement
Les seuls moyens de paiement sont la carte bancaire ou le liquide, les chèques n'existent pas. Or il vaut mieux avoir de grosses sommes en liquide qu'une carte bleue internationale, tout d'abord parce que peu de boutiques ou supermarchés sont équipés de lecteurs de cartes à puce, mais aussi, quand c'est le cas, parce qu'ils sont souvent équipés de lecteurs de EC Karte et c'est tout.

▶ **Qu'est-ce que la EC Karte ?** Il s'agit de la carte de paiement allemande, qui a été développée avec une puce différente des cartes de paiement des autres pays ! C'est pourquoi si un magasin désire que ses clients puissent payer aussi bien avec une EC Karte qu'avec une carte internationale, il doit se procurer deux lecteurs de cartes à puce et donc payer deux fois plus cher. Or seuls les

Un cadeau offert avec le Code Avantage : PF06

titulaires d'un compte bancaire allemand reçoivent une EC Karte.
On notera qu'il est souvent possible de payer avec une carte internationale sur les grands axes très commerciaux et touristiques (Ku'damm) et dans les restaurants et hôtels de catégorie supérieure.

Cash

Si vous payez par carte bancaire ou retirez des espèces dans un pays de la zone euro, les frais bancaires seront les mêmes que ceux qui s'appliquent en France.

Transfert d'argent

Avec ce système, on peut envoyer et recevoir de l'argent de n'importe où dans le monde en quelques minutes. Le principe est simple : un de vos proches se rend dans un point MoneyGram® ou Western Union® (poste, banque, station-service, épicerie…), il donne votre nom et verse une somme à son interlocuteur. De votre côté de la planète, vous vous rendez dans un point de la même filiale. Sur simple présentation d'une pièce d'identité avec photo et de la référence du transfert, on vous remettra aussitôt l'argent.

Carte de crédit

▶ **Avant votre départ,** pensez à vérifier avec votre conseiller bancaire la limitation de votre plafond de paiement et de retrait. Demandez, si besoin est, une autorisation exceptionnelle pour la période de votre voyage.

▶ **En cas de perte ou de vol** de votre carte de paiement, appelez le serveur vocal du groupement des cartes bancaires Visa® et MasterCard® au ✆ (00 33) 892 705 705 ou (00 33) 836 690 880. Il est accessible 7j/7 et 24h/24. Si vous connaissez le numéro de votre carte bancaire, l'opposition est immédiate et confirmée. Dans le cas contraire, l'opposition est enregistrée mais vous devez confirmer l'annulation à votre banque par fax ou lettre recommandée.

▶ **En cas de dysfonctionnement de votre carte de paiement** ou si vous avez atteint votre plafond de retrait, vous pouvez bénéficier d'un *cash advance*. Proposé dans la plupart des grandes banques, ce service permet de retirer du liquide sur simple présentation de votre carte au guichet d'un établissement bancaire, que ce soit le vôtre ou non. On vous demandera souvent une pièce d'identité. En général, le plafond du *cash advance* est identique à celui des retraits, et les deux se cumulent (si votre plafond est fixé à 500 €, vous pouvez retirer 1 000 € : 500 € au distributeur, 500 € en *cash advance*). Quant au coût de l'opération, c'est celui d'un retrait à l'étranger.

Traveler's Cheques

Ce sont des chèques prépayés émis par une banque, valables partout, et qui permettent d'obtenir des espèces dans un établissement bancaire ou de payer directement ses achats auprès de très nombreux lieux affiliés (boutiques, hôtels, restaurants…). Ils sont valables à vie. Leur avantage principal est l'inviolabilité : un système de double signature (la deuxième étant faite par vous devant le commerçant) empêche toute utilisation frauduleuse. A la fin de votre séjour, s'il vous en reste, vous pourrez les changer contre des euros ou les restituer à votre banque qui les imputera à votre compte courant. A noter que le paiement par chèque classique est rarement possible à l'étranger. Lorsque c'est le cas, l'utilisation est compliquée et très coûteuse.

Pourboires, marchandage et taxes

▶ **Pourboire (*Trinkgeld*).** « *Zusammen oder getrennt ?* » – « Vous payez ensemble ou séparément ? » Le système de paiement est généralement différent du système français. Ici, le serveur ne laisse pas la note sur la table en attendant que chacun fasse ses comptes ; il s'assoit à la table et fait le compte de ce que chacun a consommé. De même, ne laissez pas la monnaie sur la table en partant, mais réglez l'addition directement avec le serveur. Le service et les taxes étant compris dans l'addition, le pourboire n'est pas obligatoire, mais toujours bienvenu. On laisse en général 5 à 10 %.
Ainsi, si l'on reçoit une facture de 11,80 €, on dira « auf 13 » par exemple au moment de payer, signifiant que le serveur doit vous rendre la monnaie sur 13 € et garder la différence pour lui.

▶ **Marchandage :** il n'est pas de mise de marchander dans les boutiques mais bien entendu il est toujours possible de faire baisser le prix sur les marchés aux puces et les vendeurs ambulants.

▶ **Taxes :** elles sont comprises dans le prix final comme en France.

Duty Free

Vous pouvez bénéficier des offres Duty Free ! Les prix des cigarettes, parfums et cosmétiques ne sont cependant pas toujours plus avantageux qu'en France. Regardez bien les prix avant d'acheter.

BAGAGES

Que mettre dans ses bagages ?
Il n'y a rien de particulier à prévoir pour un séjour à Berlin qu'on ne prendrait pour un séjour en France, des habits bien chauds et de bonnes chaussures fourrées si vous décidez d'y aller en hiver, notamment à l'époque du nouvel an, car les températures descendent facilement en dessous de zéro.

Matériel de voyage

■ **INUKA**
www.inuka.com
Ce site vous permet de commander en ligne tous les produits nécessaires à votre voyage, du matériel de survie à celui d'observation en passant par les gourdes ou la nourriture lyophilisée.

DÉCALAGE HORAIRE

C'est très simple : il n'y a pas de décalage horaire ni entre la France et l'Allemagne, ni entre la Belgique et l'Allemagne et ni entre la Suisse et l'Allemagne.

ÉLECTRICITÉ, POIDS ET MESURES

Identique en tout point à la France, l'Allemagne à la différence de l'Angleterre possède les mêmes prises électriques et côté unité de mesures, parle en kilogrammes et en kilomètres !

FORMALITÉS ET DOUANES

▶ **Pour un séjour de moins de trois mois,** les ressortissants de l'Union européenne auront besoin d'une simple carte d'identité ou d'un passeport en cours de validité. Pour les ressortissants de Suisse et du Canada, il est nécessaire d'avoir un passeport.

▶ **Pour les séjours de plus de trois mois,** il vous faudra demander une carte de séjour à l'Office des étrangers. Pour cela il vous faudra fournir une pièce d'identité valide, une attestation de domicile et un justificatif de ressources.

▶ **Attention aux conditions d'entrée** pour vos animaux de compagnie. Renseignez-vous auprès de l'ambassade ou du consulat avant votre départ pour savoir comment ils pourront vous accompagner. Pour l'Allemagne, il faut que l'animal soit vacciné contre la rage mais il n'y a pas de mise en quarantaine à l'entrée du pays.

Obtention du passeport
Les passeports délivrés en France sont désormais biométriques. Ils comportent votre photo, vos empreintes digitales et une puce sécurisée. Pour l'obtenir, rendez-vous en mairie muni d'un timbre fiscal, d'un justificatif de domicile, d'une pièce d'identité et de deux photos d'identité. Le passeport est délivré sous trois semaines environ. Il est valable dix ans. Les enfants doivent disposer d'un passeport personnel (valable cinq ans).

▶ **Conseil futé.** Avant de partir, pensez à photocopier tous les documents que vous emportez avec vous. Vous emporterez un exemplaire de chaque document et laisserez l'autre à quelqu'un en France. En cas de perte ou de vol, les démarches de renouvellement seront ainsi beaucoup plus simples auprès des autorités consulaires. Vous pouvez également conserver des copies sur le site Internet officiel mon.service-public.fr – Il vous suffit de créer un compte et de scanner toutes vos pièces d'identité et autres documents importants dans l'espace confidentiel.

Douanes
Si vous voyagez avec 10 000 € de devises ou plus, vous devez impérativement le signaler à la douane. En dehors de ce cas, vous n'avez rien à déclarer lors de votre retour en France. Vous êtes autorisé à acheter pour vos besoins personnels des biens dans un autre Etat

membre de l'Union européenne sans limitation de quantité ou de valeur. Seules exceptions : tabac et alcool pour l'achat desquels, au-delà des franchises indiquées, vous devez acquitter les droits de douane et la T.V.A. Les franchises ne sont pas cumulatives. Contactez la douane pour en savoir plus.

Tabac

▶ **Jusqu'à 5 cartouches de cigarettes** (soit 1 kg de tabac) sans aucune formalité.

▶ **De 6 à 10 cartouches,** vous devez produire un document simplifié d'accompagnement (DSA) à obtenir auprès de la douane.

▶ **Ramener plus de 10 cartouches** de cigarettes (ou 2 kg de tabac) est interdit dans tous les cas. Saisie et pénalité sont alors à prévoir.

▶ **Attention, les quantités** ci-dessus s'appliquent par moyen de transport, pour les véhicules particuliers et les camions,

Tabac	Cigarettes (cartouches)	5
	Tabac à fumer (g)	1000
	Cigares (unités)	250
Alcool (litres)	Vin	90
	Bière	110
	Produits intermédiaires (- 22°)	20
	Boissons spiritueuses (+ 22°)	10

quel que soit le nombre de passagers à bord. Si le transport s'effectue en moyen de transport collectif (car, train, bateau, avion) ces quantités s'appliquent par passager adulte.

■ **DOUANES FRANÇAISES**
✆ 0 811 20 44 44
www.douane.gouv.fr

HORAIRES D'OUVERTURE

Les syndicats des commerçants étant très forts en Allemagne, les magasins ferment souvent tôt, surtout le samedi. En effet, en semaine les magasins ouvrent entre 8h et 10h et ferment entre 18h et 20h selon le type de magasin et la localisation de l'établissement. Ainsi les supermarchés auront plutôt tendance à ouvrir leurs portes dès 8h alors que les boutiques de mode sur Ku'Damm seront ouvertes dès 10h et le resteront jusqu'à 20h. Le samedi, les magasins ferment entre 16h et 18h sauf sur Ku'Damm où les boutiques restent ouvertes plus tard jusqu'à 20h.
Une loi votée fin 2006 a sonné le glas des horaires imposés d'ouverture. Jusqu'ici la loi interdisait aux magasins de rester ouverts après 20h. Désormais tout ou presque est permis, et les grandes enseignes ont élargi leurs horaires d'ouverture. Autant vous dire qu'elle n'a pas fait l'unanimité auprès des employés. Toutefois, cette loi pose aussi la règle des six dimanches. Pas plus de six dimanches par an d'ouverture. Les restaurants et bars ne sont pas soumis à cette règle.
Pendant les week-ends, pensez à flâner aux marchés aux puces, les *flohmarkt*.

▶ **Vous trouverez les lieux et jours de marché à l'adresse suivante.** www.visitberlin.de/english/berlin-erleben/e_be_shopping_maerkte.php

INTERNET

En général, les prix de connexion dans les cybercafés sont de 1 € les 15 minutes et de 3 € l'heure, les prix variant selon les quartiers. Il est assez facile de trouver des cybercafés.

plus de **500 000 adresses** et **bons plans,**

l'avis des internautes,

des **jeux concours**...

Egalement disponible sur **votre** smartphone

www.petitfute.com

JOURS FÉRIÉS

Tous les Länder n'ont pas tous les mêmes jours fériés car ils n'ont pas les mêmes fêtes religieuses. En effet, les Länder du sud de l'Allemagne ont une dominante religieuse catholique alors que les Länder du Nord ont une dominante religieuse protestante.
Toujours est-il que Berlin est le Land qui a le moins de jours fériés ! Ils sont les suivants.

▶ **Le jour de l'An** (Sylvester) à passer sous les feux d'artifice de la porte de Brandebourg.

▶ **Le Vendredi Saint et le lundi de Pâques.**

▶ **Le 1er mai :** à passer à Kreuzberg pour la fête du quartier (Straßenfest) et les émeutes.

▶ **L'Ascension.**

▶ **La Pentecôte.**

▶ **La fête nationale** (jour officiel de la réunification, le 3 octobre) : peu de grandes cérémonies mais des attractions et des stands de saucisses sont montés sur l'avenue du 17-Juin.

▶ **Noël** (25 et 26 décembre).

LANGUES PARLÉES

La langue parlée est l'allemand, majoritairement le Hochdeutsch (celui que l'on apprend à l'école et qui vient du nord de l'Allemagne, la ville de Hambourg en revendiquant la paternité). En général, les Allemands parlent bien l'anglais, et parfois le français (plus rare). Certains parlent aussi en plus le berlinois (*berlinerisch*), un dialecte dont on ne comprend pas tous les mots, même après plusieurs mois. C'est relativement rare d'entendre parler *berlinerisch* à Berlin dans la mesure où peu de gens que vous y rencontrez viennent réellement de Berlin. Cependant, le vrai Berlinois a un accent reconnaissable. Les « g » sont transformés en [j], les « s » en [t], les « ei » en [ee]. Le « je t'aime » *(ich liebe dich)* deviendra [ick liebe dir] et on entend ainsi souvent « jut » (prononcez [yout] pour *gut*. Ce dialecte est fortement influencé par le *sudmärkisch*, dialecte du Brandenburg, mais comporte aussi des éléments du hollandais, du slave, de l'hébreu et du français. Parmi les mots d'origine française, les *bouletten* (boulettes de viande) bien sûr mais aussi *die bredullje* (bredouille), *aus der lameng* (à la main), *fisimatenten* (visite ma tente – c'est ce que murmuraient les soldats de Napoléon à l'oreille des Berlinoises – signifie les ennuis). Ce mélange à la grammaire toute relative (le génitif a tendance à disparaître et le datif et l'accusatif s'inversent souvent) peut être parfois perçu comme très direct, voire impoli. L'allemand est loin d'être la langue la plus facile à apprendre et nécessite de nombreuses années de cours de grammaire et de pratique. Il existe des organismes à Berlin qui proposent des cours d'allemand comme langue étrangère. On trouve leurs coordonnées dans les métros. On peut citer la Harnackschule, Prolog ou le Goethe Institut. On trouve aussi le Goethe Institut en France.

▶ **Apprendre la langue :** il existe différents moyens d'apprendre quelques bases de la langue et l'offre pour l'auto-apprentissage peut se faire sur différents supports : CD, cassettes vidéo, cahiers d'exercices ou même directement sur Internet.

■ ASSIMIL
11, rue des Pyramides (1er) Paris
© 01 42 60 40 66
Fax : 01 40 20 02 17
www.assimil.com
M° Pyramides
Assimil est le précurseur des méthodes d'auto-apprentissage des langues en France, la référence lorsqu'il s'agit de langues étrangères. C'est aussi une nouvelle façon d'apprendre : une méthodologie originale et efficace, le principe, unique au monde, de l'assimilation intuitive.

■ GOETHE INSTITUT
17, avenue d'Iéna (16e) Paris
© 01 44 43 92 30
www.goethe.de/paris
M° Iéna
Fermé de fin juillet à mi août. Ouvert du lundi au vendredi de 9h à 21h, le samedi de 9h à 14h.
La culture allemande est à découvrir sous tous ses aspects dans cet institut qui porte le nom d'un des plus grands hommes de lettre de langue germanique. Des expositions variées, des concerts (classique, jazz), des projections

de film, des lectures de textes littéraires et des débats sont au programme. Vous trouverez également ici une bibliothèque, ainsi que des cours, des ateliers et des séminaires d'allemand pour tous les niveaux.

■ **POLYGLOT**
www.polyglot-learn-language.com
Ce site propose à des personnes désireuses d'apprendre une langue d'entrer en contact avec d'autres dont c'est la langue maternelle. Une manière conviviale de s'initier à la langue et d'échanger.

■ **TELL ME MORE ONLINE**
www.tellmemore-online.com
Sur ce site Internet, votre niveau est d'abord évalué et des objectifs sont fixés en conséquence. Ensuite, vous vous plongez parmi les 10 000 exercices et 2 000 heures de cours proposés. Enfin, votre niveau final est certifié selon les principaux tests de langues.

POSTE

Les bureaux de poste sont jaunes, comme en France, et toujours remplis de monde quand on y va, comme en France. Les tarifs sont en revanche plus élevés. Ici, un timbre pour une carte postale vers la France coûte 0,65 € et 0,70 € pour une lettre (qui n'arrive pas plus rapidement). On trouve des timbres dans les bureaux de poste (ouverts souvent jusqu'à 18h, parfois plus longtemps), dans les distributeurs de timbres (rares), dans les kiosques (parfois) ou chez certains marchands de cartes postales. Une carte postale coûte entre 0,50 € et 1,50 € en général. Les boîtes aux lettres sont jaunes ; à destination de la France, glissez votre courrier dans la fente *Andere Postzahlen*.

QUAND PARTIR ?

Climat

La meilleure période pour partir est celle qui est comprise entre mai et septembre. La neige ayant fini de fondre, Berlin renaît pour devenir une des plus agréables villes d'Europe. Avec un climat clément, point de risque de canicule ici, mais des températures estivales et un soleil assuré. La ville se transforme alors et tous les Berlinois qui semblaient avoir disparu pendant l'hiver s'installent en terrasse. C'est alors le moment de sortir les barbecues pour faire des grillades dans les parcs ou d'aller se baigner dans les lacs aux alentours de Berlin. Les piscines en plein air (*freibad*) ouvrent leurs portes de même que les cinémas en plein air (*freiluftskino*) et les *strandbar* (bars en extérieur, aménagés avec du sable). C'est aussi la période des festivals ou événements comme le Carnaval des cultures.

La période hivernale, entre novembre et mars, plus froide (très froide !) est aussi un bon moment pour découvrir la ville. Février est le mois du Festival de cinéma de Berlin (la Berlinale, où est décerné l'Ours d'or). Cependant en hiver, les températures chutent et peuvent parfois descendre jusqu'à moins 10 °C la nuit. Le froid berlinois est généralement sec, il n'est donc pas forcément désagréable si l'on est bien couvert. En revanche, les larges rues sont autant de boulevards dans lesquels s'engouffre un vent assez violent. Notez que la nuit tombe très tôt en hiver : aux environs de 16h, donc organisez vos sorties en fonction.

■ **MÉTÉO CONSULT**
www.meteo-consult.com
Sur ce site vous trouverez les prévisions météorologiques pour le monde entier. Vous connaîtrez ainsi le temps qu'il fait sur place.

Haute et basse saisons touristiques

Comme dans la plupart des capitales européennes, Berlin voit le nombre de ses touristes augmenter avec l'arrivée des beaux jours, entre avril/mai et septembre/octobre. C'est d'ailleurs là que les horaires de musées ralongent et que certains lieux ouvrent exprès (*beergarten*). Les vacances scolaires sont bien entendues les périodes les plus fréquentées avec un pic pour juillet et août. Privilégiez donc les demi-saisons, juin et septembre par exemple.

Manifestations spéciales

A éviter absolument : les périodes de foires et de congrès, à moins que vous ne veniez en ville spécialement pour ces événements. Les hôtels sont alors pris d'assaut.

SANTÉ

Adieu le formulaire E111, E128, etc., la carte européenne d'assurance maladie remplace les multiples formulaires depuis 2006 ! Cette carte vous garantit la prise en charge dans les mêmes conditions que les Allemands et le remboursement de frais médicaux sur place ou très rapidement après votre retour. Il vous faut la demander au moins deux semaines avant votre départ à votre Caisse d'assurance maladie. Si les délais sont trop courts, il vous sera délivré un certificat provisoire de remplacement. Vous n'avez aucun document spécifique à fournir et cette carte sera valable un an. Elle est personnelle, chaque enfant doit donc aussi avoir la sienne. Une fois sur place, présentez votre carte chez le médecin, le pharmacien et dans les hôpitaux du service public. Soit vous serez dispensé de l'avance des frais médicaux, soit vous serez remboursé sur place par l'organisme de sécurité sociale allemand, souvent l'AOK. Dans tous les cas, vous devrez cependant payer une somme forfaitaire de 10 €, quel que soit l'acte médical effectué.

Conseils

Pour vous informer de l'état sanitaire du pays et recevoir des conseils, n'hésitez pas à consulter votre médecin. Vous pouvez aussi vous adresser à la Société de médecine des voyages du centre médical de l'Institut Pasteur au ✆ 01 40 61 38 46 (www.pasteur.fr/sante/cmed/voy/listpays.html) ou vous rendre sur le site du Cimed (www.cimed.org), du ministère des Affaires étrangères à la rubrique « Conseils aux voyageurs » (www.diplomatie.gouv.fr/voyageurs) ou de l'Institut national de veille sanitaire (www.invs.sante.fr).

En cas de maladie

Un réflexe : contacter le Consulat de France. Il se chargera de vous aider, de vous accompagner et vous fournira la liste des médecins francophones. En cas de problème grave, c'est aussi lui qui prévient la famille et qui décide du rapatriement. Pour connaître les urgences et établissements aux standards internationaux : consulter les sites www.cimed.org – www.diplomatie.gouv.fr et www.pasteur.fr

Assistance rapatriement – Assistance médicale

Assurance – Assistance médicale

Sachez tout d'abord qu'il est possible de bénéficier des avantages de la Sécurité sociale, même à l'étranger. A l'international, des garanties de sécurité sociale s'appliquent et sont mises en œuvre par le Centre des liaisons européennes et internationales de Sécurité sociale (www.cleiss.fr) chargé d'aiguiller les ressortissants dans leurs démarches. Mais cette prise en charge a ses limites. C'est pourquoi souscrire à une assurance maladie peut s'avérer très utile. Les prestations comprennent la plupart du temps le rapatriement, les frais médicaux et d'hospitalisation, le paiement des examens de recherche ou le transport du corps en cas de décès.

Rapatriement sanitaire par les opérateurs de cartes bancaires

Si vous possédez une carte bancaire Visa® et MasterCard®, vous bénéficiez automatiquement d'une assurance médicale et d'une assistance rapatriement sanitaire valables pour tout déplacement à l'étranger de moins de 90 jours (le paiement de votre voyage avec la carte n'est pas nécessaire pour être couvert, la simple détention d'une carte valide vous assure une couverture). Renseignez-vous auprès de votre banque et vérifiez attentivement le montant global de la couverture et des franchises ainsi que les conditions de prise en charge et les clauses d'exclusion. Si vous n'êtes pas couvert par l'une de ces cartes, n'oubliez surtout pas de souscrire une assistance médicale avant de partir.

■ **CABINET CHAUBET COURTAGE**
15, rue Tronchet (8e) Paris
✆ 01 42 66 30 04
www.cabinet-chaubet.fr
Spécialiste des assurances voyages, ce cabinet saura proposer des solutions adaptées à chacun, en fonction du voyage, de la destination, du tour-opérateur et des modalités de voyage.

■ **SÉCURITÉ SOCIALE**
11, rue de la Tour des Dames
Cedex 09 – 75436 Paris
✆ 01 45 26 33 41
Fax : 01 49 95 06 50
www.ameli.fr
Plus d'informations sur l'assistance médicale à l'étranger au Centre des Liaisons Européennes et Internationales de la Sécurité sociale (Cleiss).

Trousse à pharmacie

La plupart des médicaments français existent en Allemagne, mais bien souvent sous un autre nom ! En cas de traitement particulier, le mieux est soit de partir avec suffisamment de boîtes pour le séjour, soit d'emmener la composition et la description du médicament afin que le médecin allemand trouve un équivalent. Attention tout de même, les prescriptions françaises ne sont pas toujours les mêmes que les prescriptions allemandes ; ainsi, si la pilule du lendemain est en vente libre en France, il n'en est pas de même en Allemagne… cela peut être utile de le savoir.

Médecins parlant français

Il existe des médecins francophones à Berlin, l'ambassade de France en a la liste qu'elle publie sur son site Internet à l'adresse suivante – www.ambafrance-de.org – (*voir rubrique « Vivre en Allemagne » puis « Vie pratique »*). Pour connaître le nom et l'adresse du médecin et de la pharmacie de garde, il suffit de regarder dans un journal local ou d'aller à la pharmacie la plus proche : c'est indiqué sur la porte (comme en France).
Voici la liste des médecins parlant français proposée par l'ambassade.

- **Dr. Stephan-Peter Hamm.** Assmannhauser Strasse 11 A14197 Berlin ✆ (030) 82 70 93 00.
- **Dr. Susanne LUTZ.** Naturheilverfahren-Waidmannluster Damm 2113509 Berlin ✆ (030) 43 31 263.
- **Dr. Christopher Marchand.** Pestalozzistrasse 57 A (angle Windscheidstraße) 10627 Berlin ✆ (030) 323 82 22 – www.hausarzt-marchand.de
- **Dr. Olaf Meyer.** Seestrasse 9913353 Berlin ✆ (030) 451 48 05 – 0176 23 20 24 69.
- **Dr. Friedrich-Wilhelm.** Neubauer Reichsstrasse 10814052 Berlin ✆ (030) 302 37 15. Mercredi de 12h30 à 15h et vendredi de 9h à midi, patients privés uniquement.
- **Dr. Jean-Claude Popot.** Médecin conseil auprès du consulat Bouchéstrasse 2312435 Berlin ✆ (030) 534 84 00.
- **Dr. Frank VOSS.** Reichsstrasse 10814052 Berlin ✆ (030) 302 37 15. Du lundi au vendredi de 8h à midi, et de 16h à 18h le lundi, mardi, jeudi.

Hôpitaux – Cliniques – Pharmacies

■ **CHARITÉ MITTE**
Charitéplatz 1 ✆ +49 30 450 531 000
Voir la rubrique Berlin.

Urgences

Voici la liste de numéros d'urgence fournie par l'ambassade.

- **Pompiers** ✆ 112.
- **Police-secours** ✆ 110.
- **Samu** ✆ 197 27.
- **Médecins/pharmacies** ✆ 31 00 31 ou 192 42.
- **Vétérinaires** ✆ 0 11 41.
- **Dentistes** ✆ 0172 39 03 128.
- **Centre anti-poison** ✆ 192 40.

Voyagez malin, assurez-vous futé !

Parce que voyager dans le monde ou à côté de chez vous, vous expose à de nombreux risques et qu'il serait dommage de rater vos vacances, PETIT FUTÉ à créé spécialement pour vous une gamme complète d'assurances voyages à des prix malins ! Que vous voyagiez seul, en couple, en famille, entre amis… que vous soyez sportif ou grand voyageur… à chacun sa solution futé !!

Assurance Multirisque à partir de 13,50 € / personne

Découvrez toutes nos offres, informations et conseils sur :

■ **ASSUR FUTE**
✆ 05 34 45 31 52
www.assurancefute.com

SÉCURITÉ ET ACCESSIBILITÉ

Dangers potentiels et conseils

L'Allemagne est un pays sûr ou les gens sont généralement très polis et respectueux. Comme dans tous les lieux touristiques, faites attention aux vols à la tire et à la petite délinquance.
Pour connaître les dernières informations sur la sécurité sur place, consultez la rubrique « Conseils aux voyageurs » du site du ministère des Affaires étrangères : www.diplomatie.gouv.fr/voyageurs – Sachez cependant que le site dresse une liste exhaustive des dangers potentiels et que cela donne parfois une image un peu alarmiste de la situation réelle du pays, mais l'Allemagne et Berlin sont très sûrs de manière générale.

Femme seule en voyage

Berlin est une ville qui ne présente pas de danger spécial pour une femme seule et il est tout à fait possible de se promener de jour comme de nuit dans n'importe quel quartier. Evitez cependant de vous balader trop tard le samedi soir car beaucoup de jeunes un peu éméchés traînent, dans les métros notamment, privilégiez dans ce cas là le taxi.

Voyager avec des enfants

Il est très facile de voyager avec un enfant à Berlin, beaucoup de choses sont orientées ou au moins destinées à la visite avec des enfants, menus spéciaux dans les restaurants et tarifs réduits dans les musées permettent de voyager facilement en famille.

Voyageur handicapé

Beaucoup de stations de S-Bahn et U-Bahn possèdent des ascenseurs pour faciliter l'accès au quai pour les personnes à mobilité réduite (les informations sont indiquées sur les cartes de transport). Les trottoirs sont larges et les chaussées en bon état pour une circulation sans trop de difficultés en fauteuil. Enfin, vu le vaste choix en hôtellerie, il est possible de trouver des hôtels pour tous les budgets, spécialement équipés pour les personnes handicapées. Pour planifier tout cela et vous aider dans vos démarches le mieux est de contacter l'office du tourisme qui vous fournira des informations supplémentaires. Différents organismes et associations peuvent également vous aider à planifier votre voyage.

■ **ACTIS VOYAGES**
actis-voyages.fr
Voyages adaptés pour le public sourd et malentendant.

■ **ADAPTOURS**
www.adaptours.fr

■ **AILLEURS ET AUTREMENT**
www.ailleursetautrement.fr
Pour des personnes souffrant de handicap physique et/ou mental.

■ **COMPTOIR DES VOYAGES**
2-18, rue Saint-Victor (5e) Paris
✆ 0 892 239 339
www.comptoir.fr
Fauteuil roulant (manuel ou électrique), cannes ou béquilles, difficultés de déplacement... Quel que soit le handicap du voyageur, Comptoir des Voyages met à sa disposition des équipements adaptés et adaptables, dans un souci de confort et d'autonomie. Chacun pourra voyager en toute liberté.

Lexique téléphonique

Sachez tout d'abord que les Allemands ont pour habitude d'énoncer leur nom en décrochant le téléphone, un peu surprenant les premières fois, cela peut se révéler très pratique.

▸ *Vorwahl* : préfixe.

▸ *Kein Anschluss unter dieser Nummer* : le numéro est indisponible.

▸ *Dieser Anschluss ist vorübergehend nicht erreichbar* : le numéro est temporairement indisponible.

▸ *Diese Rufnummer hat sich geändert* : ce numéro a changé.

▸ *Bitte warten Sie, Sie werden in Kürze verbunden* : veuillez attendre, la connexion sera établie sous peu.

▸ *Bitte versuchen Sie es später noch einmal* : veuillez réessayer plus tard.

■ ÉVÉNEMENTS ET VOYAGES
www.evenements-et-voyages.com
Sports mécaniques, sports collectifs, festivals et concerts, Evénements et Voyages propose à ses voyageurs d'assister à la manifestation de leur choix tout en visitant la ville et la région. Grâce à son département dédié aux personnes handicapées, Evénements et Voyages permet à ces derniers de voyager dans des conditions confortables.

■ HANDI VOYAGES
12, rue du Singe – Nevers
✆ 0 872 32 90 91 – 09 52 32 90 91
✆ 06 80 41 45 00
handi.voyages.free.fr
Cette association assure l'aide aux personnes à mobilité réduite dans l'organisation de leurs voyages individuels ou en petits groupes. Elle propose un service d'aide à la recherche d'informations sur l'accessibilité mais aussi la mise en relation avec des volontaires compagnons de voyage. En outre, dans le cadre de l'opération « Des fauteuils en Afrique », Handi Voyages récupère du matériel pour personnes à mobilité réduite et le distribue en Afrique.

■ OLÉ VACANCES
www.olevacances.org
Olé Vacances propose d'accompagner des personnes adultes handicapées mentales.

■ PARALYSÉS DE FRANCE
www.apf.asso.fr
Informations, conseils et propositions de séjours.

Voyageur gay ou lesbien
La communauté gay et lesbienne est très bien intégrée à Berlin. Voir la rubrique spécialement consacrée à ce sujet.

■ TÉLÉPHONE

Comment téléphoner ?
En Allemagne, chaque ville possède un indicatif. Celui de Berlin est le 030. Les numéros allemands commençant par les préfixes 016, 017 sont des téléphones portables. Les communications sont assez chères, surtout depuis un fixe.

▶ **Appeler de France à Berlin :** composer l'indicatif de l'Allemagne (0049) + celui de Berlin (sans le zéro donc 30) + votre numéro. Ex : 00 + 49 + 30 + 85 64 24 33.

▶ **Appeler de France sur un portable :** composer l'indicatif de l'Allemagne (0049) et le numéro de votre correspondant sans le zéro. Ex : 00 + 49 + 179 666 76.

▶ **Appeler de Berlin en France :** composer l'indicatif de la France (0033) + le numéro de votre correspondant (sans le zéro). Ex : 00 + 33 + 1 + 20 27 54 43.

▶ **Appeler de l'Allemagne vers Berlin :** composer l'indicatif de Berlin (030) + votre numéro. Ex : 030 + 85 64 24 33.

▶ **Appeler de Berlin à Berlin :** vous ne devez pas composer l'indicatif de Berlin (030), juste le numéro de votre correspondant. Ex : 85 64 24 33.

Téléphone mobile

▶ **Utiliser son téléphone mobile :** si vous souhaitez garder votre forfait français, il faudra avant de partir, activer l'option internationale (généralement gratuite) en appelant le service clients de votre opérateur.

▶ **Qui paie quoi ?** La règle est la même chez tous les opérateurs. Lorsque vous utilisez votre téléphone français à l'étranger, vous payez la communication, que vous émettiez l'appel ou que vous le receviez. Dans le cas d'un appel reçu, votre correspondant paie lui aussi, mais seulement le prix d'une communication locale. Tous les appels passés depuis ou vers l'étranger sont hors forfaits, y compris ceux vers la boîte vocale.

Cabines et cartes prépayées
Il est encore possible de téléphoner dans des cabines à pièces ou à carte. On trouve des cartes de téléphone dans les agences de Deutsche Telekom, les postes ou les kiosques.

S'informer

À VOIR – À LIRE

Cartographie et bibliographie

Cartographie
On trouve de bons plans en vente à l'office du tourisme. Sinon dans toutes les boutiques de souvenirs ou à proximité des monuments touristiques.
Les plans du centre-ville coûtent dans les 3 €. Il existe aussi une carte spéciale *Berlin Tag und Nacht* (jour et nuit) avec, d'un côté, les choses à visiter et, de l'autre, les bars où aller. L'office du tourisme a fait sa propre carte touristique en français pour 1 €.
On y trouve aussi des plans entiers de Berlin pour 6 €. Ceux de la marque Falk (à partir de 3,50 € – www.falk.de) sont très bien. Pensez à en prendre un avec les numéros de la rue, très utile quand les avenues sont grandes et qu'on ne maîtrise pas le système de numérotation berlinois. De même, avoir le tracé du mur sur son plan peut être un plus.

▶ **Les plans de la ville sur Internet.** Celui de la ville de Berlin : www.berlin.de/stadtplan – qui donne les numéros des maisons. Celui de la BVG (transport berlinois) www.fahrinfo-berlin.de/gis/index.jsp avec toutes les connexions et l'itinéraire. Un peu plus commercial mais tout aussi complet : www.berliner-stadtplan24.com

Bibliographie
Voici quelques exemples de romans, succès récents ou éléments représentatifs de la littérature allemande.

▶ *À l'Ouest rien de nouveau,* Erich Maria Remarque. Succès retentissant dans le monde entier dès sa publication en 1928, ce roman est un témoignage de la Première Guerre mondiale.

▶ *L'Histoire sans fin,* Michel Ende, traduit en 27 langues et adapté au cinéma, ce roman fantastique est un succès mondial.

▶ *Une femme à Berlin : journal, 20 avril-22 juin 1945,* collectif. Journal rédigé anonymement par une jeune berlinoise pour raconter les épreuves qu'elle a dû traverser dans une Allemagne dévastée.

▶ *Le Liseur,* Bernhard Schlink. Succès récent au cinéma (*The Reader*), cette histoire d'amour éveille des questionnements importants.

▶ *Seul dans Berlin,* Hans Fallada, Alain Virelle. Roman sur la résistance antinazie en Allemagne.

▶ **Les *Contes* des frères Grimm.** Ces deux frères allemands sont à l'origine d'une trentaine d'ouvrages fantastiques ou scientifiques du XIXe siècle.

▶ **Les œuvres de Kafka.** Cet écrivain et essayiste allemand du XXe siècle est l'auteur de nombreuses œuvres, dont les plus connues sont *La Métamorphose, Le Château,* ou encore *Le Procès*.

▶ *La Montagne magique,* Thomas Mann. Œuvre principale de ce célèbre auteur allemand.

AVANT SON DÉPART

Le rôle principal de l'ambassade est de s'occuper des relations entre les Etats, tandis que la section consulaire est responsable de sa communauté de ressortissants. Ainsi, pour tout problème concernant les papiers d'identité, la santé, le vote, la justice ou l'emploi, il faut s'adresser à la section consulaire de son pays. En cas de perte ou de vol de papiers d'identité, le consulat délivre un laissez-passer pour permettre uniquement le retour dans le pays d'origine, par le chemin le plus court. Il faut, bien entendu, avoir préalablement déclaré la perte ou le vol auprès des autorités locales.

Ambassade et consulat

■ **AMBASSADE D'ALLEMAGNE**
13-15, avenue Franklin-Roosevelt (8e) Paris
✆ 01 53 83 45 00 – Fax : 01 43 83 45 02
www.paris.diplo.de
Ambassade ouverte sur rendez-vous uniquement, Cidal tous les jours de 10h à 17h.

■ **CONSULAT D'ALLEMAGNE**
28, rue Marbeau (16e) Paris
✆ 01 53 64 76 70
Fax : 01 53 64 76 88
www.paris.diplo.de

Office du tourisme

■ **CENTRE D'INFORMATION ET DE DOCUMENTATION SUR L'ALLEMAGNE**
31, rue de Condé (6e) Paris
✆ 01 44 17 31 31
Fax : 01 45 00 45 27
www.cidal.diplo.de
Ouvert du lundi au vendredi de 10h à 17h.

■ **OFFICE NATIONAL ALLEMAND DU TOURISME**
21, rue Leblanc (15e) Paris
✆ 01 40 20 01 88 – 01 40 20 17 06
Fax : 01 40 20 17 00
www.allemagne-tourisme.com

Associations et institutions culturelles

■ **CENTRE CULTUREL FRANCO-ALLEMAND DE BREST**
Maison de l'Allemagne
105, rue de Siam – Brest
✆ 02 98 44 64 07 – mda.infini.fr
Ouvert du lundi au jeudi de 9h30 à 12h et de 14h à 18h30. Le vendredi de 9h30 à 12h. D'autres centres culturels existent en France, dont un à Nantes.

■ **CENTRE FRANCO-ALLEMAND DE PROVENCE**
19, rue du Cancel
Aix-en-Provence
✆ 04 42 21 29 12
www.cfaprovence.com
Ouvert du lundi au vendredi de 9h à 12h et de 14h30 à 17h30.
Le centre Franco-Allemand d'Aix-en-Provence s'appelle la maison de Tübingen (du fait du jumelage de cette ville avec Aix depuis 1960), le centre intervient dans un large secteur d'activités. Elle dispense bien sûr des cours d'allemand de tous niveaux, pour adultes et enfants. Elle intervient également en entreprise avec le vocabulaire spécialisé des affaires. Elle organise de plus des manifestations culturelles variées, comme des pièces de théâtre, des expositions, des conférences, des lectures, des débats. C'est encore un centre d'information qui permet de se documenter sur des séjours touristiques ou linguistiques, et fournit des données aux allemands qui s'installent dans la région d'Aix Marseille.

■ **INSTITUT GOETHE BORDEAUX**
35, cours de Verdun – Bordeaux
✆ 05 56 48 42 60 – Fax : 05 56 48 42 61
www.goethe.de/fr/bor/frindex.htm
Ouvert du lundi au vendredi de 9h à midi et de 14h à 18h. Egalement des instituts à Paris, Lyon, Nancy, Toulouse, Lille et Strasbourg.

■ **OFFICE FRANCO-ALLEMAND POUR LA JEUNESSE**
51, rue Amiral-Mouchez (13e) Paris
✆ 01 40 78 18 18
Fax : 01 40 79 18 88
www.ofaj.org
Ouvert du lundi au vendredi de 9h à 17h.

SUR PLACE

Ambassade et consulat

■ **AMBASSADE ET CONSULAT DE FRANCE**
Pariser Platz 5 ✆ +49 30 590 039 000
Voir la rubrique Berlin.

Associations et institutions culturelles

■ **ASSOCIATION DÉMOCRATIQUE DES FRANÇAIS À L'ÉTRANGER (ADFE)**
✆ +49 30 444 2492
Voir la rubrique Berlin.

■ **INSTITUT FRANÇAIS DE BERLIN**
Kurfürstendamm 211
✆ +49 30 885 9020
Voir la rubrique Berlin.

■ **OFFICE FRANCO-ALLEMAND DE LA JEUNESSE**
Molkenmarkt 1
✆ +49 30 228 7570
Voir la rubrique Berlin.

■ **UNION DES FRANÇAIS DE L'ÉTRANGER (UFE)**
Veteranenstr. 24 ✆ +49 179 926 6377
Voir la rubrique Berlin.

MAGAZINES ET ÉMISSIONS

Presse

■ COURRIER INTERNATIONAL
www.courrierinternational.com
Hebdomadaire regroupant les meilleurs articles de la presse internationale en version française.

■ GÉO
www.geo.fr
Le mensuel accorde une large place aux reportages photographiques. Il propose aussi des articles et actualités, l'ensemble étant désormais imprimé sur du papier provenant de forêts gérées durablement.

■ GRANDS REPORTAGES
www.grands-reportages.com
Le magazine de l'aventure et du voyage propose des dossiers, reportages photo et articles divers sur les peuples, civilisations, paysages et monuments. Chaque sujet est complété par un volet pratique.

■ PETIT FUTÉ MAG
www.petitfute.com
Notre journal bimestriel vous offre une foule de conseils pratiques pour vos voyages, des interviews, un agenda, le courrier des lecteurs…

■ RANDOS-BALADES
www.randosbalades.fr
Magazine mensuel sur les randonnées en France et à l'étranger. L'approche est thématique et la publication est riche en actualités, trucs et astuces, tests matériels, fiches topographiques et, bien sûr, en guides de randonnée.

■ TERRE SAUVAGE
www.terre-sauvage.com
Ce mensuel est spécialisé dans la faune et la flore sauvages. Au sommaire : des aventures dans le sillage des expéditions scientifiques, la découverte des écosystèmes, des enquêtes sur la protection de l'environnement ou encore des rubriques plus pratiques.

Radio

■ RADIO FRANCE INTERNATIONAL
www.rfi.fr
89 FM à Paris. Pour vous tenir au courant de l'actualité du monde partout sur la planète.

Télévision

■ ESCALES
✆ 01 49 22 20 01 – www.escalestv.fr
Depuis avril 1996, Escales est une des chaînes dédiées à l'évasion et de la découverte par le voyage. Rattachée au groupe AB, la programmation est constituée de séries documentaires et de rediffusions d'émissions axées aussi bien sur le national et ses régions, que des destinations lointaines à travers de nombreux thèmes (agenda, bons plans, art de vivre, bien-être, aventure, croisière mais aussi gastronomie, loisirs, nature, patrimoine, culture, etc.). Escales s'est entre autres donné pour objectif de servir de guide aux touristes voyageurs ; objectif largement atteint.

■ FRANCE 24
www.france24.com
Chaîne d'information en continu, France 24 apporte 24h/24 et 7j/7, un regard nouveau sur l'actualité internationale. Diffusée en 3 langues (français, anglais, arabe) dans plus de 160 pays, la chaîne est également disponible sur Internet (www.france24.com) et les mobiles, pour vous accompagner tout au long de vos voyages.

■ PLANÈTE
www.planete.tm.fr
Depuis plus de 20 ans, Planète propose de découvrir le monde, ses origines, son fonctionnement et son probable devenir avec une grille de programmation documentaire éclectique : civilisation, histoire, société, investigation, reportages animaliers, faits divers, etc.

■ TV5 MONDE
www.tv5.org
La chaîne de télévision internationale francophone diffuse des émissions de ses partenaires nationaux (France Télévisions, RTBF, TSR et CTQC) et ses propres programmes.

■ USHUAÏA TV
www.ushuaiatv.fr
La chaîne découlant du magazine éponyme a un slogan clair : « Mieux comprendre la nature pour mieux la respecter ». Elle se veut télévision du développement durable et de la protection de la planète et propose nombre de documentaires, reportages et enquêtes.

■ VOYAGE
www.voyage.fr
Voyage TV vous propose d'explorer le monde dans toute sa richesse à l'aide de documentaires ou en compagnie de guides éclairés.

Comment partir ?

PARTIR EN VOYAGE ORGANISÉ

Voyagistes

Spécialistes

Vous trouverez ici les tour-opérateurs spécialisés dans votre destination. Ils produisent eux-mêmes leurs voyages et sont généralement de très bon conseil car ils connaissent la région sur le bout des doigts. A noter que leurs tarifs se révèlent souvent un peu plus élevés que ceux des généralistes.

■ ADDICTRIP
19, rue Martel (10e) Paris
www.addictrip.com
Ce voyagiste spécialiste des excursions d'un week-end vous aide à organiser votre séjour dans Berlin. Réservation de vols, d'hôtels, informations sur la ville ou exemple de visites guidées, tout est fait pour faciliter votre voyage.

■ ARTS ET VIE
251, rue de Vaugirard (15e) Paris
℅ 01 40 43 20 21 – Fax : 01 40 43 20 29
www.artsetvie.com
Depuis 50 ans, Arts et Vie, association culturelle de voyages et de loisirs, développe un tourisme axé sur le savoir et la découverte. L'esprit des voyages culturels Arts et Vie s'inscrit dans une tradition associative. Tous les voyages sont animés et conduits par des accompagnateurs passionnés et formés par l'association. « Escapade à Berlin », « Berlin et la Nuit des musées » ou encore « Berlin en musique » sont des exemples de voyages organisés autour de la capitale.

■ ATHENAEUM VIKING RIVER CRUISES
39, rue Marbeuf (8e) Paris
℅ 01 58 36 08 36 – Fax : 01 58 36 08 37
www.vikingrivercruises.com
Ce spécialiste des croisières vous propose de naviguer pendant dix jours sur l'Elbe pour faire rejoindre Prague depuis Berlin, en prenant le temps de visiter d'autres villes le long du fleuve (Potsdam, Meissen, Dresden...).

■ CLIO
34, rue du Hameau (15e) Paris
℅ 08 92 70 04 74 – www.clio.fr
Le tour-opérateur Clio, inspiré par la muse de l'histoire, vous emmène à la découverte de Berlin et de ses richesses. Trois séjours permettent de profiter de la capitale allemande.

■ EASTPAK VOYAGES
26, cours Vitton – Lyon
℅ 04 72 83 63 33
Fax : 04 72 83 63 31
www.eastpak.fr
EastPak propose Berlin en court, moyen, et long séjour. Formule à la carte avec vols, hébergements toutes catégories, visites et excursions francophones, guide privatif si besoin, location de voiture, réservations pour des opéras, concerts, etc.

■ EURIDICE OPÉRA
5, rue du 4 septembre – Aix-en-Provence
℅ 04 42 91 33 91
Fax : 04 42 91 33 90
www.euridice-opera.fr
Euridice Opéra – Voyages Culturels est un tour-opérateur spécialisé dans la création de voyages lyriques, individuels et haut de gamme. Au départ de la France ou de l'étranger, un grand nombre de voyages vers les scènes les plus célèbres et les festivals lyriques les plus réputés sont sélectionnés. A Berlin, des voyages à l'occasion de concerts et/ou festivals sont programmés tout au long de l'année. Le programme est disponible sur le site Internet.

■ INTERMÈDES
60, rue La Boétie (8e) Paris
℅ 01 45 61 90 90
Fax : 01 45 61 90 09
www.intermedes.com
Intermèdes propose des voyages d'exception et des circuits culturels sur des thèmes très variés : architecture, histoire de l'art, événements musicaux. Intermèdes est à la fois tour-opérateur et agence de voyages. Les voyages proposés sont encadrés par des conférenciers, historiens ou historiens d'art. Les groupes sont volontairement restreints pour plus de convivialité. Intermèdes propose également des voyages sur mesure. De nombreuses escapades sont proposées pour Berlin (dont une à faire en famille), et un circuit qui vous emmènera de Dresde à Berlin.

I.S.A. TOURISME
10, Vieille Rue – Orphin
✆ 06 08 53 65 75
www.isa-tourisme.com

Depuis 2005, ce tour-opérateur propose de découvrir de nombreux pays d'Europe en minibus (8 personnes). Fort d'une excellente connaissance des destinations qui sont sur le catalogue, Robert Barbe, fondateur de l'entreprise, fait à la fois office de chauffeur et de guide. Il organise des départs de toutes les villes de France et de Belgique à partir du moment où 8 personnes peuvent être regroupées dans la région. Cette formule, très confortable, permet de gagner plusieurs heures de tourisme par jour par rapport à des voyages organisés en plus grand nombre. Séjours à la carte possibles. France, Allemagne, Andorre, Autriche, Benelux, Irlande, Italie du Nord, Iles Anglo-Normandes, Portugal, République Tchèque, Scandinavie, Suisse et Slovaquie sont sur le catalogue de I.S.A Tourisme.

MONDORAMAS VOYAGES
ZI Athelia 4 – 375, avenue du Mistral
La Ciotat ✆ 04 42 36 03 60
Fax : 04 42 36 03 70
www.mondoramas.com

Ce tour-opérateur propose pas moins de 9 séjours à Berlin, du Berlin nature au Berlin culturel, en passant par le marathon de Berlin ou les marchés de Noël.

MUGLER RINGENBACH VOYAGES
13, rue de la Gare – Ingwiller
✆ 03 88 89 40 53 – Fax : 03 88 89 60 41
www.voyagesmugler.com

Tour-opérateur et agence de voyages, Mugler Ringenbach vous permet de partir pour Berlin en autocar. Vous pourrez arpenter les rues de la capitale pour un circuit organisé de 4 jours où vous serez logés dans un hôtel 4-étoiles. Le forfait comprend la pension complète, ainsi que toutes les visites.

NEORIZONS TRAVEL
45, avenue Raymond Poincaré (16e) Paris
✆ 01 75 77 87 35 – 06 08 54 36 25
www.neorizons-travel.com

Pour un voyage solidaire basé sur le tourisme durable, ne pas hésiter à contacter Neorizons Travel. Cette agence a fait du tourisme solidaire et authentique sa spécialité. Membre de l'association française d'écotourisme, l'agence vous organisera un voyage qui mêlera bien-être et tourisme responsable. Près de 25 destinations figurent sur le catalogue de Neorizons Travel !

TRANSEUROPE – CITYTRIPS
5-7, place de la Gare – Lille
✆ 03 28 36 54 80
www.transeurope.com

Spécialiste des séjours citadins, Transeurope propose une sélection d'hôtels à Berlin et s'occupe des réservations pour le transport à des prix intéressants.

VOYAGES 4 A – INTERCARS TRAVEL
306, rue de l'Industrie – Tarnos
✆ 05 59 23 90 37 – Fax : 05 59 64 85 31
www.voyages4a.com

Spécialisé dans les déplacements en autocars, Voyages 4A parcourt les plus grandes villes européennes et propose notamment des départs quotidiens toute l'année, à destination de Berlin, en formule 3 jours et 2 nuits.

VOYAGES DE MARQUES
✆ 0 821 00 20 22
www.voyages-de-marques.fr

Austro Pauli, Visit France et Pauli sont les marques commerciales de Voyages-de-marques, voyagiste multi-spécialiste. Pour Berlin, vous trouverez de nombreuses formules week-ends avec une sélection d'hébergements du 3 au 5-étoiles.

Généralistes

Vous trouverez ici les tour-opérateurs dits « généralistes ». Ils produisent des offres et revendent le plus souvent des produits packagés par d'autres sur un large panel de destinations. S'ils délivrent des conseils moins pointus que les spécialistes, ils proposent des tarifs généralement plus attractifs.

ABCVOYAGE
www.abcvoyage.com

Regroupe les soldes de tous les voyagistes avec des descriptifs complets pour éviter les surprises. Les dernières offres saisies sont accessibles immédiatement à partir des listes de dernière minute. Le serveur est couplé au site www.airway.net qui propose des vols réguliers à prix réduits, ainsi que toutes les promotions et nouveautés des compagnies aériennes.

ANYWAY
60, rue de Prony (17e) Paris
✆ 0 892 302 301 – www.anyway.com

Anyway propose des vols secs à tarifs réduits, un grand choix d'hôtels toutes catégories, des bons plans week-end et une assistance à distance pour les frais médicaux à l'étranger... Anyway ce sont plus de 800 destinations dans le monde à prix vraiment très futés.

Partir en voyage organisé - **COMMENT PARTIR ?**

■ AZUREVER
5 rue Daunou (2ᵉ) Paris
✆ 01 73 75 89 63 – www.azurever.com
Azurever est un site Internet dédié au tourisme et plus particulièrement aux activités que vous pouvez faire, lors de vos voyages ou chez vous. C'est un catalogue de plus de 7 000 activités variées à faire partout dans le monde. Ces activités sont dénichées, comparées et sélectionnées par des spécialistes pour vous faire profiter au maximum des trésors cachés de chaque destination. De la traversée en camion de pompiers du Golden Gate Bridge à San Francisco en passant par le survol de la forêt de Fontainebleau en montgolfière ou la découverte de la gastronomie vénitienne (circuit des bars à Venise), Azurever vous propose quantité de bons plans insolites, originaux, classiques ou extrêmes à expérimenter aux 4 coins de la planète et à réserver en ligne, avant le départ.

■ DEPART GARANTI
37, boulevard des Capucines (2ᵉ) Paris
✆ 01 44 89 81 81
www.departgaranti.com
Départ Garanti propose des circuits à travers le monde, des croisières, des week-ends et des séjours à destination de tous pays. Hébergement en hôtels 3 et 4-étoiles.

■ DIRECTOURS
90, avenue des Champs-Elysées (8ᵉ) Paris
✆ 0 811 90 62 62
www.directours.com
Directours est un tour-opérateur qui vend en direct au public, sans passer par les agences de voyages. Sa brochure est uniquement sur Internet, ce qui présente l'avantage de coller à l'actualité des promotions. Séjours, week-ends, voyages individuels à la carte, offres vol+hôtel, location de voiture, conseils de vendeurs connaissant la destination et prix constamment réactualisés, Directours mise sur la qualité du produit en pratiquant les prix les plus bas.

■ EXPEDIA FRANCE
✆ 0 892 301300 – www.expedia.fr
Expedia est le site français du n° 1 mondial du voyage en ligne. Un large choix de 500 compagnies aériennes, 105 000 hôtels, plus de 5 000 stations de prise en charge pour la location de voitures et la possibilité de réserver parmi 5 000 activités sur votre lieu de vacances. Cette approche sur mesure du voyage est enrichie par une offre très complète comprenant prix réduits, séjours tout compris, départs à la dernière minute...

■ FORUM VOYAGES
11, avenue de l'Opéra (1ᵉʳ) Paris
✆ 01 42 61 20 20 – Fax : 01 42 61 39 12
www.forumvoyages.com
Du billet d'avion aux hôtels toutes catégories, en passant par la location de voiture, Forum Voyages donne toutes les clefs pour un séjour entièrement cousu main. Forum Voyages propose également une palette très complète de séjours et de circuits sur toute la planète et se positionne comme un spécialiste du billet d'avion aux meilleures conditions. Plusieurs agences à Paris et dans toute la France, adresses consultables sur le site.

■ GO VOYAGES
✆ 0 899 651 951
www.govoyages.com
Go Voyages propose le plus grand choix de vols secs, charters et réguliers, au meilleur prix, au départ et à destination des plus grandes villes. Possibilité également d'acheter des packages sur mesure « vol + hôtel » et des coffrets cadeaux. Grand choix de promotions sur tous les produits sans oublier la location de voitures. La réservation est simple et rapide, le choix multiple et les prix très compétitifs.

■ LASTMINUTE
✆ 04 66 92 30 29
www.lastminute.fr
Des vols secs à prix négociés, dégriffés ou publics sont disponibles sur Lastminute. On y trouve également des week-ends, des séjours, de la location de voiture... Mais surtout, Lastminute est le spécialiste des offres de dernière minute permettant ainsi aux vacanciers de voyager à petits prix. Que ce soit pour un week-end ou une semaine, une croisière ou simplement un vol, des promos sont proposées et renouvelées très régulièrement.

■ NOUVELLES FRONTIÈRES
✆ 0 892 237 700
www.nouvelles-frontieres.fr
Depuis plus de 40 ans, Nouvelles Frontières est synonyme d'évasion, de voyages et des vacances dont on a tellement besoin ! Bien plus qu'un simple voyagiste, Nouvelles Frontières propose plus de 3000 possibilités de partir en vacances dans le monde entier avec 7 formules au choix : des séjours bien-être, des hôtels-clubs Paladiens, des sélections d'hôtels, des voyages incomparables dans les endroits les plus insolites, des voyages thématiques, de la plongée à la motoneige, des idées cadeau et des voyages personnalisés « à la carte ».

COMMENT PARTIR ? - Partir en voyage organisé

■ OPODO
✆ 0 899 653 656 – www.opodo.fr
Pour préparer votre voyage, Opodo vous permet de réserver au meilleur prix des vols de plus de 500 compagnies aériennes, des chambres d'hôtels parmi plus de 45 000 établissements et des locations de voitures partout dans le monde. Vous pouvez également y trouver des locations saisonnières ou des milliers de séjours tout prêts ou sur mesure ! Des conseillers voyages à votre écoute 7j/7 de 8h à 23h du lundi au vendredi, de 9h à 19h le samedi et de 11h à 19h le dimanche.

■ PROMOVACANCES
✆ 0 899 654 850
www.promovacances.com
Promovacances propose de nombreux séjours touristiques, des week-ends, ainsi qu'un très large choix de billets d'avion à tarifs négociés sur vols charters et réguliers, des locations, des hôtels à prix réduits. Egalement, des promotions de dernière minute, les bons plans du jour. Informations pratiques pour préparer son voyage : pays, santé, formalités, aéroports, voyagistes, compagnies aériennes.

■ THOMAS COOK
✆ 0 826 826 777
www.thomascook.fr
Tout un éventail de produits pour composer son voyage : billets d'avion, location de voitures, chambres d'hôtel... Thomas Cook propose aussi des séjours dans ses villages-vacances et les « 24 heures de folies » : une journée de promos exceptionnelles tous les vendredis. Leurs conseillers vous donneront des conseils utiles sur les diverses prestations des voyagistes.

■ TRAVELPRICE
✆ 0 899 78 50 00 – www.travelprice.com
Un site Internet très complet de réservations en ligne pour préparer votre voyage : billets d'avion et de train, hôtels, locations de voitures, billetterie de spectacles. En ligne également : de précieux conseils, des informations pratiques sur les différents pays, les formalités à respecter pour entrer dans un pays.

Sites comparateurs et enchères
Plusieurs sites permettent de comparer les offres de voyages (packages, vols secs, etc.) et d'avoir ainsi un panel des possibilités et donc des prix. Ils renvoient ensuite l'internaute directement sur le site où est proposée l'offre sélectionnée.

■ EASYVOYAGE
www.easyvoyage.com
Le concept d'Easyvoyage.com peut se résumer en trois mots : s'informer, comparer et réserver. Des infos pratiques sur quelque 255 destinations en ligne (saisonnalité, visa, agenda...) vous permettent de penser plus efficacement votre voyage. Après avoir choisi votre destination de départ selon votre profil (famille, budget...), Easyvoyage.com vous offre la possibilité d'interroger plusieurs sites à la fois concernant les vols, les séjours ou les circuits. Enfin grâce à ce méta-moteur performant, vous pouvez réserver directement sur plusieurs bases de réservation (Lastminute, Go Voyages, Directours, Anyway... et bien d'autres).

■ ILLICOTRAVEL
www.illicotravel.com
Illicotravel permet de trouver le meilleur prix pour organiser vos voyages autour du monde. Vous y comparerez les billets d'avion, hôtels, locations de voitures et séjours. Ce site très simple offre des fonctionnalités très utiles comme le baromètre des prix pour connaître les meilleurs prix sur les vols à plus ou moins 8 jours. Le site propose également des filtres permettant de trouver facilement le produit qui répond à tous vos souhaits (escales, aéroport de départ, circuit, voyagiste…).

■ KELKOO
www.kelkoo.fr
Ce site vous offre la possibilité de comparer les tarifs de vos vacances. Vols secs, hôtels, séjours, campings, circuits, croisières, ferries, locations, thalassos : vous trouverez les prix des nombreux voyagistes et pourrez y accéder en ligne grâce à Kelkoo.

■ LILIGO
www.liligo.com
Liligo interroge agences de voyage, compagnies aériennes (régulières et low cost), trains (TGV, Eurostar…), loueurs de voiture mais aussi 250 000 hôtels à travers le monde pour vous proposer les offres les plus intéressantes du moment. Les prix sont donnés TTC et incluent donc les frais de dossier, d'agence… Le site comprend aussi deux thématiques : « week-end » et « ski ».

■ LOCATIONDEVOITURE.FR
www.locationdevoiture.fr
Le site compare toutes les offres de 8 courtiers en location de voitures, des citadines aux monospaces en passant par les cabriolets et 4x4. Vous avez le choix parmi 6 123 villes différentes réparties dans 130 pays. En plus

du prix, l'évaluation de l'assurance et les avis clients sont affichés pour chacune des offres. Plus qu'un simple comparateur, vous pouvez réserver en ligne ou par téléphone. En outre, le site propose des circuits en voiture dans chaque pays, remplissant ainsi parfaitement son rôle d'agence de voyage. C'est la garantie du prix et du service !

■ MYZENCLUB
www.myzenclub.com
Le site recense les meilleures offres des voyagistes en ligne les plus importants. Myzenclub vous informe des bons plans et des promotions trouvées parmi toutes les agences pour vos vacances en France et à l'étranger, hôtels, croisières, thalasso, vols... L'inscription est gratuite.

■ PRIX DES VOYAGES
www.prixdesvoyages.com
Ce site est un comparateur de prix de voyages, permettant aux internautes d'avoir une vue d'ensemble sur les diverses offres de séjours proposées par des partenaires selon plusieurs critères (nombre de nuits, catégories d'hôtel, prix, etc.). Les internautes souhaitant avoir plus d'informations ou réserver un produit sont ensuite mis en relation avec le site du partenaire commercialisant la prestation. Sur Prix des Voyages, vous trouverez des billets d'avion, des hôtels et des séjours.

■ SPRICE
www.sprice.com
Un site qui gagne à être connu. Vous pourrez y comparer vols secs, séjours, hôtels, locations de voitures ou biens immobiliers, thalassos et croisières. Le site débusque aussi les meilleures promos du Web parmi une cinquantaine de sites de voyages. Un site très ergonomique qui vous évitera bien des heures de recherches fastidieuses.

■ VOYAGER MOINS CHER
www.voyagermoinscher.com
Ce site référence les offres de près de 100 agences de voyages et tour-opérateurs parmi les plus réputés du marché et donne ainsi accès à un large choix de voyages, de vols, de forfaits « vol + hôtel », de locations, etc. Il est également possible d'affiner sa recherche grâce au classement par thèmes : thalasso, randonnée, plongée, All Inclusive, voyages en famille, voyages de rêve, golf ou encore départs de province.

Agences de voyage

■ NEORIZONS TRAVEL
45, avenue Raymond Poincaré (16e)
Paris
✆ 01 75 77 87 35

PARTIR SEUL

En avion

Prix moyen d'un vol Paris-Berlin entre 70 et 300 € (basse saison/haute saison). A noter que la variation de prix dépend de la compagnie empruntée mais, surtout, du délai de réservation. Pour obtenir des tarifs intéressants, il est indispensable de vous y prendre très en avance. Pensez à acheter vos billets le plus tôt possible !

Principales compagnies desservant Berlin

▶ **Pour connaître le degré de sécurité** de la compagnie aérienne que vous envisagez d'emprunter, rendez-vous sur le site Internet www.securvol.fr ou sur celui de la Direction générale de l'aviation civile : www.dgac.fr

■ AIR BERLIN
✆ 0 826 96 737 8 – www.airberlin.com
Air Berlin propose deux vols directs par jour de Paris Orly vers Berlin Tegel. Un le matin à 8h35 et un le soir à 21h10. Comptez 1h40 de trajet.

■ AIR FRANCE
✆ 36 54 (0,34 €/min d'un poste fixe)
www.airfrance.fr
Air France propose 5 vols directs et quotidiens de Paris CDG à Berlin (1 heure 40 de vol).

■ EASYJET
✆ 0 826 10 26 11
www.easyjet.com
EasyJet propose 3 liaisons directes et quotidiennes de Paris Orly à Berlin ainsi que des vols au départ de Nice.

■ LUFTHANSA
✆ 0 892 231 690 – www.lufthansa.fr
Membre de Star Alliance.
Lufthansa propose plusieurs liaisons directes et quotidiennes de Paris à Berlin. Comptez 1 heure 35 de trajet. Egalement de nombreuses liaisons chaque jour au départ de province (Toulouse, Lyon, Nice, Marseille, etc.) via Francfort, Munich ou Dusseldorf.

■ SWISS INTERNATIONAL AIR LINES
✆ 0 820 04 05 06 – www.swiss.com/fr
Membre de Star Alliance.
La compagnie helvétique dessert Berlin via Zurich. Elle propose des départs quotidiens de Paris, Nice, Bâle/Mulhouse, Genève, Bruxelles...

Aéroports

■ BEAUVAIS
✆ 08 92 68 20 66
www.aeroportbeauvais.com

■ BORDEAUX
✆ 05 56 34 50 00
www.bordeaux.aeroport.fr

■ BRUXELLES
✆ +32 2 753 77 53 – +32 9 007 00 00
www.brusselsairport.be

■ GENÈVE
✆ +41 22 717 71 11 – www.gva.ch

■ LILLE-LESQUIN
✆ 0 891 67 32 10 – www.lille.aeroport.fr

■ LYON SAINT-EXUPÉRY
✆ 08 26 80 08 26 – www.lyon.aeroport.fr

■ MARSEILLE-PROVENCE
✆ 04 42 14 14 14
www.marseille.aeroport.fr

■ MONTPELLIER-MÉDITERRANÉE
✆ 04 67 20 85 00
www.montpellier.aeroport.fr

■ MONTRÉAL-TRUDEAU
✆ +1 514 394 7377 – +1 800 465 1213
www.admtl.com

■ NANTES-ATLANTIQUE
✆ 02 40 84 80 00 – www.nantes.aeroport.fr

■ NICE-CÔTE-D'AZUR
✆ 0 820 423 333 – www.nice.aeroport.fr

■ PARIS ORLY
✆ 01 49 75 52 52
www.aeroportsdeparis.fr

■ PARIS ROISSY – CHARLES-DE-GAULLE
✆ 01 48 62 12 12
www.aeroportsdeparis.fr

■ QUÉBEC – JEAN-LESAGE
✆ +1 418 640 3300 – +1 877 769 2700
www.aeroportdequebec.com

■ STRASBOURG
✆ 03 88 64 67 67
www.strasbourg.aeroport.fr

■ TOULOUSE-BLAGNAC
✆ 0 825 380 000
www.toulouse.aeroport.fr

Sites comparateurs

Ces sites vous aideront à trouver des billets d'avion au meilleur prix. Certains d'entre eux comparent les prix des compagnies régulières et *low cost*. Vous trouverez des vols secs (transport aérien vendu seul, sans autres prestations) au meilleur prix.

■ BILLETSDISCOUNT
www.billetsdiscount.com

■ EASY VOLS
www.easyvols.fr

■ JET COST
www.jetcost.com

■ PARTIRPASCHER
www.partirpascher.com

■ TERMINAL A
www.terminalA.com

En train

Berlin a l'avantage d'être accessible par train depuis la France. Il faut compter 8 heures minimum de trajet.

■ DEUTSCH BAHN FRANCE
47, avenue de l'Opéra (2e) Paris
✆ 01 44 58 95 40 – Fax : 01 44 59 95 57
www.dbfrance.fr
Créée en 1996, DB France est une des filiales de la compagnie ferroviaire allemande Deutsche Bahn (DB). DB France propose de nombreuses possibilités pour relier la France à Berlin. Au départ de Paris, il existe des trains de nuit pour Berlin et des trajets au départ de villes de province sont aussi disponibles : d'Avignon, de Narbonne... DB France se propose aussi d'organiser des séjours sur mesure en Allemagne.

■ SNCF
✆ 36 35 – www.sncf.com
Se rendre en train à Berlin est possible tous les jours puisqu'il y a des départs de la gare du Nord ou de la gare de l'Est. Le voyage se fait via Cologne ou Mannheim et dure au minimum 8 heures 30. Le trajet Paris Nord-Cologne se fait généralement en Thalys.

■ TRAIN DE LUXE
www.traindeluxe.com
Ce site Internet présente l'offre la plus complète de circuits en train de luxe dans le monde entier. Orient Express, Eastern and Oriental

Express, Transsibérien… sont présents dans le catalogue du site. Les promotions sont disponibles dès leur publication par les compagnies ferroviaires. Choisissez votre destination et votre mois de départ, différents circuits vous seront alors proposés selon vos souhaits. Devis gratuit en ligne ou par téléphone.

En bus

■ EUROLINES
68, boulevard Pierre-Sémard – Toulouse
✆ 0 892 89 90 91 – Fax : 05 61 26 71 35
www.eurolines.fr
Ouvert du lundi au vendredi de 9h30 à 12h30 et de 13h30 à 18h ; le samedi de 9h30 à 12h et de 14h à 17h.
Eurolines propose un trajet quotidien pour Berlin au départ de Paris. Le départ se fait à Gallieni Porte de Bagnolet à 19h30 tous les jours, arrivée à Berlin à 9h le lendemain. Ce trajet se fait également au départ d'une trentaine de villes en France.

■ VOYAGE EN BUS
✆ 04 76 43 30 81 – www.voyagenbus.com
Voyagenbus.com propose des voyages en autocar grand tourisme à destination de Berlin, des départs plusieurs fois par semaine depuis Paris, Lyon et les grandes villes françaises. Au programme également, le nouvel an à Berlin en formule « nuit blanche », « clubbing » et 4 jours sur place, les festivals Wacken, Summer Breeze, Time Warp, Nature One, Rock am Ring, Q-Base, Mayday, Love family Park, Sensation White Düsseldorf, la Love Parade, la Fête de la Bière de Munich et un Tour d'Europe avec étape à Berlin. Formules à petits prix et tarifs promo à certaines dates, avec hébergement en hostel et hôtel 3 étoiles, petits déjeuners, temps libre sur place et options tour de ville et visites. Séjours sur mesure et à tarifs préférentiels pour les groupes, collèges, lycées, étudiants, associations et comités d'entreprise.

En voiture

Depuis Paris, comptez 10 heures de voiture pour 1 100 km et 124 € de péage. Prenez l'A1 (l'autoroute du Nord) puis bifurquez sur l'A2 direction Bruxelles. Vous passez à proximité de Cologne et direction Berlin.
En novembre 2010, le Bundestag a adopté une nouvelle loi fédérale sur les pneus d'hiver. Elle double les amendes pour les conducteurs saisis sans pneus neige ou impliqués dans un accident en conditions hivernales avec un véhicule non pourvu de pneus neige. La nouvelle loi spécifie que le pneu d'hiver doit obligatoirement être porteur de la marque officielle MS. Le club automobile allemand ADAC recommande d'aller plus loin et obtenir les pneus dotés des « trois-crête de montagne », une indication de pneus d'hiver répondant aux normes les plus élevées. Attention, la loi s'applique à tout conducteur, pas seulement au propriétaire du véhicule. La loi s'applique également aux motos, camions et autobus. Si la police vous arrête dans des conditions hivernales au volant d'un véhicule non équipé de pneus neige, vous devrez vous acquitter d'une amende de 40 € et d'un point en moins sur le permis de conduire. Si vous êtes impliqué dans un accident ou bloquez la circulation dans des conditions hivernales sans pneus MS, l'amende s'élève à 80 € et le retrait à un point en moins sur le permis de conduire.

Location de voitures

■ ALAMO – RENT A CAR – NATIONAL CITER
✆ 0 825 16 22 10 – 0 891 700 200
www.alamo.fr
Actuellement, Alamo possède plus de 180 000 véhicules au service de 15 millions de voyageurs chaque année, répartis dans 1 248 agences implantées dans 43 pays. Des tarifs spécifiques sont proposés, comme Alamo Gold, le forfait de location de voiture tout compris incluant les assurances, les taxes, les frais d'aéroport, le plein d'essence et les conducteurs supplémentaires. Rent a Car et National Citer font partie du même groupe qu'Alamo.

■ AUTO ESCAPE
✆ 0 892 46 46 10 – 04 90 09 51 87
www.autoescape.com
En ville, à la gare ou dès votre descente d'avion. Cette compagnie qui réserve de gros volumes auprès des grandes compagnies de location de voitures vous fait bénéficier de ses tarifs négociés. Grande flexibilité. Pas de frais de dossier, pas de frais d'annulation, même à la dernière minute. Des informations et des conseils précieux, en particulier sur les assurances.

■ AUTO EUROPE
✆ 0 800 940 557 – www.autoeurope.fr
Réservez en toute simplicité sur plus de 4 000 stations dans le monde entier. Auto Europe négocie toute l'année des tarifs privilégiés auprès des loueurs internationaux et locaux afin de proposer à ses clients des prix compétitifs. Les conditions Auto Europe : le kilométrage illimité, les assurances et taxes incluses dans de tout petits prix et des surclassements gratuits pour certaines destinations.

■ AVIS
✆ 0 820 05 05 05 – www.avis.fr
Avis a installé ses équipes dans plus de 5 000 agences réparties dans 163 pays. De la simple réservation d'une journée à plus d'une semaine, Avis s'engage sur plusieurs critères, sans doute les plus importants. Proposition d'assurance, large choix de véhicules de l'économique au prestige avec un système de réservation rapide et efficace.

■ BSP AUTO
38, avenue du Général-Bizot (12e) Paris
✆ 01 43 46 20 74 – Fax : 01 43 46 20 71
www.bsp-auto.com
Ouvert tous les jours de 9h à 22h. Devis gratuit. A partir de 28 € par jour pour une durée de 7 jours en catégorie A.
Partez en road trip sur les routes de montagnes à petits prix grâce à BSP Auto, le spécialiste de la location de voitures ! Il offre la plus importante sélection de grands loueurs dans les gares, aéroports et centres-villes. Les prix proposés sont les plus compétitifs du marché. Les tarifs comprennent toujours le kilométrage illimité et les assurances. Les bonus BSP : réservez dès maintenant et payez seulement 5 jours avant la prise de votre véhicule, pas de frais de dossier ni d'annulation, la moins chère des options zéro franchise.

■ BUDGET FRANCE
✆ 0 825 00 35 64
Fax : 01 70 99 35 95 – www.budget.fr
Budget France est le troisième loueur mondial, avec 3 200 points de vente dans 120 pays. Le site www.budget.fr propose également des promotions temporaires. Si vous êtes jeune conducteur et que vous avez moins de 25 ans, vous devrez obligatoirement payer une surcharge.

■ DEGRIFTOUR – LOCATION DE VOITURE
✆ 0 899 78 50 00
www.degriftour-location-voiture.com
Dégriftour – Location de voiture est une marque du groupe Last Minute Network Limited, spécialisé dans la location de voiture à prix dégriffé partout dans le monde.

■ ELOCATIONDEVOITURES
✆ 0 800 942 768
www.elocationdevoitures.fr
Vous avez la possibilité de louer votre voiture moyennant une caution et de ne rien payer de plus jusqu'à quatre semaines avant la prise en charge. Il n'y a pas de frais d'annulation, ni de frais de carte de crédit, ni de frais de modification.

■ EUROPCAR FRANCE
✆ 0 825 358 358
Fax : 01 30 44 12 79
www.europcar.fr
Chez Europcar, vous aurez un large choix de tarifs et de véhicules : économiques, utilitaires, camping-cars, prestige, et même rétro. Vous pouvez réserver votre voiture via le site Internet et voir les catégories disponibles à l'aéroport – il faut se baser sur une catégorie B, les A étant souvent indisponibles.

■ HERTZ
✆ 0 810 347 347
www.hertz.com
Vous pouvez obtenir différentes réductions si vous possédez la carte Hertz ou celle d'un partenaire Hertz. Le prix de la location comprend un kilométrage illimité, des assurances en option, ainsi que des frais si vous êtes jeune conducteur. Toutes les gammes de voitures sont représentées.

■ HOLIDAY AUTOS FRANCE
✆ 0 892 39 02 02 – www.holidayautos.fr
Avec plus de 4 500 stations dans 87 pays, Holiday Autos vous offre une large gamme de véhicules allant de la petite voiture économique au grand break. Holiday Autos dispose également de voitures plus ludiques telles que les 4x4 et les décapotables.

■ LOCATIONDEVOITURE.FR
✆ 0 800 73 33 33 – 01 73 79 33 32
www.locationdevoiture.fr
Notre coup de cœur ! Le site compare toutes les offres de 8 courtiers en location de voitures, des citadines aux monospaces en passant par les cabriolets et 4x4. Vous avez le choix parmi 6 123 villes différentes réparties dans 130 pays. En plus du prix, l'évaluation de l'assurance et les avis clients sont affichés pour chacune des offres. Plus qu'un simple comparateur, vous pouvez réserver en ligne ou par téléphone. En outre, le site propose des circuits en voiture dans chaque pays, remplissant ainsi parfaitement son rôle d'agence de voyage. C'est la garantie du prix et du service !

■ SIXT
✆ 0 820 00 74 98 – www.sixt.fr
Fournisseur de mobilité n° 1 en Europe, Sixt est présent dans plus de 3 500 agences réparties dans 50 pays. Cette agence de location vous propose une gamme variée de véhicules (utilitaires, cabriolets, 4x4, limousines...) aux meilleurs prix.

SÉJOURNER

Se loger

Depuis la réunification, de nombreux bâtiments ont été rénovés à Berlin et de nouveaux hôtels apparaissent à l'Est. Si l'on trouve surtout des auberges de jeunesse et des hôtels relativement abordables à l'est de la ville, on trouvera beaucoup d'hôtels de luxe et de pensions à l'ouest. Avec une capacité de plus de 52 000 lits, l'infrastructure hôtelière de Berlin est bien développée et il existe une large palette de types d'hébergement possibles.

Hôtels

Même si différentes catégories d'hôtel cohabitent à Berlin, du luxueux classique au moderne artistique et design, beaucoup de chaînes hôtelières sont aussi présentes. Il est difficile de trouver des hôtels bon marché. Les prix varient de plus d'un quartier à l'autre, les plus chers étant dans Mitte et Charlottenburg. Le confort fait aussi varier les prix, pensez à vérifier si le petit déjeuner est inclus. Il s'agira alors souvent d'un brunch à volonté.

Quant aux pensions, on en trouve beaucoup dans la ville. C'est une solution plus économique que l'hôtel et qui laisse au locataire toute son indépendance. Elles sont généralement proches du centre-ville et tenues par une famille ou des particuliers, et les prix varient selon les quartiers et le confort proposés. Pensez dans tous les cas à réserver à l'avance, les établissements les plus abordables sont généralement pris d'assaut et évitez les périodes de congrès, foires, salons pendant lesquels les prix augmentent encore. Enfin, sachez que les chambres répertoriées dans les rubriques « Bien et pas cher » se monnaient moins de 70 €, dans « Confort ou charme » moins de 100 € et dans « Luxe » plus de 100 €.

Chambres d'hôtes

Il en existe énormément, à des prix très variables, mais généralement, relativement économiques pour un confort tout à fait honorable. Les offices de tourisme en ont la liste. Il s'agit en général d'une chambre chez l'habitant ou d'un petit cabanon de jardin loué par des particuliers sur leur terrain (en périphérie de Berlin). Sur la route, les chambres sont indiquées par les panneaux « Zimmer frei ». S'il est inscrit « Zimmer belegt », c'est que toutes les chambres sont occupées. Voici une agence qui regroupe aussi des possibilités de chambres d'hôtes.

Auberges de jeunesse

C'est un moyen d'hébergement de plus en plus répandu à Berlin – surtout à Berlin-Est où de nombreux établissements se sont ouverts après les rénovations. Ce mode d'hébergement est très intéressant économiquement parlant. Les auberges les moins chères sont souvent les moins centrales et proposent des nuits dès 10 € en dortoir ; les plus chères, et plus centrales, proposent des nuits jusqu'à 20 € en dortoir. On y trouve aussi assez souvent des chambres simples et doubles, voire triples ou quadruples. Le petit déjeuner n'est pas systématiquement compris dans le prix. De nombreux services sont proposés. Certaines d'entre elles réclament la carte de la Fédération internationale des auberges de jeunesse ou sont réservées à une certaine classe d'âge.

Cela étant dit, les auberges que nous citerons dans le guide ne devraient pas poser de problème (aucune limite d'âge, pas de carte requise ou arrangement possible). Néanmoins, il est toujours plus prudent de s'en assurer auparavant pour éviter toute mauvaise surprise. Pour les prix de groupe, n'hésitez pas à demander au moment de la réservation. Il est aussi à noter que beaucoup d'auberges n'acceptent pas les paiements par carte bancaire.

Enfin, comme pour les hôtels, il existe des chaînes d'auberges de jeunesse privées (*hostels*) comme A&O Backpackers, Baxpax, etc. Nous les citons dans ce guide, car même si on peut regretter leur côté standardisé, les prix comme leurs emplacements sont souvent très intéressants, les locaux sont plus agréables et l'ambiance est internationale.

■ DEUTSCHES JUGENDHERBERGERGSWERK LANDERVERBAND

Tempelhofer Ufer 32
Berlin-Brandenburg ✆ +49 30 264 9520
Fax : +49 30 262 0437
www.jugendherberge.de/en
Site en anglais et allemand qui regroupe les différentes auberges de jeunesse allemandes de l'enseigne DJH.

Campings

C'est le mode d'hébergement le plus économique à Berlin, mais aussi le moins pratique. En effet, les campings sont généralement excentrés et il vaut mieux avoir son propre moyen de transport pour se déplacer.

De plus, il faut savoir qu'en hors saison, le froid berlinois est loin d'être le plus propice aux joies de la nature. Certains campings louent des bungalows ; tous n'acceptent pas les caravanes. Le confort varie d'un camp à l'autre. Le camping sauvage est interdit.

■ CAMPING CHÈQUE
www.campingcheque.fr
Camping Chèque est la garantie d'un tarif unique de 15 € la nuit pour 2 personnes auprès de 588 campings 3, 4 et 5-étoiles, en basse saison dans 26 pays d'Europe (+ le Maroc). Quelle que soit la destination, ce Camping Chèque permet d'économiser de 10 à 60 % sur les tarifs des campings. Il comprend l'emplacement pour 2 personnes avec le camping-car, la caravane, la tente ou la caravane pliante + 1 voiture + l'électricité. Plus d'informations sur le site Internet.

Bons plans

▶ **Ferienwohnung.** C'est un appartement de vacances, avec kitchenette et salle de bains, loué par des particuliers ou par des hôtels d'appartements pour une durée de 3 jours au minimum en général. Lorsque l'on voyage en nombre, cela peut être une solution d'hébergement intéressante, laissant toute leur indépendance aux voyageurs. A Berlin, on trouve de nombreuses offres dans les journaux ou dans les universités. Vous pouvez sinon passer par des agences, les *mitwohnzentralen* qui proposent pour une longue durée, des locations de chambres ou d'appartements à des prix intéressants. Il s'agit en fait de sous-location d'appartements d'étudiants en dehors des périodes scolaires ou de personnes absentes pour un moment de Berlin. Les pourcentages pris sont proportionnels à la durée de location et peuvent varier de 20 à 125 % d'un loyer mensuel. Ces agences proposent aussi parfois des chambres chez l'habitant ou en WG (colocation). C'est un bon moyen pour faire connaissance avec des Berlinois.

▶ **WG – Wohnungsgemeinschaft (colocation).** Si vous souhaitez chercher une chambre à louer dans une colocation par vos propres moyens, voici une liste de sites Internet qui centralisent les petites annonces en ce qui concerne les colocations : www.wg-gesucht.de (le plus lisible) – www.studenten-wg.de – www.deutschland-wg.de – Sachez que la colocation est très répandue en Allemagne et que pour un séjour un peu long, il vous sera facile de trouver une chambre surtout durant les vacances universitaires (février et mars, juillet et août).

■ AGENTUR WOHNWITZ
Holsteinische Strasse 55
✆ +49 30 861 8222
Voir la rubrique Berlin.

■ OH-BERLIN.COM
✆ +33 1 76 542 573 – +34 93 467 3779
www.oh-berlin.com
Studio à partir de 22 € la nuit/personne.
Ce site Internet, simple d'utilisation, vous permet de réserver un logement à Berlin très facilement. L'agence dispose d'un grand choix de plus de 600 appartements, d'hôtels et de chambres d'hôtes. Il donne des informations précises sur chaque propriété, vous permettant de trouver exactement ce que vous recherchez. Pensez au système de filtre qui permet de paramétrer vos choix en fonction des besoins : quartier, budget, équipements et aménagements souhaités... Les réservations peuvent aussi être faites en ligne, ou par téléphone et toutes sont sécurisées à 100 %.

■ ANYRESA
www.anyresa.com
Portail spécialisé dans la location de résidences de vacances, Anyresa s'entoure des professionnels les plus qualifiés du secteur de la location de vacances pour vous offrir un choix de plus de 150 000 annonces de location.

■ FINE + MINE
Neue Schönhauser Strasse 20
✆ +49 30 235 5120
Voir la rubrique Berlin.

■ FREIRAUM AGENTUR
Wiener Str. 14
✆ +49 30 618 2008
Voir la rubrique Berlin.

Se déplacer

▶ **Dans Berlin.** *Voir la partie transports dans « Berlin pratique ».*

▶ **Se déplacer hors de Berlin.** Berlin est à proximité de nombreuses grandes villes allemandes renommées, telles que Dresde,

Leipzig ou Lübeck, voire Hambourg. Vous pourrez donc y faire une excursion sur une journée que ce soit en voiture ou en train. Berlin est aussi à proximité de la frontière polonaise, avec des villes telles que Görlitz ou Słubice. En quelques heures, vous pourrez franchir la frontière, le temps d'un *bortsch*. Enfin, Berlin est le point de départ idéal pour découvrir l'Europe de l'Est, disposant de nombreuses liaisons en transports en commun, que ce soit vers la Pologne, les Pays baltes, la République tchèque ou la Hongrie.

Avion

■ **AIR BERLIN**
Tegel Flughafen
✆ +49 826 967 378
Voir la rubrique Berlin.

Bus

Les villes allemandes ont un réseau dense de transports en commun, dont bien sûr de bus. Procurez-vous les plans aux offices de tourisme.
Pour vos trajets entre les villes, vous pouvez contacter cette fédération de transporteurs, qui pourra vous fournir la liste des compagnies : RDA Internationaler Bustouristik Verband e.V.

■ **RDA**
Hohenzollernring 86 – Cologne
✆ +49 221 912 7720
Fax : +49 221 124 788
www.rda.de

Train

Si vous souhaitez continuer votre voyage en train après Berlin, consultez les formules offertes par le pass Interrail : www.interrailnet.com
Si vous restez en Allemagne, une solution avantageuse peut aussi être le Schönes Wochenende Ticket. Valable pour une journée, pour 5 personnes, ce ticket (à partir de 40 €) vous permet d'emprunter toutes les lignes ferroviaires régionales en Allemagne. Cela peut vous permettre ainsi en une journée de rejoindre la frontière française avec une trentaine de changements, cela peut aussi être l'occasion de partir sur une journée à Dresde, Francfort sur l'Oder ou Lübeck. Il s'achète aux automates de la Deutsche Bahn.

Voiture

Berlin est une grande ville, avoir une voiture y est donc un inconvénient plutôt qu'un avantage. L'idéal est de la laisser sur un parking et de se déplacer ensuite en transports en commun. Pour quitter la ville, le covoiturage est une institution en Allemagne. Beaucoup mieux organisé qu'en France, il vous permettra de trouver, même à la dernière minute, une possibilité économique de transport (souvent plus économique que le train) et vous permettra d'exercer votre allemand avec le chauffeur. Il est facile de trouver sur les sites Internet suivants :

▶ **www.mitfahrgelegenheit.de**
▶ **www.compartir.org**

Voici des sites Internet organisant le covoiturage au niveau européen :

▶ **www.allmobile.com**
▶ **www.covoiturage.com**

Tram sur Oranienburger Straße.

Rester

Étudier

Pour étudier ou poursuivre vos études supérieures, il vous faut prendre contact avec le service des relations internationales de votre université. Préparez-vous alors à des démarches longues. Mais le résultat d'un semestre ou d'une année à l'étranger vous fera oublier ces désagréments tant c'est une expérience personnelle et universitaire enrichissante. C'est aussi un atout précieux à mentionner sur votre CV.

En dehors d'un programme d'échange du genre Erasmus, il est assez fastidieux d'étudier à Berlin, mais ce n'est pas impossible. Il faut d'abord faire valider son diplôme (si diplôme il y a) au Senatsverwaltung für Schule, Jugend und Sport.

Renseignez-vous auprès des différentes universités sur les cours existants au moyen du *Vorlesungsverzeichnis*, une brochure qui présente la liste des cours et les professeurs. Puis procurez-vous un dossier d'inscription pour étudiants étrangers (se renseigner dans l'Auslandamt de l'université choisie). Attention, la Humboldt reçoit tellement de demandes qu'elle ne fait pas énormément d'efforts pour les étudiants étrangers. La TU (Technische Unversität) et la UdK (Universität der Künste) sont beaucoup plus accueillantes.

Ensuite, il faut déposer le dossier avant la date limite des inscriptions (les inscriptions fonctionnent ici en semestre et non en année, et les dates limites sont en général la mi-juillet et la mi-janvier). Il faudra justifier de revenus réguliers, du lieu de résidence et d'un niveau suffisant en allemand pour suivre les cours après avoir témoigné de plus de 5 ans d'apprentissage de la langue allemande par les bulletins de notes ou passer un test de langue, le DSH, entre autres. Il faut parfois plus de preuves.

Si le test de langue se révélait insatisfaisant, il y a la possibilité de suivre des cours intensifs d'allemand à la fac.

Il faut enfin attendre l'acceptation du dossier. Il faut savoir que de nombreux cours ont des places limitées (*numerus clausus*) et qu'il y a un pourcentage d'étudiants étrangers à respecter (!).

Une fois le dossier accepté, il faut savoir qu'il existe plusieurs bourses pour les étudiants, dont une bourse de la ville pour les étudiants qui ont dû déménager dans les trois mois pour s'installer à Berlin et une bourse réservée aux étudiants français étudiant à l'étranger (ça peut toujours être utile). Sinon, l'option Erasmus reste plus simple et tout à fait recommandable !

▶ **Pour des informations complètes** sur les différentes possibilités, voici un site très complet : www.campus-germany.de/french.

■ **AGENCE POUR L'ENSEIGNEMENT FRANÇAIS À L'ÉTRANGER**
19-21, rue du Colonel Pierre Avia
(15e) Paris
✆ 01 53 69 30 90 – www.aefe.fr
Sous la tutelle du ministère des Affaires étrangères, l'AEFE est chargée de l'animation de plus de 250 établissements à travers le monde.

▶ **Autre adresse :** 1, allée Baco, BP 21509 – 44015 Nantes Cedex 1 ✆ 02 51 77 29 03.

■ **ASSIMIL**
11, rue des Pyramides (1er) Paris
✆ 01 42 60 40 66
Voir la rubrique Organiser son séjour.

■ **CIDJ**
www.cidj.asso.fr
La rubrique « Partir en Europe » sur le serveur du C.I.D.J. fournit des informations pratiques aux étudiants qui ont pour projet d'aller étudier à l'étranger.

■ **CONSEIL DE L'EUROPE**
www.egide.asso.fr
Rubrique sur le programme BFE (boursiers français à l'étranger). Obtenir une bourse d'études supérieures à l'étranger.

■ **COOPÉRATION ÉDUCATIVE EUROPÉENNE**
www.europa.eu.int

■ **ÉDUCATION NATIONALE**
www.education.gouv.fr
Sur le serveur du ministère de l'Education nationale, une rubrique « International » regroupe les informations essentielles sur la dimension européenne et internationale de l'éducation.

■ **FREIE UNIVERSITÄT (FU)**
Kaiserwerther Strasse 16-18
✆ +49 30 838 700 00 – www.fu-berlin.de
Zehlendorf-Dahlem.
Pour les sciences humaines et les sciences politiques (Otto Suhr Institut).

■ HUMBOLDT-UNIVERSITÄT
Unter den Linden 6, Mitte
✆ +49 30 302 0930
www.hu-berlin.de
U-Bahn et S-Bahn Friedrichstrasse.
Consacrée aux sciences humaines et au droit.

■ SENATSVERWALTUNG FÜR SCHULE, JUGEND UND SPORT
Beuthstrasse 6-8, 1er étage, bureau 1011
✆ +49 30 902 652 28
www.berlin.de/sen/bwf
Ouvert les lundis et mardis de 9h à 12h et jeudis de 16h à 18h.

■ TECHNISCHE UNIVERSITÄT (TU)
Straße des 17. Juni 135
✆ +49 30 30 31 40
www.tu-berlin.de
U-Bahn Ernst-Reuter-Platz.
Dédiée essentiellement aux sciences humaines et techniques.

■ UNIVERSITÄT DER KÜNSTE (UDK)
Einsteinufer 43-53
✆ +49 30 318 522 04
www.udk-berlin.de
U-Bahn Ernst-Reuter-Platz.
Pour la musique, l'art et la communication.

■ ASSOCIATION TELI
2, chemin de Golemme – Seynod
✆ 04 50 52 26 58
www.teli.asso.fr
Le Club TELI est une association loi 1901 sans but lucratif d'aide à la mobilité internationale créée il y a 16 ans. Elle compte plus de 4 100 adhérents en France et dans 35 pays. Si vous souhaitez vous rendre à l'étranger, quel que soit votre projet, vous découvrirez avec le Club TELI des infos et des offres de stages, de jobs d'été et de travail pour francophones.

■ CAPCAMPUS
www.capcampus.com
Capcampus est le premier portail étudiant sur le Net en France et possède une rubrique spécialement dédiée aux stages, dans laquelle vous trouverez aussi des offres pour l'étranger. Mais le site propose également toutes les informations pratiques pour bien préparer votre départ et votre séjour à l'étranger.

■ MAISON DES FRANÇAIS DE L'ÉTRANGER
48, rue de Javel (15e) Paris
✆ 01 43 17 60 79 – www.mfe.org
M°/RER Javel.
Ouvert de 14h à 17h du lundi au vendredi.

La Maison des Français de l'étranger (MFE) est un service du ministère des Affaires étrangères qui a pour mission d'informer tous les Français envisageant de partir vivre ou travailler à l'étranger et propose le *Livret du Français à l'étranger* et 80 dossiers qui présentent le pays dans sa généralité et abordent tous les thèmes importants de l'expatriation (protection sociale, emploi, fiscalité, enseignement, etc.). Egalement consultables : des guides, revues et listes d'entreprises et, dans l'espace multimédia, tous les sites Internet ayant trait à la mobilité internationale.

■ RECRUTEMENT INTERNATIONAL
www.recrutement-international.com
Site spécialisé dans les offres d'emploi à l'étranger, le recrutement international, les carrières internationales, les jobs et stages à l'international.

■ UBIFRANCE
www.ubifrance.fr
Le site Internet de l'Agence pour le développement international des entreprises françaises, qui travaille donc en étroite collaboration avec les missions économiques, recense toutes les actions menées, les événements programmés et renvoie sur la page du VIE (Volontariat International à l'Etranger).

■ VOLONTARIAT INTERNATIONAL
www.civiweb.com
Si vous avez entre 18 et 28 ans et êtes ressortissant de l'Espace économique européen, vous pouvez partir en volontariat international en entreprise (VIE) ou en administration (VIA). Il s'agit d'un contrat de 6 à 24 mois rémunéré et placé sous la tutelle de l'ambassade de France. Tous les métiers sont concernés et vous bénéficiez d'un statut public protecteur. Offres sur le site Internet.

■ WEP FRANCE
81, rue de la République (2e) Lyon
✆ 04 72 40 40 04 – www.wep-france.org
Wep propose plus de 50 projets éducatifs originaux dans plus de 30 pays, de 1 semaine à 18 mois. Année scolaire à l'étranger, programmes combinés (1 semestre scolaire avec 1 projet humanitaire ou 1 chantier nature ou 1 vacances travail), projets humanitaires mais également stages en entreprise en Europe, Australie, Nouvelle-Zélande, Canada et Etats-Unis, et Jobs & Travel (visa vacances travail) en Australie et Nouvelle-Zélande : voici un petit aperçu des nombreuses possibilités disponibles.

Index

A

ACCESSIBILITÉ 264
ALEXANDERPLATZ. 81
ALTE NATIONALGALERIE 160
ALTER ST MATTHÄUS-KIRCHHOF. 188
ALTES MUSEUM (ANCIEN MUSÉE ROYAL). . . . 160
ALTMARKT 252
ALTSTADT (VIEILLE VILLE) 242, 248
ARCHITECTURE. 42
ARGENT 256

B

BABELSBERG FILMPARK 243
BAGAGES 258
BALADES À BERLIN 155
BALADES DANS BERLIN 199
BAUHAUS ARCHIV
(MUSÉE DU BAUHAUS) 192
BAYERISCHES EISENBAHNMUSEUM
(MUSÉE DU TRAIN) 254
BEATE UHSE EROTIKMUSEUM
(MUSÉE ÉROTIQUE BEATE UHSE) 160
BEBELPLATZ. 160
BERLIN UNTERWELTEN
(MONDES SOUTERRAINS DE BERLIN). 172
BERLINER DOM
(CATHÉDRALE DE BERLIN) 161
BERLINER MEDIZINHISTORICHES MUSEUM
DER CHARITE (MUSÉE DE LA MÉDECINE). . . . 161
BERLINER RATHAUS
(HOTEL DE VILLE DE BERLIN). 161
BERLINISCHE GALERIE 176
BILDERGALERIE
(GALERIE DE TABLEAUX) 243
BODE MUSEUM. 162
BOOTSHAUS KAUPEN 250
BRANDENBURG AN DER HAVEL 248
BRANDENBURGER TOR
(PORTE DE BRANDEBOURG) 162
BURG 251

C

C/O BERLIN. 162
CAFÉS – BARS 133
CHARLOTTENBURG. 85
CHINESISCHES HAUS (PAVILLON CHINOIS). . . 243
CIMETIÈRE DOROTHEENSTÄDTISCHER 162
CINÉMA 47
CLIMAT. 27, 261
CLUBS ET DISCOTHÈQUES 146
COTTBUS 251
CUISINE BERLINOISE. 57

D

DAS VERBORGENE MUSEUM 184
DÉCALAGE HORAIRE 258
DENKMAL FÜR DIE ERMORDETEN JUDEN
EUROPAS (MÉMORIAL
AUX JUIFS ASSASSINÉS D'EUROPE). 162
DENKMAL FÜR DIE IM
NATIONALSOZIALISMUS VERFOLGTEN
HOMOSEXUELLEN (MONUMENT À LA MÉMOIRE
DES HOMOSEXUELS DÉPORTÉS) 192
DER HI-FLYER 163
DÉTENTE – LOISIRS 221
DEUTSCHE GUGGENHEIM BERLIN 163
DEUTSCHE KINEMATHEK
(CINÉMATHÈQUE ALLEMANDE) 192
DEUTSCHES CURRYWURST MUSEUM 163
DEUTSCHES HISTORISCHES MUSEUM 164
DEUTSCHES TECHNIKMUSEUM 176
DOM ST. PETER UND PAUL
(CATHÉDRALE SAINTS-PIERRE-ET-PAUL) 248
DOUANES 258

E - F

EAST SIDE GALLERY 176
ÉCOLOGIE. 27
ÉCONOMIE 35
ÉLECTRICITÉ. 258
ENVIRONNEMENT 27
EXPRESSIONS MODERNES 47
FAUNE 27
FERNSEHTURM
(TOUR DE LA TÉLÉVISION) 164
FESTIVITÉS 54
FILMMUSEUM 244
FILMPARK BABELSBERG 244
FLORE. 27
FLÄMING. 252
FORMALITÉS. 258
FRIEDRICHSHAIN. 84
FRIEDRICHSTADT
ET UNTER DEN LINDEN 80
FRIEDRICHSWERDERSCHE KIRCHE 165

G

- GALERIE DESCHLER 165
- GAY ET LESBIEN 223
- GEDENKSTÄTTE BERLINER MAUER (MÉMORIAL AU MUR DE BERLIN) 172
- GEDENKSTÄTTE DEUTSCHER WIDERSTAND (MÉMORIAL POUR LA RÉSISTANCE ALLEMANDE) 192
- GEMÄLDEGALERIE 193
- GENDARMENMARKT 165
- GÉOGRAPHIE 26, 53
- GEORG KOLBE MUSEUM 184
- GETHSEMANEKIRCHE 173
- GÖRLITZER PARK 176

H

- HACKESCHER MART ET SCHEUNENVIERTEL 81
- HAMBURGER BAHNHOF – MUSEUM FÜR GEGENWART (MUSÉE D'ART CONTEMPORAIN) 165
- HAUS DER KULTUREN DER WELT (MAISON DES CULTURES DU MONDE) 193
- HÉBERGEMENT DE BERLIN 98
- HISTOIRE 28
- HISTORISCHE MÜHLE (MOULIN HISTORIQUE) 244
- HORAIRES D'OUVERTURE 259
- HUGENOTTEN MUSEUM 166
- HUMBOLDT BOX 166

I

- INTERNET 259

J

- JEUX 59
- JOURS FÉRIÉS 260
- JÜDISCHES MUSEUM 176
- JÜTERBOG 252

K

- KAISER WILHELM GEDÄCHTNISKIRCHE (ÉGLISE DU SOUVENIR) 188
- KAMMERGERICHT 188
- KARL MARX ALLEE 181
- KATHE KOLLWITZ MUSEUM 184
- KLOSTER ZINNA 253
- KLOSTER ZINNA (ABBAYE DE ZINNA) 253
- KREUZBERG 84
- KREUZBERG MUSEUM 177
- KULTURBRAUEREI 173
- KULTURFORUM 196
- KUNST WERKE 167
- KUNSTBIBLIOTHEK (BIBLIOTHÈQUE DE L'ART) 196
- KUNSTGEWERBEMUSEUM (MUSÉE DES ARTS DÉCORATIFS) 196
- KUNSTHAUS TACHELES (MAISON D'ARTISTES TACHELES) 166
- KUNSTMUSEUM DIESELKRAFTWERK (MUSÉE D'ART) 252
- KURFÜRSTENDAMM 86
- KÜNSTLERHAUS BETHANIEN 177
- KZ SACHSENHAUSEN 249

L

- LANGUES PARLÉES 260
- LITTÉRATURE 50
- LITZENSEE – LIETZENPARK 184
- LOISIRS 59
- LOOCK GALERIE 167
- LÜBBEN 251
- LÜBBENAU 250

M

- MAGAZINES 269
- MARIENKIRCHE 167
- MARMORPALAIS (PALAIS DE MARBRE) 244
- MARTIN GROPIUS BAU 180
- MAUERPARK 173
- MÉDIAS 51
- MESURES 258
- MISSIONS 268
- MITTE 80
- MUR D'ENCEINTE 252
- MUSÉE DES ARTS DÉCORATIFS ET DU FONCTIONNALISME (BRÖHAN MUSEUM) 184
- MUSEUM BERGGRUEN 184
- MUSEUM FÜR FOTOGRAFIE HELMUT NEWTON STIFTUNG (MUSÉE DE LA PHOTOGRAPHIE FONDATION HELMUT NEWTON) 185
- MUSEUM FÜR KOMMUNIKATION 167
- MUSEUM FÜR NATURKUNDE (MUSÉE DE LA NATURE) 168
- MUSEUM HAUS AM CHECKPOINT CHARLIE (MUSÉE DU MUR) 168
- MUSEUMINSEL (L'ÎLE DES MUSÉES) 81
- MUSIKINSTRUMENTEN MUSEUM (MUSÉE DES INSTRUMENTS DE MUSIQUE) 197
- MUSIQUE 52
- MÄRKISCHES MUSEUM (MUSÉE DE BRANDEBOURG) 167
- MŒURS ET FAITS DE SOCIÉTÉ 40

N

- NEUE NATIONALGALERIE ... 197
- NEUE SYNAGOGUE ... 169
- NEUE WACHE ... 169
- NEUER GARTEN ... 244
- NEUES MUSEUM ... 168
- NEUES PALAIS VON SANSSOUCI (NOUVEAU PALAIS DE SANSSOUCI) ... 244
- NEUSTADT (VILLE NOUVELLE) ... 249
- NIKOLAIKIRCHE (ÉGLISE SAINT-NICOLAS) ... 252
- NIKOLAIVIERTEL (QUARTIER SAINT-NICOLAS) ... 169
- NÖRDLINGEN ... 253

O

- OBERBAUMBRÜCKE ... 181
- ORANGERIESCHLOSS (CHÂTEAU DE L'ORANGERIE) ... 245
- ORANIENBURG ... 249

P - Q

- PANORAMAPUNKT ... 197
- PARC DE SANSSOUCI (LE) ... 246
- PARK SANSSOUCI ... 245
- PARTIR EN VOYAGE ORGANISÉ ... 270
- PARTIR SEUL ... 275
- PEINTURE ET ARTS GRAPHIQUES ... 53
- PENSION HARZMANN ... 253
- PERGAMONMUSEUM ... 169
- PERSONNAGES ET PERSONNALITÉS ... 61
- POIDS ... 258
- POLITIQUE ... 34
- POSTE ... 261
- POTSDAM ... 238
- POTSDAMER PLATZ ... 87
- PRENZLAUER BERG ... 84
- QUARTIERS DE BERLIN ... 80

R

- RAMONES MUSEUM ... 171
- RATHAUS (HOTEL DE VILLE) ... 252
- RATHAUS SCHÖNEBERG ... 188
- REGENBOGENSTELE (STÈLE ARC-EN-CIEL) ... 189
- REGIERUNGSVIERTEL ... 80
- REICHSTAG ... 171
- RELIGION ... 41
- RESTAURANT DE BERLIN ... 118
- RESTER ... 282
- RIESKRATER MUSEUM ... 254
- RUSSISCHE KOLONIE ALEXANDROWKA (COLONIE RUSSE ALEXANDROVKA) ... 246
- RÖMISCHE BÄDER (BAINS ROMAINS) ... 245

S

- SANKT-GEORGSKIRCHE (ÉGLISE SAINT-GEORGES) ... 254
- SANTÉ ... 262
- SCHLOSS BABELSBERG ... 246
- SCHLOSS CECILIENHOF ... 246
- SCHLOSS CHARLOTTENBURG ... 185
- SCHLOSS CHARLOTTENHOF ... 247
- SCHLOSS NEUE KAMMERN (LES NOUVELLES CHAMBRES) ... 247
- SCHLOSS SANSSOUCI (PALAIS DE SANSSOUCI) ... 247
- SCHLOSSKIRCHE (ÉGLISE DU CHÂTEAU) ... 252
- SCHLOSSMUSEUM ORANIENBURG (CHÂTEAU-MUSÉE D'ORANIENBURG) ... 250
- SCHWULES MUSEUM (MUSÉE GAY) ... 180
- SCHÖNEBERG ... 86
- SCHÖNEBERG MUSEUM ... 189
- SÉCURITÉ ... 264
- SEHITLIK MOSCHEE ... 180
- SÉJOURNER ... 279
- SHOPPING À BERLIN ... 208
- SIEGESSÄULE (COLONNE DE LA VICTOIRE) ... 197
- SORTIR À BERLIN ... 133
- SOWJETISCHES EHRENMAL IM TIERGARTEN (MÉMORIAL AUX VICTIMES SOVIÉTIQUES) ... 198
- SPECTACLES ... 150
- SPORTS ... 59
- SPREEWALD ... 250
- STADTMAUERMUSEUM (MUSÉE DES MURS DE LA VILLE) ... 254
- STADTMUSEUM (MUSÉE DE LA VILLE) ... 254

T

- TÉLÉPHONE ... 265
- TEMPELHOFER FREIHEIT ... 180
- THE KENNEDYS ... 166
- THE STORY OF BERLIN ... 188
- TIERGARTEN ... 87
- TIERGARTEN PARK ... 198
- TIERPARK ZOO ... 181
- TOPOGRAPHIE DES TERRORS ... 171
- TRANSPORTS DE BERLIN ... 88
- TÜRKENMARKT (MARCHÉ TURC) ... 180

V - W - Z

- VIE SOCIALE ... 38
- VIKTORIA PARK ... 180
- VOLKSPARK FRIEDRICHSHAIN ... 181
- WINTERFELDTPLATZ MARKT ... 189
- ZOO ET AQUARIUM ZOOLOGISCHER GARTEN UND AQUARIUM) ... 198

Collaborez à la prochaine édition
Berlin

Collaborez à la prochaine édition
Berlin